钟泰 著

钟泰著作集

理学纲领　荀注订补　春秋通义

5

上海古籍出版社

总　目

春 秋 通 义

整 理 说 明

《春秋通义》原为钟泰先生的手稿，十一万余字，最初由钟斌录入为电子版。今次整理，由张毅在该电子版的基础上，依照钟泰先生手稿的书影校订全文，并加以标点。

体例说明：

本书为抄撮七部宋代春秋学著作而成，包括：孙觉《春秋经解》、胡安国《春秋胡氏传》、叶梦得《叶氏春秋传》、吕本中《春秋集解》、陈傅良《春秋后传》、黄仲炎《春秋通说》、吕大圭《春秋或问》。

全书以《春秋》经为纲，按时间先后，将上述诸书相关条目附于每条经文之后。上起鲁隐公，下迄鲁成公。

书中间有钟泰先生的按语，多书于稿纸的天头空白处，以"案"发之，今以楷体标明。（其中，关于各条经义的按语，附于该条之最末；关于所抄某书观点之按语，附于该所抄内容之后。）

标点和校改：

今次整理，全部抄撮文字均据所引诸书的通行或常见版本进行了校订。参校诸书版本如下：

孙觉《春秋经解》丛书集成初编本；

胡安国《春秋胡氏传》整理本(浙江古籍 2010)；

叶梦得《叶氏春秋传》影印四库全书荟要本(吉林出版集团 2005)；

吕本中《春秋集解》影印四库全书荟要本(吉林出版集团 2005)；

陈傅良《春秋后传》影印四库全书荟要本(吉林出版集团 2005)；

黄仲炎《春秋通说》影印四库全书荟要本(吉林出版集团 2005)；

吕大圭《春秋或问》"泉州文库"整理本(商务印书馆 2017)。

标点及校改原则：

钟先生原书凡抄撮诸书之处，首次均出著者、书名，数见之后，渐用省称，如"孙觉《春秋经解》"称"孙《解》"、"叶梦得《叶氏春秋传》"称"叶《传》"、"吕本中《春秋集解》"称"吕本中《集解》"或"吕《集解》"等，或详或略，间有参差，今一仍其旧。偶有著者、书名遗漏处，则依其习惯补以省称。

凡抄撮诸书之处，均以双引号（""）标出。先生抄撮中往往有所删略，或概括大旨，或前后句颠倒重组，整理中一仍其旧，不复指出，于所删略处亦不加删节号。

抄撮之中，概括或转述与通行版本意思有明显出入，辄以脚注注明。

所抄诸书间有讹误，为先生所改正，辄以脚注注明。

手稿中引用《春秋》经文和诸书时偶有笔误，则从经文或参校诸书径改，不出校记。

目　　录

隐　公

隐元年

三月,公及邾仪父盟于蔑。

孙觉《春秋经解》:"仪父,名也。其不书爵者,附庸之君,未爵命,例以名通。若庄五年'郳犁来来朝'之类是也。盟者,不信而后为之也,重而书之,所以谨不信也。虽然,当是之时,强侵弱,众暴寡,小凌大,天下皆是矣。苟小不事大,弱不服强,寡不从众,则无以苟一时之安,通之以一时之宜,可也。故其间事有浅深,辞有轻重,有志在天下而为之者,有志在一国而为之者,虽不信之辞同,而善恶之大小轻重亦以异矣。齐小白之葵邱、晋文公之践土,可谓有志于天下而苟安于一时也。隐公之艾、庄公之柯,可谓有志于一国而委身于强大也。然而仪父之盟,以小事大,以弱服强,亦春秋之常也。以弱较鲁,则鲁强;以大论邾,则邾小。与之盟,则身安而国存;不与之盟,则身危而国削。此所以为一时之宜也。然质之以圣人之志、王者之法,则皆为不信而为之也。赵子曰:'三传以仪父为字,不知仪父亦名耳。鲁季孙行父、

7

晋荀林父,亦以父为名。缘未得王命,止是附庸之君,故不书卒、不书葬。至庄十六年,邾子克卒,即其嗣君自以王命为子,故书卒耳。'赵子之说得之矣。若为始与公盟,则桓十七年书'公会邾仪父盟于趡',彼非始与公盟也。且二百四十二年,与公盟者众矣,何独邾仪父两与盟而两褒之哉?"

秋七月,天王使宰咺来归惠公仲子之赗。

吕大圭《春秋或问》:"以《春秋》考之,周大夫不名,爵,从其爵,单伯、刘子之类是也;未爵称字,家父、荣叔之类是也;必微者而后名之,宰咺之类是也;卒,名之,王子虎、刘卷之类是也。舍是,无名道矣。是故《经》书'宰'有三:是年'宰咺'书名而不氏者,士也;桓四年'宰渠伯纠'书氏及字者,命大夫也;僖公九年'宰周公'书官而不名氏者,三公也。始使士,继使大夫,终使三公,天子日微,诸侯日强矣。"

九月,及宋人盟于宿。

孙觉《春秋经解》:"《经》言及而不言公与大夫者,盖外微者则称人,内微者不可言'人及宋人'也,故但言及,则内微者可知矣。《公》、《榖》之说皆得之。"

冬十有二月,祭伯来。

叶梦得《春秋传》:"吾观于《诗》、《书》以参《春秋》,凡王之公卿大夫士有称爵与邑,如周公、召公、毛伯、芮伯者;有称氏与爵,如刘子、单子者;有称氏与字,如南仲、仍叔者;有称氏与名,如刘夏、石尚者;有去氏称名,如寔者;有名氏俱不称,称人者。然后知《诗》、《书》之所见,其制名者甚备;《春秋》之所书,其正名者甚严也。凡王之公卿,皆大夫也。有上大夫,有中大夫,有下大夫。古者二十冠而字,至五十为大夫,则有爵矣,又敬其字,系以氏而不名。以是差而上之,大夫始爵,以字系氏而不名,则南仲、仍叔之类,皆下大夫也;字进则爵,下大夫以字系氏,中大夫宜以氏系爵,则刘子、单子之类,皆中大夫也;爵进则邑,中大夫以氏系爵,上大夫宜以爵系邑,则周公、召公、毛伯、芮伯之类,皆上大夫也。由字而上,则爵而已,卿可以兼公,皆上大夫,故爵邑不嫌同辞。下大夫不可兼中大夫之职,故以氏与爵为辨。此仕于王朝者也。其封于寰内,三公之田视公侯,故公食于邑亦称公,州公之类是也;卿视伯,故卿食于邑亦称伯,祭伯之类是也。以是差而下之,下大夫以字系氏,上士宜以氏系名,则刘夏、石尚皆上士也。上士以氏系名,中士宜去氏称名,则寔中士也。中士去氏称名,下士微矣,名氏俱不足称而称人,则王人皆下士也。自人为名,自名为氏,自氏为字,自字为爵,自爵为邑,其等以是为差,莫不有命数焉。即其命数以推于诸侯之卿大夫士,有大国,有次国,有小国。大国公也,次国侯伯也,小国子男也。王之上士三命,以名氏见;大国、次国之卿亦三命,亦当以名氏见,则宁俞、华元之类皆卿也。王之中士再命,以名见;大国、次国之大夫,小国之卿,亦再命,亦当以名见,则郑宛、莒庆之类皆大夫与卿也。王之下士一命,以人见;则大国、次国之上士,小国之大夫,亦一命,亦当以人见,而大国、次国之中士、下士与小国之士,其辞穷矣,皆当以人见,则宋人、邾人之类皆士也。故诸侯之臣,非尝入而为王卿士者,皆无得以氏字见诸侯,无四命之大夫也。王之所以为王者,以有礼也;礼之所以为有礼者,以有名分也。王政不作而礼废,礼废而天下之名分乱矣。举先王之典而申之,示天下为复有王者,必《春秋》而后能正也。"

二　年

夏五月,莒人入向。

黄仲炎《春秋通说》:"入者,以兵据其国都也。《左氏》载定四年'吴入郢',吴子'以班处宫',是以兵据其国都也。"

无骇帅师入极。

孙觉《春秋经解》:"赵子曰:非大夫例不书氏,隐为桓摄,不命大夫,故终隐之世大夫无氏也,此自不命耳,非贬也。赵氏之说是也。"

郑人伐卫。

叶梦得《春秋传》曰:"声其罪而讨曰伐,伐备钟鼓。宋人杀昭公,晋赵盾请师以伐宋。发令于大庙,召军吏而戒乐正,曰:'三军之钟鼓必备焉。'赵同有疑,盾曰:'大罪伐之,小罪惮之。袭侵之事,陵也。是故伐备钟鼓,声其罪也;战以镈于、丁宁,儆其民也;袭侵密声,为暂事也。'乃使旁告于诸侯,治兵振旅,鸣钟鼓以至于宋,犹行先王之事也。春秋之世,征伐自诸侯出,虽无适而不为僭,然其名则窃取之矣。"

三　年

八月庚辰,宋公和卒。

孙觉《春秋经解》:"《左氏》记楚公子围已弑,而使赴于郑,伍举问应为后之辞焉,对曰:'寡大夫围。'伍举更之,曰:'共王之子围为长。'是当君卒而赴诸侯,则已言嗣君之名矣。故凡往来之国,皆得记其名也。《春秋》记外诸侯之卒,一百三十有三,而无名者十,或即位之初,不以名赴;或史失之,未可知也。必若以盟会求之,则未尝与者五十二,而不名者九耳,未可通也。"叶梦得《春秋传》:"古者制名,上可以兼下,下不可以兼上。诸侯曰薨,而天子亦有言'君薨,听于冢宰'者;士曰不禄,而诸侯之赴亦有言'寡君不禄'者。故外诸侯卒,不嫌与大夫同辞,以上兼下也。"

冬十有二月,齐侯、郑伯盟于石门。

吕大圭《春秋或问》:"读隐、桓之《春秋》,则知伯图未兴,而诸侯之莫相统一也;读庄、闵、僖、文、宣、成之《春秋》,则知伯图迭兴,而诸侯尚犹有所统摄也;读襄、昭、定、哀之《春秋》,则知伯图浸衰,而中国诸侯莫适为主也。虽然,隐、桓之际,伯图未兴,而齐侯、郑伯特雄长于其间,谓之东周之小伯。自石门之盟而齐、郑始合,相为党与以求伯诸侯,于是齐、郑为一党,鲁、宋、卫、陈、蔡为一党,二党分而天下始多故矣。是故鲁、邾之盟不足道也,莒、纪之盟亦不足道也,彼其所以为盟者,特欲通好以求安耳,未有雄长诸侯之心也。石门之盟,齐侯、郑伯之心,岂复鲁、邾、莒、纪之心哉?盖北杏、鄄、幽之兆自是始矣。虽然,齐、郑智谋勇力未能相下也,则伯之权不能专;鲁、宋、卫、陈、蔡亦未肯下也,则伯之权不能执,齐桓出而后专执之矣。故曰:此伯图之肇也。陈氏曰:'书齐、郑盟于石门,以志诸侯之合;书齐、郑盟于咸定七年秋,以志诸侯之散,是《春秋》之始终也。'"陈傅良《春秋后传》:"齐、郑合也。外特相盟不书,必关于天下之大故也而后书。莒、纪无足道也,齐、郑合,天下始多故矣。天下之无王,郑为之也。天下之无伯,齐为之也。是故书齐郑盟于石门以志春侯之合,书齐郑盟于咸以志诸侯之散,是《春秋》之终始也。夫子之作《春秋》,于隐、桓、庄之际,唯郑多特笔焉;于襄、昭、定、哀之际,唯齐多特笔焉。"

四 年

四年春王二月,莒人伐杞,取牟娄。

孙觉《春秋经解》:"《左氏》曰:凡克邑,不用师曰取。'莒人伐杞,取牟娄',伐而后取,安得曰不用师徒哉?又曰:书取,易也。《穀梁》曰:取,易辞也。案取之为义,罪其不当取,何论难易哉?若以为易,则先伐后取,亦不易也。"案:《左氏》、《穀梁》之说未为非,笔者特未解其义耳。用师在伐不在取,易在取不在伐,因伐国而割邑以解,战国时犹多有之,以此推春秋可知已。桓二年取部大鼎于宋,彼取岂用师徒哉?陈傅良《春秋后传》:"外取邑不书,从《公》、《穀》例,自隐(案:当作桓)以前则书之。曷为自隐以前则书之?春秋之初,犹以取邑为重也。

11

据传,自桓十四年宋以诸侯伐郑取牛首而后皆不书。"吕大圭《或问》曰:"有言伐而不言取者,伐之而不取也,如郑人伐齐之类是也;有言取而不言伐者,取之非以其伐之也,取济西田、汶阳田是也;有先书伐、书围而后书取者,伐之、围之而后取之也,宋人伐郑围长葛,而后书宋人取长葛是也。然春秋之初,外之取邑,如取牟娄、取长葛,则书之,自隐以后,则外取邑不书矣。盖春秋之初,犹以取邑为重,于后则不胜书矣。子产曰:'天子之地一圻,列国一同,今大国已数圻矣,若非侵小,何以至焉?'由此言之,则春秋之际,其取人邑多矣,圣人安能尽书之耶?盖亦有书之者矣,非有故不书。"

戊申,卫州吁弑其君完。

吕本中《集解》:"伊川先生解:自古篡弑多公族,盖自谓先君子孙可以为君,国人亦以为然而奉之。《春秋》于此明大义以示万世,故春秋之初,弑君者多不称公子、公孙,盖身为大恶,自绝于先君矣,岂复得为先君子孙也?古者公族,刑死则无服,况弑君乎?大义既明于初矣,其后弑立者则皆以属称,或见其以亲而宠之太过、任之太重以至于乱,或见其天属之亲而反为寇仇,立义各不同也。《春秋》大率所书事同则辞同,后人因谓之例,然有事同而辞异者,盖各有义,非可例拘也。"陈傅良《后传》:"公子州吁,则曷为但称州吁?隐、桓、庄之《春秋》,凡贼皆名之。于是公子初弑君,卫人为之变,《终风》、《日月》之诗作于宫中,《击鼓》作于国中也,不逾年讨之。是故州吁不称公子,而石碏得书人。东迁之初,国犹有臣子矣,合五国之众,不能定州吁,而杀于濮。'于濮',言未得国也,见卫之有臣子也。"吕大圭《或问》:"春秋之初,凡贼皆名之。卫州吁、宋督、齐无知、宋万皆不以氏见,自晋里克,而大夫以氏见矣。凡贼皆名之,正也。书氏,时之变。故尝谓春秋之初,内大夫皆书名,惟卒则称公子,于后则皆称公子者;外大夫亦书名,于后则外大夫皆书公子及氏矣;弑君之贼皆书名,于后则皆以氏见矣,是春秋之变也。且独不见《春秋》之书吴、楚乎?始书荆,继书楚,于后则书楚子;始书吴,于后则书吴子。非时之变乎? 若非时之变,则是《春秋》自为异同而已矣。"

夏,公及宋公遇于清。

吕本中《集解》:"陆氏《纂例》:啖子曰:时虽非相遇,而从省易以遇礼相见者,故书'遇'。赵简子曰:'简礼而会曰遇。'又襄陵许氏翰曰:隐、庄之间,凡六书遇,以其去古未远也;自闵而后,有会无遇,忠益不足而文有余矣。"叶梦得《传》:"诸侯相遇,亦有为之礼者欤? 曰:'未有两君相见而不为礼者也。昭公孙于野井,齐侯来唁,公既哭,以人为菑,以幦为席,以鞍为几,曰以遇礼相见,则诸侯之遇,固有礼矣。'然则季姬及鄫子遇于防,亦礼欤? 曰:'非此之谓也。桃丘之会,卫侯不至,书公弗遇,此不以礼言也。季姬非所见,故假遇以为辞,使若适相值,然固不嫌与诸侯之遇同辞也。'"

宋公、陈侯、蔡人、卫人伐郑。

孙觉《经解》:"《春秋》之法,弑君之贼未及讨,则于经不复重出,其意犹曰'弑君之贼,而使得偷生于一日之间,是国中之臣子亦复忘其君父而同恶相济矣'。不复重出,圣人所以罪其臣子讨贼之缓,且不忍以大恶者之名再见于《春秋》也。州吁弑君未讨,而桓公未葬,则伐郑之卫人乃州吁也。圣人不忍重出其名,故贬之曰人耳。"案:州吁,卫人未尝以为君也。卫人未尝以为君,鲁国不得以友邦之君目之也。书卫侯不可,书州吁亦不可,则亦人之而已。莘老之说,于义或有之,而不知无卫侯之实,于文自不得书卫侯也。

秋,翚帅师会宋公、陈侯、蔡人、卫人伐郑。

胡安国《传》:"《春秋》立义至精,词极简严而不赘也。若曰'翚帅师会伐郑',岂不白乎? 再序四国,何其词费不惮烦也? 言之重、词之复,其中必有大美恶焉。四国合党,翚复会师,同伐无罪之邦,欲定弑君之贼,恶之极也。言之不足,而再言,圣人之情见矣。"案:《左氏传》"卫州吁立将修先君之怨于郑",杜注谓二年郑人伐卫之怨。修怨固

13

非,而谓郑无罪,则亦不得也,此康侯失检之词也。陈傅良《后传》:"《春秋》之达例三:有同号者焉,有同辞者焉,有同文者焉。号不足以尽意,而后见于辞;辞不足以尽意,而后见于文;以同文为犹未也,而至于变文,则特书也。于是州吁初弑君,卫人为之变,不逾年能讨之,卫犹有臣子也。而五国之君、大夫,伐郑以定州吁。弑君,天下之元恶也。五国之君、大夫有人心焉,不若是甚矣。书曰:'宋公、陈侯、蔡人、卫人伐郑。''秋,翚帅师会宋公、陈侯、蔡人、卫人伐郑。'书之复书之,终《春秋》才一再见焉,特书之法严矣。则君、大夫各从其恒称,是达例而已尔。"吕大圭《或问》:"《春秋》之法,恶党恶,故书'翚帅师'而再叙四国。"

冬十有二月,卫人立晋。

孙觉《经解》:"晋以国人众立,疑其有得立之理,圣人特于疑似之间而发明不当得立之义,犹曰:'诸侯之立,当待天子之命,苟无王命,则虽国人众立之,而犹不可也,况自立乎?'故葵丘之会,以安中国,而其辞无褒;践土之盟,实尊王室,而贬其召王。《春秋》于疑似之间,众人以为功,一时以为善者,圣人必立大中以正之,所以明示皇极之道,而较著一王之法也。"叶梦得《传》:"立者,不宜立也。以其不宜立也,故特书立焉,以见义之得与其立也。晋则何以谓之得与其立?以弟继兄,谓之不宜立,不可也。致万民而询立君,周道也。众以为可立而立之,谓之不宜立,不可也。卫人立晋而不得立,则卫安得有君乎?此《春秋》所以与晋也。故因晋一见法焉,以为异乎尹氏立王子朝也。"

五　年

五年春,公矢鱼于棠。

叶梦得《传》:"当从《左氏》。矢,射也。古者天子、诸侯将祭,必亲射牲,因而获禽,亦以共祭。春,献鱼之节也。公将以盘游,盖托射牲以祭焉。以公为荒矣,于是公子彄谏,曰:'鸟兽之肉,不登于俎,皮革、齿牙、骨角、毛羽,不登于器。'则公不射,非其矢也。"黄仲炎《通说》:"后世如秦始皇幸琅琊,候大鱼出而射之;汉武帝自寻阳,亲射蛟江中,皆鲁隐之为也。"

夏四月,葬卫桓公。

叶梦得《传》:"卫,侯爵也。桓公何以亦称公?主人之辞也。古者五等诸侯,有别而称之者,有合而称之者。别而称之者,实之所在,不可得而越者也。故诸公之仪,不可为侯伯;侯伯之仪,不可为子男。合而称之者,名之所在,可得而通者也。故五服之别,概曰侯服;五等之名,概曰诸侯。举其中以包上下也。诸侯即位逾年,于其国中得称公。公之为言,上以别乎王,下以别乎大夫者也。故有言'后王君公'者矣,有言'坐而论道谓之王公'者矣。子曰公子,孙曰公孙,非特许其臣下也,虽王亦假之矣。是以鲁侯爵,而诸公皆书公;诸国之葬,皆称公;寰内诸侯葬,亦称公。周道也。以为贬其僭者,误也。"吕大圭《或问》:"经之文曰'葬某国某公',不曰'某国葬某君',然则葬之者,主我会而言也,非主彼国之葬不葬言之也。夫被弑之君不书葬,鲁自不往会尔。其书葬者,鲁自往会尔。何与于贼讨与不讨耶?然自春秋之初,君弑而贼不讨,则我皆不往会,是鲁犹有羞恶之心也。春秋之后,君弑而贼不讨,则鲁亦有往会者矣,是独不可于世变而三叹耶!"

秋,卫师入郕。

孙《解》:"春秋之时,更相侵伐,更相仇怨,书之所以见一时之乱而生民之无辜也。"胡《传》:"称师者,纪其用众,而立义不同:有矜其盛而称师者,如齐师、宋师、曹师城邢之类是也;有著其暴而称师者,楚灭陈、蔡,公子弃疾主兵而曰'楚师'之类是也;有恶其无名不义而称师者,次于郎以俟陈、蔡,及齐围郕之类是也。卫宣继州吁暴乱之后,不施德政，固本恤民，而毒众临戎，入人之国，失君道矣。书'卫师入郕'，著其暴也。"吕氏《或问》略同。

九月，考仲子之宫。初献六羽。

黄仲炎《通说》："《春秋》妾母之称夫人者，自成风始，盖上僭也。仲子未尝称夫人也。仲子之不称夫人者，是隐公犹不敢以夫人称妾母也。隐公不敢以夫人称妾母，而亦不敢以妾母祔姑，于是别宫以祭之，自以为得礼矣。不知妾母之子为君，则得立别庙，子祭孙止。仲子虽桓公之母，然在隐公时，桓未为君，岂得筑宫以祀之？今隐公考仲子之宫，而用备乐焉，是犹僭夫人也。"

邾人、郑人伐宋。

孙《解》："《春秋》之义，事之善恶，皆主其造谋者为首事。善则首事之善重，恶则首事之恶重，不以国之小大、师之众寡也。以邾较郑，则郑大而邾小，而邾序郑上者，首谋伐宋，系之上，以重其恶也。"陈《后传》："先邾，主兵也。唯主兵，虽小国，叙大国之上。据桓十三年及齐侯、宋公，僖二年虞师、晋师之类。非主兵也，而小国叙大国之上，则伯者为之也。据庄十六年许男、滑伯，文十四年许男、曹伯，文十五年邾子、杞伯之类。世子长于小国之君，甚矣。据襄十年齐世子光、滕子、薛伯、杞伯、小邾子。"案：《左氏传》"宋人取邾田"，邾人告于郑曰："请君释憾于宋，敝邑为道。"此所以首邾也。然邾，鲁之附庸也。邾不请于鲁，而请于郑，鲁方党于宋也。鲁不能保其附庸，而听其托于他之大国，则鲁为不鲁矣。故首郑，人则疑于郑结邾，首邾，则知邾托于郑。邾托于郑，而鲁之为鲁可见矣。不独责邾，亦责鲁矣。

螟。

孙《解》："《穀梁》曰：甚，则月；不甚，则时。此说非也。《春秋》日、月之志，一日之间者则日，日食、星变是也；一月之间者则月，陨霜杀菽、雨木冰是也；一时之间者则时，大水、大旱是也；一年之间者则年，有年、大有年是也。灾甚而逾月，则月不足以尽之，不甚则已，又安侯于时也?《穀梁》失之矣。"

宋人伐郑,围长葛。

陈《后传》:"宋、郑交怨也。伐国不言围邑,从《穀梁》例。自僖以前则书之。曷为自僖以前则书之?春秋之初,犹以围邑为重也。据传,自僖十八年'邢、狄围卫菟圃'不书,至二十六年书'楚人伐宋围缗'之后,皆不书矣。"

六　年

六年春,郑人来输平。《左传》作渝,盖假借字。

孙《解》:"杜预曰:'和而不盟曰平。'此例于《春秋》为通。《春秋》书平者六,未有书国君及使者。郑人输平,不书郑伯之使;宋及楚平,亦但书人;暨齐平、及郑平,亦言国。圣人之意,以为二国不和,必至侵伐,以一人之私忿而元元无辜血肉原野,故凡侵伐围入,皆书其君及大夫,以重其罪,至其和而不盟,相与平定,则是举国之人皆愿欲之。圣人欲少进不盟而平者,以深罪侵伐相加之国,故凡平皆不言使,不目其君。我与外平,则但书暨、及,以明一国之人皆共平也。"胡《传》:"平者,解怨释仇,固所善也。输平者,以利相结,则贬矣。曷为知其相结之以利也?后此郑伯使宛来归祊,而鲁入其地;会郑人伐宋,得郜及防,而鲁又取其二邑,是知输平者,以利相结,乃贬之也。"叶《传》:"输,犹输粟然,有物以将之也。来,外辞也。何以不言'及郑平'?方请未平也。夫平则平矣,故《春秋》有书及平者矣,有书暨平者矣,未有先请而后遽书也。是必有义重于已平者,而后书以见讥焉。其重者何?归邴是也。"陈《后传》:"平不书,据传,明年宋及郑平、宣七年郑及晋平之类。《穀梁》'外平不道',非独外也,文十六年及齐平、襄二十年及莒平、哀八年及齐平,皆不书。必关于天下之故而后书。书郑渝平,以志诸侯之合。书及郑平,以志诸侯之散。是《春秋》之所以终始也。"

冬,宋人取长葛。

吕氏《或问》:"书'围'者,以见郑之有城守也。书'围'而后言'取'者,以见宋之志于必得也。"

七 年

七年春王三月,叔姬归于纪。

叶《传》:"伯姬归于纪矣,叔姬何以复言归?归纪季也。内女嫁为夫人则书,不为夫人则不书。叔姬非夫人也,何以得书?将以起纪季之以酅入于齐也。酅,纪季之邑也,纪季以酅入于齐,非以存酅,以存纪也。言归纪季,则不得书;言归于纪,则得书。君子悯纪之亡而欲存之,纪季不得以侯书,故假叔姬以夫人之辞,成纪季以为侯,而后纪可见者,《春秋》之义也。叶子曰:叔姬归于纪,《左氏》《公羊》皆无传,而说者以为伯姬之媵,而待年者也。礼,诸侯一娶九女,盖以广继嗣之道,而绝妒忌之行。为之媵者,必与之俱行,《诗》曰:'韩侯娶妻,诸娣从之。'待年于室,于礼未之闻也。且媵,小事不书。宋共姬之媵,有为言之也。使叔纪以纪故而录,自当正名曰'媵',亦安得以夫人之辞同书曰'归'?《穀梁》独以为逆之道微,故不言逆。媵固不得言逆,以为大夫妻乎?则不当书归。以为纪侯妻乎?则既有伯姬矣。吾不知其说。则曰纪季为妻者,义当然也。"吕氏《或问》:"叔姬,媵也,何以书?曰:石氏曰:'媵之为言送也。郯伯姬之归,不言归,以其媵也。此叔姬亦伯姬之媵尔,其书为"归于酅",起也。'甚矣,《春秋》录纪事之详也!圣人岂无微意哉?隐二年书'纪裂繻来逆女',又书'伯姬归于纪',此年又书'叔纪归于纪',桓五年书'齐侯、郑伯如纪',六年书'公会纪侯于成',冬又书'纪侯来朝',八年书'祭公来,遂逆王后于纪',九年书'纪季姜归于京师',十七年'公会纪侯于黄',庄元年'齐师迁纪三邑',三年'纪季以酅入于齐',四年

'三月，纪伯姬卒'、'夏五月，纪侯大去其国'、'六月，齐侯葬纪伯姬'、'十二月，纪叔姬归于酅'，庄二十九年'纪叔姬卒'、'八月，葬纪叔姬'，圣人录纪事之详也，岂无微意哉？纪，微国也。介于齐、郑之间，二国谋之久矣。其始也，齐侯、郑伯如纪，以谋袭之，故书'齐、郑如纪'，恶之也。郑不能袭，而齐志于灭之。前年会于黄，次年迁其三邑，故庄元年书'齐师迁纪郱、鄑、郚'，甚之也。纪终不能以自固也，其弟先以酅入于齐，四年而书'纪侯大去其国'，闵之也。然鲁之于纪，婚姻之国也，伯姬、叔姬皆鲁女也；天王之于纪，后戚之国也，桓后季姜，纪出也。齐侯恃其强暴，以谋并纪，非一日也。纪侯度其微弱，以求援助，非一朝也。六年书'公会纪侯于成'，冬又书'纪侯来朝'，庶乎鲁之能救也；八年书'逆王后于纪'，九年书'季姜归于京师'，庶乎天王之足依也。已而鲁不能救，天王不足依，齐襄所以得伸其志，而无忌惮也。圣人录纪事之详者，意或在此，而言《春秋》者，未尝及之，故次而论焉。"

滕侯卒。

胡《传》："滕侯书卒，何以不葬？怠于礼、弱其君而不葬者，滕侯、宿男之类是已。古者邦交有常制，不以国之强弱而有谨慢也，不以情之疏密而有厚薄也。春秋之时，则异于是。晋，北国也；楚，南邦也。地非同盟，而亲往侯其葬。滕，邻境也；宿，同盟也。讣告虽及，而鲁不之恤。岂非以其壤地褊小乎？怠于礼而不往，弱其君而不会，无其事而阙其文，此鲁史之旧也，圣人无加损焉。存其卒，阙其葬，义自见矣。卒自外录，不卒非外也；葬自内录，不葬非内也。"黄氏仲炎《通说》："赵子曰：'凡诸侯同盟，名于策书；朝会，名于要约；聘告，名于简牍，故于卒赴，可得而纪。'考《春秋》，凡十人卒不书名，皆当时并无朝会聘告事迹，所以不知其名尔。余皆有往来事迹，则知而名之。然亦不必同盟，但尝往来，亦书名也。或曰：成二年，公及秦人盟，而十四年秦伯卒，不名；十三年，公会滕人伐秦，而十六年滕子卒，不名，何也？曰：是与其大夫会盟耳，非其君也；非其君，犹不知其名也。"

19

夏,城中丘。

叶氏《传》:"其役长者,志以时;其役短者,志以月。"黄氏《通说》:"《易》称'设险守国',而城中丘何以书? 盖城郭沟池,虽有国者所必有,而非古人所恃以为固者也。楚子囊城郢,沈尹戌曰:'子常必亡郢。苟不能卫,城无益也。古者天子守在四夷,天子卑,守在诸侯。诸侯守在四邻,诸侯卑,守在四竟。谨其四竟,结其四援,民狎其野,三务成功。民无内忧,又无外惧,国焉用城?'北魏朝群臣请增京城,世祖曰:'古人有言,在德不在险。屈句蒸土筑长城,而朕灭之,岂在城也? 今天下未平,方须民力,土功之事,朕所不为。'故楚不以城郢而安,魏不以城小而危,是知春秋诸侯不修德政以为结人心之本,而区区倚城郭沟池为固,轻用民力者,皆非也。穀梁子曰:'凡城之志皆讥。'此说得之矣。"案:杜注:"中丘在琅琊临沂县东北。"盖鲁之边邑,与楚之郢、魏之京城不同。若曰"谨其四竟",则城中丘正谨其四竟也。故黄氏之说,于理则不可易,于事则未切也。

齐侯使其弟年来聘。

吕《集解》:"常氏刘氏徇曰:'《周礼·大行人》:"凡诸侯之邦交,岁相问也,殷相聘也,世相朝也。"先王制礼,所以尽人之情。诸侯之于邻国,壤地相接,苟无礼以相与,则何足以讲信修睦哉? 王室不纲,典制大坏,无礼义之交,而唯强弱之视。故小国则朝之、聘之,大国则聘而不朝。故来朝于鲁,非邾、郳、纪、薛,则郜、杞、曹、滕,皆小国也。鲁侯之所如者,唯齐、晋、楚三大国。而聘于鲁者,则齐、晋、宋、卫、陈、郑、秦、楚之邦。鲁臣之所如者,则亦惟大国,而鲜及于小国者矣。'"黄氏《通说》:"齐使其弟年来聘,何以书?《左氏》云:'结艾之盟也。'盖为郑人植党以仇宋也。"

冬,天王使凡伯来聘。

孙《解》:"《周礼》天子'时聘以结诸侯之好',是天王之聘,固礼之常也。《春秋》常事不书,而天王之聘鲁者八,皆书于经,此圣人之意也。《春秋》书公如京师者一,而如诸侯者三十七;臣如京师者七,而如诸侯之国七十二。朝事天子之礼,则数百年间,其行者一,而天王来聘者八,所以见天下无王,而王室衰替也。天子则不事,而强大之国则事之;京师则不如,而强大之国则如之。圣人一志之,以明天子不臣而大国是畏也。夫以鲁之弱小,最亲于周,案:鲁当春秋之初,非弱小也,其后虽寖弱,谓之小亦未可。然且偃蹇不朝,而望天王之姑息,则如晋、如齐、如秦、如楚,又可知也。"叶《传》:"存、頫、省、聘、问五者,君之事也。《春秋》何以独书聘?吾考于礼,天子之抚邦国者,一岁徧存,三岁徧頫,五岁徧省,而无聘问。至时聘以结诸侯之好,殷頫以除邦国之慝,间问以喻诸侯之志,则存省不与。盖存、頫、省,常也,犹臣之有朝、觐、宗、遇也;聘、问,非常也,犹臣之有会、同也。聘与问,一事也,大曰聘,小曰问,则问亦聘矣。而殷頫亦与常頫异,特见于除慝,二者时举而用之,故典瑞有殷聘之玉,无存、省之玉,盖非常则用玉,常事则不用玉。春秋之世,邦国之慝,无岁无有,王之所以不暇頫,亦非王之所得除也。则非常而见者,惟聘而已,此聘所以独见也。"吕氏《或问》:"《春秋》自宣十年定王使王季子来聘之后,鲁历五公,周更四王,皆无来聘之文。盖文、宣以前,周固微弱,然王命犹足以为重。文、宣以后,周室之衰尤甚于前,盖亦不足以为轻重矣。是以《春秋》之书'来聘'者八,则止于宣公;书'来求'者三,则止于文公;书'来锡命'者三,则止于成公。'来聘'则止于宣者,自宣以后,虽有礼文,不足以结诸侯也。'来求'则止于文者,自文以后,天王虽求之,诸侯亦不与也。'锡命'则止于成公者,自成以后,虽有爵命,不足以宠诸侯也。案:此论周之日衰也,而鲁之衰亦即此可见。三家分晋,犹必请知于周。周之爵命,未尝不足重也。其聘命不及于鲁。鲁固无周,周亦无鲁矣。乌乎!是可不为世道慨叹哉!"

戎伐凡伯于楚丘以归。

胡《传》:"周之秩官,敌国宾至,关尹以告,候人为导,司徒具徒,司寇诘奸,佃人积薪,火师监燎;其贵国之宾至,则以班加一等,益虔;至于王吏,则皆官正莅事。今凡伯承王命以为过宾于卫,而戎得伐之以

21

归,是蔑先王之官而无君父也,故《旄丘》录于《国风》,见卫不能修方伯之职也。'戎伐凡伯于楚丘以归',见卫不能救王臣之患也。"

八　年

三月,郑伯使宛来归祊。<small>《公》、《榖》作邴。</small>

庚寅,我入祊。吕氏《集解》:"刘氏敞《传》:未有言'我入'者,其曰'我入祊'何? 祊非我有也。何言乎祊非我有? 王者制诸侯之地有常,郑不得与诸人,鲁不得取诸人。"叶《传》:"凡内邑归,言取不言入,我所有也。归外邑,言入不言取,非我所有也。入,逆辞也,非我所有,外虽归之,其道犹为逆云尔。"陈氏《后传》:"田、邑皆书取,<small>据防、郜。</small>此郑邑也,则曷为谓之来归? 于是桓王即位四年矣,而庄公始朝,王不礼焉。郑有志于叛王,而合诸侯,渝盟归祊,皆逊辞也,纠合之道也。"黄氏《通说》:"春秋诸侯相伐取地者多有之矣,未有捐地以与人者也。盖郑方有宋之争,而求得志焉。顾己力之不能逞也,则资鲁以助之。惧鲁之不尽力也,则归祊以饵。鲁受今日之饵,则他日为己役者宜不得辞焉。此其用术,殆与晋献公以璧、马赂虞而假道伐虢者不异也。然晋之力足以亡虢而取虞,郑之力不足以亡宋而取鲁。又,非其所有而取之,非义已;受人饵已,而不知人之将役己,非智已。'庚寅,我入祊',岂复有羞恶是非之心也?"吕氏《或问》:"以经考之,见有'来归祊'之文矣,未见有易许田之事也。桓公即位而后,郑伯以璧假许田,《左氏》以其事比而言之,而谓之'易',非经意也。盖郑将以结鲁,而非鲁将以结郑也。故前年来输平,则约之以言;今年来归祊,则啖之以利。彼岂真以祊为远于郑而无用,故归于鲁以为好哉? 致惠以结鲁之好,以为纠合诸侯之地尔。虽然,方其归祊也,彼其心固已有觊觎许田之念矣。特以吾方求结于鲁,故姑缓之,以为纠合诸侯之地。若其威势渐张,则许田之地,一言而鲁亦归之于郑矣。既而桓公篡立,郑伯于是要其许田之地,设为之辞,而曰'璧假',郑于是始有以取赏于鲁矣。后之人见祊近于鲁而入于鲁,许田近郑而入于郑,遂以为两下相易,则失之矣。"

秋七月庚午,宋公、齐侯、卫侯盟于瓦屋。

胡《传》:"大道隐而家天下,然后有诰誓。忠信薄而人心疑,然后有诅盟。诅盟烦而约剂乱,然后有交质子。至是,倾危之俗成,民不立矣。《春秋》革薄从忠,于参盟书日,谨其始也。《周官》设司盟,掌盟载之法,凡邦国有疑,则请盟于会同,听命于天子,亦圣人待衰世之意耳。德又下衰,诸侯放恣,其屡盟也,不待会同;其私约也,不蹑天子。口血未干而渝盟者有矣,其末至于交质子犹有不信者焉。《春秋》谨参盟,善胥命,美萧鱼之会,以信待人而不疑也,盖有志于天下为公之世。凡此类,亦变周制矣。"陈氏《后传》:"春秋之初,宋、鲁、卫、陈、蔡一党也,齐、郑一党也。郑有志于叛王,而合诸侯,于是渝平于鲁。齐亦为艾之盟以平鲁,为瓦屋之盟以平宋、卫,所谓'成三国'也。东诸侯之交盛矣。"

冬十有二月,无骇卒。

吕氏《或问》:"无骇何以不氏? 或曰未命也,或曰未赐族也,宜孰从? 曰:所谓未命者,谓其未命于天子也。春秋之际,大夫皆命于其君矣,固未闻有天子之命卿也,何独无骇、挟为然哉? 所谓未赐族者,盖出于《左氏》羽父请族之说,然以宋万、宋督之不氏,《左氏》固以为华督、南宫万矣,则是未尝无族也。然则大夫不氏,正也。其氏者,《春秋》之变文也。春秋之初,大夫皆书名,内之无骇、翚、挟、柔、溺皆名,外之郑宛、詹、纪裂繻皆名,未闻以氏称也。自僖公以后,而内之大夫未有不书氏者,若臧孙、叔孙、季孙、仲孙之类是也,其甚则有生而以字书者,季友、仲遂之类是也;外之大夫无有不氏者,盟书齐高傒、晋赵盾、卫宁速、宋华孙,比比而是矣,征伐书晋阳处父、宋华元、卫孙良夫,往往而见矣。此时之变也,非圣人之私也。春秋之初,惟内大夫卒而书公子者二,公子益师、公子䮘是也,盖以贵书、以重书也。是二公子者,隐之叔父也,故以贵重书之。非公子之贵也,则亦名之而已矣,故无骇、挟皆不氏也。然无骇、挟之不氏,则又异于翚、柔、溺之不卒矣,盖无骇、挟,世禄也;翚、柔、溺,非世禄也。非世禄,则亦不卒之矣。"

九　年

夏,城郎。

吕氏《集解》:"襄陵许氏曰:七年书'城中丘'而后伐邾,九年书'城郎'而后伐宋,皆讥公不务崇德修政以戒萧墙,而念外人之有非,干时动众,恃城保国,亦已末矣。"案:桓十年,"齐侯、卫侯、郑伯来战于郎",则郎固鲁之边邑,而又要塞也,故城之。

冬,公会齐侯于防。

孙《解》:"'会'有两义,如书会、书及以别内外之志,则下皆系事,或盟、或伐、或救也;下不系事,而但书会某于某者,即是以会礼相见者也。《穀梁》曰'会外为主',以一例通之,非也。"

十　年

十年春王二月,公会齐侯、郑伯于中丘。夏,翚帅师会齐人、郑人伐宋。

吕氏《或问》:"将以伐宋者,郑伯也,而中丘之会序齐为首,何也?曰:齐僖、郑庄之图为伯也久矣,盖自石门之盟始。自是而后,齐、郑为一党,鲁、宋、卫、陈、蔡为一党,而宋、卫则其首也。自郑人来输平以离鲁、宋之党,而又纳祊以结之,齐亦为艾之盟,又使其弟年来聘鲁,于是背宋而从齐、郑。齐、郑既得鲁矣,又欲平宋、卫以伯诸侯,于是为瓦屋之盟,则未知宋、卫之能俯首于齐、郑也。宋、卫之未能俯首以从齐、郑也，则又会于防、会于中丘以伐宋。然则，伐宋之师，是齐、郑之相为谋也，非独郑伯之罪也。以国之大小言之，则齐为先矣。"

夏，翚帅师会齐人、郑人伐宋。

吕氏《集解》："刘氏敞《意林》：伐宋、败宋，取郜、取防，滕侯、薛侯来朝，入许，隐公之所以弑也。德薄而多大功，虑浅而数得意也。备其四竟，祸反在内，可不哀欤？孔子曰'人无远虑，必有近忧'，不在颛臾而在萧墙也。"陈氏《后传》："此中丘，诸侯也，曷为会称君、伐称人？略之也。《春秋》举重一役，而再有事，不书。据襄十八年，会于鲁济同围齐，不书会；昭三十二年，盟于狄泉城成周，不书盟之类。苟再见，必前目而后凡也，一役而再见，但人之者，略之也。"

六月壬戌，公败宋师于菅。

吕氏《或问》："帅师者翚，而败宋师称公，何也？曰：翚帅师会伐，正兵也。公之败宋师，是奇道之兵也。齐、郑方求与宋战，宋方备齐、郑之不暇，是以公幸而成功尔。"

辛未，取郜。辛巳，取防。

胡《传》："内大恶，其词婉；小恶，直书而不讳。夫诸侯分邑，非其有而取之，盗也，曷不隐乎？于取之中，犹有重焉者，若成公取鄟、襄公取邿、昭公取鄫，皆覆人之邦而绝其嗣，亦书曰'取'，所谓犹有重焉者，此也。故取郜、取防，直书而不隐也。其不言战而言败，败之者为主，彼与战而此败之也。"黄氏《通说》："《左氏》工于载事，而谬于释经。其叙'庚午，郑师入郜。辛未，归于我。庚辰，郑师入防。辛巳，归于我'，未为不得其实。至谓郑庄公以王命讨不庭，不贪其土，以劳王爵，为得正之体，何其无识之甚哉！郑庄者，当时诸侯之至奸黠者也。为王卿士，而际王室之衰，遍视侯国，如齐、鲁、宋、卫之君，皆庸琐不足以有为也，于是奋其诈力，阴有霸诸侯之志。方宋人伐郑，围长葛而取之，郑庄乃待之以不校，岂真不校也哉？正兵法所谓鸷鸟将击，必敛其翼。当不校之时，莫非深为计之日也。故其始以祊田饵鲁，而鲁辄附之；因鲁连齐,而后用师于宋,以泄己忿焉。于王命乎何有？既败宋师,而求逞其所大欲者未已也。于是又取宋二邑以与鲁,掩人之有而为己惠,既以报鲁,又将以终役鲁尔。其与晋文公分曹、卫之田以赐宋人,使之纳赂于齐、秦,而借以济城濮之师者,同一诡道也。《春秋》方恶其谲,而《左氏》乃以'正之体'称之,岂不悖哉！然《春秋》不书郑归鲁部、防,而以鲁自取为文者,明鲁隐之贪也。贪得于外,而不知丧身之祸伏于萧墙也。"

宋人、蔡人、卫人伐戴。郑伯伐取之。

叶《传》:"郑伯伐者何？伐宋、蔡、卫三师也。郑伯取者何？取宋、蔡、卫三师也。何以不言师？师少也。《春秋》有言'宋皇瑗取郑师于雍丘'矣,有言'郑罕达取宋师于嵒'矣,取者,覆而败之,不遗一人之辞也。何以不言'郑伯取宋人、蔡人、卫人于戴'？戴不见伐,无以著三师玩兵而可取也。"吕氏《或问》:"或疑三师非郑之所能取,谓郑取戴,非也。《春秋》书'取'者有三:凡邑田曰取,若'莒伐取牟娄'是也;师曰取,'郑罕达取宋师于嵒'是也;内大恶讳,凡灭国不曰'灭'而曰'取',若'取郓'、'取邾'、'取鄪'是也。惟灭项则言'灭',公不在国故也,是以不讳。未有外伐国而言'取'也。且三国方伐戴,而郑伯取戴,亦无此理。郑之患三国,无以异戴,以患则均所仇,以恶则均所疾,郑庄虽未近古,讵肯弃所疾而利所危乎？"

冬十月壬午,齐人、郑人入郕。

吕氏《或问》:"往年卫师入郕,盖自是郕从卫矣。齐、郑入郕,其所以孤卫之党欤？"

十有一年

秋七月壬午,公及齐侯、郑伯入许。

陈氏《后传》:"入虽君将,贬人之。唯吾君会焉,则君将称君。许庄公奔卫,不书,非其罪也。凡奔,非其罪不书。奔非其罪,莫甚于被兵者也,是故许男奔卫不书,须句子奔鲁不书。事在僖二十二年。"孙《解》:"二国皆君自行,举其重也,故不言帅师也。《左氏》以为郑庄公有礼,赵子非之,曰:'入人之国,其罪已大,又使大夫守之,不容于诛矣。而以礼许之,是长乱阶也。'此说是也。"

冬十有一月壬辰,公薨。

黄氏《通说》:"不书葬者,《公》、《穀》谓君弑贼不讨,不书葬,非也。蔡景、许悼弑,而贼未讨,皆书葬也。盖不书葬有二,或仇人当国或国内乱不以礼葬之,与在外之国方有变,虽葬而不暇赴,故不书尔。隐之不书葬,仇人当国、不以礼葬之也,是皆摭其实而已矣。"案:此即《左氏》不成丧之说也。

桓　公

桓元年

三月,公会郑伯于垂。

叶《传》:"公何以会郑伯?求免于郑也。叶子曰:垂之会,三传皆不著其说,吾何以知其为求免于郑欤?放弑其君,则残之周公之刑也。周衰,王政不行于天下,列国有弑其君者,非特天子不能讨,方伯不能正,而又幸而求免焉。卫州吁弑桓公而自立,未能和其民。厚问定君于石碏,碏曰:'王觐为可。'于是教之使朝陈而请觐。曹负刍杀宣公之子而自立,诸侯与会于戚而执之,曹人请于晋曰:'若有罪,则君列诸会矣。'乱臣贼子之所惧者,天子与侯伯尔。天子而与之觐,诸侯而与之会,是既许之为君矣,后虽有欲讨者,无所加兵焉,此周之末造也。宣公弑子赤而会齐侯于平州,《左氏》以为定公位,齐人于是取济西田以为赂。桓之会郑,非齐之与宣会欤?郑伯以璧假许田,则济西之赂也。盖自隐公初,齐、晋犹未强,郑庄公独雄诸侯。及使宛来归邴之后,隐遂舍宋而事郑。伐宋、入许,无不与之同者,此桓之所畏也。是其首求

28

于郑者钦？郑既得赂，然后始固好而为越之盟，故称‘及’焉。‘及’者，内为志也。三传惟蔽于易邴之言，不知许田之为赂，是以并垂之事而失之。《春秋》有属辞比事而可见者，吾故以负刍之讨、平州之役而知其然也。”

郑伯以璧假许田。

陈氏《后传》：“取许田则曷为谓之‘以璧假’？郑伯之辞也。公羊氏曰‘为恭也’。春秋之初，诸侯之为恶，必有辞焉以自文。‘郑伯以璧假许田’，‘齐侯、郑伯如纪’，‘单伯送王姬’，‘筑王姬之馆于外’，皆善辞也。夫子伤周之敝，曰‘利而巧，文而不惭’，于《春秋》著其事，所以见王化衰，风俗日趋于变，且以发明郑庄之欺也。爱段之辞、立许叔之辞、劳王问左右之辞，足以祸五世矣。”

夏四月丁未，公及郑伯盟于越。

胡《传》：“垂之会，郑为主也，故称‘会’。越之盟，鲁志也，故称‘及’。郑人欲得许田以自广，是以为垂之会。桓公欲结郑好以自安，是以为越之盟。”吕氏《或问》：“始而公会郑伯于垂，则志为此会者，郑也。已而及郑伯盟于越，则志为此盟者，鲁也。郑伯何为志为此会哉？将以要其许田而为此会也。鲁何为志为此盟也？将以借郑之力以求安其位也。春秋之时，篡弑之君，苟列于会，则天子不之讨，诸侯不之问，此郑庄之所以逆其意而与之会也，此鲁桓之所以因其会而遂假之以许田也。会犹未足，继而盟焉，则愈固矣。是举也，于以见郑伯之巧于要鲁也，于以见鲁桓之急于倚郑也，于以见弑君之贼诸侯不惟不加讨，而又因之以利也，于以见世衰道微，虽罪大恶极之人，而往往得以自安于其位，而无复惧也。”

秋，大水。

叶《传》：“凡大水，以时书者，皆志夏、秋；以月书者，皆志七月、八月。志以时者，其灾长；志以月者，其灾短。七月、八月，尤麦苗之时也。不为灾，则不书。”

二　年

二年春王正月戊申，宋督弑其君与夷及其大夫孔父。

吕氏《集解》："刘氏传：《春秋》贤者不名，孔父者，所贤也，则其名之何？父前子名，君前臣名。"陈氏《后传》："《春秋》贵死节，虽太子不书。据《传》，卫宁喜杀太子角、楚比杀太子禄。必大臣也，然后书。大臣谊与其君存亡者也。虽大臣也，苟不能与其君存亡，则亦不书。是故晋栾书、中行偃先杀胥童，而后弑君，不言及；楚商人先杀斗勃子上，而后弑君，不言及。死节，人臣之极致，《春秋》重以予人也。"吕氏《或问》："《春秋》弑君而书及者三，其贤之乎，罪之乎？曰：《春秋》据事直书，而义自见，其所以书'及'者，正以其与君存亡者尔。春秋之弑君者多矣，由是而并杀其大夫者，亦为不少，而独于孔父、仇牧、荀息得书此，必与君存亡者也。书弑其君而曰'及'，不曰'杀'而蒙弑文，非能与君存亡者，何以加此？盖孔父未死，则与夷不可得而徒弑也；仇牧未死，则捷不可得而徒弑也；荀息未死，则卓不可得而徒弑也。既弑其君，而必及其所忌，则孔父、仇牧、荀息之事亦可知矣。其贤之乎？罪之乎？学者观之而自得之矣。"

滕子来朝。

叶《传》："滕侯国，何以称子？时王贬之也。诸侯一不朝，则贬其爵；宗庙有不顺，亦绌以爵焉，周道也。滕必居一于此矣。叶子曰：王政不行于诸侯久矣，何以能加于滕欤？春秋之初，小国犹有听命焉者也。故杞于桓，以侯见，至僖而书'子'；薛于隐，以侯见，至庄而书'伯'。与是为三，皆微国也，大国则莫见焉。杞于僖，以子见，至文则复书'伯'，亦以是进之也。案：楚初书荆，继书楚，终书爵；吴初书人，继书爵，以见夷狄之日强也。滕初侯而终子，杞亦然，薛初侯而终伯，以见诸夏小邦之日削也。其出于时王之贬，抑自贬之，可不论也。要之，《春秋》亦据其实而书之尔。自文以后，虽三国亦莫行，则周益衰矣。或者以为进退皆《春秋》。夫爵，王命也，可《春秋》而专之乎？以《春秋》为可专，则诸侯之恶，有大于此三国者，何以不贬？或曰：小白伯而正王爵，杞、薛盖终小白之世，未尝与齐通也。"黄氏《通说》："先儒论滕侯爵而书子，凡有数说。一曰，以其朝篡逆之鲁桓，故贬而书子。不知《春秋》凡书外国来从鲁桓者，既明其党恶之罪，不待降爵也。苟以降爵为贬，则凡不降爵者，皆无贬乎？郑伯会桓而犹爵以伯也，杞侯朝桓而犹爵以侯也，何滕之独见削哉？且滕终《春秋》称子，岂圣人因罪滕子之朝桓，遂并及其子孙而不赦耶？一曰，去公侯之爵而从子男者，杀贡赋也，如平丘之盟，郑子产争承曰：'郑伯，男也，而从公侯之贡，惧不给也。'是亦不然。当时五等爵贡，在人耳目者，实不可掩，如郑伯，男也，而从公侯之贡，亦其实不可尔。岂得实为公侯之爵，而自贬以从伯子男之贡，其谁信之？且晋以霸强诛于小国，故小国争承贡赋以求杀焉，固其宜也。今滕于鲁，皆列国尔，虽滕小于鲁，畏而朝之，亦何至争承贡赋如事霸国者，而自降其爵哉？辟此二说，则知杜预云'侯降而子为时王所黜'者，盖得之矣。或谓：周室衰弱，岂能黜陟诸侯？不知周之失政，正在此尔。王朝刑罚，不能略施于强大之邦，而区区用于杞、滕之小国，故《春秋》从其实而书之，以见吐刚而茹柔、畏强御而侮鳏寡者，非王政也。"

三月，公会齐侯、陈侯、郑伯于稷，以成宋乱。

孙《解》："会而系事者三：薄之盟，释宋公；澶渊之会，宋灾故。皆以其事至善，故特系事以美之。稷之会，以成乱，以其事至恶，故特系事以贬之。会于稷而无'暨'、'及'之文，是均其恶也。"吕氏《集解》："刘氏传：成之者何？平之也。平之，则曷为不言平之？保人之贼，私人之赂，制人之上下，谓之成乱则可，谓之平乱则不可。"叶《传》："成，平也。古者谓和为平，谓平为成。宋乱，则何以言成？取赂于华督而不能讨也。何以不言平？言成，则见其与乱和；言平，则疑有正其乱者焉。"陈氏《后传》："会未有言其所为者，其曰'成宋乱'，弑君之祸接迹于天下，于是焉始也。向也，合五国之君大夫以定州吁，而州吁讫于讨；今也，合四国之君以立华督，督遂相宋庄。弑君之祸接迹于天下，四君为之也。《春秋》之褒贬，至于变文，严矣。向也，五国之君大夫，书之复书之，终《春秋》仅一再见焉。以变文为犹未也，而直言其所为，舍此无复见者矣。"黄氏《通说》："公会郑伯于垂，盖郑成鲁乱也。而不书成乱，非讳之也。既书公会，即知其为成鲁乱矣。稷之会，宋不与焉，不特言成宋乱，则无以明其所为也。"吕氏《或问》："成之为言平也。督弑其君而逆子冯，一国之人，岂无有不顺督之所为者乎？四国会于稷以平之，而公子冯始安于位，督遂相宋公，所谓平宋乱也。稷之会，不书以成宋乱，则疑于谋讨督；澶渊之会，不书宋灾故，则特书谋讨蔡。是以圣人直书其所为，而后是非善恶之实著矣。"案：宋之与郑不两立久矣，郑既结鲁与齐，于是有隐十年之伐宋，虽取郜与防以与鲁，而宋、卫亦旋入于郑。郑未能尽快其意于宋也，今宋有弑君之乱，则郑有隙可乘矣。故稷之会，郑实主之。传曰"召庄公于郑而立之，以亲郑"，其事不甚显明哉？郑、鲁、齐、陈始未尝不以讨贼为名也，以赂故，以讨贼始，乃以和贼终。故据其事而直书，曰"成宋乱"，圣人非有加损焉。

夏四月，取郜大鼎于宋。戊申，纳于太庙。

胡《传》："取者，得非其有之称；纳者，不受而强致之谓。"叶《传》："郑人以赂输平于我，而我从之，故书'郑伯使宛来归郜'。我责赂于宋，以成其乱，而宋与焉，故书'取郜大鼎于宋'，有所刺于后，必有所见于前。"

秋七月，杞侯来朝。《公》、《穀》作纪侯。

孙《解》："《穀梁》曰：桓内弑君，外成人之乱，杞即是事而朝之，恶之也。《春秋》之义，责其所可责，不责其所不可责。圣人之意若曰：

偃者不可责之恭,跛者不可责之踊,不强其所不能,不求其所无有。当是时,天子衰,不能讨桓公之乱;诸侯之强者,不能讨弑君之贼。杞侯弱小之国,逼畏于鲁,朝聘以时,恐其不保,能举大义而立王法乎?杞侯之朝,罪不在朝桓公也。"吕《集解》:"伊川先生曰:凡杞称侯者,皆当为纪。杞爵非侯,文误也。及纪侯大去其国之后,杞不复称侯矣。"

蔡侯、郑伯会于邓。

吕氏《或问》:"邓之会,《左氏》以为'始惧楚',何也?曰:《左氏》以为楚卒灭邓、入蔡,而其后郑卒为楚服役,故其说云尔。然以经考之,则桓公以来,楚之滑夏未见于经也。况前乎是,蔡实从宋伐郑,又从宋伐戴,则蔡盖宋之党也。今也,宋、郑既合,则其通于蔡,理无可疑者。然后此五年,蔡、卫、陈之从王伐郑,则又托公义以释私憾者也。岂非郑虽求平于三国,而三国仇郑之心,至是犹未已耶?然则以会邓之书而究其终始,则诸侯离合之不常,亦可知矣。"

公及戎盟于唐。冬,公至自唐。

孙《解》:"《春秋》以地至者四:此年,公至自唐;文十七年,公至自谷;定八年,公至自瓦;十年夏,公至自夹谷。赵子以为鲁地,则至自地。此说是也。"黄氏《通说》:"隐盟戎不致,此何以致?《穀梁》曰:危之也。是不然,等盟戎尔,危桓而不危隐,其说不通矣。盖《春秋》之义,中国与戎盟,耻也。隐不致,隐犹有不得已之意焉。桓策勋于庙,是不耻其所耻,故即其实而致之也。此义明,则中国不得以和戎为功矣。凡公返行而策勋、饮至,则书;否,则不书。"叶《传》:"国君,宗庙社稷之所系,安有出境而不致其反者乎?或书或不书,有史失之而不得书者,有君废之而不得书者。故自文而上六君,见出者九十九,致者十有八;自宣而下六君,见出者八十六,致者六十九。近详而远略,则史失之也;隐公不终于君,故终其世皆不致,则君废之也。"

三　年

三年春正月。

吕氏《或问》："桓何以不书王？阙文也。何以知其为阙文也？曰：《春秋》无事必书首月，首月必书王，此《春秋》书法也，而桓公则十四年不书王。四时虽无事，首时过则书，此《春秋》书法也，而桓公则二年不书秋、冬，吾以是知桓之《春秋》于是多阙文矣。孔子之前，史有阙文；孔子之后，经有阙文。孔子之作《春秋》也，授诸弟子，则其传之也，岂能无脱文哉？或曰：桓之无王，桓无王也，不书秋、冬，明天讨之不加也。以经考之，桓、宣二公皆为篡弑之主，宣未尝无王，而桓独无王，圣人用法何乃如是之异也？至不书秋、冬，则桓十七年五月《公羊》不书夏，昭十年十二月三传皆不书冬，僖二十八年冬有日而无月，又将何说乎？"

公会齐侯于嬴。

黄氏《通说》："桓公以篡逆得国，其初不能不惧天下之讨也。窃计当时周室微弱，不足惧已，所可惧者，桀黠之郑、强暴之戎、大国之齐、宋而已。于是元年会郑，而郑与鲁；二年成宋乱，而宋与鲁；又于是年盟戎，而戎与鲁；至此又成婚于齐，而为嬴之会。其自保之计，可谓至密，而不知上天之网，终于不漏。故礼成不反之祸，萌于婚齐之日。观《春秋》书桓三年'公会齐侯于嬴'，十八年'公薨于齐'，则知世之恶人，焉可自恃其为计之密哉！"

夏，齐侯、卫侯胥命于蒲。

叶《传》："胥命，相命为侯伯也。齐、卫之初，皆尝为伯矣。管仲曰'召康公赐我太公履，五侯九伯，皆得征之'，则太公之为二伯而《周官》所谓'九命作伯'者也。《康诰》命康叔曰'孟侯'、诗责卫伯'不能修方伯连帅之职',则康叔之为方伯而《周官》所谓'八命作牧'者也。桓王之时,周德衰而诸侯莫适为主,僖公、宣公因欲举其世职而更命以为侯伯,故曰胥命。"陈氏《后传》:"胥命者,交相命也。相命也者,相推长也。诸侯不禀于天子而私相命于是始。子颓之乱,虢公、郑伯胥命于弭。不书,以其谋王室也。非王事也,而胥命,是相推长而已矣。于是齐僖称小伯,黎之臣子亦以方伯责卫宣。桓、文之事,其所由来者渐矣。本薛氏。"吕氏《或问》说略同。

公子翚如齐逆女。九月,齐侯送姜氏于欢。公会齐侯于欢。夫人姜氏至自齐。

吕氏《集解》:"襄陵许氏曰:自嬴之会,至于仲年来聘,纪姜氏如此,谨昏义也。《春秋》反复,意有所致者,不可不察也,必有深诫其中。故志文姜悉者,闲其乱也;录伯姬详者,矜其节也。"

四 年

夏,天王使宰渠伯纠来聘。

黄氏《通说》:"时桓王有讨郑之志,故聘鲁以求助。不知宠篡逆以堕三纲,刑政亡矣,岂可复以讨诸侯哉?"吕氏《或问》:"宰渠伯纠,或以渠为氏、伯为爵、纠为名,或以渠伯为爵,宜孰从? 曰:渠其氏,伯纠其字,与南季一例尔,天子之大夫称字。"

无秋、冬二时。

孙《解》:"孔子曰:'吾犹见史之阙文也。'盖孔子修《春秋》,皆因旧史。旧史所载,不可以为劝惩,则孔子削之;旧史之所无,虽如日、月之可考知者,孔子亦不妄加也。如经所载首时,皆首时之下旧有事,孔子以其无事惩劝,略去其事,而独存其首时也。旧史一时或二时其下无事,则不书,孔子亦不加之,此年无秋、冬二时是也。亦有虽然首时而事适在于其月，孔子但去其事，亦不改为首时也，庄二十二年夏五月是也。推此以求之，足知孔子于《春秋》无虚加者，不惟阙所不知，亦以传信于万世也。"

五　年

五年春正月甲戌、己丑，陈侯鲍卒。

孙《解》："明年之经，经书'蔡人杀陈佗'，赵子以为甲戌之下，当记其事，而简编脱之。传者不见其事，故为此纷纷也。案：《春秋》之经，自相照验，未有始卒不相会者。若明年但书杀陈佗，而今年不载陈乱之迹，则陈佗者何人，而杀之又以何罪？本此而推，故甲戌之下载陈佗之事。赵子之说是也。《左氏》曰'再赴也'，赵子非之，曰：岂有方当祸乱之时，而有暇来告赴乎？《公羊》曰：'甲戌之日亡，己丑之日得。'若孔子知其实死之日，必不以二日书也。《穀梁》曰'不知死之日'。案：不知者孔子皆阙之，未尝妄书，恐人之传疑也。若实不知，则阙疑、传疑可也，必不以二日而惑人矣，此亦非也。"叶《传》："甲戌下无文，经成而亡之也。子曰：'吾犹及史之阙文也，有马者借人乘之，今亡矣夫。'史不及见其全文而与之正，犹无马不能借人而与之乘也，是以君子慎乎阙疑。乃《春秋》则非史也，将别嫌疑以为万世法，则何取于多闻哉？可及者及之，不可及者则去之而已。所以为《春秋》者，不在是也。故《春秋》无阙文，而先儒之说，乃以为信以传信、疑以传疑，纳北燕伯于阳，谓之公子阳生，曰我知之而不革。夫如是，则《春秋》何以定天下善恶而示劝沮软？吾是以知凡《春秋》之阙文，非仲尼之阙疑，皆经成而后亡之者也。"吕氏《或问》："《左氏》以为再赴，《公》、《穀》以为甲戌之日亡、己丑之日得，信乎？曰：否。甲戌之下，当别有字，而简编脱尔。"

夏，齐侯、郑伯如纪。

吕《集解》："刘氏《意林》：齐侯、郑伯如纪，《春秋》恶其怀不义之心，虽卒不能害而疾之，与袭侵人之国无异。此圣人诛意之效也。故云'兵莫憯于志，莫邪为下'矣。"胡《传》："此外相如尔，何以书？纪人主鲁，故来告其事，鲁史承告，故备书于策。夫子修经，存而不削者，以小国恃大国之安靖，已而乃包藏祸心以图之，亦异于'兴灭国，继绝世'之义矣。故存而不削，以著齐人灭纪之罪，明纪侯去国之由。刘敞《意林》所谓'圣人诛意之效'是也。"叶《传》："外相如不书，此何以书？过我也。"

天王使仍叔之子来聘。

叶《传》："不正其以子代父。爱人之子，而轻其大夫也。桓不足聘，名渠伯纠已一见贬矣，再不足贬也，贬其使仍叔之子而已。叶子曰：《春秋》之善善也，一善不再褒。因其可褒而褒之，而吾所与者自见矣。其恶之也，一贬不再贬，亦因其可贬而贬之，而吾所夺者自显矣。盖所以为褒贬者，著吾所与夺而已，何必致意而屡见哉？"黄氏《通说》："求鲁而不见答，故复遣聘也。至于使仍叔之子，则又以见王朝用人之缪矣。"吕氏《或问》："彼其曰'武氏子'者，父死而子世官之辞也；此其曰'仍叔之子'者，父在而子为官之辞也。"

秋，蔡人、卫人、陈人从王伐郑。

吕《集解》："伊川先生《解》：王师于诸侯不书败，诸侯不可敌王也；于夷狄不言战，夷狄不能抗王也，此理也。其敌、其抗，王道之失也。"叶《传》："何以不曰'天王伐郑'，而举从者以为之辞？不以郑伯敌天王也。三国何以皆称人？诸侯无军，以卿帅其教卫之民以赞元侯。入天子之国曰'某氏'，故以人见，周礼也。天王败绩于茅戎，书'败'；郑伯大败王卒，不书'败'。戎，夷狄也；郑，中国也。夷狄，礼义所不加，败何耻焉？中国而败王，则所以为王者，亡矣。不可以郑而亡王，是以不可见败也。"陈氏《后传》："《春秋》之法，有天子在，则其诸侯称人；有诸侯在，则其大夫称人。据隐四年蔡卫、僖十八年卫郑之类。其曰'蔡人、卫人、陈人从王伐郑'，尊王也。"孙《解》："变文而书之曰'从王'，以谓王者之尊，天下之民、天下之土，皆所自有，一令之出，则天下莫敢不从焉。"

大雩。

吕《集解》："伊川先生《解》：大雩，雩于上帝，用盛乐也。故因其非时而书之。遇旱灾则非时而雩，书之所以见其非礼，且志旱也。郊禘亦因事而书。"

螽。《公羊》作蝝。

吕《集解》："伊川先生《解》：螽，蝗也。既旱又蝗，饥不待书也。"

六　年

六年春正月，寔来。

陈氏《后传》："以为来朝，则非朝也；来奔，则非奔也。但曰'州公来'，则疑于祭伯，故书曰'州公如曹'。'春正月，寔来'，是不复其国之辞也。《春秋》之修辞谨矣。古者君去其国，大宰取群庙之主以从，而托于诸侯，曰'寓公'，先王所以通不得已也。州公如曹寔来，纪侯大去其国，不书奔，通不得已也。"

秋八月壬午，大阅。

吕《集解》："襄陵许氏曰：桓盖闻齐图纪之谋，见周伐郑之事，是以饬城守、阅武备。盖其谋国，知此而已。观其用众之不时，知其志不在民矣。"

蔡人杀陈佗。

孙《解》："《春秋》弑君之贼，或见讨于其臣，或见讨于其国，或见讨于诸侯，或见讨于外裔，然而圣人书之，无异辞焉，一志之以人。其义犹曰：人之为人者，以其有父子君臣也。臣而弑君，子而弑父，灭人伦也，非人道也。灭人伦，非人道，则凡为人者，皆得诛之，若诛异类尔。故无臣子、无国人、无诸侯、无外裔，能讨之者，皆称之曰人，所以厚人伦、别异类、广仁义之路也。"胡《传》："佗弑太子而代其位，至是逾年，不成之为君者，以贼讨也。言蔡人以善蔡，书陈佗以善陈。善蔡者，以蔡人知佗之为贼；善陈者，以陈人不以佗为君。知其为贼，故称人。称人，讨贼之词也。不以为君，故称名。称名，当讨之贼也。鲁桓弑君，而郑伯与之盟；宋督弑君，而四国纳其赂，则不知其为贼矣。齐商人，弑君者，及其见杀，则称位；蔡般，弑父者，及其见杀，则称爵，是齐、蔡国人皆以为君矣。圣人于此，抑扬与夺，遏人欲于横流，存天理于将灭，可谓深切著明矣。"陈氏《后传》："曰'蔡人杀陈佗'，是讨贼之辞也。佗之罪不著于《春秋》，曷为以讨辞书之？佗，杀太子免而自立者也。然则佗之罪，曷不著于《春秋》？陈侯鲍卒，公子与太子争立，犹两下相杀而已矣。两下相杀不道。**本穀梁例。** 两下相杀不道，则其讨之何？以庶孽乱正统，如之何勿讨也？书'杀免'，则疑于齐荼；不书'杀佗'，则疑于晋重耳。《春秋》之修辞，谨矣。是故佗尝逾年矣，不成君；而蔡人虽微，得书人。"吕氏《或问》："此盖卫人杀州吁、齐人杀无知、楚人杀陈夏征舒之义也。佗之弑逆，《春秋》不书，则史阙之耳。案经，诸侯虽篡弑，苟逾年，则皆以成君称之。齐商人，弑君者，及其见杀，则称君；蔡般，弑父者，及其见杀，则称侯。陈佗既逾年矣，而不称君，何也？齐无知亦逾年而不称君，盖当是时，一国之人犹知其为弑逆也，异邦之人犹知其为弑逆也，故皆以讨贼之词名之。若夫子之修经，则录其实而已矣。"

九月丁卯，子同生。

陈氏《后传》："生子不书，据子般、子恶。此何以书？志庄公之不能为子也。桓公不良死于齐，而不怨；文姜之淫，诗人所为赋《敝笱》《载驰》、《猗嗟》也，而不耻；生十有三年而立，三十有五年而文姜薨，制于其母；必齐女也，然后娶而不悔。庄公不足以为人子矣。故其年不可以不志也。"

七　年

七年春二月己亥,焚咸丘。

叶《传》:"咸丘,内邑也。古者以季春出火,季秋纳火,有田事则焚莱。凡国失火,野焚莱,则有刑罚。二月,建丑之月也。火未出而出,曰'焚咸丘',火失其禁,而遂以害其邑也。其失火欤? 其焚莱欤? 灾先言所,而后言所灾,天火也,见其火而已。焚先言焚,而后言所焚,人火者,有焚之者也。叶子曰:厩焚,孔子退朝,曰:'伤人乎?'不问马。乡人为火来者,拜之,以为相吊之道焉。咸丘焚,固《春秋》之所重也。"案:咸丘,《公》、《穀》皆以为邾邑,而杜预以为鲁邑。巨野县南有咸亭,邾之国实在鲁之南境,咸丘在南,则二传谓之邾邑,是也。故孙莘老从二传为说。《左传》曰"鲁击柝闻于邾",言其相近之甚也。邾本鲁附庸之国,邾邑犹鲁邑也,故不系邾。此莘老之说也。窃谓二传火攻之说,未为可据。参之《左传》,要以火田近之。然火田常事,无为特书,则合之叶氏之说,以焚莱而焚及邑,固事之所有者也。所谓人火也,故不曰咸丘灾,而曰焚咸丘也,以著不慎之戒也。抑其所以不慎者,毋亦以其为邾之邑而忽之欤? 故自邾人视之,以为是火攻而已矣。此二传火攻之说所由来也。一事也,必考之各传,按之事理,而后庶几得之,于此见读《春秋》之难已。

夏,穀伯绥来朝。邓侯吾离来朝。

吕氏《或问》:"穀、邓何以书名? 曰:或以为朝弒逆之人,则贬而名之;或以为失地则名。夫桓,诚弒逆之人也,然中国之诸侯既与之为会盟矣,何责于穀、邓之小国乎? 若以失地则名,不见其失地之由。据《左氏》,楚卒灭邓,在庄之十六年,则穀、邓之灭于楚,当不在是时。且既谓之来朝,则非失地之君矣。《春秋》夷狄之附庸皆书名,盖因夷狄附庸之例也。曰谷伯、邓侯者,中国之爵也;名之者,夷狄附庸之例也。存中国之爵,而以夷狄附庸之例名之,则卑而远故也。以至卑至远而来朝,则罕见之事也,是以史官书之曰某国君某来朝,所以志之,而夫子亦因之尔。然谷、邓自是不见于经,则其失爵而入于夷狄为附庸,亦可想见矣。然则谷、邓至远于鲁,何以来朝?曰:谷、邓迩楚之国,意者楚日浸强,将有吞并二国之心。而二国之君,以鲁为东方之望国,庶几其能安我,而来朝以求援耳,而不知鲁之不足恃也。弑逆之人得免于讨,幸矣,安能为人谋哉?于以见中国之不振旅,而小国不能以自存也;于以见夷狄浸强,而先王所封之爵,至是而渐为其所并也;于以见大义不明,而弑逆之人,天下不知其为贼,而小国犹欲朝之以为援也。"

八　年

秋,伐邾。

陈氏《后传》:"但曰'伐邾'何?桓师非君将,皆不言大夫。"

祭公来,遂逆王后于纪。

吕氏《或问》:"其逆王后于纪,何也?纪之于鲁,盖婚姻之国也。纪谋齐难于鲁,而王娶后于纪,则鲁实为之谋也。天子之娶女于诸侯也,使同姓之诸侯为之主,太上无敌也。故纪季姜之归于京师,鲁实主之。鲁急于固纪,是以因祭公之来,而使请于王以逆后尔。或以'遂'为专行之辞,以理度之,岂有逆王后而不由天子之命乎?《春秋》书'遂',皆继事之辞,非必专行也。僖四年'侵蔡,遂伐楚',是盖先侵蔡而后伐楚也;僖三十年书'如京师,遂如晋',盖先如京师,而后如晋也。此年'祭公来,遂逆王后于纪',盖先来鲁,而后遂逆王后于纪也。故夫'遂'者,继事之辞也。"孙《解》:"《春秋》之法,入国称夫人。当祭公之来,王后犹在纪也。然不谓之逆女,而谓之王后者,天子之尊,天下皆

41

其有也,诸侯之尊,一国皆其有也。天王之后,苟逆于天下,则所在之国,皆得以尊名称也。天子命之,则为王后矣。诸侯有一国,境外之地,则非己有,故入国而后称夫人也。"案:吕氏以为祭公来而后始有逆后之谋,故谓始来之初,非为逆后,而卒以逆后归。恐天王娶后未有如是之草率者也,此则吾所不取。

九　年

九年春,纪季姜归于京师。

孙《解》:"为天王后而谓之纪季姜者,伸父母之尊,不得以王后称也。祭公之逆,则曰王后,天子命之为后,虽在于纪,亦天子之天下也。自纪而归,则曰季姜,有父母之尊,不敢以尊名称也。不曰'归于周',天下无往而不周也。"吕《集解》:"刘氏《意林》:逆也,称王后;归也,称季姜。此言礼之上下取与进退先后,各有所宜,而不相悖也。公卿谋之,诸侯主之,龟策诹之,天子命之,是王后矣。然而未见宗庙也,未觌君子也,未觌群臣也,则不敢居其位。其词顺以听,此正始之道、王化之本也。"叶《传》:"称王后矣,何以复曰季姜?父母之辞也。虽贵以配天子,犹曰吾季姜云尔。故归仍称季姜。"陈氏《后传》:"后归不书,据庄十八年陈妫传。此何以书?详纪事也。后妃母仪天下,以为天地社稷宗庙之主,俄而宗国亡焉,是不可不详也。"吕氏《或问》:"《春秋》书逆王后者二,桓八年及襄十五年'刘夏逆王后于齐'是也。然惟季姜书'归于京师',而刘夏之逆后不书归,则祭公之逆,以鲁为之主书之也。刘夏之逆,以其过鲁书之也。鲁为之主,故书归;不为之主,则亦不书归矣。"

冬,曹伯使其世子射姑来朝。

叶《传》:"曹伯何以使世子来朝?摄也。礼,诸侯之嫡子,誓于天

子,摄其君,则下其君之礼一等;未誓,则以皮帛继子男。朝天子之节
也。朝天子有时,有故不能朝,则摄;诸侯无相朝之道,射姑而摄朝,是
仇天子之礼于诸侯也。"案:诸侯间于王事,则相朝,不得谓无相朝之
道,不过不必如是汲汲耳。

十 年

秋,公会卫侯于桃丘,弗遇。

吕《集解》:"不者,正辞也;弗者,迁辞也。"叶《传》:"会,两相期也。
晋纳捷菑而中已,曰'弗克纳'。弗,彼可得而我不欲之辞也。宣公葬
敬嬴而雨,曰'不克葬'。不,我欲之而彼不得之辞也。卫与我相期,外
我而不至,我为耻矣,故书'弗遇',若我不欲见然,杀耻也。沙随之会,
晋以侨如愬,拒公而不见,非我所耻矣,故书'不见公',正彼之不见不
耻也。"吕氏《或问》:"齐、郑之如纪,将以图纪也。而纪会公于成,又朝
于我,纳后于周,又以鲁为主,皆将以固纪也。齐、郑急于图纪,故不得
不急于谋鲁。伐郑之役,卫实从王,则郑与卫有隙矣。故鲁桓因而会
之,将以为援也。然蒲之胥命,则齐与卫亦既修旧好矣。卫始以郑之
怨,而约与鲁会,终以齐之故,背鲁而弗来。盖公之所以弗遇者,齐与
郑实轧之也,是以有郎之战。书曰'弗遇',罪不在鲁也。"

冬十有二月丙午,齐侯、卫侯、郑伯来战于郎。

孙《解》:"《春秋》于内战亦多矣,未有曰'来战'者。书曰'来战',
内虽败矣,以来文加之,不宜来也。我无可伐之罪,彼无名而伐之,内
虽败焉,彼亦不宜来也。"胡《传》:"郑人主兵而首齐,犹卫州吁主兵而
先宋。"吕《集解》:"刘氏《意林》:战者,仁人之所恶也,有不得已而应
之者矣,未有得已而先之者也。"叶《传》:"来聘、来盟、来归、来奔,可
矣;未有战而可来者,是以君子之恶战也。"案:齐谋纪,不得不先威

鲁，此实齐主兵。胡《传》信《左氏》，尚未得其实，且齐饫诸侯，胡为先郑而后鲁？毋亦特以结郑，而阴以讽鲁欤？齐僖狡黠，固不在郑庄下也。

十有一年

十有一年春正月，齐人、卫人、郑人盟于恶曹。

孙《解》："《左氏》曰：齐、卫、郑、宋盟于恶曹。案：三国之盟，但以新胜鲁而结好耳，谓之宋与盟，则于此九月必不执郑祭仲与有折之盟、夫钟之会也，《左氏》谬矣。"陈氏《后传》："此郎之诸侯也，曷为战称君、盟称人？凡一役而再见者，但人之，略之也。犹曰：'上无天子，下无方伯，莫适为主，则人自为盟而已矣。'郑败王师，齐灭后之母家，而卫亦抗子突以自立，其无王甚矣。自有参盟，莫甚于恶曹，故略之也。"吕氏《或问》："此郎之诸侯也，曷为称人？曰：《春秋》书法，凡一役而再见者，人之。隐十年'公会齐侯、郑伯于中丘，夏，翚帅师会齐人、郑人伐宋'，此其例也。三国既以不道兴师，而为郎之战，又结怨固党，以为恶曹之盟。使郑庄不死，则三国之党不分，而鲁之兵祸未有已也。书郎之战，而继以恶曹之盟，三国之恶稔矣。抑是盟也，又岂特以抗鲁而已哉？齐、郑自石门之盟，而有志于伯；齐、卫自蒲之胥命，而有志于伯。今也，三国合而为恶曹之盟，不特以抗鲁也，亦将以抗王也。郑既有败王师之罪矣，而其后齐亦灭后之母家，卫亦抗子突而自立。其无王甚矣。自有参盟，莫甚于恶曹，故《春秋》恶之。"

突归于郑，郑忽出奔卫。

吕《集解》："刘氏《传》：突归于郑者，见突之挈乎祭仲者也。归者，顺辞也，有易辞焉，非所顺而书归，易也。入者，逆辞也，有难辞焉，非所逆而书入，难也。突之易，见祭仲之挈也。"胡《传》："小白入于齐，则曰'齐小白'，突归于郑，何以不曰'郑突'乎？以小白系之齐者，明桓公之宜有齐也；不以突系之郑者，正厉公不当立也。"陈氏《后传》："归未有不系国者，突，庄公子也，而弗系之郑，以为是篡郑也。据小白、阳生称齐，去疾、展舆称莒，皆争国也，唯突弗系之郑，亦弗系之曹，则篡辞也。"叶《传》："凡君出奔者，皆书名，盖迫逐者，必有与之争国者也。内亦一君也，外亦一君也，不名，则无以为辨。故国灭而奔不名，谭子奔莒、弦子奔黄、温子奔卫是也；奔虽有君，不自居而摄，亦不名，卫侯出奔楚是也，皆内无君者也。然则，名固所以别二君也。"吕氏《或问》："君在丧，未逾年，称子忽。立三月矣，何以不称子而称名？曰：'此争国之辞也。曹羁虽立，而未成君也；郑忽虽立，亦未成君也。未成君者，盖其国人亦未之君也。未之君，则其与突何异焉？忽之名，与突无异，而系忽于郑，则有异矣。'至于复归于郑，则称世子，何也？曰：'此正其为世子也。正其为世子，则突之不当立明矣。'"

柔会宋公、陈侯、蔡叔盟于折。

吕氏《或问》："内大夫帅师自无骇始，内大夫与诸侯盟自柔始。折之盟，何也？曰：郑连齐、卫与鲁为仇，陈、蔡从王与郑为仇，久矣。今郑庄已死，而宋有立突之功，折之盟，其殆欲倚宋以平鲁、郑、陈、蔡，而将以定突之位乎？鲁桓以为郑突犹己匹也，是以汲汲而为此耳。蔡叔何以称字？曰：诸侯之母弟称字者，非大夫也。此年蔡叔、十五年许叔、十七年蔡季、庄四年纪季是也。其称名者，大夫也。"

十有二年

公会宋公于虚。冬十有一月，公会宋公于龟。

叶《传》："公始以柔会宋，未几，复自会于夫钟、于阚、于谷丘。夫钟，郕地；阚，鲁地；谷丘，宋地也。公之求于宋，亟矣。及是，复会于虚、于龟。虚、龟皆宋地，而公即之，公之求于宋，益亟矣。盖自隐以来，我之相与为厚薄者，惟宋与郑。党郑则伐宋，善宋则伐郑。至郎之战，惧郑之谋己，故亟于求宋。宋得其情，而虚、龟之会，遂辞平。公无望于宋矣，则反而求郑以为武父之盟，而成伐宋之役。明年再会，又明年复会，其求于郑者，亦如是其亟。郑适有突之乱，知其不足恃，乃复从宋而伐之。孰有立国如是而可久者乎？暴戾则无亲，失道则寡援，君子是以知桓之不终也。叶子曰：是在《周易》，所谓'莫益之，或击之，立心勿恒，凶'者欤？"吕《集解》："襄陵许氏曰：王迹既熄，霸统未兴，诸侯自擅，无所禀命。视隐十年，见兵革之乱也；桓十一年以来，见盟会之乱也。是以君子不得已于斯民，而以礼乐征伐实与桓、文，故霸统兴起，则无复此乱，诸侯有所一矣。"

丙戌，公会郑伯盟于武父。

吕氏《或问》："突以弟篡兄，倚宋之力而得国。而突之赂于宋者，未满其欲也，是以责赂于郑。公于是四会、一盟以要之，而宋终不与之平也。然则宋之猜贰无厌可知，而鲁之强聒不舍，亦已甚矣。始也，为人谋事而欲解其仇；终也，怒其辞平而复党其恶，鲁之罪可知矣。受人之惠而忘其德，忿其小怨而至于用兵，郑之罪可知矣。执人之权臣而使之出其君，纳篡弒之人而多责其赂，宋之罪亦可知矣。皆罪也，而鲁尤甚。且不谋人之事则已，五反而不合，至于结党而交兵，谋人之事者固如是乎？或曰：突篡君也，武父之盟书曰'郑伯'，何也？曰：诸侯虽以篡得国，苟其大臣君之，其国人君之，诸侯亦与之会盟，以为彼国之君也，圣人亦从而君之，从其实也，武父之'郑伯'是也。苟其虽正嫡而未成君也，其大臣不之君，其国人不之君，列国之诸侯亦未以为彼国之君也，圣人亦从而名之，从其实也，曹羁、郑忽是也。圣人何加损焉？"

十有二月，及郑师伐宋。丁未，战于宋。

孙《解》："若但言'及郑师战于宋'，则是与郑战，故特变其文而书之，曰'及郑师伐宋，丁未，战于宋'，所以见与郑同伐，而为宋所败也。《公羊》曰'嫌与郑人战'，此说是也。"陈氏《后传》："此公及郑伯也，曷为前称君、后称师？本杜谬。略之也。二役而再见者，但人之。用众焉，称师。于是欲平宋、郑，期岁之间，会于折、于夫钟、于阚、于谷丘、于虚、于龟，而宋辞平，遂舍宋而会郑师以伐宋，战焉。战不言伐。公羊氏例。战而言伐，有不与战者也。据僖十八年宋、曹、卫、邾伐齐，宋及齐战，而曹、卫、邾不书。哀十一年公会吴伐齐，齐及吴战，而鲁不书。未始有不与战者，而亦言伐，则甚伐者也。曰'战于宋'，薄宋之罪也。"案：胡《传》曰："来战者，罪在彼，战于郎是也。往战者，罪在内，战于宋是也。"正陈氏之说所本。

十有三年

公会纪侯、郑伯。己巳，及齐侯、宋公、卫侯、燕人战。齐师、宋师、卫师、燕师败绩。

孙《解》："《春秋》战必书地，此不书地者，战于纪也。纪为齐侵削，志欲灭之，举宋、卫、燕三国之师往伐之。纪于是要鲁、郑之君以为之敌。经不书所战之地者，以纪侯主兵而与之战，则是其战在纪也。若书曰'公会郑伯及诸侯之师战于纪'，则是郑伯主兵，不见纪侯为主兵也，又不见齐侯率诸侯之师，至于纪之国都而志在灭纪之罪也，故必以纪主兵，序其上，而后见与诸侯之师战焉。《春秋》之法，内不言战，言战则败；败外诸侯者，直以败为文。而于此败诸侯之师，言战、言败，与例不同者，盖《春秋》之法，不以外敌内，会外诸侯则不嫌，敌者非一，其责不专在我也。《春秋》内败外师，书战、书败者，二而已，其一即纪之战，其一则成二年鞍之战也。盖皆会外诸侯焉，其责不专在我故也。齐、宋、卫三国称爵，君行，举重也。战则举重，败则称师，重众也。卫侯晋卒于去年之冬，于此才三月尔，犹未葬也，而卫之嗣君出会诸侯，而伐人之国，又自称其爵，不以丧礼自持，圣人据实而书之，以见其罪，且深疾之也。"陈氏《后传》："凡君在丧，恒称子。据僖九年宋子、二十五年卫子、定四年陈子。卫宣公未葬，则其称卫侯，何不以居丧之礼出也？卫朔、宋固、成三年。陈溺，襄五年。犹逾年也；郑费，成三年。未逾年，亦曰郑伯，甚矣！《春秋》之法，苟在丧也，未逾年，不成君，是故卫戴公不书卒，郑忽、曹羁之奔也，但书名，此亦未逾年也。而自称卫侯，吾从而志之无改焉，何也？以其不成君，则《春秋》不可以弗辨；苟继世矣，则《春秋》弗辨也，从而志之，徒见其悖礼焉耳。故凡《春秋》辞从主人，皆实录而已，非修《春秋》之辞也。"

三月，葬卫宣公。

胡《传》："葬自内录也。既与卫人战，曷为葬宣公？怨不弃义，怒不废礼，是知古人以葬为重也。礼，丧在殡，孤无外事。卫宣未葬，朔乃即戎，已为失礼。又不称子，是以吉服从金革之事，其为恶大矣。凡此类，据事直书，年月具存，而恶自见也。"吕《集解》："常山刘氏曰：葬自内录也。君子怨不弃义，怒不废礼，恶不忘亲。"

十有四年

夏五。

吕《集解》："泰山孙氏曰：孔子作《春秋》，专其笔削，损之益之，以成大中之法，岂其日月旧史之有阙者，不随而刊正之哉？此云'夏五'，无'月'者，后人传之脱漏耳。"叶《传》："不书'月'，阙也。经成而后亡也。"黄氏《通说》："夏五阙'月'，当是传经之误，穀梁氏以为孔子传疑，非也。夫文不关于教戒，而遗无故之疑者，岂《春秋》意哉？"

郑伯使其弟御来盟。

孙《解》："《春秋》凡使自外而至，盟者，则曰来盟，不言其地，盟于我之国都也。"胡《传》："来盟称使，则前定之盟也。其不称使，如楚屈完、齐高子，则权在二子，盟不盟特未定也。"

乙亥，尝。

叶《传》："不书月，蒙上文。尝，秋事。建未之月尝，失时也。"黄氏《通说》："凡祭，散斋七日，致斋三日。尝于乙亥，则是壬申为致斋之初日也。御廪之灾，不于他时，而于尝祭致斋之日，其异甚矣。"吕氏《或问》："《春秋》书烝、尝者二，惟桓八年两书烝与此年一书尝而已。盖常祭不书，所以书者，为事起，夏五月而烝，秋八月而尝，皆黩祭也。"

宋人以齐人、蔡人、卫人、陈人伐郑。

叶《传》："伐何以言以？己不能敌，而假人以为用也。鲁有齐怨，而以楚师，先书公子遂乞师于楚，而鲁之师无见焉，己不能敌人也。蔡有楚怨，而以吴子，后书吴入郢，而蔡之入无闻焉，假人以为用也。此《春秋》之义也。"陈氏《后传》："伐未有言以者，则其言以何？用诸侯之师，于是始也。东迁之后，诸侯虽会伐，非一国之志也。非一国之志也，则会者序爵而已矣。据隐四年伐郑、十年伐戴、桓十五年十六年伐郑、十七年伐郑，皆先宋。虽主兵也，而小国序大国之上，据隐五年邾、郑伐宋，庄五年齐、宋伐郑。亦非一国之志。以一国而用诸侯之师，于是始。上无天子，下无方伯，有以一国而用诸侯之师者矣，书以，此伯之所由兴也。伯者之令行于天下，自是无书以者，书以者，必中国用夷狄者也。据僖二十六年公以楚师、定四年蔡侯以吴子。"案：《公羊》卫人在蔡人上，误也。五年秋蔡人、卫人、陈人从王伐郑，隐四年翚帅师会宋公、陈侯、蔡人、卫人伐郑，十年宋人、蔡人、卫人伐戴，蔡之先卫久矣。

十有五年

春二月，天王使家父来求车。

黄氏《通说》："凡《春秋》书求赙、求车、求金者，皆以见王室之衰、诸侯之不臣焉。"

五月，郑伯突出奔蔡。郑世子忽复归于郑。

孙《解》："犹曰'伯'者，所以见其尝有郑也。不书其爵，则无以别郑之臣也。"胡《传》："忽尝嗣位君其国，归而称世子，则亡其君位明矣。其称复归者，谓既绝而复归也。然诸侯失国出奔，归而称复则可。大夫失位出奔，归而称复则不可。古者诸侯世国，大夫不世官。"叶《传》："忽何以称世子？言子，则丧已除；言爵，则虽逾年而不居位。与之以君存之称，所以别于突，而明正也。何以言复归？凡诸侯出奔言'复归'。诸侯，世国者也，虽失位而不可绝，归则复矣。大夫出奔言'归'。大夫，世官者也，出，位则绝也。故诸侯无归，大夫无复归。诸侯而言归者，不与其复而夺之也，'卫侯郑归于卫'是也。大夫而言复归者，有挟而复，不正其归也，'卫元咺自晋复归于卫'是也。叶子曰：世子，君在之称也。《春秋》有君薨而称世子者三：郑世子忽，正其为世也；卫世子蒯聩，辨其当世也；蔡世子有，与其能世也。天下莫大于名分，事在名则正名以定其实，事不在名则假名以正其实，《春秋》之义也。"吕氏《或问》："忽奔不书子，而突奔则书伯，突之君也久矣。忽之复归于郑称世子，何也？突虽君，而忽世子之位终不绝也。忽世子之位不绝，则突之不当君，明矣。忽之奔也名，以其未成君也；其复归也称世子，正其为世子也。《春秋》别嫌疑、明是非，若世子而不得正其名，则乱臣贼子得志于天下矣。"吕氏《集解》："刘氏《意林》：复归有君臣之异，言固不可概举也。以其世也，故可言复，可言复而不言复者，夺其国之意也。以其不世也，故不可言复，不可言复而言复者，致其窃取位之意也。"

许叔入于许。

孙《解》："书其字曰'许叔'，不书其爵者，未尝有爵也。不曰归者，有郑之难，不可以安而归也。纪季以酅入齐，则书季；许叔入许，则书叔，皆贤之也。陆淳论之曰：'入继之美者，莫过于纪季；兴复之善者，莫过于许叔。'此说是也。"叶《传》："郑庄公入许，奉许叔居东偏，以其大夫公孙获居西偏。郑乱，许叔乘之，以复其国。幽之盟，许男遂见焉。许君失之,许叔复之,君子以是为贤也。何以不言许男?得国而未君也。蔡侯庐、陈侯吴得称爵,王命复之,则君也。许叔未受命,可以复许,未可以君许,必君命而后得爵也。何以言入?难也。国已分矣,乘人之乱而幸得焉,其复之道为难也。"

秋九月,郑伯突入于栎。

胡《传》:"经于厉公复国,削而不书,独书入于栎,何也?夫制邑之死虢君、共城之叛太叔,皆庄公所亲戒也,今城栎而置子元也,使昭公不立,何谋国之误也!卫有蒲、戚而出献公,楚有陈、蔡、不羹而叛弃疾,末大必折,有国之害也。于厉公复国削而不书者,若曰:既入于栎,则其国已复矣。于以明居重驭轻、强干弱枝、以身使臂之义,为天下与来世之鉴也。"

冬十有一月,公会宋公、卫侯、陈侯于袤,伐郑。《公羊》宋公上有齐侯,袤作侈。

胡《传》:"《穀梁》曰:'地而后伐,疑词,非其疑也。'所谓非其疑者,非其疑于为义而果于为不义,相与连兵动众纳篡国之公子也。"案:《左传》"会于袤谋伐郑,将纳厉公也",纳厉便纳厉矣,何取于会?又何取于谋?盖以要略也。不特要略也,且将视略之轻重以为左右袒也。使昭公肯重略此数国者,伐郑之师或转而伐栎矣。是《穀梁》之所谓疑也。疑者,疑于略之大小、利之轻重,非疑于利、义之间也。当时鲁桓、宋庄之流,岂复有一念及于义不义哉!

十有六年

十有六年春正月,公会宋公、蔡侯、卫侯于曹。夏四月,公会宋公、卫侯、陈侯、蔡侯伐郑。

孙《解》:"自入春秋以来,蔡与中国会盟侵伐,未尝后陈、卫。自此伐郑之后,陈、卫常处其上,终于《春秋》,未尝一会辄先陈、卫也。盖蔡之国小而逼于楚,于是始服属于楚。既已去中国即外裔,故常惴惴惧中国之诸侯合而轧己也,始自请陈、卫居其上,而伪若谦处其下者。自庄十年献舞为荆所败以归,而庄十三年始与齐桓北杏之会,明年荆复入蔡,至僖公四年齐桓侵蔡遂伐楚,终齐桓之世不见于经。十七年,齐侯小白卒,遂与楚人盟于齐。由此观之,则蔡之服属于楚,盖自此始,又忧惧中国诸侯谋之,故谦以处陈、卫之下也。而杜预、范宁之徒皆以为蔡序陈、卫之下者,盖后至也,岂有蔡自伐郑之后,会、盟、侵、伐常后至乎? 此说非也。"吕《集解》:"吕氏曰:会于曹,蔡先卫;伐郑,卫先蔡。盖当时诸侯皆以一切强弱目前利害为先后,不复用周班也。《春秋》因事纪实,以见当时之乱,无复礼文也。"案:此吕氏当系吕与叔,其云东莱吕氏者,则居仁也。吕氏《或问》:"《春秋》书会盟、会伐、会救,皆前定之辞也。未前定,则书会于某而后伐、会于某而后盟、会于某而后救。前定,同欲也;未前定,继事也。据伐郑二字言之,是时突在栎、忽在郑,则其为伐忽明矣。突之归于郑也,忽奔于卫,而袲之会,则卫与焉。忽之复归于郑,突之奔蔡,而曹之会,则蔡、卫与焉。春秋诸侯离合之不常,可胜辨哉! 自是而后,忽之事,《春秋》不载,亦未尝称其为君,意者自伐郑之后,而突遂有郑国乎? 其入也,称郑伯突;其卒也,称郑伯突。则夫其后与齐侯遇于垂、从齐桓会于鄄,所谓郑伯者,即突也。《左传》载忽立二年而高渠弥杀太子忽,于桓十七年而立子亹,十八年齐杀子亹而立子仪,至庄十四年傅瑕杀子仪而纳厉公,然皆不见于经,则未可尽信也。王氏曰:'突之未出也,宋方有所责,故尝伐之。突之既出也,宋惧无所得,故求纳之。始宋不和,而公以郑伐宋;及突已出,而公与宋伐郑。向也相戾之深,今也相周之固,岂无意而然哉? 於戏,悲夫! 春秋之世,弑逆公行,固有自而然邪! 盖以正继正,礼之常也,诸侯无所求;以乱易乱,国之衅也,诸侯有所责。故利其乱则幸其危,贪其赂则党其邪。圣人观其聚散而求其情,书其向背以见其故,故自突入栎,公及宋公三会诸侯而再伐郑,无他,赂故也。'"叶《传》:"郑忽自是不复见矣。忽弑与子亹、子仪之弑,终于突复立,皆不见于经。而《出其东门》国风独著之,或者以为《春秋》有所绝而不书,非也。《春秋》据鲁史,郑乱不以告,则鲁不得书于策。鲁史所无有,则《春秋》安得而见哉!《春秋》因人以见法,不求备于史而著其人,故曰'其事则齐桓、晋文,其文则史'。而《左氏》间见经所无之事者,非鲁史也,盖参取他国之史而传之。学者不悟,因谓《春秋》有所择焉,而妄为之说者,《左氏》误之也。"案:吕氏以《左氏》为不足信,固非;而叶氏谓郑乱不以告,鲁史不书于策,疑亦未然。经书曰"郑伯突入于栎",是入栎之后,突虽不尽有郑,而诸侯固已[1]认突为郑之君矣,观于再伐郑可见也。一国无二君,安得复书子仪、子亹之事哉?《春秋》因鲁史旧文,而亦观于百二十国宝书以为之损益,岂《左氏》知之,孔子独不知乎?事实如此,亦据其实而著之,为天下见治乱之迹,不为一国也。明乎此,则可以无疑矣。

秋七月,公至自伐郑。

吕《集解》:"伊川先生解:不惟告庙,又以见勤劳于郑突也。"陈氏《后传》:"始至伐也。凡至,危之也。隐行不至,桓至盟、戎而已。庄之适齐皆至之。桓、文有诸侯之事,苟不得意,则书至。桓至牡丘,文至围许。迄于断道而后,不至者鲜矣。成之琐泽、襄之邲、之戏之役,仅不至焉耳。昭、定之世,无不至者。哀或不至,至会吴伐齐、至黄池之会,皆危之也。是故,夫人不至,至出姜;大夫不至,至季孙意如、叔孙婼。"

十有一月,卫侯朔出奔齐。

吕氏《或问》:"奔君书名,以其尝失国也。失国而名之者,盖志其'某国君某'云尔。卫侯朔名、郑伯突名,宜也。而僖二十八年卫侯出

奔楚,何以不名? 襄十四年卫侯衎出奔齐,又何以名? 曰:奔而名者,国非其国矣;奔而不名者,国犹其国也。郑伯突出,而世子忽入,国固忽之国也;卫侯朔出,而公子黔牟立,国非朔之国也。晋文有憾于卫侯,而立叔武。叔武辞立而他人立,则恐卫侯之不得反也,于是已立乎其位而反卫侯,是则国犹郑之国也,故其奔也不书名。卫侯衎出奔齐,而剽已立,则是国有二君也,故其出奔也名之,不然则无以别二君也。郑之出也,而叔武立,其从会也,则称卫子,以见武之未尝为君也。武虽未君,而郑尝失国也,故其入于卫,书卫侯郑,以见其尝失国也。衎之出而剽立,其从会也,则称卫侯,以见剽之篡也。剽虽篡,而衎之位终未绝也,故其入于夷仪也,称卫侯,所以正其为君也。圣人书法之严如此哉! 若夫鲁昭在郓,内无篡立之君,则鲁昭之位未尝绝也。卫侯郑在楚,而叔武摄事,则卫侯郑之位亦未绝也。卫衎在夷仪,而剽犹在位,则衎之位犹未正也,故剽之弑也称君,而经书衎复归于卫。郑伯突在栎,而忽浸弱,则郑侯之位可以渐正也,故忽但称世子,而突称郑伯,其复归于郑也不书。圣人之书此也,纪其实而已矣。”

十有七年

十有七年春正月丙辰,公会齐侯、纪侯盟于黄。

黄氏《通说》:“盟于黄,平齐、纪也。盖齐欲害纪,而鲁平之,义也。何以书? 曰:春正月及齐、纪盟,夏五月及齐师战,见鲁桓反复不常,以误纪之托;纪侯不择所主,以自误其国也。曾子曰‘为人谋而不忠乎’,鲁桓是已;《易》曰‘比之匪人,不亦伤乎’,纪侯是已。”

二月丙午,公会邾仪父盟于趡。

孙《解》:“‘会’,二传皆作‘及’。及者,内为志;会者,外为主。邾,鲁附庸,非敢盟公,公欲与之盟尔。此当以及字为定。”

五月丙午,及齐师战于奚。

吕《集解》:"泰山孙氏曰:此公及齐师战也,不言公者,讳之。庄九年及齐师战于乾时、僖三年及邾人战于升陉,皆此义也。眉山苏氏曰:不书夏,阙文也。"孙《解》:"五月之上,《左氏》、《公羊》皆无夏字,此盖阙文。'奚',《穀梁》作'郎',此当从多者为定。"

秋八月,蔡季自陈归于蔡。

吕氏《或问》:"蔡季不名,何也?曰:突归于郑则名之,赤归于曹则名之,以其争国也。争国则名之,以别于二君也。蔡季归于蔡,则不名,以其非争国也。言不终于为君也。春秋之时,篡乱已甚,兄弟争国者有之,若突、忽之相攻,鲁桓之弑逆;父子之争国者有之,若卫辄之拒、商人之弑,人伦乱而礼义灭矣。蔡季之轻己出外,则不利之也;其归也,以国人之所嘉而已,亦无所利焉;卒之终不有其国。若季者,过人远矣。"何休曰:"蔡封人无子,蔡季当立。封人欲立献舞,而疾害季,季避而之陈。封人死,归反奔丧,思慕三年,卒无怨心,故贤而字之。"

癸巳,葬蔡桓侯。

孙《解》:"《春秋》之法,列国惟葬称公,不嫌敌内者,所以为臣子之辞,而广忠孝之心也。蔡侯封人之卒,于经但称桓侯,而啖、赵、陆氏以谓蔡季之贤,请谥于王,王之策书,谥曰某侯,夫子从而书之,以讥当时之僭称公者,且明蔡侯独存其礼也。若如其说,则是《春秋》所书公者,皆有罪尔。然请谥之迹,不见于传记,不知啖、赵之徒何从知之。又观古今谥议,但先叙其事,然后宜谥曰某,亦不曰某公、某侯也,盖其定称之爵,从可知故也。啖、赵之徒,尝贤蔡季之归为君,又推寻请谥以附会其说,蔡季之为君,固无据,请谥之事,又不闻于传记,岂亦好立异取胜之弊欤?"黄氏《通说》:"桓侯者,桓公也,侯字误也。《春秋》之法,五等诸侯,殁皆称公,缘臣子之心而尊之也。故汉孔融为郑康成立乡曰'昔太史公、廷尉吴公、谒者仆射邓公,皆汉之名臣。又四皓有园公、夏黄公,潜德隐耀,世嘉其善,皆悉称公。然则公者仁德之正号,不必三事大夫',此即《春秋》书公之义也。"

及宋人、卫人伐邾。

吕《集解》:"襄陵许氏曰:正月与齐为黄之盟,而五月战焉;二月与邾为趡之盟,而八月伐之。《诗》曰'君子屡盟,乱是用长',岂不然哉?"叶《传》:"及不言主帅[①],内之微者也,犹曰'及江人、黄人伐陈'尔。然则非公欤? 非也。公可及人以盟,不可及人以伐。盟,君事;伐,臣与将焉也。"

十月朔,日有食之。

吕《集解》:"赵子曰:凡不书日,或史官阙之,或年深写误,何关日官、日御乎?"陈氏《后传》:"自文以上,日食有不书日者;自文以下,皆书日。是故曰桓、庄之世多阙文。"

十有八年

十有八年春王正月,公会齐侯于泺。

孙《解》:"泺之会,夫人实与公偕行,然经但书公,而不言夫人,盖公与齐侯会尔,夫人未尝会也。孔子据实而书,夫人不会,则但言公也。"

公与夫人姜氏遂如齐。

胡《传》:"与者,许可之词。曰与者,罪在公也。按:齐诗恶鲁桓微弱,不能防闲文姜,使至淫乱,为二国患,其词曰:'敝笱在梁,其鱼唯唯。齐子归止,其从如水。'言公于齐姜,委曲从顺,若水从地,无所不可,故为乱者文姜,而《春秋》罪桓公,治其本也。"

丁酉,公之丧至自齐。

叶《传》:"公薨于齐,非正也,故辞间容之。之,缓辞也,不与其正

---

① 原作"及不主师",四库本作"及不言主帅",从四库本改。

之辞也。"

冬十有二月己丑,葬我君桓公。

叶《传》:"《春秋》有复仇、有讨弑,言仇则不为弑,言弑则不为仇,二名不可以相乱。桓公之死,则由夫人;桓公之弑,则非夫人。《春秋》正名定罪,不以疑用法,公子彭生之事,不得以夫人为与闻,可言齐侯杀桓公,不可言夫人弑桓公,虽欲加之辞,有不能焉,知是①而后鲁臣子之责与夫人之罪可言矣。"

---

① "知是",四库本作"如是"。

庄　公

庄元年

三月，夫人孙于齐。

吕氏《或问》："此年'夫人孙于齐'，不书姜氏，而哀姜之孙于邾，则书姜氏，至于'夫人氏之丧至自齐'，则又不书姜，或者以为阙文，窃意此年'夫人孙于齐'不书姜氏者，盖前年书'公与夫人姜氏遂如齐'，则今年'孙于齐'者，即如齐之姜氏也。闵元年'夫人氏之丧至自齐'，盖前年书'夫人姜氏薨于夷'，则其所谓'夫人氏之丧至'者，即薨于夷之姜氏也。此盖蒙上文而书之。若夫夫人孙于邾，则上无所见，故不得不以姜氏称也。《春秋》书法，固有前目而后凡者，则其书夫人、书夫人氏者，亦此例耳。曰：然则文姜只书夫人，哀姜加之以氏，何也？曰：经书'夫人某氏'者，所以别其为某氏也，如书夫人氏，则犹母氏、伯氏、仲氏之谓尔，所谓夫人、所谓夫人氏者，固通称也，似不宜以此而别轻重也。桓虽见弑，而庄公之于母也，一以夫人之礼事之；闵虽见弑，而僖公之于哀姜也，一以小君之礼葬之。彼且以为夫人也,我可不谓之夫人乎?彼且以为小君也,我可不谓之小君乎?圣人书法,亦纪其实而已矣,至于事之得失是非,则世必有能辨之者。"

夏,单伯逆王姬。

孙《解》:"单伯于此见经之后,庄十四年书'齐人、陈人、曹人伐宋','单伯会伐',冬,又会诸侯于鄄,《春秋》王臣而会诸侯,但序诸侯之上,不若内臣而书会也。惟内臣会诸侯,则曰会某,由此观之,则单伯内臣,非王臣也。"叶《传》:"单伯,吾附庸之君也。古者上公皆有孤一人,以其附庸之君为之,四命执皮帛,视小国之君,与王之大夫等,皆以字见。单,国也;伯,字也。故宋有萧叔,鲁有单伯。然则鲁何以得有孤?鲁侯之赐也。"陈氏《后传》:"单伯者何?天子之大夫也。曷为书之如吾大夫?唯王人则以内辞书之,书会、书如、书至、书卒,十四年单伯会伐宋、文十四年单伯如齐、十五年单伯至自齐、文二年王子虎卒、定四年刘卷卒。一如吾大夫,内之也。"

秋,筑王姬之馆于外。

吕《集解》:"陆氏《微旨》:赵子曰:'言筑之为宜,不若辞之为正也,故君子贵端本也。'"

王使荣叔来锡桓公命。

陈氏《后传》:"追命之也。桓公篡立,周人以为罪矣,而不能正。宰渠伯纠来,仍叔之子又来,将以怀柔鲁也。而终桓之身不请命,盖鲁无王历者十有五年,而家父之后,王聘亦不及鲁。于是末如之何矣,而追锡命,是故王不书天。贬必于其重者,莫重于追锡命,故于是焉贬也。本薛氏昭七年传,卫齐恶告丧于周,且请命,王使成简公如卫吊,且追命襄公。"黄氏《通说》:"啖助谓王不称天者,宠篡逆以黩三纲,不能法天立道,故去天以贬之。桓立四年,天王使宰渠伯纠来聘;五年,使仍叔之子来聘;八年,使家叔来聘。此非宠篡逆以黩三纲、不能法天立道乎?而皆称天王也,何独于追锡桓公命而去天以示贬哉?盖《春秋》称王、称天王、称天子者，其义一尔。若夫书其事即见其罪，不以去天为贬也。朱子亦谓若称天王其罪自见。"吕氏《或问》："荣叔归含且赗，与宰咺来归惠公仲子之赗一例耳，何以不去天而示贬乎？"

齐师迁纪郱、鄑、郚。

孙《解》："三邑之见迁，书曰齐师，以见三邑之民无去纪之意，而齐以师强迁之也。郱、鄑、郚迁之于齐，则三邑为齐有也。《春秋》之例，夺取他国之邑者，谓之取。齐实夺纪三邑以为己有，然不曰取而曰迁者，取他国之邑，容有可取之罪，纪实无罪，而齐强取之，不与无道者取有道之邑，变其文，书曰迁。《春秋》于纪之亡也，见孔子之意，眷眷然不忍也。自迁邑至于大去其国，孔子书其事而致意者三：齐实取纪三邑，而书之曰迁，盖不与三邑之入齐，而纪至于弱也；'纪季以酅入于齐'，不曰以叛而曰入，盖曰'齐为无道，安得有邑从之乎'；齐实灭纪而纪侯出奔，不曰出奔而曰大去，盖曰'齐安得逐有道之君，而使之出奔乎？纪侯大去其国耳'。孔子于纪之亡，三致其意，所以甚疾无道之齐，而深护有道之纪。齐灭人之国以自强，虽得志于一时，而孔子罪之，则其恶流于不泯。纪见绝于强齐，而无告于天下，然《春秋》善之，则其志伸于无穷。"胡《传》："邑不言迁，迁不言师。其以师迁之者，见纪民犹足与守，而齐人强暴，用大众以迫之为己属也。凡书迁者，自是而灭矣。《春秋》兴灭国、继绝世，则迁国邑者不再贬而罪已见矣。"叶《传》："移其人民、墟其城郭谓之迁。凡自迁者，己欲也，故曰某迁于某；人迁之者，非己欲也，故书曰某人迁某、某师迁某，以人迁者驱之，以师迁者胁之，凡迁之志皆恶也。"吕氏《或问》："书迁与书取异。取者，取其土地耳，未若迁其民之酷也。迁其民，则父子兄弟离散，而民失其常居矣。恃众以迁纪之民，圣人所以书师以深疾之。"吕《集解》："常山刘氏曰：迁者，迫逐而迁之，以为己属也。不曰灭者，时未灭也。凡书迁者，皆自是而灭矣。"

二 年

夏,公子庆父帅师伐于余丘。

孙《解》:"郳者,鲁附庸之国。于余丘,鲁附庸之邑。附庸我国,余丘我邑,何系于郳焉?'焚咸丘',咸丘,我附庸郳之邑,不得曰'焚郳咸丘'也;围宋彭城,不书宋,无以见彭城之属宋也。咸丘、于余丘,书曰郳,则无以见郳为我附庸,而二邑为我之邑。我附庸之邑叛,而至于大夫之尊、举国之重声其罪而伐之,则我之所以为国者,无乃有所不至而然乎?于余丘之不系于郳,所以责内尤深也。"吕《集解》:"东莱吕氏曰:于余丘,或曰邑,或曰国也,或曰附庸国,或曰夷也,以为夷国者似是。于,发语词,若'于越'然。"

秋七月,齐王姬卒。

孙《解》:"外女而为外夫人者,《春秋》皆不书卒,非与鲁事,且非惩劝所系,虽来告,亦不书。王姬而鲁主其婚者,则为之服,亦不书,以其常事,无所载也。《春秋》书王姬之归者,皆在于庄公之时,而其归又为齐夫人者,所以罪庄公忘君父之大仇,徇婚姻之常礼也。王姬之归者二,而书卒者一,盖其卒适在于庄公之时也。庄十一年归齐之王姬,其卒不在于庄公之时,则不书也。"胡《传》:"内女嫁为诸侯妻,则书卒。王姬何以书?比内女为之服也。故《檀弓》曰:齐告王姬之丧,鲁庄公为之大功。或曰:由鲁嫁,故为服姊妹之服。夫服,称情而为之节者也,庄公于齐王姬厚矣,如不共戴天之念何?此所谓'不能三年之丧,而缌、小功之察'也,特卒王姬以著其罪。"

三　年

三年春王正月,溺会齐师伐卫。

吕《集解》:"泰山孙氏曰:溺,内大夫之未命者。卫侯朔在齐,故溺会齐师伐卫,谋纳朔也。"

五月,葬桓王。

陈氏《后传》:"会葬不书其人,必有故也。而后书其人,文公使公子遂葬晋侯六年,叔孙得臣葬襄王九年,是均周、晋也;昭公使叔弓葬宋公十一年、滕侯三年,叔鞅葬景王二十二年,是均周、宋、滕也。均犹可也,晋景公卒,成公吊丧据《传》十年,晋侯卒,公如晋,晋人止公使送葬,诸侯莫在,鲁人辱之,故不书,讳之也。而定王不书葬。定王崩在五年。楚康王卒,襄公送葬,而灵王不书葬。据《传》,二十八年十一月,天王崩。十二月,公及诸侯如楚,及汉,康王卒。二十九年四月,葬楚康王,公及诸侯送葬,五月,公至自楚。葬灵王,郑上卿有事,子展使印段往,伯有曰:"弱,不可。"子展曰:"与其莫往,弱,不犹愈乎?"遂使印段如周①。杜氏:"葬灵王不书,会不书。"不臣于周而诎于晋、楚,《春秋》讳之,是故《春秋》不徒志葬也。"吕氏《或问》同。

秋,纪季以酅入于齐。

吕《集解》:"刘氏《传》:纪季者何?纪侯之弟也。何以不曰纪侯之弟?言以酅为附庸于齐也。纪季曷为以酅为附庸于齐?齐将灭纪,纪侯以道事之,则不得免焉,因不忍斗其民也,逡巡有去志,纪季用是以酅入于齐,后五庙焉。然则予之乎?予之也。何用见其予之也?其字而不名、入而不畔,是予之也。予之则其言入何?难也。何难焉尔?析地以去国,降志以事仇,是非季之心也,以宗国为寄矣。"

---

① 据《左传》乃"如周",非"如楚",四库本与钟抄俱误,据《左传》改。

冬,公次于滑。《公》、《穀》作郎。

胡《传》:"《春秋》纪兵,伐而书次,以次为善;救而书次,以次为讥。次于滑,讥之也。鲁、纪有婚姻之好,当恤其患;于齐有父之仇,不共戴天。苟能救纪抑齐,一举而两善并矣。见义不为,而有畏也,《春秋》之所恶,故书'公次于滑'以讥之也。"吕氏《或问》:"书次之法,有伐而书次者,有救而书次者,有俟而书次者。伐而书次者,有整兵谨战之意,'遂伐楚,次于陉'是也;救而书次者,有缓师畏敌之意,'次于匡,救徐'、'次于聂北,救邢'是也;俟而书次者,有无名妄动之意,'师次于郎,以俟陈蔡'者也。此年次于滑,而不言其所以,则其所以次者亦无谓矣。然公之于齐,有不共戴天之仇而不能报,尚安能谋既危之纪而存之乎?"

四 年

四年春王二月,夫人姜氏享齐侯于祝丘。

叶《传》:"禚,齐地,言会则外为志焉。祝丘,鲁地,盖齐侯来而我享之,内为志也。以禚视祝丘,则地愈逼;以会视享,则礼愈厚。盖庄公不能制其母,而后夫人得以极其欲,庄公亦已病矣。"孙《解》:"享齐侯,因会而后享也,经不言会而言享者,以享为重,故书享也。"

夏,齐侯、陈侯、郑伯遇于垂。

孙《解》:"齐、陈、郑三国之遇,三传皆无事迹。今以经前后校之,当是之时,齐将灭纪,而畏陈、郑救之,故齐侯为主,求陈、郑为遇,以安二国也。所以知其必然者,郑于桓十三年尝与鲁助纪,及齐、宋、卫、燕战于纪,齐、宋败绩。陈又郑所与之国,故兼遇二国,结其欢心,而其下遂书'纪侯大去其国'也。"吕《集解》:"襄陵许氏曰:齐与郑、陈遇垂,盖谋取纪,是以纪侯见难而去。"

纪侯大去其国。

叶《传》："大,犹尽也。尽无麦禾曰'大无麦禾',尽去其国曰'大去其国'。齐将取纪,纪侯义不下齐,使纪季入齐以后纪,尽委众而去之。不残其民,不灭其国,不辱其身,君子以为轻其所争,守其所不争,则天下之争夺可息,故以纪侯一见。纪侯视天下,犹纪也,故不言出;内不迫于国人,故不言奔;外不托于诸侯,故不言其所往国;虽去而犹存也,故不言灭;无君而莫之别也,故不言名。惟天生民有欲,无主乃乱,推纪侯之义,可使天下皆无欲,则虽无与为之主,而乱无自而萌,民使至于老死不相往来可也。"陈氏《后传》:"诸侯去国恒书奔,此其不书奔何?不以奔罪加纪侯也。其不以奔罪加纪侯何?罪齐也。何以罪齐?书曰'纪侯大去其国',未知纪之自亡与?人之亡之与?曰'齐侯葬伯姬',则齐亡之也。"

六月乙丑,齐侯葬纪伯姬。

孙《解》:"《春秋》之作,所以公万世之与夺,正一时之是非。齐侯之于伯姬,众人之所谓善,一时之所谓仁,然而孔子罪之。纪季之以酅入齐,众人之所谓恶,一时之所谓非,然而孔子与之。故心不纯道,则虽葬亡国之夫人,不得为仁;志存乎善,则虽叛其兄而出奔,是亦为义。赵盾反不讨贼,安知其弑不与谋,故书曰'赵盾弑其君';楚子亦尝讨罪,然而遂欲县陈,故书曰'楚子入陈'。心则是而迹非,迹虽善而情恶,一时所不能辨、众人所不能知者,《春秋》正之。齐侯有虎狼之行,而为妇人之仁,葬百十夫人,不能偿灭国之罪,乃欲葬一伯姬而掩覆其恶邪?"陈氏《后传》:"内女不葬,必有故也而后书葬。纪伯姬特书葬,不以往会也。是故苟宜书葬,虽不往会,书之,陈哀公在殡,楚师灭陈,舆嬖袁克葬之,书曰'葬陈哀公'。苟不宜书,虽往会,不书,楚葬康王,襄公及陈侯、郑伯、许男送葬至于西门之外,不书也。达例者足以观《春秋》矣。"胡《传》:"葬纪伯姬,不称齐人而目其君者,见齐襄迫逐纪侯,使之去国,虽其夫人在殡,而不及葬,然后襄公之罪著矣。灭其国而葬其小君,是犹加刀于人,以手抚之也。"案:内女葬者三,皆不得其死者也。

冬,公及齐人狩于禚。

叶《传》:"齐人者何?齐侯也。齐侯杀人之父而通其子,庄公忘父之怨而与其仇,入齐侯,所以人公也。主王姬,天子命之可也;会于禚、享于祝丘,夫人为之可也;狩于是,则公无辞矣。凡诸侯与公并见而人者,公亦与人也。"

五 年

秋,郳黎来来朝。

孙《解》:"附庸之君,《春秋》例以名书,以其国附庸于大国,而爵秩之高下裁能当大国之大夫。《春秋》大夫例书名,故附庸之君来,有爵命者亦书名。桓十七年'公及邾仪父盟于蔑'是也。"胡《传》:"中国附庸例书字,邾仪父、萧叔是也。夷狄附庸例书名,郳黎来、介葛庐是也。"

冬,公会齐人、宋人、陈人、蔡人伐卫。

陈氏《后传》:"此纳卫侯朔也。则其不言纳何?据昭十二北燕伯。以朔入为重也。入不书纳,是故伐郑纳突、伐卫纳朔,书入而已矣。凡会伐,有诸侯在焉,则其大夫称人。有诸侯在焉,而大夫不称人,自齐国佐始。"孙《解》:"圣人设礼:近尊者不得敌尊,敌尊则为僭,故为礼以疏之;远尊者不嫌其僭,愈疏则不亲,故为礼以亲之。《春秋》亦用是也。鲁公而同他国会盟侵伐,他国或使臣敌公,虽大夫不名。大夫之位逼于君,而使得与我公会盟侵伐,则是我公为彼僭矣。彼且僭之,则是鲁公之位与大夫等也,故类皆书人,若使微者从公,则不嫌抗公也。"

六　年

六年春王正月,王人子突救卫。

孙《解》:"《王制》谓:天子之元士,视附庸。附庸之君,《春秋》书名,故王臣而士者,亦书名。书曰'王人',则微者矣;又曰子突者,贵之也。于是之时,周衰如此,而天王能征朔之不义,而助黔牟之当国,使子突者将兵救之,盖善矣。然经不褒之,盖《春秋》之法,有褒则有贬,褒者,有贬之辞也,天王可褒,则亦可贬矣,故《春秋》之义,天王无褒。其善不可掩也,则褒其臣。"陈氏《后传》:"自伐郑以来,王师不书,其书救卫何?救卫无功也。救卫无功,而后王命益不行于天下,是故子突贵者也,而系诸人,人子突所以微王室也。本公羊。救不书,必救而无功,然后书,而书救自子突始。隐、桓之诸侯,会盟侵伐,徒以定篡弑也。卫州吁之乱,会者五国;宋督之乱,会者四国;袲之会,伐郑以立突;于是伐卫以立朔也。以王子将而救卫,救卫而克,则是天子犹足废置诸侯矣。昔者王尝以一军命曲沃伯为晋侯,诗人美之,而经不书,以为天子宜废置诸侯也。天子而犹得废置诸侯,《春秋》可以无作。而朔终以自立,故曰救卫无功,而后王命益不行于天下。"案:自子突救卫不成,征伐遂不复出于天子,书此以见霸之不得不兴也。霸不兴则篡弑纵横,弱小不足自存矣。

夏六月,卫侯朔入于卫。

吕氏《或问》:"卫侯朔尝有国矣,今其归不书复,直曰入而已。凡书归,皆易辞。凡书入,皆难辞。许叔入许,犹有郑难焉;郑突入栎,犹有忽在焉;卫侯入于卫,犹有黔牟在焉;卫侯入于夷仪,犹有剽在焉。不然,则直书归而已矣。书入而不书复,以明朔之不当有国也。"陈氏《外传》:"归国未有不言复者据僖二十八年卫侯郑、曹伯襄,襄二十六年卫侯衎,归不言复,公羊氏曰'篡辞也'。"叶《传》:"不书复,不与其复也，不曰‘自齐入于卫’，诸侯与有力也。”

冬，齐人来归卫宝。 《左传》作俘。

孙《解》：“不著齐人之归，则无以见齐主其赂。”胡《传》：“《商书》称‘遂伐三朡，俘厥宝玉’，俘者，正文；宝者，释词也。书齐人归宝，然后知其有欲货之心而后动于恶。”叶《传》：“郜鼎，我志也，则书取；卫俘，齐志也，则书归。”案：书曰“齐人来归卫俘”，以见鲁特沾溉齐之余润。鲁直服属于齐耳，《左传》有“姜氏请之”之文，使《左氏》可信也，鲁亦可哀矣哉。

七　年

夏四月辛卯，夜，恒星不见。夜中，星陨如雨。

胡《传》：“汉成帝永始中，亦有星陨之异。”叶《传》：“日之食也，非自食，有食之者而不可知也，故先言日而后言食。星之孛也，初无是星，见其星而后知其孛也，故先言有星而后言孛。恒星不见、星陨如雨，其不见也，非有蔽之者也，其陨也，非有坠之者也，故直言不见与陨，而不言有。”黄氏《通说》：“汉永始二年二月癸未夜，星陨如雨；隋大业五年，有流星数百，四散而下，亦雨之状也。”

秋，大水，无麦苗。

孙《解》：“《春秋》之秋，夏时之夏。夏之时，麦已大成，而禾苗方盛。大水之灾，而麦也苗也皆无也，灾之甚者，故书之。二十八年，麦禾之无，经书之曰大。大者，非常之辞。麦苗之无，以水灾而无也。灾之所不及者，犹有存焉，不得曰大无也。麦禾之无，书之于一岁之卒，岁凶而至于冬，一国之内，举无收也，盖大无焉，不得但曰无也。故‘无麦苗’志之于秋，见水灾也；‘大无麦禾’志之于冬，见岁凶也。春秋一字，圣人必尽心，无苟然者。”

八　年

八年春王正月，师次于郎，以俟陈人、蔡人。

孙《解》："《穀梁》、赵子皆谓陈、蔡将来伐，故次于郎以俟之。按经前后，无与陈、蔡相违之迹，安得来伐之事乎？"黄氏《通说》："以经考之，前年伐卫纳朔之事，鲁方与陈、蔡同役，而未有衅也，安得陈、蔡伐鲁哉？伐卫之事，主谋者齐，故陈、蔡为齐役也。伐郕之事，主谋者鲁，故陈、蔡不为鲁役也。"

夏，师及齐师围郕，郕降于齐师。

黄氏《通说》："其曰'师及齐师'者，言其俟陈、蔡不至，而后挟齐之力以压郕也。其不曰'齐师降郕'，而曰'郕降于齐师'者，见郕之自为决择也。盖鲁主围郕之谋，则郕之所怨在鲁；挟强齐之力，而郕之所畏在齐。此郕所以不降鲁而降齐也。"案：于是而言"及齐师"，则是欲用陈、蔡而不得，不得已而援齐以围郕，以求侥幸于一逞也。至郕不降鲁而降齐，公亦知其计之左，故曰"我实不德，齐师何罪"，非悔不当围郕，而悔不当用齐也。宋偕金灭辽，而辽并于金；偕元灭金，而金并于元，祸卒及己。鲁之得以师还，亦幸矣。此可为假人之力以图人者戒也。

秋，师还。

孙《解》："《春秋》之例，事毕而非其志者，书还；事未毕而遂反者，书复；事成而告之庙者，书至。书还者四：文十三年，公如晋，公还自晋，郑伯会公于棐，文公之还，所以见会郑于棐，未及告庙，不可书至，已盟晋侯，不可书复；宣十八年，公孙归父如晋，冬，归父还自晋，至笙，遂奔齐，聘事已毕，不可书复，反未告鲁，不可书至；襄十九年，晋士匄帅师侵齐，至穀，闻齐侯卒，乃还，亦侵事不成而反也。《春秋》书还者四，皆事毕而非其志也。庄公自今年之春，次于郎以俟陈、蔡，甲午治兵,夏及齐师围郕,郕降于齐师。郕为鲁同姓之国,庄公志欲灭之,陈、蔡不至,又治兵及齐师围之,其志在于得郕也。然郕畏齐之强,轻鲁之弱,卒自降于齐。庄公之师,自正月出于外,至秋始反,志在取郕,而郕不降于我,围事虽毕,而所志不就,故特曰师还。"胡《传》:"其次、其及、其还,皆不称公,重众也。《春秋》正例,君将不称帅师,则以君为重,今此不称公,又以为重众,何也?轻举大众,妄动久役,俟陈、蔡而陈、蔡不至,围郕而郕不服,历三时而后还,则无名黩武、无义害人,未有如此之甚也。至是,师为重矣,义系于师,故不书公,以著劳民毒众之罪,为后戒也。《春秋》于王道轻重之权衡,此类是矣。"陈氏《后传》:"师还不书,书还,危不得还也。"吕氏《或问》:"书次、书俟、书师还,何也?曰:《春秋》书用师多矣,未有如此之详者。与陈、蔡约,将有事于邻国,陈、蔡未有师期,而先出师,则轻举而妄动也。师次而俟外援,俟之而不至,而后治兵,则有畏也。至夏,而后及齐师围郕,则取必于郕也。齐、鲁同围郕,而郕不降鲁而降齐,则无义而不足以服人也。自正月出师,至秋而后师还,则淹时之久也。圣人备而书之,重用师之道也。还者,自彼反此而未至之辞也。'秋,师还',言始班也,以见暴师于外,历时之久,无功而还也。"叶《传》:"师未有言还者,于是乎言还,危之也。还者,反乎彼之辞也。越三时而暴兵于外,始俟人而不至,终围人而不服,以我为危不得返也。君子以为郕之师,几郑之师。郑使高克将兵于河上以御狄,陈其师旅,翱翔而不召,众散而归,书曰'郑弃其师'。今郕降而师不还,亦郑而已矣。"

九 年

九年春,齐人杀无知。

胡《传》:"杀无知者,雍廪也。而曰'齐人'者,讨贼之词也。弑君之贼,人人之所恶,夫人之所得讨,故称'人'。人者,众词也。无知不称君,己不能君,齐人亦莫之君也。"陈氏《后传》:"无知尝逾年,其曰'齐人杀无知'何?是不成君之辞也。"吕氏《或问》:"逾年称君,无知弑君而自立,既逾年矣,而不以成君书之,何也?曰:正其为贼也。正其为贼者,明以贼讨之也,州吁、无知是也。弑君之贼,其见杀也,而称君、称爵者,不正其为贼也。不正其为贼者,明不以贼讨之也,齐商人、蔡般是也。弑君之贼,人人得而讨之,然而国人以贼名之,则《春秋》亦以贼名之;国人不以贼名之,则《春秋》亦不以贼名之。据事直书而褒贬之义见矣。蔡般之见杀也,而见爵,则楚子诱而杀之也,非以贼讨之也。商人之见杀也,而称君,则国人既安之以为君而又杀之也,亦非以贼讨之也。里克之见杀也,而亦称大夫,则晋人既视之犹大夫,而后杀之也,亦非以贼讨之也。讨之不以其贼,则圣人亦不以讨贼之辞加之,从其实而已矣。"

公及齐大夫盟于蔇。

胡《传》:"及者,内为志。大夫不名者,义系于齐,而不系于大夫之名氏也。"叶《传》:"盟,纳子纠也。公不及大夫,何以言'公及齐大夫盟'?以公为义可以纳子纠,则不耻大夫得敌公也。大夫何以不名?略之也。何以略之?欲纳子纠,而后不能也。叶子曰:吾何以知公之义将以纳子纠欤?齐鲁,不共戴天之仇也,使襄公在,公且不可与共戴天,况国乱而纳其子乎?《春秋》之义,因人以立法,不穷法以治其人,人一人也,罪一罪也,一见贬则不复再贬矣。庄公之罪,在于子纠来奔之初,凡诸侯及其大夫来奔于鲁,未有不书于策者,而子纠之奔独无见焉,非以其仇不当受,故深绝之而不书欤?则于是焉而正之者,特以子纠小白之辨而已。诸侯之嫡子,君在,称世子;君薨,称子某。子纠得以君薨之辞见,是世子也。受人之世子,国无君而不纳,则谁纳欤?故庄公之罪,已定于受子纠,则蔇之盟,不责其纳子纠也。"案:称子某者,新君在丧中之称。子纠未得为君,其事有别。似此子字,非新君称也。且《左传》称"乱作，管夷吾、召忽奉公子纠来奔"。来奔与盟，其期甚迩，后既言纳子纠，则来奔之事，不待书而可明，亦不得谓绝之而不书。叶说似未可用。

夏，公伐齐纳子纠。

孙《解》："《公》、《穀》二传，当作纳纠。据下文有'齐人取子纠杀之'，此当以《左氏》为定。"吕氏《或问》："公之伐齐纳纠也，虽欲纳之，而实未能纳也。夫纳者，虽内弗受，亦必志于克入而已，故虽未入国也，而至其国焉，则书国，如楚人'纳顿子于顿'、晋人'纳捷菑于邾'是也；虽未得国而入于邑焉，则书邑，如齐高偃'纳北燕伯于阳'、晋赵鞅'纳卫世子蒯聩于戚'是也。今公之纳纠也，以国则小白已君，以邑则纠不能入，所以只言'公伐齐纳纠'而已。以伐则见败，以纳则见杀，公之耻深矣。"

齐小白入于齐。

叶《传》："入，逆辞也，以夺子纠之国而先之也。小白何以氏齐？齐未有见也。叶子曰：突归于郑，不得氏郑，有忽在焉，则郑非突之所得有也；赤归于曹，不得氏曹，有羁在焉，则曹非赤之所得有也。襄公死而子纠在外，齐虽非小白所得有，齐未有君而小白入焉，则小白亦固齐之君也。然则'齐阳生入于齐'，内既有荼，则阳生安得亦氏齐乎？阳生正，荼不正也，有阳生而后可以不君荼。子纠正而在外，小白虽不正，而齐无与争君者，正与不正，于书'入'焉见之矣。则小白所以氏齐者，曰'是齐之君'而已。"

八月庚申，及齐师战于乾时，我师败绩。

叶《传》："内未有言败绩者，此何以言败绩？贬不能纳纠而自取败也。凡内战不言败，不使我受责而外得加乎我，以杀耻，君子辞也。庄公之于纠，既已忘父之仇而受人之托矣，大夫以春盟，齐未有君，可纳而不纳。至夏，师图之，遂使小白得以先入。若知其不可争而姑保之，纠犹未必死也。不量力而再伐，卒不能纳，徒以自丧其师，耻孰甚焉？

71

非人之加乎？君子虽欲使我不受责，而无以为之辞，故于是一见之也。"

九月，齐人取子纠杀之。

叶《传》："子纠，在我者也，齐人何以言取？乘乾时之败，胁我而取之也。孰取之？齐侯也。齐侯则何以言齐人？贬也。十室之邑，可以逃难；百室之邑，可以隐死。我以千乘之国，不能纳子纠，又使人得以取焉。必有与之，然后取之，病在我也。必有得之，然后取之，病在齐也。既两见之矣。然实杀之者，齐也，故归恶于齐而人齐侯焉。叶子曰：此子贡所谓桓公杀公子纠者钦？凡义所得杀者，杀在上，'齐人杀无知'、'卫人杀州吁'是也；义所不得杀者，杀在下，'蔡公孙姓以沈子嘉归，杀之'、'楚子诱蔡侯般，杀之'是也。"

十　年

十年二月，公侵宋。

黄氏《通说》："夫奉辞称罪而讨敌者，敌必请服；不请服，则必出师以御之。是以经书伐者，多至于战，如齐伐卫，'卫及齐战'，宋伐齐，'齐及宋战'之类是也。不奉辞称罪，而但侵扰其疆场，故敌国不暇请服，而亦不及御之，是以经书侵者，未尝至于战，如'齐人侵我西鄙，公追齐师，至酅，弗及'，盖疆场之事，知之后时，追之已去矣，故曰'称罪而讨其国曰伐'，'不称罪而掠其境曰侵'。"

三月，宋人迁宿。

孙《解》："宿近于宋，宋大而宿弱，迁宿而为其附庸，故曰迁也。宗祀不亡，不可曰灭；国不复见，不可曰取。凡迁者，皆两罪之也。"吕氏《集解》："陆氏《纂例》唊子曰：凡言迁者有二义，如'宋人迁宿'、'齐人迁阳'，是移其国于国中而为附庸也；如'邢迁于夷仪'、'卫迁于帝丘'之类，或自请迁，或见强迁，皆犹为列国，故不言某人迁之，但言所迁之地,言移国都而已,非为附庸也。又襄陵许氏曰:迁之使未失其国家以往,其义犹有所难,则是王泽之未尽亡也。至僖、文以后,则有灭国无迁国矣。"

夏六月,齐师、宋师次于郎,公败宋师于乘丘。

孙《解》:"不书侵、伐,方次而侵、伐未成也。"吕《集解》:"襄陵许氏曰:齐桓始入,未抚其民而轻用之,是以再不得志于鲁。晋文之入,五年而后用其民,盖监此也。"陈氏《后传》:"其言'次'何?以桓公之图伯而未集也。外师未有书次者。据僖二十五年晋次阳樊、宣十五年秦次辅氏之类。桓公所甚汲汲者,鲁也。苟不得鲁,不可以合诸侯,宿师于郎,将以诎鲁尔。而北杏之会不至,鄄会不至,则犹未得志于鲁也。于是书'次',见桓之未得志于诸侯也。是故书'齐师、宋师次于郎',以志齐伯之难;书'楚子、蔡侯次于厥貉',以志楚伯之难。于此焉可以知人心矣:不苟于从齐,是人心犹有周也;不苟于从楚,是人心犹有晋也。有王者作,天下归往之矣。'齐一变至于鲁,鲁一变至于道',孔子所以有志于鲁也。"

秋九月,荆败蔡师于莘,以蔡侯献舞归。

孙《解》:"《春秋》之于楚也,见圣人之深意焉。于其始也,以蛮服处之,若曰:楚蛮服尔,安得使之至乎?其至也,必深备之。至其侵陵之甚,主盟中国而虐害诸侯也,则书人、书爵,与中国等矣,若曰:中国而至于是者,中国无人焉尔;中国而无人,则中国亦楚尔,于楚又何外之?故楚之所以得称人、称爵者,非进楚也,罪中国也。一时之中国,不深罪之,则无以惩后世。故楚之始称荆,非斥之也,未改号也。无人、无爵,非外楚也,欲中国早为之防。称人、称爵,非进楚也,罪中国皆蛮服也。"陈氏《后传》:"夷狄交相败不书,据襄十三年楚败吴师、十四年吴败楚师之类。中国败夷狄不书,据僖二年虢公败戎于桑田、僖八年晋败狄于采桑之类。必败中国也而后书。《春秋》为夷夏而作也。荆败蔡师于莘,是猾夏之始也;吴败顿、胡、沈、蔡、陈、许之师于鸡父,则诸夏之不亡者,寡矣。是故书荆自此始，而《春秋》以吴终焉，圣人之所甚惧也。"

冬十月，齐师灭谭。谭子奔莒。

陈氏《后传》："书灭始于此。纪侯大去其国、宋人迁宿，未可以言灭。必若齐桓，而后可以言灭矣。然则灭国自齐桓乎？前乎此矣。前乎此，则曷为以首灭罪齐？微桓公，则灭国之祸不接迹于天下，春秋之际，灭国三十六，五伯为之也。"

十有一年

十有一年秋，宋大水。

胡《传》："凡外灾，告则书。诸侯于四邻，有恤病救急之义，则告为得礼，而不可以不吊。故四国同灾，许人不吊，君子是以知许之先亡也。"黄氏《通说》："外灾必书者，均其忧也。均其忧，则均其爱矣。《春秋》之教，分殊而理一者也。其不尽书者，鲁不吊则史不书尔。宋大水，公使吊焉，因鲁史书此，故述之也。"

十有二年

春王三月，纪叔姬归于酅。

陈氏《后传》："纪亡矣，曷为谓之纪叔姬？存纪也。国灭而复见者，善辞也。据昭八年楚灭陈，十一年灭蔡，十三年蔡侯庐、陈侯吴归陈、蔡。未始复也，而再见，《春秋》所以录灭国也，是故纪亡矣，书纪叔姬；陈亡矣，书陈灾。"

秋八月甲午，宋万弑其君捷及其大夫仇牧。

吕《集解》："襄陵许氏曰：春秋之法，与时偕行，庄公以前，自卫州吁至于宋万,弑君之贼,皆贬其氏。盖是时大夫有氏、有不氏也,故贬其氏,不与其贵也。自霸统变正,大夫无不氏者,则氏轻,轻则去之不足以残元恶,虽弑君之贼,亦以氏书矣。"

冬十月,宋万出奔陈。

吕《集解》:"泰山孙氏曰:弑君之贼,当急讨之,万八月弑闵公,十月出奔陈,宋之臣子缓不讨贼若此。"陈氏《后传》:"向也合四国之君,而后华督免于讨。今万得奔陈,自是无讨贼者矣。"

十有三年

十有三年春,齐侯,《穀梁》作人。**宋人、陈人、蔡人、邾人会于北杏。**

陈氏《后传》:"《春秋》非主兵皆序爵也,据宋、齐、卫盟瓦屋,宋、陈、蔡盟折之类。于是序齐于宋之上,而独爵齐,将予齐以伯也。晋文公之简曰:晋侯、齐师、宋师、秦师,据传,宋公在师。皆始伯之辞也。自是无特相会者矣。"黄氏《通说》:"会于北杏,齐始求霸也。霸,伯也。古者王命作伯,分统诸侯,故齐桓窃是名以为诸侯主,盖以伯自命而非王命也。虽然,自天下有霸而诸侯之散离者合矣,中国有霸而夷狄之侵陵者惧矣,民其少康乎?而《春秋》何以书曰'非'①?王者之道,治世之事也,礼乐征伐,虽不散出于诸侯,而卒出于诸侯也。开功利之门,废正大之理,使后世智力用事,指王道为迂阔,国无善治,民不见德者,自齐桓始。故孟子曰:'五霸者,三王之罪人也。'"吕氏《或问》:"北杏以前,诸侯之盟、会皆序爵;北杏以后,则诸侯之盟、会序伯主为首。北杏以前,诸侯有特相会者;北杏以后,则诸侯非伯主不会矣。北杏之会,其

---

① 此处所谓"《春秋》何以书'非'"者,疑用《穀梁》义:"是齐侯、宋公也,其曰'人',何也?始疑之。何疑焉?桓非受命之伯也,将以事授之者也。曰可矣乎?未乎?举人,众之辞也。"

至者宋、陈、蔡、邾之大夫耳；至幽之盟，则宋、陈、卫、郑、许、滑、滕之君也；又至葵丘之会，则宰周公在会矣。然犹未也，至于温之会，则天王实狩焉，其盛极矣。有北杏之会，则有幽之盟；有幽之盟，则有葵丘之盟；有葵丘之盟，则有温之会矣。方伯图之未兴也，列国诸侯更相吞噬，间有若郑庄、齐僖之流，虽能雄长于一时，而终未能执伯主之柄，天下纷纷莫之统一，亦可叹矣。虽然，人心犹知有周也。及伯图之既兴也，列国诸侯，向之纷纷而无统者，今则翕然惟伯主之为听，下以号令于诸侯，上以致天王之狩，一时气势声焰赫奕，中国赖以少事，然自是王命浸微矣。圣人之于《春秋》也，固未尝不与伯主之功，而亦未尝喜伯主之盛，据事直书，而善恶自见矣。"

夏六月，齐人灭遂。

孙《解》："齐桓自灭遂之后，历庄、闵二十年，伐宋、伐郳、伐郑、伐卫、伐我西鄙、伐徐、伐卫、救郑、降鄣、伐山戎、救邢、迁阳，皆称人；救邢、城邢，但称师；至僖四年，'侵蔡，遂伐楚'，始书曰'齐侯'。此孔子微意也。夫春秋之时，王室衰，中国弱，诸侯无道，外裔侵陵，于是之际，能帅诸侯以尊天王，攘外裔以强中国者，惟齐桓公。而桓公又以其私而报平生之仇，夺诸侯之土，行师二十余年，始伐楚以责苞茅之不入而强中国之威。故伐楚之前，悉贬曰人、曰师。至伐楚之后，遂以爵称之，谓其一匡天下也。春秋诸侯无道而行师者多矣，而经未尝去爵以贬之，至桓公之盛，而圣人罪之尤深，责其可责者也。《春秋》之义，可责者责之。"黄氏《通说》："北杏之会，鲁、遂皆不至也，齐于鲁又有纳纠之憾、有败师之怨，比于遂之可疾，轻重较然矣。然齐桓能忍于鲁而会盟之，不能忍于遂而殄灭之，何欤？盖遂，小国也，利其易虐，则借以立威；鲁，望国也，知其难图，则结以为助。凡其恩威异用，大率听于力、放于利而已矣，非能壹以礼义为节也，故曰'五霸者，三王之罪人也'。"

十有四年

十有四年春,齐人、陈人、曹人伐宋。

胡《传》:"宋人背北杏之盟,诸侯伐宋。其称人者,将卑师少也。齐自管仲得政灭谭之后,二十年间,未尝遣大夫为主将,亦未尝动大众出侵伐,盖以制用兵而赋于民者薄矣。故能南摧强楚,西抑秦、晋,天下莫能与之争也。或以为贬齐称人,误也。"

秋七月,荆入蔡。

吕氏《或问》:"荆楚方强,而蔡首被其祸。齐桓称伯,蔡仅一从北杏之会,自是而后,伐宋、伐郑、两会于鄄、两盟于幽、会于柽,蔡皆不与,盖自是折而入楚矣。至城濮之役,楚既大创,蔡始改图。践土之盟,书曰'晋重耳、蔡甲午'。温之会、翟泉之盟,犹前志也。晋文既没,而中国之盟会,蔡复不与。晋悼没,而楚之役蔡常从之。襄二十四年楚伐郑,则书曰'楚子、蔡侯';二十六年楚伐郑,又书曰'楚子、蔡侯';二十七年宋之会、昭元年虢之会,蔡公孙归生实序于列国大夫之上;四年申之会,书曰'楚子、蔡侯';其再伐吴也,又书曰'楚子、蔡侯'。是中国诸侯其折而从楚者,莫如蔡之先也;其坚于事楚者,莫如蔡之甚也。蔡之五祸,皆楚为之。楚文之执献舞,蔡十年无君,则蔡之祸一也;楚灵之杀蔡般,蔡祀将绝,则蔡之祸二也;楚费无极逐蔡侯朱,则蔡之祸三也;楚子常拘蔡昭于南郢,则蔡之祸四也;楚昭迁蔡于江、汝,则蔡之祸五也。凡此,皆楚为之。其从楚最先,其事楚最厚,而蒙楚之祸最甚。蔡之始受祸于楚也,其见于经,则曰:'荆败蔡师,以献舞归。'蔡之终受祸于楚也,其见于经,则曰:'楚子、陈侯、随侯、许男围蔡,蔡迁于州来。'观蔡人之祸福,而中国、夷狄之盛衰可见矣。"

十有五年

秋,宋人、齐人、邾人伐郳。

胡《传》:"伯者之先诸侯,专征也;非伯者而先诸侯,主兵也。此齐桓之师何以序宋下? 犹未成乎伯也。二十七年同盟于幽,天下与之,然后成乎伯矣。"

十有六年

夏,宋人、齐人、卫人伐郑。

吕《集解》:"襄陵许氏曰:中国诸侯宋为大。既为之服郳,又为之报郑,宋盖自是与齐为一,宋亲而中国诸侯以定。"吕氏《或问》:"北杏之会,先书齐,而此年伐郑与伐郳,则先宋,何也? 曰:伐郳、伐郑,凡以为宋也。石氏曰:'《春秋》之法,会盟先主会,征伐先主兵。此年先宋,与伐郳之义同。'杜预于此特发例曰:'班序上下,以国大小为次。'范宁同之。盖《春秋》会盟,有以侯而先公者,有以男而先伯者。卫居陈上,而齐桓既伯,则后陈、蔡,居陈下;而昭公以前,则先卫。郑,大国也,而后纪;滑,小国也,而先滕。考斯志也,岂特以国之小大为之次哉? 亦以见周衰,礼籍之亡,诸侯皆以强弱相制,班爵上下,不以先王之旧法,而先后进退,皆出于主会之临时。隐公之初,滕、薛争长,鲁长滕。黄池之会,吴、晋争先,诸侯先晋。皋鼬之会,子鱼一言,卫复蔡上。澶渊之会,良宵先至,郑处宋先。如此之类,皆非周旧,圣人一切因其实而书之,以见诸侯之纵恣,而王制之败坏也。夫岂纯在于国之大小哉? 乃若虞、晋灭下阳,先书虞;于宋之会,先书晋,又皆以示义也。"

秋，荆伐郑。

孙《解》："前年荆尝入蔡，于是又伐郑焉，所以见荆蛮之强而中国之衰也，不早备之，将横行于天下。故二十三年来聘，遂称荆人；僖元年伐郑，遂称楚人也。于此书荆蛮之强，言其尚可御也。"吕《集解》："襄陵许氏曰：三书荆入蔡、伐郑，将以崇桓之责；三书楚人伐郑、侵郑，将以大桓之功。于是召陵之美深长矣。"

冬十有二月，会齐侯、宋公、陈侯、卫侯、郑伯、许男、滑伯、滕子同盟于幽。

孙《解》："陈入春秋会盟皆在卫下，于是齐桓主盟，以其三恪之国，进而在卫之上。又其近楚之国，恐其叛去，亦稍怀来之尔。"黄氏《通说》："同盟于幽，齐霸始盛也。《公羊传》经曰'公会'，而正经无'公'字，盖阙文尔。说《春秋》者一曰'不言公，微者也'，不知鲁自盟柯，已从齐矣；单伯会伐宋矣，又会于鄄矣，至此大盟会，不应鲁以微者往也。一曰'以诸侯私相推戴齐侯，故去公以示贬也'，不知《春秋》书其事即见其罪焉尔，不以去公为贬也，若以去公为贬，则从幽之盟者八国，何独贬公哉？一曰'不言公，明罪不在鲁也'，不知鲁自盟柯以后，已不免于从齐矣，乌得无罪乎？若夫盟而加'同'者，录载书之辞尔。蔡丘盟曰'凡我同盟之人'，盖同盟之辞在当时有之，非孔子新笔也。即是以知，凡载书曰'同盟于某'，故孔子修之，亦曰'同盟'，无此字则不书也。说《春秋》者多谓诸侯同欲，则书'同盟'，谬矣。同盟于清丘而卫将叛盟，同盟于断道而鲁不肯盟，同盟于平丘而齐不受盟，岂同欲也哉？"吕氏《或问》："案经书'盟'者一百十二，而书'同盟'者十有六：庄十六年幽、二十七年幽，文十四年新城，宣十二年清丘、十七年断道，成五年虫牢、七年马陵、九年蒲、十五年戚、十七年柯陵、十八年虚打，襄三年鸡泽、九年戏、十一年亳城北、二十五年重丘，昭十三年平丘是也。《公羊》曰：'同盟者何？同欲也。'《穀梁》曰：'同外楚也。'愚尝以意推之，窃谓盟而书同，固出于诸侯之同欲，无可疑者。以经考之，齐桓之盟，惟再盟于幽皆书'同'，若葵丘、牡丘之会，则不书'同'；晋文践土、翟泉之盟，则不书'同'；至于赵盾新城之盟，而后书'同'，自是而后，不书'同'者寡矣。盖齐桓为幽之盟，实在荆人蔡伐郑之后，中国诸侯同于惧楚，倚桓以为重，故两盟于幽皆书'同'焉。若葵丘、践土之盟，则桓、文之盛也，主是盟者盖出于桓、文之意，而诸侯从之，故不书'同'。晋文卒而楚益强，新城之盟同于惧楚。自是而后，楚日以强，中国之伯业日以不振，故凡诸侯之相与盟会者，皆倚晋以为重，凡皆诸侯之所同欲也。惟澶渊之盟不书'同'，则平齐、晋也；皋鼬之盟不书'同'，则刘子不与盟也。故有以主是盟，则不书'同'，是桓、文主伯之盛也。二幽之盟而书'同'，则桓公伯业未盛之时。新城以后皆书'同'，则晋伯业渐衰之际。凡书同者，众欲之也。众欲，则犹未纯乎专主盟也。说者以为必尝有异而后书同，如《左氏》所谓'郑成'、'陈郑服'之类是也。然两会于鄟，亦服异也，而何以不书'同'邪？或谓'殷见曰同'，盖天子之礼而齐桓窃之，故书曰'同'。然以新城之盟，赵盾实主之，则以大夫而僭天子之礼，疑亦未至是也。吾故曰：'同盟者，同欲也。'虽然，初盟于幽，不书'公'，再盟而后书'公'，何也？曰：是《春秋》之变文也。举天下而听命于一邦，古未有是也，而齐首为之。鲁君为是迟迟而不以往，北杏之会，鲁不之从，齐为是盟于柯以怀鲁。伐宋之师，王臣实来，而鲁不之会。再会于鄟，宋、卫、陈、郑皆至，而鲁不之会。鲁，东方之望国，而周公之祚嗣也。齐不得鲁，终不可以合诸侯。而鲁之君臣，犹守先王礼文之旧，以为古未有是也，是以迟迟焉而不往。至于幽之盟，则诸侯皆来，而鲁亦不得以不往矣。虽然，犹有讳也。至于再会于幽，则亦不之讳矣。荆楚戎狄肆行而莫之制，不有齐桓倡义以为诸侯主，其谁能治之？鲁之君臣虽欲勿从，焉得而勿从之哉？是故挟天子以令诸侯，桓、文之义，《春秋》之所不予也。主夏盟以制夷狄，桓、文之功，《春秋》之所不弃也。"

郳子克卒。

孙《解》:“克者,仪父之嗣君也。仪父之卒不见于经者,附庸之君,未有爵命,略而不书也。至是称子者,盖自齐桓称伯之后,尝从会盟侵伐,故进之为子爵也。”

十有七年

十有七年春,齐人执郑詹。

吕《集解》:“襄陵许氏曰:宋大郑小,齐桓盖怀宋以示德,而威郑以正法。文王之兴,大邦畏其力,小邦怀其德,而桓公反之,是以为霸道也。至于宋襄执鄫之虐,则桓不为矣。”叶《传》:“郑伯与宋公会于鄄,则同好矣。未几而郑侵宋,故宋复主兵而齐、卫共伐之。至同盟于幽而郑服,故以詹为说而执焉。郑非詹之所得任,则执之非其罪者也。”

夏,齐人歼于遂。

吕《集解》:“陆氏《纂例》:啖子曰:歼者,自歼之义也。不言遂人歼之,言齐人自取其歼也。又襄陵许氏曰:齐师灭谭,谭子奔莒,著其君不绌也;齐人灭遂,齐人歼于遂,著其民不归也。孟子以为霸者‘以力服人,非心服也,力不赡也’,观桓之兴如此,则所谓以力服人者,非耶?荀子曰:‘桓诈邾袭莒,并国三十五。’如卿之言,则所灭盖不尽书,书灭谭、灭遂,上下一见之也。”

秋,郑詹自齐逃来。

叶《传》:“奔以适我为志,故曰‘来奔’;逃以舍彼为志,故曰‘逃来’。”陈氏《后传》:“外逃不书,据宣十七年高固逃归、襄十六年高厚逃归。逃来则书之。书逃来,讥与之接也。苟不接,虽莒仆来奔,宣公命与之邑,季文子使司寇出诸竟,则不书。苟接之矣,介葛庐来,僖公在会,馈之刍米,则书。”

十有八年

十有八年春王三月，日有食之。

孙《解》："《春秋》日食之例，有书日书朔者，有书日而不书朔者，有日与朔皆不书者。书日书朔，日食正朔，旧史之详备，孔子因之，以传信也。日而不朔者，食不在朔，或在晦，或二日，孔子以历者之失，因而略之，以正后世之历也。日朔皆不书者，旧史所无，孔子阙之，以传疑也。春秋之间，日食不书朔与日者，惟二而已，亦足以知旧史所阙者亦少也。"

夏，公追戎于济西。

孙《解》："《春秋》书'追'者，皆寇已去而追之也。'齐人侵我西鄙，公追齐师，至酅，不及'，先言侵而后言追，盖侵事已成，既去而追之。'公追戎于济西'，不言戎之侵我，但曰追者，盖戎来为寇，以我备之而遁去。兵无所加，但追之而已。"陈氏《后传》："不言其来，举重也。举重之文约，是故书'公追戎于济西'，则戎来侵可知已；书'公会晋师于瓦'，则晋来救可知已。事在定八年。春秋无费辞，费辞者必言故也。公子结媵陈人之妇于鄄，为盟齐、宋书；有事于太庙，为卒仲遂书。虽常事，以其故不可不志也。"

秋，有蜮。

黄氏《通说》："或谓：'短狐之蜮，盖出炎荒江海中，非鲁地所有，盖文误尔，蜮当作螽。'是不然。经书有者，不常有也。蜮非鲁地所有，故以有为异也。《尔雅》'虫食叶曰螟'，若使是螽，当从书螟之例，不曰有也。"

十有九年

秋,公子结媵陈人之妇于鄄,遂及齐侯、宋公盟。

叶《传》:"陈人,陈侯也。何以言人?妇非陈侯之所得,名曰人云尔,别外之辞也。古者诸侯娶一国,则二国媵之,必以大夫送焉,谓之媵臣。凡媵不书,此何以书?将以见其遂也。鲁以女媵陈人之妇,而结送之。齐与宋将有不可于鲁,而遇诸鄄,结因与之盟而和焉,故言'遂',善之也。叶子曰:吾何以知结之遂为善欤?《春秋》言'遂'二,有君遂、有臣遂。君者,命之所从出,无所往而不可遂,故诸侯而言'遂',继事之辞也。大夫受命于君,有不可得而遂,故大夫之言'遂',生事之辞也。大夫言生事,则有可得而遂者,有不可得而遂者。在国中,则不可遂,所谓'大夫无遂事'也;在国外,则可遂,所谓'大夫出疆,有可以安社稷、利国家,则专之'者也。而《春秋》之辞一施之,以为各于其事,观焉则审矣。盟者,所以谋不协也,而非大夫之事。然大夫与国同体,君不在焉,而事有不可者,不为之所则亦不忠而已矣,吾是以知君子之与结也。"

冬,齐人、宋人、陈人伐我西鄙。

吕《集解》:"襄陵许氏曰:公之事齐,后于诸侯,又受郑詹未讨,齐、宋在鄄,将以陈人伐我,而结知之,故权国重而与之盟,示先下之以礼。齐、宋以公子之盟未足以结成也,故卒来伐而取服焉,则鲁之被兵也轻,此公子遂事之谋也。齐桓于鲁,盖养之以恩而收之以威,此鲁所以怀服而不贰也欤?"叶《传》:"郊外曰都,都外曰鄙。凡伐,皆先鸣钟鼓以问罪。服而行成,则见伐不见战;不服而战,则见战不见伐。内伐言鄙,详内也。有伐而围邑,然后言围;有伐而至城下,然后言我。我,内辞也。"

83

二十年

夏,齐大灾。

吕《集解》:"刘氏《传》:灾则其言'大'何?非一也。宗庙厩库尽矣,此齐大灾也。何以书吊焉尔?吊人者,哀其祸而救其乏。"叶《传》:"有大荒、有大札、有大灾。大荒,饥也;大札,疾也;大灾,水火之变也。凡内灾,必目其所。宋、陈灾,不目其所,略之也。齐大灾然后书,曰:宫室厩库廛市皆尽焉尔。古者国有大灾,类宗庙社稷,以是故重之也。"

冬,齐人伐戎。

吕《集解》:"襄陵许氏曰:戎自春秋之初即见,荆后起。是故攘中国之患,莫宜戎先。齐桓既霸七年,诸侯略定,盖是时始伐戎。"吕氏《或问》:"齐桓之入,至此十年,伐郑、伐宋、灭谭、灭遂,其恃威力以加于中国者若此,圣人皆详录之。而于此始一见其伐戎又称人,以微之者,凡以著其自为封植,而缓于攘却四夷也,信乎?曰:不然。戎之为中国患久矣,齐桓之伯,岂无意于攘之哉?盖缓以图之,而未尝急也;渐以处之,而未尝遽也。中国诸侯有一焉之不安于我,则固不可以从事于夷狄,故其汲汲焉以会盟中国之诸侯者,所以治其内也。十年之久,而后有伐戎之举。不用大兵,不动大众,而声罪致讨之义严焉,则其规模之素定故也。故此年伐戎书人,三十年伐山戎亦书人,则其不用不兵、不动大众,亦可知矣。一捷之后,而戎始不能为中国患。戎不能为中国患,而后齐得以专意于楚。此管仲之规模也。读《春秋》至庄、僖之编,当知圣人有惓惓桓公、管仲之意,毋徒概以伯图而绝之可也。虽然,齐桓未伯之初,灭谭、灭遂,犹恃力以逞。自盟柯之后,而《春秋》书齐之事,与灭谭、灭遂者异矣。意者管仲得志,当在盟柯以后乎?"

二十有一年

夏五月辛酉,郑伯突卒。

胡《传》:"杜预称'庄公四年,郑伯遇于垂者,乃子仪也',而以为厉公者,案《春秋》,'突归于郑'之后,其出奔蔡、入于栎,皆以名书,犹系于爵,虽篡而实君,虽君而实篡,不没其实也。忽虽世子,其出奔犹不得称'子',其复归犹不得称'伯',以其实不能君也。而况子仪,虽乘间得立,其为君微矣,岂敢轻去国都与诸侯会于外乎?故知遇于垂者,乃厉公也。其始终书爵,不没其实也。亦可以为居正而不能保者之戒矣。"

二十有二年

二十有二年春王正月,肆大眚。

叶《传》:"何以书?以文姜也。有眚,有大眚,诸侯不得专杀,则亦不得专生。肆眚,诸侯之事也;肆大眚,天子之事也。鲁得肆大眚,虽周公之赐,文姜之罪,天子不讨,而得葬,故庄公因推以及其国人,非所肆而肆也。叶子曰:吾何以知肆大眚为天子之事欤?周人告其臣曰:'乃有大罪,非终,乃惟眚灾,适尔,既道极厥辜,时乃不可杀。'有大眚而肆之可也,然驭福以生,驭过以诛,盖王之八柄,岂诸侯而得为乎?"

癸丑,葬我小君文姜。

黄氏《通说》:"书文姜,明夫人不当谥也。晋胡讷云:'礼,夫人生以夫爵,死以夫谥。'夫人有谥,不复依礼尔。此说得之。而曹耽以为夫妇行不必同,不得以夫谥谥妇者,岂《春秋》之意哉?"

85

陈人杀其公子御寇。

孙《解》:"《春秋》之法,诸侯之国杀大夫,其君杀之,则称国;其国人杀之,则称人。盖古者诸侯贡士于天子,天子以为贤,则命之归国为大夫。故其为诸侯之大夫,则一国之贤也;为天子之大夫,则天下之贤也。故为贤者,则不苟进其身矣。天子命之,则无不肖也。故王道之行,则列国之大夫莫不皆贤,而诸侯遇之莫不有礼。故其为臣之道,谏行言听,则膏泽其民;谏不行,言不听,则违而去之,以自免于祸。其为大夫者,不苟于其君,君无礼则去。为诸侯者,不敢不尽礼于其臣。一朝无礼,则贤者去;贤者去,则谁与治其国家? 故君臣相须,而天下常治也。至周之衰,诸侯之臣,或不命于天子;而当时之大夫,或苟禄以活其身。不命于天子,则未必皆贤;苟禄以全其身,则不能使其君遇之以礼。以不贤之大夫、无礼之诸侯,故君臣失道,而至于君杀臣、臣弑君也。《春秋》书弑君三十六,以见为君者不近贤臣而自取于祸;杀大夫者三十八,以见为臣者不自重其身,苟祸于无礼之诸侯,而终见杀也。"胡《传》:"杀而或称君、或称国、或称'人',何也? 称君者,独出于其君之意,而大夫、国人有不与焉,如晋侯杀其世子申生之类是也。称国者,国君、大夫与闻其事,而不请于天子,如郑杀其大夫申侯之类是也。称'人'者有二义,其一国乱无政,众人擅杀,而不出于其君,则称'人',如陈人杀其公子御寇之类是也;其一弑君之贼,人人所得讨,背叛之臣,国人之所同恶,则称'人',如卫人杀州吁、郑人杀良霄之类是也。考于传之所载,以观经之所断,则罪之轻重见矣。"

夏五月。

吕《集解》:"泰山孙氏曰:盖五月之下有脱事尔。"

冬,公如齐纳币。

吕《集解》:"伊川先生解:齐疑婚议,故公自行纳币。后二年方逆,齐难之也。"吕氏《或问》:"古者男子二十而冠,三十而娶;女二十而嫁。过与不及,非礼也。天子、诸侯十五而冠者,以娶必先冠,亦欲国嗣之早定也。庄公生于桓六年,至是三十有五岁。以世嫡之正、诸侯之贵,而无内主,盖为文姜所制,使必娶于母家,而齐女待年未及,故自今年之纳币,越明年而如齐观社,又遇于穀、盟于扈,皆为婚姻而往。夫娶夫人,奉祭祀以为宗庙主,不以大义裁之,而母言是听,其逾时失礼,一至于此。圣人一一书之,所以垂戒后世也远矣。"案:此论本胡《传》,见"公会齐侯盟于扈"下。

二十有三年

祭叔来聘。

陈氏《后传》:"聘未有不称使者,其不称使何?私相为好也。自桓之伯也,王室无聘鲁者,于是祭叔私相为好也。自桓之中年,则王室曷为无聘鲁者?王命不行于天下。庄、僖崩、葬,盖不见于经矣。是故春秋之初,亟书王人、书来求,则犹有治不修贡之事焉;书来锡命,则犹有治不禀命之事焉。于是祭公私相为好,君子盖有感于此,而非徒以为讥也。庄、僖之际,诸侯来聘乎盟主矣。"吕氏《或问》:"此自与武氏子来求赙、毛伯来求金为一例尔。盖非王命而来求赙,故武氏子不言使;非王命而来求金,故毛伯不言使;非王命而来聘,故祭叔不言使。方武氏子之来也,嗣王方在丧,事无以给,周之大臣自以其意来求赙于鲁耳。方毛伯之来也,襄王尚未葬,而未有以葬也,周之大臣自以其意来求金于鲁耳。方祭叔之来也,则以庄十九年,五大夫作乱,立子颓,王出奔温,至二十一年郑、虢纳之,乃克归周。当是时,王之命令不能以自执,而威柄之夺于臣也久矣。故祭叔之来聘,亦当时大臣自以其意行,而不出于王命耳,岂必其私来哉?"

夏,公如齐观社。

吕《集解》:"伊川先生解:婚议尚疑,故公以观社为名,再往请议。

后一年方逆，盖齐难之。"

荆人来聘。

孙《解》："荆者，楚未改号之称也。曰'人'，其臣也。不言其名，微之也。荆蛮之国，至于强盛而来聘，诸侯中国不早备之，将乘中国之衰而侵陵诸夏矣。略之曰荆人，犹言其微，尚可制也。至文九年，使椒来聘，其国已盛，而交通诸夏，诸夏与之等矣。《春秋》不复外之，用见荆蛮之盛，中国不能外之，而中国皆荆蛮也。"陈氏《后传》："隐、桓之《春秋》，舍王室若姻邻，无聘鲁者矣。经止书天王、齐。舍王室若姻邻未有聘鲁者，而荆人先诸夏修聘于上国，进之也。进之也者，忧之也。"

秋，丹桓宫楹。

孙《解》："桓之于庄，父也。不曰新宫，而谓之桓宫。公薨至是二十余年，亦已久矣。成公、哀公皆三年之丧新毕，而其宫见灾，伤痛之深，特曰新宫也。"

十有二月甲寅，公会齐侯盟于扈。

孙《解》："与齐盟者，盖庄公娶于齐，齐遂欲率鲁以从己，故会公而盟于扈。"叶《传》："离盟也。小白已霸矣，公复为离盟，则非诸侯之政也，以图婚于我而固其好焉尔。故前高傒为防之盟，而后公如齐纳币。今齐侯为扈盟，而后公如齐逆女。见公之迫于齐而不敢不从也。"

二十有四年

夏，公如齐逆女。

吕《集解》："泰山孙氏曰：案桓六年九月，子同生，公十四年即位，此年如齐逆女，公即位二十四年，年三十七岁矣，始得成婚于齐者，文姜制之,不得以时而婚尔。故其母丧未终,如齐纳币,图婚之速也。"

戊寅,大夫宗妇觌用币。

孙《解》:"《春秋》之法,不与妇人专行。夫人之至,必书其以,侨如、公子遂是也。归赗、归襚,必著其夫与其子之号,惠公仲子、僖公成风是也。盖妇人无专行之道,必有所系而后行,所以深防祸乱,而远为之嫌也。大夫宗妇,则是大夫之家宗妇尔,盖以宗妇系之大夫,不与之专行也。故《左氏》但曰'宗妇觌用币'而不言大夫是也,安得谓大夫与其妻同赘皆见乎?"

二十有五年

二十有五年春,陈侯使女叔来聘。

陈氏《后传》:"诸侯初交聘也。前乎此,非王室若姻邻,无聘者矣。案:是交聘齐桓公为之也。自女叔之后,诸侯之会数,而朝聘皆之乎盟主矣。是故吾君、大夫如齐,自僖之初年始。春秋之初,吾君、大夫适他邦,必有故也。据公如齐观社、公如齐纳币、公如齐逆女、公子翚如齐逆女、公子友如陈葬原仲、公子结媵陈人之妇于鄄,皆非朝聘。有故而后行,犹私相为好而非定制也。王室衰,诸侯私相为好而无定制,是谓乱初生也。由僖而下,朝聘皆之乎盟主,'天王狩于河阳'、'公朝于王所'、'天王使宰周公来聘'、'公子遂如京师,遂如晋',吾未知其所终矣,《春秋》所以作也。"

六月辛未朔,日有食之。鼓,用牲于社。

孙《解》:"伐鼓者,求以胜阴。用牲,则是祈请之也。将胜之,而又祈之,非礼也。"

二十有六年

二十有六年春，公伐戎。夏，公至自伐戎。

吕《集解》："襄陵许氏曰：以伐戎致，大伐戎也，齐、鲁伐戎而中国崇也。隐、桓以来，世有戎盟。至于庄公，戎始变渝，我是以有济西之役。于此伐戎，义已胜矣。"吕氏《或问》："公伐戎，何也？曰：戎在隐、桓之世，尝与会盟。三十年间，亦未尝侵伐诸侯者。至庄十八年，'公追戎于济西'，必以其乘间而侵我也。二十年而齐人伐之，必以其奸纪而为暴也。今又侵曹以出羁，因乱以纳赤，其势浸盛矣。庄公念宿怨而伐之，逾时而反，盖亦危矣。"

曹杀其大夫。

胡《传》："称国以杀，国君、大夫与谋其事，不请于天子而擅杀之也。义系于杀，则止书其官，曹杀其大夫、宋人杀其大夫是也；义系于人，则兼书其名氏，楚杀其大夫得臣、陈杀其大夫泄治之类是也。然杀大夫而曰大夫与谋其事，何也？与谋其事者，用事之大夫也；见杀者，不得于君之大夫也。所谓义系于杀者，罪在于专杀，而见杀者之是非有不足纪也。凡诸侯之大夫，方其交政中华，会盟征伐，虽齐、晋上卿，止录其名氏；至于见杀，虽曹、莒小国，亦书其官。或抑或扬，或夺或与，圣人之大用也，明此然后可以司赏罚之权矣。"陈氏《后传》："凡杀大夫，恒名之，此其不名何？恶君也。庄公卒有戎难，羁出奔陈，赤于是篡曹。篡而杀其大夫，则必不义其君者也。宋杵臼之弑也，始不书贼，而曰'宋人'，以是为君无道也。无道而杀大夫，则亦不义其君者也。是故曹僖公之大夫不名，宋昭公之大夫不名。僖二十五年宋成公杀其大夫，无传。"吕氏《或问》："杀其大夫，而不书其名氏，何也？曰：《春秋》称国以杀而不名氏其大夫者，此年与僖二十五年'宋杀其大夫'是也；

称人以杀,而不举其官者,'晋人杀栾盈'是也;或称国、或称人,而既书其官又书其名氏者,'郑杀其大夫申侯'、'陈人杀其大夫公子过'之类是也。以意度之,则不书大夫之名氏者,是大夫之无罪者也;特书其名氏,而不书其大夫,以众人杀之耳,是有罪者也;既书大夫,又书名氏者,是大夫之与其国君分其罪者也。"

秋,公会宋人、卫人伐徐。

胡《传》:"案《书》伯禽尝征徐戎,则戎在徐州之域,为鲁患旧矣。是年春,公伐戎,秋又伐徐者,必戎与徐合,表里为鲁国之患也。故虽齐、宋将卑师少,而公独亲行。其不致者,役不淹时,而齐、宋同会,则无危殆之忧也。"

二十有七年

夏六月,公会齐侯、宋公、陈侯、郑伯同盟于幽。

叶《传》:"再见'同盟',距前十二年矣,天子殷国之节也。同盟非齐侯之所得已,诸侯信而霸业成,则吾所以尊天子者亦已终,故自是不复盟。天子于是使召伯廖来赐公命,则加命以赏之也。"

秋,公子友如陈葬原仲。

吕《集解》:"陆子《微旨》:唳子曰:凡大夫既没则不名,原仲所以书字也。"叶《传》:"原,氏也。仲,字也。大夫则何以得字见? 主人之辞也。此何以书? 为其将以图国也。何以得言? 如使若以君命出然。将出而不以名,则惧疑而不得去。鲁之安危,季子所自任也,则托原仲之葬请于公,而求援于陈。季子盖有以图之矣。"

莒庆来逆叔姬。

叶《传》:"不曰'逆女',大夫之辞也。天子逆后称'王后',已成妇之辞也;诸侯逆夫人称'女',未成妇之辞也;大夫逆妻称字姓,听于父母之辞也。"陈氏《后传》："外逆女不书，据宋荡伯姬。此何以书？公自主之也。《穀梁》'接内'是。诸侯嫁女乎大夫，必使大夫同姓者主之，曷为公亲焉？则莒庆伉也。莒无大夫，于是书莒庆。隐、桓、庄之际，莒尝为强国，入向、取杞牟娄、纳公子庆父。吾君特会外大夫，自浮来之盟始，以是知庆之敢伉也。公羊氏传'大夫越竟逆女非礼也'，则荡氏宜书，今不取。"

杞伯来朝。

孙《解》："杞自入春秋常称侯，至是降而称伯。僖二十三年书'杞子卒'，二十七年书'杞子来朝'，文十二年书'杞伯来朝'，陆淳之徒以为当时主盟列国会诸侯，以国大小为次，故国小而爵尊者降爵，爵卑而国大者进之，或升或降，从一时之便，故杞之爵或侯或伯或子也。于是来朝称伯者，盖齐桓兴霸，降爵从伯。此说是也。"吕《集解》："襄陵许氏曰：齐桓之令行乎天下，为幽之盟而春秋授之诸侯。考庄二十七年所书如此，则诸侯之风和平可知。虽云未尽合乎先王之礼，盖易约也。桓之功美，有孚于幽，而盛于首止，相为终始。宣王《大雅》言韩侯出祖，盛显父、侯氏之燕胥，言韩侯娶妻懿，韩姞诸妇之光宠者，使人用是以观中兴之风。故《春秋》每书列国之事，以昭霸者之勋，乐人之远于祸乱，而嘉其熏熏往来。如齐桓、晋文之兴，庶几乎大雅之美矣。是以知凡志天下祸乱之变，皆咎王霸之失道也。"

二十有八年

二十有八年春王三月甲寅，齐人伐卫。卫人及齐人战。卫人败绩。

胡《传》："战不言伐，伐不言日，而书日者，战之日也，见齐人奉词伐罪，方以是日至，卫人不请其故，直以是日与之战，所以深疾之也，而圣人之情见矣。"吕《集解》："泰山孙氏曰：《春秋》之义，伐者为客，受伐者为主，故曰'卫人及齐人战'。不地者，战于卫也。"黄氏《通说》：

"幽之再盟,卫侯不至,盖夺于丧制之故,或可情恕也。而齐遽伐之,是齐之兵不度义而动也。《左氏》以为齐侯奉王命讨子颓之乱,非也。卫朔、子颓之事十年矣,齐霸已久矣,不应至今方讨之也。且卫朔已死,何乃讨其子乎?"

冬,筑郿。

孙《解》:"筑郿者,新城郿而为邑也。不曰新,无旧也。不曰城,无所因也。"黄氏《通说》:"《春秋》凡书宫室园囿之役曰'筑',为筑王姬之馆、筑台、筑囿是也。郿,邑也,非宫室园囿而筑之,何也?穀梁子曰:虞之也。古者山林薮泽之利,所以与民共也,虞之非正也,犹北魏甄琛所谓'县官障护河东盐池,而收其利'是也。古者有道,泽梁无禁,天地之藏,所以资养万人也。今障护而专其利,使民不得共之,岂为民父母之意哉?"吕氏《或问》:"是年书'大无麦禾',又书'臧孙辰告籴于齐',而是年'筑郿',明年'新延厩',冬又'城邑'者二,比事书之,而鲁庄之罪见矣。三十一年又书'三筑台',三十二年又书'城小穀',鲁庄之罪益著矣。鲁十二公,台池苑囿之役,莫甚于庄。其不城一邑、不筑一囿,爱民力而重农事者,惟僖一人而已。观之《春秋》所书,则可见矣。"

大无麦禾。

胡《传》:"麦熟于夏,禾成在秋,而书于冬者,庄公惟宫室台榭是崇是饰,费用浸广,调度不充,有司会计岁入之多寡虚实,然后知仓廪之竭也,故于岁杪而书曰'大无麦禾'。大无者,仓廪皆竭之词也。古者三年耕,余一年之食;九年耕,余三年之食。今庄公享国二十八年,当有九年之积,而虚竭如此,所谓寄生之君也。民事古人所急,食者养民之本,不敦其本,而肆侈心,何以为国?故下书'臧孙告籴'以病公,而戒来世为国之不知务也。"案:"古者"以下至"寄生之君"一段,盖本刘氏《意林》。

臧孙辰告籴于齐。

吕《集解》:"武夷胡氏《传》:刘氏《意林》:不言'如齐告籴',而曰

'告籴于齐'者，言如齐则其词缓，言告籴于齐则其情急，此言大臣任国事治名而不治实之弊也。务农重穀，节用而爱人，则仓廪实。不知为此，事至而忧之，何其末与！鲁人悦其名，而以急病让夷为功；君子责其实，而以不能节用为罪。此王政之务本也。"

二十有九年

夏，郑人侵许。

吕《集解》："襄陵许氏曰：许以近楚，自齐之霸，未会诸侯。故郑侵之，以求好焉。盖自是而后，许从中国矣。"吕氏《或问》："桓公修伯业，将以安中国，而郑犹侵许，何也？曰：以见桓之伯业犹未甚盛，而诸侯犹有侵小之事。盖至桓公伯业既盛之时，而预盟会之诸侯始无疆场之事矣。"案：十六年幽之会，许尝列于盟矣，此自郑背盟而侵许以为利耳，许说非也。

冬十有二月，纪叔姬卒。

叶《传》："此酅叔姬也。何以系于纪而得卒？成纪季之后也。"

城诸及防。

吕《集解》："《辨疑》赵子曰：此但依先后次第，或甚者先之。"

三十年

夏，次于成。《公》、《穀》有"师"字。

陈氏《后传》："次于滑也。书公于郎，贬师之。此其但书次何？以是为不足书也。本《穀梁》。甚矣，庄之不竞于齐也！君父死焉，不能讨；谋纪而齐灭纪；及齐围郕，而郕降于齐。于是次成，齐人降鄣。

《穀梁》：郱，纪之遗邑。是《左传》有'纪郱'。虽罪齐桓也，讫庄公之身，不可以不贬也。"

秋七月，齐人降郱。

孙《解》："郱入于齐，不曰'灭郱'者，郱，附庸之国，降齐而为附庸，国无以灭也；不曰'取郱'者，齐之师无所加，胁之以声威，而郱已降矣；不曰'迁郱'者，郱不去其土地，就其国服为附庸，齐无所迁也。"胡《传》："降者，胁服之词。"

八月癸亥，葬纪叔姬。

叶《传》："伯姬卒，书葬；叔姬卒，又书葬，存纪也。叶子曰：《春秋》于纪，何其致意之深也！自纪季以酅入于齐，不以为叛；纪侯大去其国，不以为奔。终始二十余年，常欲纪之屡见。至叔姬葬，而纪绝矣。盖王政不作，诸侯以力相并者，不可尽诛也。故于纪一见之，以谓虽齐之强，有终不可以灭纪；虽纪之弱，有终不可以服齐者。则国固非人之所可灭，而人亦不得灭人之国，而天下之争夺息矣。故曰：兴灭国、继绝世而天下之民归心焉，孔子之志也。"

冬，公及齐侯遇于鲁济。

吕《集解》："襄陵许氏曰：齐桓伐郳、伐郑、伐徐，皆以宋人主兵。而与公会于城濮，而后伐卫；与公遇于鲁济，而后伐戎。以是知桓公之霸，不自恃也。用人之能以为能，集人之功以为功，故其用兵行师，每资武于宋桓，而取策于鲁庄；其治国也，一则仲父，二则仲父，遂能力正天下、泽济生民。"

三十有一年

六月，齐侯来献戎捷。

叶《传》："捷者何？军获也。下奉上曰献。齐霸主，则何以献获于

95

我？威我也。始，小白伐山戎，请兵于我。不从，怒，将攻之。管仲曰：'不可。我已刑北方诸侯矣，今又攻鲁，鲁必即楚。'小白乃止。故其归也，夸之以示我。《春秋》从而书之，挈齐侯若奉我然，欲求名而不得也。凡蛮夷戎狄，有干王命，方伯征之，则献其功于王，王以警于夷。诸侯不相遗俘。"案：末数语用《左氏传》。

冬不雨。

吕氏《或问》："'不雨'之书见经者七。僖二年冬十月不雨、三年春正月不雨、夏四月不雨，历三时皆一书之。文二年自十二月不雨至于秋七月，十年自正月不雨至于秋七月，十三年自正月不雨至于秋七月，或历三时而后书，或历四时而后书。盖历时不雨，所以重也。此年冬不雨，才一时不雨耳。春秋二百四十二年，一时不雨者，岂止一年而已？此何以书？曰：所以不书者，灾小而略之也。独此年一时不雨而书者，盖前年'大无麦禾'，去年'有螽'，今冬又'不雨'，而筑邑者一，筑台者三，新厩者一，明年春又城小榖，书之于经，以见其无恤民之心如此也。"吕《集解》："伊川先生解：一岁三筑台，明年春城小榖，故冬书不雨，闵之深也。"

三十有二年

夏，宋公、齐侯遇于梁丘。

叶《传》："梁丘，宋地。齐侯，霸也，宋何以先齐？地主也。"孙《解》："宋公序齐侯上者，宋为之志也。"

秋七月癸未，公子牙卒。

陈氏《后传》："季友以君命酖牙也，则其书'卒'何？丧以大夫之礼也。牙将与庆父、夫人为乱，虽酖之，而立叔孙氏，使若死于位然，是丧以大夫之礼也。《春秋》之法，苟有诛意于其臣，虽自杀也，亦书'杀'。

此杀也,吾从而'卒'之,则何以传信于万世? 不'卒'之,则无以察鲁人之心也。缘君臣之谊,不得私其亲;缘亲亲之恩,不与国人虑兄弟也。立叔孙氏,使之若死于位然,则淫人何惧焉? 史著其迹,《春秋》察其心,后世有惧焉者矣。"

冬十月己未,《公》、《榖》作乙未。**子般卒。**

叶《传》:"此弑也,何以不书弑? 内辞也。不书则何以知其为弑?不地,则知其为弑也。未逾年之君,未葬称子。书名,未成其为君也。古者天子在丧,称予小子;未逾年而死,则曰小子。王生名之,死亦名之,诸侯则否。故诸侯未逾年,有子则庙,庙则书葬;无子不庙,不庙则不书葬。"

公子庆父如齐。

吕《集解》:"刘氏《权衡》曰:庆父虽杀子般,未敢便取其国,利闵公之幼而立焉。其如齐者,直告立君也。"叶《传》:"闵公者,夫人之娣叔姜之子,于时八岁。僖公贤而长,庆父不立僖公,而立闵公,假夫人之故,以说于齐,少缓鲁人之怨,而申其志于后云尔。"

狄伐邢。

孙《解》:"春秋之时,中国衰,外裔凭陵中国,而侵伐诸侯。书之所以见中国之无人,而外裔之盛强也。为中国者有罪尔,外裔又何责之哉?"吕《集解》:"襄陵许氏曰:《春秋》戎先见,荆次之,狄次之。而荆暴于戎,狄又暴于荆。当惠王世,戎、狄、荆楚交伐诸夏,使无齐桓攘服定之,岂复有中国哉?"

闵　公

闵元年

秋八月,公及齐侯盟于落姑。《公》、《穀》作洛姑。

叶《传》:"落姑,齐地也。何以盟?定公位也。叶子曰:吾何以知此盟为定公位欤?夫子般弑而季子奔陈,庆父请于齐而立闵公。庆父与季子,盖不并立于鲁者。闵公生才八岁,安能内拒庆父之强,外召季子而请诸齐?庆父者,季子之所不得制,权非出于闵公,则鲁人亦安能违庆父召季子乎?此理之必不然者也。何休以为季子畏庆父权重,后复为乱,如齐闻之,奉闵公托齐桓,而为此盟。是虽无据,而吾以为可信。何以知之?诸侯立不以正,必待于盟会而后定,固非王法矣。闵公之时,小白方霸诸侯。闵公不当立,而庆父之恶,不可以不前戒,则假齐之重以定公位者,实季子之意。此吾所谓因陈援以诉于齐,使夫人、庆父之恶不得隐,而后鲁可为者也。经所以书'公及齐侯盟于落姑',盖齐侯与公即其地以为盟。其谋出于齐,非出于鲁。既盟而庆父之恶见,其奸不得行于齐,则季子亦可挟齐令以归鲁,是盟固季子定公位,非鲁人纳季子也。"

二 年

夏五月乙酉,吉禘于庄公。

叶《传》:"何以言'于庄公'? 君薨,袝而作主,特祀于寝,三年升于庙。庄公之主,未升于庙,即于寝而以庄公配之,非所配而配也。"黄氏《通说》:"襄十五年,晋穆公卒。其十六年,晋人答穆叔曰'以寡君之未禘祀',是知三年丧毕,乃为禘也,故曰'吉禘'。今闵公斩焉在衰绖之中,而辄举吉禘之祀,废三年之通丧,非礼也。"

九月,夫人姜氏孙于邾。公子庆父出奔莒。

叶《传》:"子般之弑,夫人与庆父矫立闵公,而归狱于邓扈乐,故夫人犹得安国中,而庆父可以托君命以聘齐。闵公之弑,庆父篡而不得,则夫人与庆父之计穷矣。外失齐援,而恶暴于国人,虽权在己,亦无能为。季子可诛而不诛,犹使逃焉者,以僖公为重,而不遽讨之也。僖公立,则庆父自不能免矣,故直书'庆父出奔莒',而不著季子奔邾,《春秋》终始之意也。"

十有二月,狄入卫。

陈氏《后传》:"于是卫及狄人战于荧泽,卫师败绩,遂灭卫。则其但书'入'何? 不以累桓公也。凡灭国,有存之者,则不言灭,归德于存之者也。有乘而取之者,亦不言灭,归罪于取之者也。是故卫不言灭,须句不言灭。事在僖二十一年。"

郑弃其师。

黄氏《通说》:"不言师溃者,溃因于弃之,非师自溃也。"

僖　公

僖元年

齐师、宋师、曹师次于聂北，救邢。

孙《解》："《春秋》言救言次者二，襄二十三年'叔孙豹帅师救晋，次于雍榆'及此年'次于聂北，救邢'是也。聂北之次，先次而后救，罪其能救而不救也；雍榆之次，先救而后次，言其欲救而不敢也。"胡《传》："三国称'师'，见兵力之有余也。聂北书'次'，讥救邢之不速也。《春秋》大义，伐而书'次'，其'次'为善，'遂伐楚，次于陉'，美之也；救而书'次'，其'次'为贬，救邢次于聂北，讥之也。圣人之情见矣。故救患分灾，于礼为急；而好攻战、乐杀人者，于罪为大。"吕氏《或问》："《春秋》救而书'次'者三，此年救邢，及十五年'次于匡'救徐、襄，二十三年'救晋，次于雍榆'是也。先书'救'而后书'次'，则是始以救兵出，而后不能救之也；先书'次'而后书'救'，则始有所次，而卒能救之也。然则救徐之举，先书'楚伐徐'，而后书'次'、书'救'，则缓于救患也。救邢之举，未见书'伐'者，而亦书曰'次于聂北，救邢'，则次于聂北，所以救邢

100

也。救徐之师在于楚兵既伐徐之后，救邢之师在于狄人将伐邢之时，此其所以异也。邢不言伐，可以见齐桓之功；卫不言救，足以为齐桓之耻。"吕《集解》："伊川先生解：齐未尝兴大众，此称'师'，责其众可救而徒次以为声援，致邢之不保其国也。"

夏六月，邢迁于夷仪。①

吕氏《或问》："卫见伐而至于入其国，齐不能救；邢见伐而卒迁于夷仪，齐不能安中国，桓之罪也。邢迁如归，卫国忘亡，桓之功也。功罪不相掩，《春秋》之旨欤？"陈氏《后传》："自迁不书，据文十三年邾迁于绎、成六年晋迁于新田之类。有迁之者而后书。由庄公而下，以中国迁中国，书曰'某人迁某'，罪迁之者也；由僖公而下，以夷狄迁中国，书曰'某迁于某'，罪迁者也。以齐、晋之伯也，而狄伐邢，邢迁于夷仪，狄围卫，卫迁于帝丘，虽夷狄之暴横，而桓、文亦受其咎矣。"案：此在"邢迁于夷仪"条。

齐师、宋师、曹师城邢。

孙《解》："《春秋》之法，前目后凡。救邢、城邢一事尔，复叙诸侯之师者，所以见齐桓帅诸侯之师，不能救之，而徒城之也。"陈《后传》"此救邢之师也。使之若再有事然，志桓之慢也。桓足以攘狄，而宿师于聂北，玩寇以待其弊，邢溃而后迁之，桓公见义不勇矣。"

秋七月戊辰，夫人姜氏薨于夷，齐人以归。

孙《解》："夫人言'薨'而不言'杀'，内辞也。书'齐人以归'，所以明齐人杀之也。"

楚人伐郑。

孙《解》："荆自此称楚，始改号也。"叶《传》："荆自是始称楚。荆，其自名也。楚，中国之名也。盖将变而从中国矣。故前伐郑曰'荆'，今始加之'人'。'荆人来聘'，臣之辞也。'楚人伐郑'，君之辞也。君臣犹同辞，以为是无别于君臣者，则亦无别于君臣也。"陈氏《后传》：

---

① 此条经文据钟泰按语补。

101

"楚何以先称荆而后称楚？曰：从其实也。诗称'蠢尔蛮荆'，是楚以荆称旧矣。至春秋之初，犹以荆通于中国，故《春秋》从而荆之。今始改为楚，《春秋》亦从而楚之尔。说者谓自州而国之，乃《春秋》渐进夷狄之法，谬矣。"

八月，公会齐侯、宋公、郑伯、曹伯、邾人于柽。

叶《传》："此齐侯之会也。邾人以微者会乎？非微者也。夫人尝孙于邾矣，而齐侯杀之于夷，盖取之于邾也。齐取子纠于我，杀之犹为之辞，则取夫人于邾杀之，我不得与之并会，公可以辞矣。故邾称人，若非其君然，所以病公也。"案：闵之弑，成季以僖公适邾矣。公之接于邾，自彼已尔，故得至是而辞之。石林于此，亦求之太深矣。

九月，公败邾于偃。

叶《传》："夫人之故也。齐可以取夫人于邾，义也，霸者也。我不可许夫人与齐，道也，子也，故不敢以柽之盟无讨于邾。君子以鲁为近于道矣。偃，邾地。"

冬十月壬午，公子友帅师败莒师于郦，获莒挐。

陈氏《后传》："获非卿帅不书。据囚宋华元、获乐吕，但书华元；获齐国书、公孙夏，但书国书之类。莒挐非卿也，则何以书？嘉季子也。庆父，弑君之贼也。莒人纳焉，赂而后归之。鲁于是败其师，获挐，而鲁之内难始定。"

二　年

二年春王正月，城楚丘。

孙《解》："三传之说，皆以为楚丘卫邑，齐桓帅诸侯城之。然案《春秋》之例，诸侯城之者，则书'诸侯'，城邢、城缘陵、城虎牢、城成周是也。未有与诸侯同城而不叙诸侯者。楚丘之地，见于传记者，皆以为卫邑。卫诗《定之方中》序亦曰'卫楚丘'，而诗中无之，但曰楚宫、楚室尔。楚丘之名,见于《春秋》者二,隐之八年曰'戎伐凡伯于楚丘,以归',当凡伯之来聘,戎遂伐之以归。经不言卫,则楚丘安知非鲁地乎?于此城之,又不言诸侯城楚丘,益可疑也。今地里楚丘属宋,则凡伯自周聘鲁,无缘更过宋也,此盖可疑之事,且当阙之。"黄氏《通说》:"楚丘非卫邑也。何以知其非卫邑也?以《春秋》书法而知之也。《春秋》凡书城外邑,必有所系。如城缘陵,不言杞,必曰'诸侯城缘陵',以见缘陵之为外邑,而非鲁自城也。如城虎牢,必系于诸大夫会戚之下,曰'遂城虎牢',以见虎牢之为外邑,而亦非鲁自城也。若书城内邑,则无所系矣,如城中丘、城祝丘之类是也。楚丘之城,既无所系,岂得为外邑哉?况隐公七年书'天王使凡伯来聘','戎伐凡伯于楚丘,以归',系楚丘于'来聘'之下,益知为鲁邑明矣。《左氏》载成季之生也,'公使卜楚丘之父卜之'。卜楚丘者,鲁大夫也,以其国邑为氏,故曰'卜楚丘'也。卫诗称'作于楚宫'、'作于楚室',而未尝曰'楚丘'也。惟序诗者称卫楚丘,此乃汉儒沿袭三传之讹说尔。"吕《集解》:"吕氏曰:先儒以谓诸侯之义,不得专封。夫所谓专封者,以此地界此人也,则谓之'专封',固不可也。如同时诸侯有相灭亡,天子不能令,方伯不能救,天下诸侯力能救而复之,则是蹈仁而践义也,而以是为专封,是嫂溺援之以手而以为罪也。"

虞师、晋师灭下阳。《公》、《榖》作夏。

吕《集解》:"伊川先生解:虞假道而助晋伐虢,虢之亡,虞实致之,故以虞为主。下阳,邑也。虢之亡由此,故即书灭。又襄陵许氏曰:书'郑伯突入于栎',不书'入郑',书'虞师、晋师灭下阳',不书'灭虢',观物有要矣。"叶《传》:"邑不言灭。虞恃虢,虢恃下阳,无下阳,则无二国矣,故以下阳当二国也。恃其非所恃,则虽浚洙见讥;不守其所可守,则灭下阳亦不免于罪。"陈氏《后传》:"晋里克、荀息也。称师何?灭未尝书大夫将也。下阳,虢邑也。灭下阳而后灭虢,则其但书灭下阳何?以为晋人之罪,徒灭其邑焉尔,而虢自亡也。"吕氏《或问》:"隐四年伐郑之役,序宋首兵,其实则卫州吁使告于宋,而后伐郑也。此年下阳之灭,序虞首兵,其实则晋请于虞,而后伐虢也。盖从州吁之请者宋,则伐郑之役,宋实为之,卫不能以自必也。从晋人之请者虞也,则伐虢之师,虞实主之,晋不能以自必也。观此,可以见圣人书法之严矣。"案:灭下阳,下阳不系虢,以为此不独虢恃之,虞亦恃之,下阳盖虞、虢之所共之者也。楚丘不系卫,缘陵不系杞,虎牢不系郑,则又有大焉者矣。无楚丘、无缘陵,受狄之患者,不独卫与杞也。无虎牢,受楚之患者,不独郑也。楚丘以及虎牢,皆有关于天下之全局者也,是以不系之卫与杞与郑,若曰:诸侯之城之,犹为其自城之尔。若楚丘,则去鲁为近,而其于鲁尤切,观此不言诸侯,是使鲁独城之也。鲁为卫城之,卫安而鲁亦安,即不啻自城之也。楚丘之于鲁,犹下阳之于虞也。虞唯视下阳非己有,下阳亡而己亦亡。鲁唯视楚丘犹己邑,楚丘城而鲁亦固。此圣人天下一家、中国一人之意也。区区于专封之争,卫邑、鲁邑之争,未为能知《春秋》者也。

三　年

徐人取舒。

吕《集解》:"襄陵许氏曰:僖公之颂曰'荆舒是惩',则舒盖荆与国,是以徐人取之,盖倚齐鲁,故易如此。"叶《传》:"荆,九州也。鬻熊受封在荆之楚,而非荆也,故谓之'荆楚'。而楚初以荆自名者,僭荆而有之也。其后复中国之称,故言楚。舒亦荆之别也,故谓之荆舒。其不曰荆者,以舒自名而已。其后复有舒鸠、舒蓼、舒庸者,盖又舒之别,所谓'群舒'者也。名从主人,君子无所加损焉。"

秋,齐侯、宋公、江人、黄人会于阳谷。

胡《传》:"案《左氏》:'谋伐楚也。'或曰:侵蔡次陉之师,诸侯皆在,江、黄独不与焉,则安知其谋伐楚乎? 曰:兵有聚而为正,亦有分而为奇。诸侯之师同次于陉,所谓聚而为正也;江人、黄人各守其地,所谓分而为奇也。次陉,大众厚集其阵,声罪致讨,以振中国之威;江人、黄人各守其竟,案兵不动,以为八国之援,此克敌制胜之谋也。退于召陵而盟礼定,循海以归而涛涂执,然后及江、黄伐陈,则知侵蔡次陉而二国不会,自为犄角之势明矣。"吕氏《或问》:"予未尝不善夫齐桓之能得江、黄,而又未尝不惜夫齐桓之急于结江、黄也。夫内合诸侯以壮声势,外结江、黄以为援兵,此诚克敌制胜之术。其谋诚巧矣,惟其急于集众,贪于图功,求一时制胜之功,而不为后日久远之虑,为齐之计,而不为江、黄计也。故自贯泽、阳谷之会,而已知异日有楚灭江、黄之为矣。恃人而人不足恃,祸莫大焉。为人所恃而己不足恃,辱莫甚焉。桓公、管仲非其智之不知此也,以为将急于制楚,则固幸江、黄之为吾用,而未暇为后日虑也。王者之道,惟其不急于事功之成,是以明白正大,周致缜密,而无异日之忧。伯者之道,惟其急于事功之成,是以参用智谋,苟就亟为,而贻后来之患。此王、伯之所以异欤? 观管仲言于桓公曰:'江、黄远齐而近楚,楚,为利之国也,若伐而不能救,则无以宗诸侯矣。'管仲之智,固有以及此矣,然而卒与之盟者,急于有为之心有以夺之也。"

冬,公子友如齐涖盟。

吕《集解》:"襄陵许氏曰:公盖有故,不会阳谷,是以季友如齐涖盟,用是见桓之宽政,优简于诸侯,而僖之诚德,亦既信矣。"

四　年

四年春王正月,公会齐侯、宋公、陈侯、卫侯、郑伯、许男、曹伯侵蔡。蔡溃,遂伐楚,次于陉。

吕《集解》:"泰山孙氏曰:元年,桓公救邢、城邢,皆曰某师某师。

此合鲁、卫、陈、郑七国之君侵蔡，遂伐楚，书爵者，以其能服强楚，攘夷狄、救中国之功始著也，故自是征伐用师皆称爵焉。又常山刘氏曰：'楚屈完来盟于师，盟于召陵'，彼自服而来求盟于我也。如成二年袁娄之盟，则异于是。'齐侯使国佐如师'，非服而来也，畏晋之强而赂晋也。晋受赂而与盟，明我反及彼也，故不曰'来盟'，而曰'秋七月，齐侯使国佐如师。己酉，及国佐盟于袁娄'。《春秋》于王道，信轻重之权衡、曲直之绳墨也。"吕氏《或问》："召陵之役，齐桓三十年图楚之谋，至是始遂。荆自庄十年见于经，十三年而桓已为北杏之会以图诸侯，十六年又为幽之盟，大合八国，然而未敢遽加兵于夷狄。二十年而后伐戎，始有事于夷狄也。三十年而后伐山戎，再有事于夷狄也。至僖四年而后伐楚，盖山戎强于戎，而楚尤强于山戎也。方其始也，兵威未甚振，故伐戎而已。其继也，兵威既渐振，则伐山戎矣。又其后也，兵威既大振，则伐楚矣。是故，荆败蔡师，以蔡侯献舞归，此桓公未图伯之时，固不必论。十四年荆入蔡而不能救，十六年荆伐郑而不能救，岂桓公顾忘楚哉？力未可以有为，则姑隐忍，而将以有待也。二十八年荆伐郑，始会鲁、宋以救之，然而未大战也，又岂赦楚哉？力未可以大有为，则姑解吾中国之急，而大举则以俟他日也。梁丘之遇，谋伐楚矣；柽之会，谋救郑矣；贯之盟，得江、黄，楚之右臂断矣；徐人取舒，楚之种落散矣；阳谷之会，处置定矣。公子友如齐涖盟，诸侯之大夫各受约束矣，而楚之侵伐郑者再，于是轻兵侵蔡以破其党，重兵次陉以慑其气，而向时倔强之楚，屈服而不暇矣。楚虽欲不使屈完来盟，不可得矣。然则包含隐忍于前日者，固将以大伸于今日耶！至于召陵之师，又何其整暇而有谋、持重而不迫也！先侵蔡，非凌弱也，以为蔡者楚之属也，不先侵蔡，则楚未可伐，而彼得以并力以拒我，胜负特未可知也。以吾兵力之强，而加于蔡，虽不待大兴讨伐之师，而蔡①固折北而不支

---

① "蔡"泉州文库本作"楚"，钟改作"蔡"，从之。

矣。夫然后尽其力以萃于楚，可以集事。此攻坚瑕之术也。次于陉，
非有畏也，以为吾方大合八国之师以压敌竟，彼诚不量事力，出与吾
战，则吾因可以坐收一胜之功。如其不然，吾乃深入其地，顿兵于方
城、汉水之下，则其胜负亦未可知也。故次于陉以修文告之辞，要以得
其屈服则止。此审进止之宜也。迨夫屈完来盟于师，而乃退师召陵，
以与之盟，非示怯也，盖叛则讨之，服则舍之，此伯主之义也。方其叛
也，则提重兵以压敌竟，所以示其武；及其服也，则退师召陵以与之盟，
所以示其仁武以震之。仁以怀之，则中国之义合，而夷狄之心服矣。
此兼威怀之道也。此盖齐桓节制之师，而管仲之教也。杨子云曰'《春
秋》美召陵'，正谓此也。或者乃为之说，曰：'《春秋》书"屈完来盟"，而
不称楚子使之，是屈完之盟非楚子意也。楚子侵暴中国，于是为甚，必
当大有以惩创之，纵曰不加兵而使之自服，犹当屈楚子于盟而后可。
今楚子不至，而徒听屈完之自盟，是示弱于楚矣。以堂堂八国之师，侵
蔡而蔡溃，于楚子屈服之余，乘其余锋，声罪致讨，彼虽有方城、汉水，
果足恃乎？今乃示弱于楚，卒之盟血未干，而围许灭弦，伐徐之师继
出，皆齐桓示弱之过也。故召陵之就盟，不如城濮之一战。'为此说者
误矣。予尝考之，屈完之盟，与齐佐之盟一例也。然成二年《春秋》书
齐之事，曰：'齐侯使国佐如师，己酉，及国佐盟于袁娄。'曰'如师'者，
请盟之辞也。请盟，则盟与不盟未可知也。此年书楚之事，曰：'楚屈
完来盟于师。'曰'来盟'者，前定之辞也。前定，则楚之来盟固其意也。
且书曰'楚屈完来盟于师'，犹曰'荆人来聘'耳。来盟不称使，来聘亦
不称使，可言来聘非楚子使之耶？盖其使屈完来盟者，自是楚不敢与
齐战，而后屈完始来。屈完来，则楚服矣。伯者之用兵，要以服人则
止，岂必较区区之胜负于两阵之间哉！且召陵之师，又与城濮不类。
城濮之战，当是时，楚人围宋，楚人救卫，楚师固在外也。楚师在外，是
出穴之虎也，与之一战而决胜负则易。召陵之师，当是时，楚虽以前年
冬伐郑，而未尝驻兵于中原，是楚师固已在国也。楚师在国，是据穴之

虎也,与之一战而决胜负则难。故侵蔡以伐其援,使之左顾右盼而失其助;次陉以压其竟,使之彷徨自救而惧其亡。而又不深入客地以自犯难,不急蹙穷犬以至反噬,此真知兵者也。城濮之战,可以挫楚之气;召陵之师,可以服楚之心。孰谓召陵之功顾劣于城濮哉?又况先修文告之辞,而不急于战;次退召陵之师,而不逼其盟,盖又有王道气象,非诡谲以求功者之比,殆管仲之为欤?"陈氏《后传》:"兵事言遂,必关天下之大故也。侵蔡遂伐楚,以志齐桓之伯;侵陈遂侵宋,以志楚庄之伯。足以见夷夏之盛衰矣。凡次,讥也。此齐桓之师,则其书'次'何?用见桓之不战而诎楚也。桓公合九国之众以讨楚,兵未有盛于此者也。楚虽强足以一战矣,而临楚不战,楚人为之诎,使其大夫即盟于师。桓公不欲临楚盟屈完,退而盟召陵。不阻隘,不以君违臣,不以军容乱国容,一动而三善得,桓公不但以力服人矣。《春秋》之褒贬,辞不足以尽意,而后见于文,书曰'次于陉'、'楚屈完来盟于师'、'盟于召陵',斯其为文也美矣,则从其恒辞书'次'可也。"黄氏《通说》:"八国之兵及其竟而民溃,可见威声震骇之甚也。"案:袁娄之盟,与召陵不同。齐败而后乞盟,书曰"使国佐如师",所以见齐之急也。楚未败也,特震于齐桓之兵威,不欲与战,求以盟好相终耳。书曰"屈完来盟于师",其辞缓矣。袁娄之盟,以国佐来而后定,晋志在战不在盟也。召陵之盟,实出齐桓之志,齐虽伐楚,志在盟不在伐也。此事属辞观之可以见矣。

夏,许男新臣卒。

吕《或问》:"晋侯卒于扈,先书'会于扈',次书'晋荀林父伐陈',故下文不得不书'卒于扈'。此年许男先从诸侯侵蔡,次于陉,下文又书'来盟于师',则许男之卒,其为卒于次陉之师明矣。不得与他文一例也。经不书者,盖省文耳。"

楚屈完来盟于师。盟于召陵。

孙《解》:"是时鲁公在师,以屈完之外而至,故曰'来盟'。再言盟,盖屈完受命来盟于师,诸侯以其服从,退军召陵,然后盟也。若一书'盟于召陵',则无以见诸侯退师之实,故先书'来盟',以见楚之服从,又书'盟于召陵',以见诸侯之退师。"

齐人执陈辕涛涂。

陈《后传》:"此齐侯也,其称'齐人'何?贬也。东迁之后,诸侯始放,春秋之治在诸侯,而大夫不与。北杏之后,盟主始专,春秋之治在盟主,而诸侯不与。治在诸侯,贬人之,是故于中丘会称'君',伐宋称'人',于郎战称'君',盟恶曹称'人'。治在盟主,贬人之,是故于陉伐称'君',于执涛涂称'人',于温会称'君',于执卫侯称'人'。"黄氏《通说》:"涛涂为齐谋则诈,为其国谋则忠也。《左氏》载陈辕涛涂谓郑申侯曰:'师出于陈、郑之间,国必甚病。若出于东方,循海而归,可也。'盖知齐师所过,必大为其国之扰,故不欲其出乎己国。齐不自反,顾乃执其臣而兵其国,仁者果如是乎?大抵兵事一动,不惟有战斗死伤之忧,而师之所处,荆棘生焉,所过国邑人民,力困于诛求,胆寒于侵掠,诚有如涛涂之所谓甚病者夫!以齐桓用兵,号为节制,而犹若此,况以悍将驱暴兵,无法以驭之,所过残灭者多矣,可不谨哉!"吕氏《或问》:"书'执'者多矣,而或称'侯'以执,或称'人'以执,何也?曰:称人,略辞也;称侯,重辞也。称人者,其文之常也;称侯者,特变其文也。春秋诸侯之执人也,皆以其私耳,故皆称人,如'宋人执郑祭仲'、'齐人执陈辕涛涂'、'齐人执郑詹'、'齐人执子叔姬'、'晋人执卫石买'、'晋人执卫宁喜'、'楚人执陈干征师'、'晋人执季孙意如'、'晋人执叔孙婼'、'晋人执宋仲几'、'晋人执宋乐祁犁'、'齐人执卫北宫结',凡皆称人。诸侯执诸侯亦称人,僖五年'郑人执虞公'、十九年'宋人执滕子婴齐'、'邾人执鄫子',二十八年'晋人执卫侯',成九年'晋人执郑伯',以上亦称人。惟僖二十一年书'宋公、楚子某某会于盂,执宋公,以伐宋',二十七年'晋侯入曹,执曹伯',则变文也。盖书执宋公于会盂之下,书执曹伯于入曹之下,故不复书某人矣。昭七年楚师灭陈,'执陈公子招',

十一年楚师灭蔡,'执蔡世子有',则亦变文也。盖书执陈公子招于灭陈之下,执蔡世子有于灭蔡之下,则亦不复书某人矣。凡皆蒙上文也。惟成十五年'晋侯执曹伯,归之于京师',不书'人'而书'侯',盖春秋执人而得其道者,惟此一事而已,故特书之。其亦异于非其道而执人者矣。故曰'齐人执陈辕涛涂',略辞也。人者,通上下之辞。"案:此独书"晋侯"者,为下"归之于京师"发也。归之京师,惟晋侯则可,晋人则不可也。以此观之,书人盖常辞尔。

秋,及江人、黄人伐陈。

吕《集解》:"伊川先生解:齐命也。"

冬十有二月,公孙兹帅师会齐人、宋人、卫人、郑人、许人、曹人侵陈。

陈氏《后传》:"会侵未有书'帅师'者,而公孙兹书'帅师';会救未有书'帅师'者,而公孙敖书'帅师'。公子牙与弑子般,公子庆父谋弑闵公,而兹与敖皆世为将,是故谨志之。曰:公子友帅师败莒师于郦,公孙兹帅师会侵陈,公孙敖帅师及诸侯之大夫救徐,见三家之所从始也。"

五　年

五年春,晋侯杀其世子申生。

叶《传》:"杀公子以国与人,公子,国与人可得而杀也;杀世子、母弟不以国与人,世子、母弟,非国与人可得而杀也。父子,天性也。兄弟,天伦也。非其父不父、兄不兄而谁敢杀乎? 世衰道微,有子弑父、弟弑兄者,故《春秋》之为教,杀世子、母弟,特以其君责之,盖曰:能为人父,然后可正天下之子,能为人兄,然后可正天下之弟。亦各反其性而已矣。"陈《后传》:"于是太子缢于新城,则其斥杀何?《春秋》之法,苟有谮而不见,则其君之罪也。是故申生以骊姬之谮自杀,宋世子痤以伊戾之潛自杀,直称君杀而已矣。"

公及齐侯、宋公、陈侯、卫侯、郑伯、许男、曹伯会王世子于首止。
秋八月,诸侯盟于首止。

叶《传》:"《春秋》辞繁而不杀者,正也。书之重、辞之复,其中必有美焉。乐道人之善,而恶人之不善,天下之情一也。乐之,故每以为不足,一言不已,至于再言,再言不已,至于三,君子犹以为未也。恶之,则唯恐绝之不速、拒之不严,一言之,已过矣,而肯至于再乎?故《春秋》会盟而再目地,惟四而已,首止也、葵丘也、宋也、平丘也。以为会盟非诸侯之所为,吾既概以为罪而一正之矣,后世有继世不以道而乱世嫡,定之如首止者;守国不以礼而慢王政,率之如葵丘者;强弱相陵而穷兵不已,和之如宋者;夷狄乱华灭人之国,而正之如平丘者,不少假之,则天下终无与立也。故待天下之变而有出于不得已者,各于其事一见法焉,《春秋》之义也。"陈氏《后传》:"桓有诸侯之事三。于洮,序王人于诸侯之上而同盟焉。王人,微者也,虽同盟而无嫌。于葵丘,亦序周公于诸侯之上,而不敢同盟焉。天子之宰,异于微者也。盟于首止,不但不同盟也,而帅诸侯以殊会世子,以世子之尊,非特天子之宰比也。桓公于是知节矣。是故,会有周人,盟无周人,书'会于某,某日,诸侯盟',则齐桓之逊也;会有周人,盟有周人,书'会于某',但曰'某日盟',则晋厉之亢也。<small>事在成十七年柯陵。</small>《春秋》于是予桓也。"

郑伯逃归不盟。

陈氏《后传》:"国君而曰逃,贱之也。何贱乎?郑伯以其背夏盟也。厥貉之会,麇子逃归,不书;<small>事在文十年。</small>厉之役,郑伯逃归,不书,<small>事在宣十一年。</small>盖逃楚也。必若郑文公逃齐、陈哀公逃晋而后书,所以示夷夏之辨,严矣!"

楚人灭弦,弦子奔黄。

陈氏《后传》:"楚尝有大夫屈完,此斗榖于菟也。则其称人何?楚大夫将，恒称人也。"

冬，晋人执虞公。

孙《解》："《春秋》于虞之亡也，不言其迁，不言其灭，但曰'执虞公'。盖虞之所依者，虢也，贪虢而首恶，虢亡则虞亡。下阳之灭，虞已见灭，而晋已取虞，虞之亡也，四年于兹矣。于是但执虞公焉，非亡虞也。"吕《集解》："刘氏《意林》：虞之灭，自夏阳始，夏阳灭则虞亡矣。宫之奇、舟之侨之徒皆知之，独其君不知，故《春秋》因大见其衅于灭夏阳，而深没其迹于执虞公，使天下之为人君者从而省之，可以戒矣。故曰：'家有既亡，国有既灭，由别之不别也。'可不大哀乎！人君莫不恶亡而好存，莫能固亡而保存，是何也？嗜欲之习近，而忧患之来远也。"陈《后传》："灭者，亡国之善辞也，上下同力也。苟同力致灭，自其君世子必详所以灭之之罪，书曰'楚子虔诱蔡侯般杀之于申'，'楚公子弃疾帅师围蔡'，'楚师灭蔡，执蔡世子有以归，用之'。苟不同力，执其君而国从之矣，则不详所以灭之之罪，书曰'晋人执虞公'，以为晋人徒执其君焉耳，而虞自亡也。"叶《传》："虞称公，或曰商之故爵也，或曰尝入而为王三公者也。"

六 年

夏，公会齐侯、宋公、陈侯、卫侯、曹伯伐郑，围新城。

吕《集解》："襄陵许氏曰：围而不举，则亦服之而已，有遗力者也。"陈《后传》："伐国不言围邑，本穀梁例。此其言围何？以桓公合六国之众，徒围其邑焉耳。自僖以下，必围国而后书，邑不足书也。"

秋，楚人围许。

陈《后传》："此楚子也，其称人何？楚君将，恒称人。"

七　年

夏,小邾子来朝。

孙《解》:"言小者,有大之辞。自伯者之兴,而附庸小国,类多称爵,《春秋》因而书之,所以见当时之爵,或降或升,惟伯者之所欲为尔。"吕《或问》:"石氏曰:此邾黎来也。周武王封帝颛之后挟于邾,挟之后有功于周,又封其子友于郳。邾,鲁之附庸也。郳,又邾之别封也。庄四年,'黎来来朝',书其名。附庸之君称字,而郳又附庸之邑耳。今来朝称小邾子,何休以为'齐桓由天子进之,遂以爵通',义或然也。"

秋七月,公会齐侯、宋公、陈世子款、郑世子华盟于宁母。

叶《传》:"陈款、郑华何以约与盟? 诸侯有故,则世子摄其君,下其君之礼一等,周道也。"

八　年

八年春王正月,公会王人、齐侯、宋公、卫侯、许男、曹伯、陈世子款,《公羊》有郑世子华。**盟于洮。**

黄氏《通说》:"王人即王官也,犹僖二十九年王子虎盟翟泉,亦以'王人'书是也。时惠王不豫,陈妫、子带之谋未已,故齐侯复扳会王官而盟之,以定王世子之位。盖王世子废置之命制于诸侯矣。"

郑伯乞盟。

孙《解》:"《春秋》之法,有义同而辞异者,皆圣人之新意也。天子有求于下,则书'求',求者,责也。天王者,天下之尊,一物皆其所有,于其所无也,则责其下使共之尔,故其取车、取金也,书之曰'求',求其所当入也。诸侯之与诸侯，土地有常守，人民有常奉，以其所无求其所有者，皆非其道也。故于求盟、求师也，书之曰'乞'，非所有而乞之也。《春秋》书'求'者三，皆施之于天王；书'乞'者六，皆施之于诸侯。"

夏，狄伐晋。

吕《集解》："襄陵许氏曰：晋恃强大且远，不与齐合，是以狄得侮之与。故当齐桓之隆，同盟者安，介立者殆矣。"案：此齐伯方盛，狄不得志于东，故转而西侵也。

秋七月，禘于太庙，用致夫人。

吕氏《或问》："'用致夫人'者，谁乎？曰：夫人不书姓氏，说者不同。《左氏》以为哀姜，《公羊》以为齐媵，《穀梁》以为立妾之辞，而刘向因以为成风。又有以为文姜者，则程氏之说也；有以为声姜者，则王氏之说也。盖缘不书姓氏，是以致诸儒之纷纷以意度之。疑成风之说为近。盖'用'者，不宜用也；'致'者，不宜致也。《春秋》常事不书，非常事则书之。禘，非礼也，然其失已久矣，圣人虽欲讥之，可得而悉书邪？故于其禘而又失礼者始书之。凡禘，以审昭穆也，圣人书此，以明鲁之失礼也。成风，妾母也。《春秋》妾母之例有三：隐之母，书曰'君氏卒'，而不书'葬'，盖隐不以夫人之礼葬其母也。变文曰'君氏'，以明其为君母也。哀之母，书曰'姒氏卒'，而不书'薨'，盖哀不以夫人之礼丧其母也。然而书'葬'矣，书'葬'，则其为君之母，亦可知矣。但曰'葬定姒'，而不称'小君'，则虽葬，而其礼犹有所降杀也。若僖之母，则薨称'夫人'，葬称'小君'，是以夫人之礼丧其母，是以小君之礼葬其母也。自是而后，宣之敬嬴、襄之定姒、昭之齐归皆然。由是观之，则妾母为夫人，自僖公始也。'前此有惠公仲子矣，何以言自僖公始？'曰：圣人书'来归惠公、仲子之赗'，'僖公、成风之襚'，盖罪之也。然仲子之宫，犹立别庙以祠之，犹有所疑也；至僖公，则薨、葬用夫人之例矣。故曰自僖公始也。岂其成之为夫人者，自此年之'禘于太庙'始乎？至宣、襄则有例矣。故圣人于其'用致夫人'之始，谨而书之。若以为哀姜、文姜，则薨称'夫人'、葬称'小君'

矣，未有葬称'小君'而不祔庙，直至于此时而后祔庙也。若谓僖公之
娶声姜，在未即位之前，未尝庙见，乃因禘而庙见，则当僖公即位之时，
又安得不举行其礼，直至今日而后致邪？故曰：'致夫人'者，成风也。"

九　年

冬，晋里克杀《公羊》作弑。**其君之子奚齐。**

叶《传》："奚齐未逾年，未成君也，故言'其君之子'；未成君则不可
以弑名，故称'杀'焉。叶子曰：弑君，天下之大恶也，可以未逾年而薄
其罪欤？曰：《春秋》以名定罪，若其义，则亦各视其情而已矣。齐商
人之弑舍、晋里克之弑奚齐，皆未逾年之君也。商人之弑，以己也，取
而代之；里克之弑，以文公也，盖以纳文公焉。故于奚齐，则不成其为
君；于舍，则成其为君。不成其为君者，《春秋》之法也，常也；成其为君
者，《春秋》之义也，变也。法不可以变而乱名实，义不可以常而废善
恶，此政之所以行，而教之所以立也。"吕氏《或问》："石氏曰：诸侯在
丧称'子'，杀未逾年之君，同成君。子般书'子'，以丧称也。齐舍书
'君'，同成君也。晋里克之杀奚齐，则异乎此也：称子必系于其君，以
明国人不子之也；言君而必曰'其君之子'，以明国人不君之也。国人
不子，而献公独以为子；国人不君，而荀息独以为君。'杀其君之子奚
齐'，不曰'君'，又不曰'子'，其意亦可见矣。"

十　年

十年春王正月，公如齐。

吕《集解》："泰山孙氏曰：公始朝齐也。不至者，朝桓，安之，与他

115

国异也。十五年如齐同此。"叶《传》："如，朝也。凡公如，皆朝。朝，君之事也。大夫如，皆聘。聘，臣之事也。诸侯之邦交，以世相朝，非周道也。即位，大国聘焉，小国朝焉，霸主之令尔。鲁前有诸侯来朝者矣，未有朝人者也，盖小白既霸，鲁于是乎事齐，鲁之屈于大国自僖公始矣。"

晋里克弑其君卓《公羊》作卓子。**及其大夫荀息。**

吕《集解》："刘氏《意林》：里克能不听优施之谋，宁喜能不从孙林父之乱，陈乞能不随景公之惑，则晋无杀世子之祸，卫无逐君之恶，齐无立嬖孽之变矣。患在偷合苟容，逢君之恶，故《春秋》成其君臣之名，以正其篡弑之罪也。所谓'不知其义，被之真言不敢辞'矣。不然，卓与剽、荼岂有宜为君之义哉？"叶《传》："荀息之不正，可责于傅卓子之初，不可责于卓子弑之际。夫受命而傅之，既立以为君，则君臣之义定矣。可以君弑①而不死其难乎？故管仲之仁虽可与，而召忽不可为不忠；里克之罪虽可薄，而荀息不可为不信。亦各有义而已矣。"黄氏《通说》："卓子不当立者也，其曰'君卓'，何也？国不可旷时无君，虽立不以正，逾年必称君也。"

夏，齐侯、许男伐北戎。

吕氏《或问》："遇鲁庄于济西而遂伐戎，则知其为鲁讨也。楚人伐郑而后伐楚，则知其为郑讨也。北戎之伐，诸侯不与，而许男从之，意其为许讨欤？"

晋杀其大夫里克。

孙《解》："里克比弑二君，天下之大恶，于其杀之也，称大夫，而不与专杀。盖《春秋》之法，虽弑君之贼，以其罪讨之，则书之为人，不以其罪讨之，则为专杀。里克虽有弑君之罪，而夷吾尝命为大夫矣，又以其私杀之，杀其大夫尔，非讨弑贼也。齐公子商人弑其君舍而立，于其见杀也，书曰'齐人弑其君商人'，商人虽有弑君之罪，而齐人杀之者，

---

①　四库本无"弑"字，钟抄加之，意顺，保留。

以己怨焉,齐人弑君尔,非讨弑贼也。弑君之贼,固《春秋》所不容,然当时讨之,必正其罪,不正其罪而杀之,犹之不讨也,故晋杀里克得杀大夫之罪,齐人弑商人被弑君之恶。《春秋》之轻重与夺,必皆尽当时之情,非苟然也。《穀梁》曰'杀之不以其罪',此说是。"陈氏《后传》:"讨贼不言大夫,其曰'晋杀大夫里克'何?克犹在位也。克犹在位,则是杀大夫耳。在位独里克乎?督相宋庄,翚相鲁桓,前乎此矣。于是里克杀以他故,而后见焉耳。自宋万而下,弑君无讨者,凡贼再见,犹夫人也。虽若晋里克、卫宁喜,杀以他故,而后见书曰'大夫',则犹夫人而已矣。是故自里克迄春秋,贼皆书氏族,乱臣贼子无以异于夫人矣。通国以为贼,吾从而志之以为贼;通国以为夫人,吾从而志之以为夫人,我何加损焉?实录而已。是经之大变也。虽然,有荀息在焉,则犹有臣子也。_{杜:'自庄以上诸弑君者皆不书氏,自闵以下诸弑君者皆书氏,明时史之异同,非仲尼所成也。'非是。}"

冬,大雨雪。

叶《传》:"大雨雪不志,此何以志?建酉、建戌、建亥之月,书不时也。"黄氏《通说》:"雨雪常也,惟大而为害,故书。独桓八年雨雪不言大者,周之十月,今之八月,非雨雪之时,故以异书也。"孙《解》:"《春秋》书雨雪者三,而言大者二。大者,非常之辞,雨雪非常而为灾,故书之尔。《公羊》曰'大雨雹'。案:《左》、《穀》皆作'雪',《公羊》未可据也。"

十有一年

冬,楚人伐黄。

胡《传》:"案穀梁子曰:'贯之盟,管敬仲言于桓公:"江黄远齐而近楚,楚为利之国也,若伐而不能救,则无以宗诸侯矣。"桓公不听,遂与之盟。管仲死，楚伐江、灭黄，桓公不能救。故君子闵之也。'远国慕义，背夷即华，《春秋》之所取也。被兵城守，更历三时，告命已至，而援师不出，则失救患分灾、攘夷狄、安与国之义矣。灭弦、灭温皆不书'伐'，灭黄而书'伐'者，罪桓公既与会盟而又不能救也。"吕《集解》："襄陵许氏曰：以公夫人阳谷之会观之，则齐侯霸业怠矣，是以楚人伐黄而不能救也。"案：本年书"伐"，明年书"灭"，明示有可救之机与时日也。此事观之，齐桓不能救黄之罪见矣。说者每以贯之盟责江、黄不知，楚欲灭江、黄久矣，倘非贯之盟、召陵之师，江、黄之灭，不待今日也。《左氏》谓黄人不归楚贡，楚人伐黄。夫贡之不归，特楚人加罪之词耳。若弦，岂与于会者？又岂尝不归楚贡？楚何以灭之哉？至恃诸侯之睦于齐而不自强，是则黄诚有罪矣。

十有三年

十有三年春，狄侵卫。

胡《传》："齐桓为阳谷之会，是肆于宠乐，其行荒矣；楚人伐黄而救兵不起，是忽于简书，其业怠矣。然后狄人窥伺中国，今年侵卫，明年侵郑，近在王都之侧，淮夷亦来病杞而不忌也。伯益戒于舜曰：'无怠无荒，四夷来王。'此至诚无息，帝王之道，《春秋》之法也。齐桓、晋文若此类者，其事则直书于策，其义则游圣门者默识于言意之表矣。"吕《集解》："襄陵许氏曰：桓政始衰，自楚伐黄不救，则狄有以量中国矣。"

公会齐侯、宋公、陈侯、卫侯、郑伯、许男、曹伯于咸。

孙《解》："咸之会，二传皆无事迹，惟《左氏》以为谋杞、谋王室。案：王室之事，不载于经，而明年经书'城缘陵'，前目后凡，则谋杞之说与经合矣。"

十有四年

十有四年春,诸侯城缘陵。

孙《解》:"缘陵之地,经不言杞者,杞未迁也。不叙诸侯而凡言之者,会咸之诸侯,于是复合而城之,前目后凡,《春秋》之简辞也。去年之冬,经书'公子友如齐',则是公子友受命于鲁公而聘齐侯也。公子友受命而聘,则齐、鲁之君,皆尝反其国矣。然经不再叙之者,以去年定其谋,今年终其役,事无殊异,国无增损,可以简言之矣。《春秋》城邢,斥言其国,缘陵、虎牢,但书其地,盖迁国者书国,未迁者书地,《春秋》之法然也。会盟战敌,不书其地之国名,可推而知者也。"

夏六月,季姬及鄫子遇于防,使鄫子来朝。

孙《解》:"《春秋》之法,内女适人者,以国系之,明有所从也,杞伯姬、宋荡伯姬是也。未适人者,但书其字,未有所从,字以别之也,伯姬、子叔姬是也。经书'季姬及鄫子遇于防',非礼可知也。《左氏》以为季姬归宁,而公止之,故遇于防,而使之朝。案《春秋》内女适他国者言'归',季姬未尝言'归于鄫',而明年始书之,又不曰'鄫季姬',明其未归鄫也。《左氏》徒见丑恶之甚,以为必不至此,故曲为之解。文姜、哀姜之行,有甚于此者矣,季姬之事,经书之甚明,无足疑也。"吕氏《或问》:"女子许嫁,笄而字,书曰'季姬',则字也。妇人书字,许嫁之辞也。岂其许嫁于鄫,而未归于鄫乎?然则出遇于防,使来请己,恐有此事,不至如或者所疑。何休谓'季姬许嫁于邾,而及鄫子遇,使鄫子请己',未知何据。"叶《传》:"季姬,内女也,则何以得遇鄫子?爱季姬,使自择配也。季姬已许嫁邾子,鄫子来请婚。僖公未知其所与也,则召鄫子见季姬以择之,若邂逅相遇然。季姬以为可,而后鄫子来朝以请,故以季姬及鄫子非婚姻之道也。鲁之乱,始于能正家。僖公虽贤,而不知礼，故致成风为夫人，则非所以事其母；及声姜以会齐侯，则非所以闲其妻。爱人以姑息而已，则安得以礼正季姬哉？王政之不行，盖虽子产为政，不能夺公孙黑之强委禽，乃从徐吾犯妹之所欲，以与子南，其习俗有自然矣。《公羊》乃以为奔，则已甚。夫奔，匹夫匹妇之事也，岂可行之于有国，故吾以徐吾犯妹与子南之事推之，而后知其说云。"

秋八月辛卯，沙鹿崩。

孙《解》："日有食之、星孛于某，其变之大，其应之广，不可以一国言也。沙鹿崩、梁山崩，虽在于晋，而异及于天下，不可以晋言也。"吕《集解》："襄陵许氏曰：恒星不见、星陨如雨，齐桓之祥也；沙鹿崩，晋文之祥也。齐桓将兴而天文堕，晋文欲作而地理决，王道之革也。"吕氏《或问》："沙鹿不系之国，何也？《春秋》书地，有不系之国者，如楚丘不系卫、缘陵不系杞，盖不以楚丘、缘陵系于卫、杞也。沙鹿、梁山不系之晋，盖天下之名山大川也。其地、其名固有常处矣。下阳不系之虢，虎牢不系之郑，盖天下之险要地也。下阳亡则虞、虢亡，虎牢者郑之捍蔽，天下险要之地，亦自有数，故亦不系之国也。"

狄侵郑。

吕《集解》："襄陵许氏曰：前年狄侵卫，今年狄侵郑，而莫或攘之，桓志衰也。王霸之政，兢兢不可怠已。齐桓之烈，盛茂如此，一矜而易心生之，则夷狄窥兵中国，是以先王屡省成功，而率作兴事，修诚慎宪，务以戒终也。"

十有五年

三月，公会齐侯、宋公、陈侯、卫侯、郑伯、许男、曹伯盟于牡丘，遂次于匡。公孙敖帅师及诸侯之大夫救徐。

胡《传》："楚都于郢，距徐亦远，而举兵伐徐，暴横凭陵之罪著矣。徐在山东，与齐密迩，以封境言之，不可以不速救；以形势言之，非有馈粮越险之难也。今书'盟于牡丘'，见诸侯救患之不协矣；书'次于匡'，见霸主号令之不严矣；书大夫帅师而诸侯不行，见桓德益衰，而御夷狄、安中国之志怠矣。凡兵而书'救'，未有不善之也。救而书'次'，则罪其当速而故缓，失用师之义矣。"叶《传》："前救邢，先言'次于聂北'。聂北，邢地，以次为救者也。此救徐，先言'次于匡'。匡，卫地，不果于救者也，故以其大夫往焉，非救之道也。以敖主兵，内辞也。大夫何以不序，无功不足序也。楚遂败徐于娄林，齐自是不复救人矣。"陈氏《后传》："楚伐徐，桓公合七国之众以救之，而使大夫将。有诸侯在而大夫将于是始，桓公为之也，则桓志荒矣，而卒不竞于楚。是故凡救，讥也；言次，甚讥之也。有诸侯在而使大夫将，始于牡丘，桓公为之也。有诸侯在，而使大夫盟，始于鸡泽，悼公为之也。"

乙卯晦，震夷伯之庙。

吕《集解》："陆氏《辨疑》：赵子曰：晦者，晦朔之晦尔，据十六年'戊申朔，陨石于宋五'、成十七年'甲午晦，晋、楚战于鄢陵'，并书晦、朔，则知古史之体，应合书日，而遇晦朔必书之，以为历数之证。"叶《传》："桓宫、僖宫灾，孔子在陈闻火，曰：'其桓、僖乎？'为其亲尽而当毁也。夷伯之庙，必有不得其正者矣，故辞间容'之'。之，缓辞也，不与其正之辞也。"

冬，宋人伐曹。

陈氏《后传》："诸夏之相加兵，自庄公之十九年始，前此未之有也，于是再见，宋襄公为之也。"黄氏《通说》："齐桓晚岁，不独平时所忌之国果于抗衡，而所厚如宋襄，亦动伐曹之师，盖欲乘其霸业之衰而代兴也。"吕《集解》："襄陵许氏曰：同盟始自相攻，桓不能一矣，则何以禁夷狄之乱？霸德方衰，荒服窥欲，至是而诸侯浸以贰也。威灵之凌夷，可不慎哉！"

121

楚人败徐于娄林。

陈氏《后传》："夷狄交相败不书，据《传》，襄十三年楚人败吴师，获公子党，十四年楚伐吴，吴人败之，获公子宜谷之类。必败中国而后书。徐，戎也，何以书？病齐也。齐帅天下之诸侯以攘戎狄、存中国也，楚伐徐，桓公合七国之众盟于牡丘、次于匡以救徐，为之伐厉，而徐卒败于楚人。不数年，宋楚争盟，执宋公，以是为盟主病矣。"孙《解》："《春秋》之法，内败外师，不言战，不使外敌内也；中国败外裔，不言战，不使外裔敌中国也；外裔之相败，不言战，不为重轻也。《春秋》之义，近尊者，则为之嫌；远尊者，不嫌其敌。内之于外，中国之于外裔，近尊者，为之嫌，不使之敌也。外裔之于外裔，去内已疏，去中国已远，为之辞虽同于内，同于中国，不嫌其敌也。'楚人败徐于娄林'，与内之败外、中国之败外裔，无异辞焉，不嫌故也。"

十有一月壬戌，晋侯及秦伯战于韩，获晋侯。

胡《传》："君获不言师败绩，君重于师也。大夫战而见获，必书师败绩，师与大夫敌也。君为重，师次之，大夫敌，《春秋》之法也。与孟子之言何以异？孟子为时君牛羊用人，莫之恤也，故以民为贵，君为轻，《春秋》正名定分，万世法，故以君为重，师次之。"陈氏《后传》："于是秦获晋侯以归，则其不曰'以归'何？罪晋侯也。获匹夫之辞也。言获，则以归不足言也。是故获夷狄不书，据《传》，邲缺获白狄子、叔孙得臣获长狄。夷狄交相获不书，据《传》，楚获吴公子党、吴获楚公子宜谷。皆不足书也。必大国也，将尊而师重，若宋华元、齐国书，斯可以言获矣。宋、齐，大国也，将尊而师重，获之若匹夫然，犹曰宋、齐之耻。晋，甸侯也，而言获，是夷晋侯于大夫也。"黄氏《通说》："或问：秦，西戎也，始见于《春秋》，宜不以爵氏人名称之也，而书'秦伯'，何哉？曰：秦守本爵，无吴、楚之僭，《诗》采秦风，《书》录《秦誓》，秦之为中国明矣，不可以戎狄言也。"

十有六年

十有六年春王正月戊申朔,陨石于宋五。是月,六鹢退飞,过宋都。

孙《解》:"《公羊》曰:'《春秋》不书晦。'非也。《春秋》之法,惟日食不书晦,圣人以谓日食必于朔,食晦者,历失也。《春秋》日食不书晦,所以正万世之历也。其他事遇晦朔则书,无不书之理也。"胡《传》:"石陨鹢飞,而得其数与名。在春秋时,凡有国者,察于物象之变亦审矣。"叶《传》:"都,鄙也,自是而之他矣。"黄氏《通说》:"是月者,文误也。上书'戊申朔',此承上文,当云日。"

三月壬申,公子季友卒。

陈氏《后传》:"大夫卒,恒称名,则其兼字之何?见三桓之所自始也。自是季氏世为卿也,故讥之。本刘氏。"吕《集解》:"刘氏《传》:大夫卒称名,季者,字也,其称季友何?讥。何讥尔?讥世卿。世卿,非礼也。言自是世季氏也。世卿多矣,曷为独讥乎此?因其可讥而讥之。此其为可讥奈何?言是乃逐昭公者也,其诸则宜于此焉正之矣。"

夏四月丙申,鄫季姬卒。

孙《解》:"《春秋》内女适诸侯者书卒,以鲁公为九月之服,恩录之,鄫季姬是也。时君非其兄弟,无九月之服者,不书其卒,杞伯姬是也。适诸侯而大归者,见弃于他国,则非夫人也,非夫人,则无九月之服,亦不书卒,郯伯姬是也。适诸侯之大夫者无服,无服者,亦不书卒,莒庆叔姬是也。"

夏,灭项。

孙《解》:"《公》、《榖》二传皆以为齐桓灭之,而为之讳也。然《春秋》之作,不待传而后明,实齐灭之,而以内灭为文,则是齐之罪见原,而鲁无辜被诛也。盖二传之意,以灭国为大恶,《春秋》讳内大恶,必不书灭也。灭人之国，诚大恶矣，鲁不幸而有之，如何为之讳乎？书取鄫，不灭鄫之宗祀，但取而属我，鄫非灭尔，故不书灭。项实灭之，而不存其祀，如何不书灭乎？《春秋》书鲁灭者惟一，盖鲁自灭国少尔，何是疑哉？"吕《集解》："伊川先生《解》：灭人之国，罪恶大矣，在君则当讳，如鲁灭国书取。灭项，君在会，季孙所为也，故不讳。"叶《传》："项，国也。孰灭之？公灭也。公方在淮，则何以能灭项？使大夫灭也。内不言灭，此何以言灭？诸侯方与公责淮夷病人于外，而公复使大夫灭人于内，以公为病矣。何以不言大夫？非大夫之罪也。"陈氏《后传》："于是公犹在齐，非公命也。向也，费伯帅师城郎，非公命，不书，此何以书？城郎，常事；灭项，非常也。是故必常事也，讥不及公，则不书，苟非常，则谨书之。书灭项，失兵权之渐也。襄公在晋，书邾庶其来奔，昭公在晋，书莒牟夷来奔，虽非公命，皆非常也。春秋之季，大夫不禀命于诸侯，非但鲁也，郑伯会于夷仪，郑公孙舍之帅师入陈；事在襄二十五年。蔡侯会于召陵，蔡公孙姓帅师灭沈，《春秋》必谨而志之也。"

十有八年

十有八年春王正月，宋公、曹伯、卫人、邾人伐齐。

吕《集解》："刘氏《传》：伐齐以纳公子昭也。伐齐以纳公子昭，则何以不曰'纳齐公子昭于齐'？不与纳也。立嫡以长不以贤，立子以贵不以长，贵均以年，年均以德，纳公子昭，非正也。"黄氏《通说》："宋襄自僖十五年伐曹，已有图诸侯之志。齐桓死，诸子争乱。无亏立，孝公奔宋。于是挟之以伐齐，而惧不足以胜也，则托之曰：'是齐侯仲父尝属此于我也。'以孝公为先君所命，则其名正；以己为齐侯所属，则其辞顺。盖诬死而诳生者之辞，《左氏》乃受其诬，可谓惑矣。"

夏，师救齐。

陈氏《后传》："书救齐何？齐卒败于宋也。"

五月戊寅，宋师及齐师战于甗，齐师败绩。

叶《传》："以'宋师及齐师'言宋之主战也。"

狄救齐。

吕《集解》："襄陵许氏曰：桓公攘服夷狄，虽恃兵力，亦以礼让，恩信能结其心，观狄之救、楚之盟，有以见公之遗烈矣。"

秋八月丁亥，葬齐桓公。

胡《传》："桓公九合诸侯，不以兵车，威令加乎四海，几于改物，虽名方伯，实行天子之事。然而不能慎终如始，付托非人，柩方在殡，四邻谋动其国家而莫之恤，至于九月而后葬，以此见功利之在人浅矣。《春秋》明道正义，不急近功，不规小利，于齐桓、晋文之事，有所贬而无过褒以此。"吕氏《或问》："桓之子六人，皆非正嫡。若以长，则无亏当立。桓公舍其所当立，而属孝公于宋，不可谓之正；又蔽于雍巫之言，而许立无亏，不可谓之明。身死之后，竖刁、易牙擅权，五公子争立，国内大乱，竖刁、易牙既因内宠以杀群吏，而立公子无亏，其名则立长也。宋襄帅诸侯之师以伐齐，而纳公子昭，其名则桓公之所属也。二者之名，杂于疑似之间而无所定，此所以起国内之乱，而四邻诸侯皆谋动其国家，而莫之恤乎！是故宋、曹、卫、邾伐齐，为纳公子昭也；师救齐，则救无亏也；宋师及齐师战，为纳公子昭也；狄救齐，则救无亏也。一世子之位不定，而宋得借此名以伐丧，鲁得借此名以敌宋，齐得借此名以战宋师，狄得借此名以陵中国，桓公身死，至于九月而后得葬。凡皆桓公之为也，比事而书，亦可以为万世之永戒矣。《春秋》于此编，不书昭之当立与否，而但书其伐、战、败、救之事，以见桓公方卒，而国人之乱如此，其义深矣。"

冬，邢人、狄人伐卫。

孙《解》："《春秋》之法，狄未尝有称人者，于其伐卫也，特曰'狄人'

焉,所以伤中国。卫尝见灭于狄,而齐桓讨之,《木瓜》之诗,卫人美齐人而作也。齐桓死未逾年,而卫人同诸侯伐之。邢人自以复存者,桓公也,于是不忍齐之见伐而卫之无恩也,与狄伐之,《春秋》书曰:'邢人、狄人伐卫。'中国则夷狄焉,而狄则人焉,称之曰'人',所以见中国之乱,人理泯亡,而夷狄为人也。"吕氏《或问》:"狄书'人',何也?曰:狄始书人也。'荆人来聘',则荆书人;'徐人取舒',则徐称人;'江、黄盟贯',则江、黄称人,皆著其与中国接也。"黄氏《通说》:"狄称'人',何也?以其人邢,不得不人狄也。"案:曰"邢、狄伐卫"则非例,曰"邢人、狄伐卫"则不词,故曰"邢人、狄人伐卫"。二十一年,狄侵卫,则仍书"狄"矣,以为狄始书人,非也。

十有九年

十有九年春王三月,宋人执滕子婴齐。

孙《解》:"诸侯失地名,婴齐见执,而遂失其地,故名之也。"叶《传》:"凡执而不名,内未有君也。此何以名?言执而杀之也。何以不言杀之?大夫则言杀之,诸侯则不言杀之,君臣之辞也。"陈氏《后传》:"执不言归,未失国之辞也。据成九年郑伯,襄十六年莒子、邾子,十九年邾子,哀四年小邾子。言归,危不得归也。是故执君不名,归然后名之。执称曹伯,归称曹伯襄;执称卫侯,归称卫侯郑。此执也,则其名何?遂失国也。舍滕子婴齐、戎蛮子赤,则皆未失国者也。虞公失国,则其不名何也?虞自亡矣。晋人之罪,徒执其君焉尔,不于执焉加以遂失国之辞,所以见虞之自亡也。婴齐遂失国,本孙氏。"

夏五月,宋公、曹人、邾人盟于曹南。

孙《解》:"曹南之盟,盖宋襄公求伯而为之也。曹、邾皆称人者,盖宋襄威德未著,曹、邾但使其臣会之。亦犹北杏之会,齐桓称公而诸侯称人也。"叶《传》:"曹南,曹地也,何以不言'宋公、邾人盟于曹'? 非曹之国中,曹之南也。曹、卫、邾同伐齐,而不同战齚。卫以狄伐,则有辞矣。曹、邾之不至,以纳为非正也。宋公强而与之盟,故不盟于国中,而盟于国外,各以其微者来,义不足以服之也,宋于是复围曹。"

鄫子会盟于邾。己酉,邾人执鄫子,用之。

孙《解》:"邾之与鄫,世仇之国,故宣十八年,又戕鄫子于其国都。邾鄫小国,其相仇之迹,不能悉见,经唯记其无道之甚者尔。经但曰'用之',不云所用之迹,其重者,用之尔,何论于用之之迹乎!"吕《集解》:"苏氏曰:宋公使邾文公用鄫子于次睢之社,欲以属东夷,然《春秋》书邾人而不及宋,何也? 诸侯之尊,善恶可以专之,非人所得使也。邾以诸侯而听命于宋,以行不义,是以专罪邾也。"黄氏《通说》:"孔子曰:'犁牛之子骍且角,虽欲勿用,山川其舍诸?'其言用者,祭而已矣。盖蛮夷之俗,往往有杀人祭鬼者,故《左氏》谓'宋公使邾人用鄫子于次睢之社,欲以属东夷',二传谓扣其鼻以血社,非也。"

秋,宋人围曹。

陈氏《后传》:"此宋公也,其称人何? 凡围国,虽君将,贬人之。前年齐桓卒,宋欲合诸侯,而亟修怨于曹,诸夏之书围国,自此始。"

冬,会陈人、蔡人、楚人、郑人盟于齐。《公羊》有公字。

胡《传》:"盟、会皆君之礼,微者盟、会,不志于《春秋》,凡所志者,必有君与贵大夫居其间也。然则为此盟者,乃公与陈、蔡、楚、郑之君或其大夫矣,曷为内则没公,外则人诸侯与其大夫? 讳是盟也。楚人之得与中国会盟,自此始也。桓公既没,中国无霸,郑伯首朝于楚,其后遂为此盟。故《春秋》没公,人陈、蔡诸侯,而以郑列其下,盖深罪之也。"叶《传》:"地于齐,齐亦与盟也。陈穆公思小白之德,率四国与公而盟焉,畏楚之或侵也。陈、蔡、郑,皆楚之与国也。陈率诸侯以保齐,可;畏楚之侵而使楚亦与盟,不可。小白率中国以攘楚,公得率楚以保中国乎? 楚之窥中国,自是始矣。故四国皆贬而称人,公亦没而不得

127

见，人诸侯，所以人公也。"陈氏《后传》："楚初与诸夏盟也。内不言公，讳之也。齐桓卒，陈非盟主也，则曷为会陈人？《春秋》不以夷狄会中国，则推而属之陈也。楚称人，犹未有君也。以其人楚，不可不人陈、蔡；以其人陈、蔡，不可不没公也。据传，陈穆公。"

梁亡。

叶《传》："有一朝而亡者，不幸而人或亡之也；有积久而亡者，虽幸而人欲存之，不得不亡也。人亡之，可曰'亡梁'；人欲存之而不得不亡，不可曰'亡梁'，'梁亡'而已。其所由来者渐矣，此梁之所以亡也。"黄氏《通说》："案《左氏》：'梁伯好土功，亟城而弗处，民罢而弗堪，则曰"某寇将至"。乃沟公宫曰："秦将袭我。"民惧而溃，秦遂取梁。'是梁伯益其国而不能实，亟城弗处以罢其民，民罢而溃，则国已亡矣。国亡而后秦取其地，非因秦取之而后亡也。故《春秋》不得言'秦取'，而以自亡为文焉。自亡者，民亡之也。秦兼并天下，德政不修，海内愁困，民不胜敝，遂起而亡秦。秦之亡，亦以民焉。秦亡于民，而后汉取之，非因汉取之而亡也，亦梁亡之类也。"

二十年

二十年春，新作南门。

叶《传》："南门，路门也。何以言'新作'？僭天子也。因旧而修谓之'新'，有加其度谓之'作'。礼，天子五门，曰皋门、曰库门、曰雉门、曰应门、曰路门；诸侯三门，曰库门、曰雉门、曰路门。古者谓国门为'南门'，故曰'天子听朔于南门之外'；谓路门亦为'南门'，故成王丧，言'逆子钊于南门之外'。鲁得以天子皋门之制为库门，应门之制为雉门，周公之赐也。而路门，则有诸侯之门焉。'新作南门'，书，岂非有加其度，而僭天子路门欤？故与'新作雉门'之辞一施之。不曰路门，天子有路门,曰'是天子之南门'云尔。"

五月乙巳,西宫灾。

孙《解》:"西宫,僖公所居之西宫也。以其在西,故曰西尔。《公羊》曰'有西宫,则有东宫',是也。《穀梁》以为闵宫。案:僖公继闵而立,若实闵宫,何妨言新宫乎？为其已久,何妨言闵宫乎？因其近,因其疏,变而言,于记事之法无乃不明乎？"

秋,齐人、狄人盟于邢。

叶《传》:"狄何以书人？以狄齐也。卫人伐邢,狄以前与邢人伐卫之故,请于齐,为此盟以谋邢难。明年,狄遂侵卫。卫复报邢而灭之。邢、卫之怨,以齐为有力,则齐亦狄也。"

冬,楚人伐随。

吕《集解》:"襄陵许氏曰:楚既服随,则将争衡于上国矣。而宋欲盟之,其能绌乎？"

二十有一年

二十有一年春,狄侵卫。

吕《集解》:"襄陵许氏曰:中国无霸,则诸侯力攻,四夷衡决,民被其灾,此书伐卫、伐邢、入滑、伐随、侵卫,著无霸之急也。"

宋人、齐人、楚人盟于鹿上。

黄氏《通说》:"宋人为鹿上之盟以求诸侯于楚,则是欲借楚之力以合诸侯也。首足倒置,至此极矣。后世人君,有苟图得志于中国,而不耻于事夷狄,如唐高祖之于突厥,石晋之于契丹者,皆宋襄之徒欤!"陈氏《后传》:"'人'自为盟,于恶曹见之。恶曹之盟,在桓十一年。(钟注)于是再见,其再见何？中国无伯也。齐故伯也,桓卒,宋襄公欲继之伯,而求诸侯于楚,楚于是争长于宋,则是盟也,莫适为主,人自为盟而已矣。"案：此宋公也，而书"人"，略之也。略之者，以为是盟无与于得失之数者也。

秋，宋公、楚子、陈侯、蔡侯、郑伯、许男、曹伯会于盂。执宋公以伐宋。

孙《解》："《春秋》因会而执诸侯，惟二处尔：盂之会，楚人执宋公，而不言楚人；溴梁之会，晋侯执莒子、邾子，而斥言晋人。二事略同，而书之异辞者，圣人之微意也。《春秋》之义，责其所可责，不责其所不可责。盂之会，执宋公者，楚子也，而圣人以诸侯共执为文。盖楚子，蛮服之君，而无知之人也。中国之诸侯，随盟主而会荆蛮，荆蛮执其盟主，又随荆蛮而伐之，荆蛮何足责也？中国之诸侯有罪尔。执宋公以伐宋，罪不专于楚子，诸侯实同之也。溴梁之会，晋侯以大义率诸侯而会焉，乃于其会执辱诸侯，以信致之，以诈执之，执莒、邾之君者，晋侯也，诸侯何与焉？楚子蛮服，不足责之，可责者，诸侯也。晋侯，中国之君，礼义之出，信会而诈执之，可责者，晋侯也。《春秋》之轻重与夺，惟义所在尔。"胡《传》："执宋公者，楚子也，何以不言楚子执之？分恶于诸侯也。诸侯皆在会，而蛮夷执其会主，拱手以听而莫之敢违，其不勇于为义亦甚矣，故特列楚子于陈、蔡之上，而以同执为文。"陈氏《后传》："宋楚初争长也。是故楚称子，而序于陈、蔡、郑、许、曹之上。不知诸侯之从楚与？从宋与？不予宋以伯也。凡执，恒称人。执之于伐，则伐称君，执称人；据齐人执陈辕涛涂之类。于会，则会称君，执称人。据晋执卫侯之类。虽大夫也，则亦会称大夫，执称人。据韩不信执宋仲几。执不称人，执有罪也。此楚子执宋公，则曷为不再言楚人？不以夷狄执诸夏之辞也。是故执宋公，不申言楚人；执齐庆封，亦不申言楚人，犹曰诸侯执之焉尔。"吕《集解》："伊川先生解：宋率诸侯为会，而蛮夷执会主，诸侯莫违，故以同执书之。"

楚人使宜申来献捷。

叶《传》："捷者，何捷乎？宋也。前未有言败宋者，此何以言捷？不使楚子得执宋公以败宋，故见伐不见战也。宋捷，则何以献于我？

威我也。楚居一方,与宋襄公争中国,执宋公以伐宋,惧诸侯犹未尽宗己,故其捷也,夸之以示诸侯。不言宋,不使楚子得捷于宋也。"陈氏《后传》:"君使大夫,何以特称人?贬之也。盂会称子矣,献捷于鲁,何以贬人之?盂会不称子,无以见楚、宋之争长。献捷于鲁,不人之,则是遂予楚也。自是至椒之聘,而后始有君、大夫,于以见《春秋》之许夷狄也。"黄氏《通说》:"捷者,宋捷也。齐捷戎,以中国而捷戎狄,可以言捷也,故曰'戎捷'。楚捷宋,以夷狄而捷中国,不可以言捷也,故不曰'宋捷'。其不曰'宋捷'者,不忍言宋也,爱中国之道也。"

十有二月癸丑,公会诸侯盟于薄,释宋公。

胡《传》:"盟不书所为,而盟于薄言'释宋公'者,宋方主会,而蛮夷执而伐之,以其俘获来遗,是夷狄反为中国主,禽兽将逼人而食之矣,此正天下大变,《春秋》之所谨也。鲁既不能申大义以抑其强暴,而顾与歃血要言,求楚子以释之,其事已偾甚矣。故书'会'、书'盟'、书'释',皆不言楚子,为鲁讳以深贬之也。"吕《集解》:"苏氏曰:凡诸侯见执,而不失国者,于归名之,书曰'某侯某归于某',此其不名而言释何也?以为执之、释之皆在诸侯也。若是,而尚可以求诸侯乎?"叶《传》:"此前会盂之诸侯也,不序,前目而后凡也。何以不言楚?诸侯与有力也。执不言楚,则诸侯不能逃其罪;释不言楚,则楚子不能专其德。宋公曰释,晋舍季孙行父于苕丘曰舍,君臣之辞也。"黄氏《通说》:"'会于薄,释宋公'者,盖诸侯请于楚而释之也,操纵在楚也。其不曰'楚释',而以诸侯自释为文者,存中国也。"

二十有二年

二十有二年春,公伐邾,取须句。

孙《解》:"《春秋》书此,与伐邾取訾娄、伐莒取句,其文无异。考寻经意,止是须句为郑邑,公伐郑而取之尔。此当据经为定尔,《左氏》之言,不足凭也。"案:《左氏》所言"崇明祀、保小寡",特鲁以为伐郑之辞耳,信为实而以为礼,愚矣。

夏,宋公、卫侯、许男、滕子伐郑。

吕《集解》:"泰山孙氏曰:郑即楚故也。案:庄十六年'荆伐郑'、二十八年'荆伐郑'、僖元年'楚人伐郑'、二年'楚人侵郑'、三年'楚人伐郑',郑不即楚。此而即者,齐桓既死,宋襄不能与楚抗故也。"

秋八月丁未,及郑人战于升陉。

孙《解》:"《春秋》之义,内不言战,言战则败,败则不言其人,我之公及大夫无败故也。"胡《传》:"郑人以须句故出师。公卑郑,不设备,战于升陉,我师败绩。郑人获公胄,县诸鱼门,记称'郑娄复之以矢,盖自战于升陉始也'。鲁既败绩,郑亦几亡,轻用师徒,害及两国,亦异于诛乱禁暴之兵矣。故讳不言'公'而书'及',内以讳为贬。"

冬十有一月己巳朔,宋公及楚人战于泓。宋师败绩。

孙《解》:"《春秋》之义,内不言战,言战则败也。中国不言战,言战则败也。宋,中国也。楚,外裔也。泓之战,言战、言败,待楚人以中国也。盖楚入中国之日久,侵伐盟会于中国,而中国不能攘之,非楚能中国也,而中国皆楚焉。《春秋》于楚之渐盛而不外之者,非进之也,所以一中国于外裔也。楚称人,君臣同辞之法也。"

二十有三年

二十有三年春,齐侯伐宋,围缗。

叶《传》:"伐国不言围邑,此何以言围缗? 不正其伐。泓之败,而凌之也。伐者,问罪之师。不正其义,而幸其间,非伐也。为后'宋公兹父卒'起也。"黄氏《通说》:"宋襄公乘齐桓之丧,伐齐以立威;齐孝公亦乘宋襄之败,伐宋以修怨。盖出乎尔者,反乎尔者也。"

夏五月庚寅,宋公兹父卒。

吕《集解》:"《辨疑》赵子曰:《公》、《穀》见不书葬,皆为异说。案例凡诸侯葬与不葬,从鲁会与不会尔。"

秋,楚人伐陈。

陈氏《后传》:"此成得臣也,不书楚大夫,将犹称人也。"

二十有四年

夏,狄伐郑。

吕《集解》:"襄陵许氏曰:近世如唐、晋,资夷狄之力以定中国,皆卒为祸,此盖不讲于《春秋》戒周襄之所以出也。"

冬,天王出居于郑。

吕《集解》:"常山刘氏曰:春秋之时,王者政令仅行于畿内,才出畿甸,即非王有,故书曰'出'。圣人之法,拨乱世反之正,则曰普天之下莫非王土,非诸侯所得专也,故书曰'居'。"

二十有五年

二十有五年春王正月丙午,卫侯毁灭邢。

叶《传》:"卫侯何以名?嫉诱灭也。卫侯将伐邢,其大夫礼至曰:'不得邢之守,国不可得也。'请往,其昆弟仕于邢。及卫伐邢,邢守国子巡城,卫之仕于邢者乃掖国子赴外而杀之,邢遂以亡。礼至铭其器曰:'余掖杀国子,莫余敢止。'君子是以嫉卫侯也。叶子曰:甚矣,君子之恶诈也!曰'自古皆有死,民无信不立',民之所以能并生于天地之间而不相害者，以其信足恃也。使人而各怀其诈，虽匹夫且不可与共处，况有国于天下乎？故‘楚子虔诱蔡侯般，杀之’，名，恶诱杀人之君也；卫侯毁从礼至之请，诱杀国子而灭邢，名，恶诱灭人之国也。夫灭国之罪亦大矣，而辞无所贬，以为不待贬绝而自见也。乃其诱杀人之君，诱灭人之国，非有所示，其谁察焉？是以中国与夷狄之辞一施之。而三传皆言贬灭同姓，记礼者从而为之说。《春秋》之义，不加于事之所易见，而常致意于义之所难察。同姓，所易言也，楚灭夔、齐灭莱，皆不名，灭国、灭同姓一事也，既见灭，则罪已重矣，故不以轻者复参焉。诱杀人而灭国与诱人而杀之，二事也，不正，则终无以著其罪。三传既已失之，为礼者又从而弗悟，吾然后知学之为难也。”黄氏《通说》：“诸侯灭人之国多矣，未有书名者，而卫侯独名，三传皆谓恶灭同姓，故名之也。夫异姓之不可灭，犹同姓之不可灭尔。况晋灭虢、齐灭纪、楚灭夔，皆同姓，而未尝名也。苟以为恶卫侯而名之，则晋、齐、楚皆无恶乎？杜谔谓《春秋》上书卫侯灭邢，而传写者见下文‘卫侯毁卒’，遂误增其名尔。”

宋荡伯姬来逆妇。

吕《集解》：“刘氏《意林》：伯姬之嫁也，固不见经。今其来也，则何为见经？吾以此观之，内女虽亲，体不敌，则不书于策。不书于策，所以尊君也。今君失其礼，以爱易典，主大夫之婚，是卑朝廷而慢宗庙，非安上治民之节也。”叶氏《传》：“妇，缘姑之辞。”

宋杀其大夫。

吕《集解》：“襄陵许氏曰：凡不称名姓，义在杀大夫也。”

秋，楚人围陈，纳顿子于顿。

叶《传》：“围陈何以言纳顿子？与其纳也。纳君，未有不以师，何以言围陈？顿，陈之邻国，盖有迫于陈而出奔者，围陈而使顿子得以归，是亦所以为纳也。顿子何以不名？内未有君也。凡纳君而名者，内有君也；纳君而不名者，内未有君也。”陈氏《后传》：“出，罪也，纳之者,亦罪也,则悉书之。据北燕伯款、卫世子蒯聩。出,非其罪,纳之者,罪也,则但书纳。齐桓公卒,楚始与诸夏盟于齐、盟于鹿上、执宋公、纳顿子,傎然欲废置诸侯矣,《春秋》之所惧也。"

冬十有二月癸亥,公会卫子、莒庆盟于洮。

孙《解》:"《春秋》之义,不以我公敌大夫。以我公而会外大夫,则皆降而称人。人,微者,远尊,则不嫌其敌也。于其会诸侯,而大夫与焉,虽大夫,不嫌也。有诸侯为之敌,则大夫虽从,若微者然,不能与公伉也。莒庆,小国之大夫,而得与公盟者,有卫子在,不嫌也。"

二十有六年

二十有六年春王正月己未,公会莒子、卫宁速盟于向。

叶《传》:"公不讳与宁速盟,莒子在焉也。"

齐人侵我西鄙,公追齐师,至酅,弗及。《左氏》作"不及"。

胡《传》:"凡书追者,在境内,则讥其不预,'追戎于济西'是也;在境外,则讥其深入,'追齐师至酅'是也。酅者,齐地。至者,言远也。弗者,迁词也,有畏而弗敢及之也。"陈氏《后传》:"此齐侯也,其称人何? 自隐以来,以兵加我,君、大夫将皆书人。君将书君,自文十五年齐懿公始;大夫将书大夫,自襄十七年齐高厚始。讫春秋,惟莒、邾书人。"吕《集解》:"苏氏曰:侵曰人,追曰师,不可言'公追齐人'故也。"

公子遂如楚乞师。

孙《解》:"《春秋》之义,天王则书之曰'求',求,责也;诸侯则书之曰'乞',乞,贱辞也;于鲁则书曰'告',告,内辞也,求、乞之间也。《春秋》书求者三,皆施之于天王;书乞者六,皆施之于诸侯;书告者一,但施之于内。公子遂,内臣也,如楚乞师,内乞也,不曰告而曰乞,《春秋》

之变例而圣人之意也。内不言战，战不言败。战者，敌也，外能敌内，则败矣。《春秋》十二公之间，二百四十二年之久，内有败外师者矣，有与外战者矣，未尝有书内败者也。非内能不败也，盖虽败而不言，以为责备之法也。乾时之战，书战、书败，无内辞焉，内有取败之道也。桓公见杀于齐，庄公之父仇未复，而纳仇人之子，至于战，至于败，非外能败内也，内有取败之道也。楚，外裔也。齐，中国也。中国而相侵伐，不过以礼义相责、廉耻相属尔。鲁之见侵于齐，不治其义礼之所不至而使之不来，乃乞师于楚。楚，外裔也，是其以杀戮侵伐为事者尔。见侮于与国，而乞救于外裔，外裔岂可恃乎？书曰'如楚乞师'，盖贱之也。乾时之战，内有取贱之道，则书之曰'败绩'；公子遂之行，内有可贱之理，则书曰'乞师'，盖《春秋》之例如此。"黄氏《通说》："千乘之国，兵不素备，一旦有仓卒之警，则乞诸其邻，已非立国之道矣，况乞师于夷狄者哉！引非类以斗同室，非义也；示弱于夷狄以启其轻中国之心，非谋也。故书曰：'公子遂如楚乞师。'以为后世失义与谋者之戒焉。"案：自有乾时之败而鲁为齐弱矣，有公子遂之乞师而鲁为楚役矣。鲁为齐弱，其慨在鲁也；鲁为楚役，其慨不独在鲁，又在中国也，故两书皆变例。

秋，楚人灭夔，以夔子归。

孙《解》："以归而不名者，惟夔子尔。以外裔灭外裔，不以例书之者，贱略之也。"胡《传》："楚灭同姓，何以不名？人而不名，《春秋》待夷狄之体也。"陈氏《后传》："灭同姓名，此楚子頵也，则其不名何？楚子之名未登于《春秋》也。楚自武王始见于传，文王始见于经，犹以州举也。至成王而后书'楚人'。盂之会，尝书'楚子'矣，而复人之。頵之名，非遇弑，未登于《春秋》，则灭夔固不名也。灭夔名之，则疑于卫侯毁。不名楚子，则不名夔子也。"

冬，楚人伐宋，围缗。

叶《传》："伐国不言围邑，此何以言围缗？未能得宋，先尝之于缗也。伐者，问罪之师，国未可得而先尝之于其邑，非伐也，为后围宋起也。"案：廿三年齐侯伐宋，亦围缗。缗盖宋之岩邑也，欲得志于宋，必取缗，是故围之尔。

二十有七年

冬,楚人、陈侯、蔡侯、郑伯、许男围宋。

孙《解》："《春秋》之义，可以诸侯会微者，不以诸侯会大夫。北杏之会，齐桓称爵，而诸侯称人。齐桓，伯者，将会诸侯，以攘外裔而尊中国。《春秋》著桓公之爵，而降诸侯称人，将授之方伯之事，不得不推尊而书其爵；诸侯将从之以安天下，不得不降而称人也。围宋之役，楚子称人，而诸侯称爵。楚子，外裔，而诸侯从之；宋，中国，而诸侯围之。中国诸侯，而随外裔以围同列，贬诸侯称人，而书楚子，则不见诸侯随从外裔之罪；惟书楚子为人，而序诸侯之上，则诸侯之罪著矣。盖北杏之会，所书不同，而褒贬之意相类也。"陈氏《后传》："楚尝有君矣，据会于盂。此楚子也，据传。则其称人何？嫌予楚以伯也。盟于齐，楚犹序陈、蔡之下；于鹿上，犹不先齐、宋也；盂之会，宋、楚始并为诸侯长矣。楚之称子而长于诸侯，宋襄公为之也。鲁僖、卫文，夫子之删诗有取焉。桓公卒而卫从楚，鲁又从楚。楚败宋于泓、纳顿子、灭夔、取齐之穀，且合四国之君以围宋，《春秋》以是为夷狄之强而已矣，虽序于诸侯之上，而特人之。"

十有二月甲戌,公会诸侯,盟于宋。

叶《传》："此前围宋之诸侯也，不序，前目而后凡也。宋公犹在围，则何以地宋？盟于宋之国外，是亦宋矣，不嫌也。'曹南'言南、'聂北'言北，此何以不言方？志于围则不主方也。楚围宋而公不与，于是如会而请盟焉，恶矣，何以不没公？公欲之也。"

二十有八年

二十有八年春,晋侯侵曹,晋侯伐卫。

吕《集解》:"襄陵许氏曰:齐桓之兴,至于伐楚、伐北戎也,而后称爵。而晋文始见即称爵者,盖事弥速、功弥浅矣。又吕氏曰:侵曹、伐卫,两事也,既侵曹矣,又伐卫也。《春秋》书之如此其详者,见诸侯之放恣也。"叶《传》:"何以再见晋侯? 嫌侵曹与伐卫并也。楚始得于曹,而新昏于卫,文公欲袭齐桓之迹,攘楚以图霸,故自南河济而侵曹,归而讨卫罪,因以怒楚而求战。何以不言'遂'? 侵曹非以伐卫也。"

公子买戍卫,不卒戍,刺之。

吕《集解》:"苏氏曰:刺未有书其故者,书其故,言非其实也。"

楚人救卫。

陈氏《后传》:"楚尝救郑矣,不书。见传僖六年、二十二年。于是始书,以为晋文之伯,楚欲救而不能也。"

三月丙午,晋侯入曹,执曹伯,畀宋人。

孙《解》:"《春秋》之法,执诸侯大夫称人。晋侯执曹伯,《春秋》称其爵,非与之也,以入曹见之也。入曹者,晋侯也。入曹称爵,则执曹伯不可再言晋人也。宋受晋侯之畀,犹且称人,则执而畀之者,非方伯之讨,又可知也。"叶《传》:"是当曰'畀宋人田',不言田,经成而亡之也。畀之为言与也。不曰'与',曰'畀',与者,我物而归之彼;畀者,彼物而受之我,犹曰'皇天用训厥道,付畀四方'云尔。楚之围宋,在二十七年之冬,宋公孙固如晋告急。是时,宋公盖在围也。及诸侯盟于宋,盖即宋之城外以为会,宋公不与焉。明年三月,晋侯入曹,执曹伯,宋围犹未解,故再见宋使门尹般如晋师告急。《左氏》载先轸始谋言:'我执曹君,而分曹、卫之田,以赐宋人。'既而公说。复言'执曹伯,分曹、卫之田以畀宋人’，此其终事也。楚子闻，果命子玉去宋，宋公于是始释围得归而从晋，城濮之战，始见宋师，则方执曹伯，畀之者谁乎？晋侯有疾，侯獳货晋史，归曹伯，则曹伯之归，盖自晋不自宋也。是其畀之者，田而已。”吕《集解》：“陆氏纂例：不称晋人执者，承上晋侯入曹文，故不可重言晋人也。”

夏四月己巳，晋侯、齐师、宋师、秦师及楚人战于城濮，楚师败绩。

孙《解》：“惟晋书爵，而三国皆称师，盖圣人之意也。北杏之传称人，则随从无疑也。城濮之战称师，则盛强无敌也。北杏之会，齐桓九合之始，《春秋》书其始，所以要其终。城濮之战，晋文伯功之盛，《春秋》与其盛，则其外无观焉。称人、称师，虽所书之迹少间，而贵之之意不异矣。”吕氏《或问》：“《春秋》书齐桓之事，北杏之会，首出齐爵，固予齐以伯矣。然自北杏之后，凡有征伐，皆书曰人，至召陵之役，然后书爵。晋文始见于经，一有征伐则书其爵，何也？曰：齐桓之功，著于三十余年之后；晋文之功，著于一旦之间。齐桓之楚，虽曰猎夏，败蔡师，执蔡侯，又一伐蔡、三伐郑，然蔡、郑特近楚之国，未至偃然与中国并驱争先，故齐桓犹可以徐为之谋。晋文之楚，则执中国盟主，而在会者不敢与争；战于泓，而宋以先代之后，不能与之敌；鲁至于如楚乞师，而戍穀逼齐；四国合兵以围宋，而曹、卫亦受其节制。此夷狄之极盛也，故晋文不得不速与之战。召陵之伐，一得屈完之盟而退师；城濮之役，不至于楚师败绩不已。盖桓公之所为，将以服强楚之心；而晋文之举事，所以挫强楚之气也。二公所遇之敌不同，故其用计亦异，而立功之缓急亦如之，其为有功于中国则一也。然齐桓图楚之功，三十年而后有召陵之师，会诸侯之事亦三十余年，屡会屡盟，而后有葵丘之盛。若文公，则侵曹、伐卫、胜楚、围许、盟践土、会于温、两致天王、执曹伯、复曹伯、执卫侯、复卫侯，凡伯者之事，为之略尽，而皆在于一年之内。故齐桓犹有近正之意，若晋文则太谲矣；齐桓犹有近厚之心，若晋文则太迫矣。”

楚杀其大夫得臣。

陈氏《后传》："于是楚子使止子玉曰'毋死',不及,则其斥杀何?《春秋》之法,苟有诛意于其臣,虽自杀也,书杀,是故楚得臣、公子侧皆书杀而已矣。"

卫侯出奔楚。

叶《传》："卫侯何以不名?非二君也。楚败,卫侯惧而出奔,使其大夫元咺奉母弟叔武受盟于晋。叔武不正其为君而摄焉,以内为未君,故不名卫侯也。"

五月癸丑,公会晋侯、齐侯、宋公、蔡侯、郑伯、卫子、莒子,盟于践土。

孙《解》："践土之会,晋文实致天王,经不言之,不与其致天王也。诸侯盟于践土,而公朝于王所,天王不致,则鲁公安得朝于王所乎?齐威之兴,始致世子;晋文之兴,遂召天王。《春秋》于首止殊会世子,不与其盟王之世子也;践土之会没去天王,不与其臣召君也。"叶《传》："卫子者何?叔武也。叔武既不正其为君,曰'卫侯弟',则既已摄其君矣;曰'卫侯',则叔武未之敢君也。故与之以未逾年君之辞而系之子,贤之也。"陈氏《后传》："序晋侯于齐侯、宋公之上,予晋以伯也。于是王子虎实盟诸侯,则其不书何?凡王人涖盟不书,据宣七年王叔桓公。涖伐不书。据文三年王叔桓公,成十三年刘康公、成肃公。"

陈侯如会。

吕《集解》："襄陵许氏曰:'鄫子会盟',后会也;'陈侯如会',后盟也。宋襄使邾用鄫子,而晋文受陈侯,霸图宏矣。"

公朝于王所。

陈氏《后传》："此践土之诸侯也。外朝王不书,据隐六年郑伯,八年齐、郑,庄十八年晋、虢。书鲁以见其余也。于是晋侯将盟于践土,而王即命为方伯,诸侯朝焉,则先朝而后盟。曷为先书盟、后书朝?书朝而后盟,是以天子与斯盟也。书盟而后朝,《春秋》不以天子与斯盟之辞也。《穀梁》:'讳会天王也。'"

六月,卫侯郑自楚复归于卫。

孙《解》:"《春秋》之例,尝有其位而归者,曰复归。"叶《传》:"卫侯何以复名?成叔武为君,以恶卫侯也。"陈氏《后传》:"君归不言自,必大夫也,而后言自,人臣无专归之道也。君而言自者,危不得归也。是故晋文实复卫侯,而曰'自楚',危自楚也;晋厉实归曹伯,而曰'自京师',危自京师也。"吕氏《或问》:"书归之义,有书其所自者,有不书其所自者。书其所自者,著之也;不书其所自者,略之也。'卫侯自楚归于卫',著其自楚也。言归自楚,则背华即夷之罪可见矣。'曹伯归自京师',著其自京师也。言自京师,则晋侯执曹伯归于京师之义得矣。卫侯郑之再执也,亦归自京师,而不言归自京师者,晋文之执卫侯与晋厉之执有间矣。"

秋,杞伯姬来。

吕《集解》:"襄陵许氏曰:志入杞之怨释也。归宁,常事不书者也。中国有霸,则诸侯释兵而室家缓带,于是族姻之恩始录,而邻国之好交修,以是为晋侯之泽也,故书。伯姬庄二十五年归杞,知伯姬非哀姜出。今其来归,盖宁成风也。"

公子遂如齐。

吕《集解》:"襄陵许氏曰:志伐齐之仇解也。齐自孝公之立,与鲁好绝,比相侵伐。昭公元年,复与公同践土之盟,故公遣大夫聘之,修旧好焉,礼也。"

冬,公会晋侯、齐侯、宋公、蔡侯、郑伯、陈子、莒子、邾子、秦人于温。天王狩于河阳。

胡《传》:"案《左氏》,晋侯召王,以诸侯见,仲尼曰:'以臣召君,不可以训。'故书曰:'天王狩于河阳。'以尊周而全晋也。啖助谓:'以常礼言之,晋侯召君,名义之罪人也,其可训乎?若原其自嫌之心,嘉其尊王之意,则请王之狩,忠亦至焉。故夫子特书"狩于河阳",所谓原情为制,以诚变礼者也。'夫践土之会,王实自往,非晋罪也,故为王讳而足矣。温之会，晋则有罪，而其情顺也，故既为王讳之，又为晋解之，于以见《春秋》忠恕也。"叶《传》："前以王之自往，则不书；今以晋侯召王而往，则书，盖王以巡狩为之名也。《春秋》有讳而为之辞者矣，未有讳而变其实者也。天王败绩于茅戎，可以自败见义，不可以非败而言败也；天王出居于郑，可以自出见义，不可以非出而言出也。使晋侯实召王而往，《春秋》虚假之狩，是加王以无实之名，而免晋以当正之罪，孰有如是而可为《春秋》乎？此自《左氏》失之。"陈氏《后传》："晋侯将会于温，召王，以诸侯见，则先狩而后会，曷为先书会、后书狩？书狩而后会，是以天子与斯会也。先书会，后书狩，《春秋》不以天子与斯会之辞也。《穀梁》：'讳会天王也。'""天王狩于河阳"案：温与河阳，一地尔。会言温、狩言河阳者，温指其邑，河阳指其地。会可言于邑，狩不可言于邑也。《车攻》之序曰："宣王会诸侯于东都，因田猎而选车徒焉。"疑河阳之狩，亦修宣王之旧典，有狩猎之事，故书曰"狩"，以其时为冬考之可知也。诸家皆尚以巡守言之，实有未尽。

壬申，公朝于王所。

叶《传》："前朝不言日，蒙上癸丑，见天子在焉，诸侯即其所而朝也。今朝言日，见诸侯先会，天子来狩而后朝也。此因其日之可得而著者也。何以不书月？阙文也。"

晋人执卫侯，归之于京师。

吕《集解》："襄陵许氏曰：司马之法，邦国贼杀其亲，则正之。卫侯杀叔武，执有罪也，则何为不得为伯讨？天子在是，而擅执诸侯，轧矣，是以推而远之也。"

卫元咺自晋复归于卫。

陈氏《后传》："归大夫不言复，必诸侯也，而后言复，君有归道也。大夫言复者，伉也。是故元咺复归，宋鱼石、晋栾盈复入，皆伉辞也。"案：上书"卫侯郑自楚复归于卫"，此书"卫元咺自晋复归于卫"于"晋人执卫侯"下，君臣不嫌同，同者如是，则晋、楚之于争卫，卫侯、元咺之不并立,不待传而后可知也。此之谓"比事属辞,《春秋》之教也"。

诸侯遂围许。

吕《集解》:"襄陵许氏曰:许之能从齐、宋,而不能从晋者,何也?齐桓自北杏之会,十有七年而后侵许,服之,又九年而后从于伐楚,盖使失其所系如此之难也。宋襄之兴,绍桓遗绪。逮晋文时,则许既离于中国而合于蛮夷矣,国人一服楚之威令,是以难变也。"

二十有九年

二十有九年春,介葛卢来。

孙《解》:"《春秋》外裔之君来鲁者三,但书其来,而不曰'来朝',盖外裔之俗,圣人外之,不以诸侯遇之、礼让责之也。"叶《传》:"来,来朝也。何以不言来朝? 公在会,未见公也,我接之云尔。"

夏六月,会王人、晋人、宋人、齐人、陈人、蔡人、秦人盟于翟泉。

陈氏《后传》:"不斥言王子虎,为尊尊讳也。以其人王子虎,不可不遍人诸侯之大夫;以其遍人诸侯之大夫,不可不没公也。是故齐初主盟不言公,庄十六年盟幽。楚初与盟不言公,僖十九年盟齐。晋大夫初会盟不言公,皆讥不在鲁也。"叶《传》:"《公羊》、《穀梁》作'公会',当从二传。公不耻会,则不没公也。诸侯贬,则不以公为耻也。"

三十年

夏,狄侵齐。

胡《传》:"《左氏》曰:晋人侵郑,以观其可攻与否,狄间晋之有郑虞也,遂侵齐。《诗》不云乎?'戎狄是膺,荆舒是惩。'四夷交侵,所当攘斥。晋文公若移围郑以伐之，则方伯连率之职修矣。上书'狄侵齐'，下书晋'围郑'，此直书其事而义自见者也。"

秋，卫杀其大夫元咺及公子瑕。

孙《解》："公子瑕尝立为君矣，于是杀之，犹曰'公子瑕'，见立于元咺尔。不曰'其君'，非君也。荀息之死，系于晋卓，以卓及息者，弑成君也。子瑕死系于元咺，以咺及瑕者，杀公子也。"吕《集解》："常山刘氏曰：杀二大夫以上不书及者，其事同，杀之之志均故也。杀其大夫某及某者，以某之故而延及某也。"

卫侯郑归于卫。

孙《解》："《春秋》之义，复其位，曰'复归'。卫侯之执归京师，则是尝失其爵，而不为卫君矣。天子释之归，则是受命于王，而为君于卫，与新受爵者同也。故卫侯郑虽尝有国，而归不言复，所以禀命于天王也。"叶《传》："卫侯何以不言'复归'？绝之不与其复也。卫侯既已杀叔武矣，再归不以为非，而又杀公子瑕，以为无君之道，虽有其位，而不可复也。何以名？子瑕在焉也。何以曰'归'？归，易辞也。元咺死，则卫侯之归为易也。晋侯执曹伯，归于京师，及其复也，书曰'曹伯归自京师'；晋人执卫侯，归之于京师，及其复也，书曰'卫侯郑归于卫'，而不曰'归自京师'，何哉？鲁公为纳玉于王与晋侯，而后复焉，虽曰王命之，非天子所以君诸侯之道也，卫侯归于卫而已。卫侯命于天子，而不得以京师言，其为天子者，亦病矣。"陈氏《后传》："向也言'复归'，今归不言'复'何？奔，失国之辞也。执，未失国之辞也。凡执不言'归'，成九年郑伯襄，十六年莒子、邾子，十九年邾子。执而言归，危不得归也。是故执君不名，归然后名之。执书'卫侯'，归书'卫侯郑'；执书'曹伯'，归书'曹伯襄'，名之者，亦失国之辞也。"吕《集解》："刘氏《意林》：郑之初归也，得言'复'，当是之时，叔武在内，郑虽无国，国固其国也。及其又归也，杀叔武矣，执之归于京师矣，杀元咺及公子瑕矣，郑虽得国，国非其国也，故不言'复'。《春秋》之褒善罚恶，岂不至明至察哉？向也无国，而义可以有国，则亦谓之有国；今也得国，而义不可以得国，则亦谓之无国。由是观之，天子者，得天下之义者也，非得其位也；诸侯者，得一国之义者也，非得其势也。得其义，虽未有其位，君子谓之得矣；失其义，虽能专其势，君子谓之失矣。故曰：义重于富，仁重于爵。"案："卫侯郑自楚复归于卫"，书曰"复"者，叔武虽摄，而卫未尝有君，则位犹卫侯之位也，故曰"复"。及元咺归而立公子瑕，则位非复卫侯有矣，故其再归也，言"归"不言"复"。目公子瑕不言君者，列国未始以为君，瑕于郑固非君也。虽非君，而尝在位矣，则郑不得言"复"，此《春秋》游、夏所以不能赞一辞者也。

晋人、秦人围郑。

陈氏《后传》："于是秦伯私与郑盟，戍郑而去之。子犯请击秦，晋侯曰：'微夫人之力不及此。吾其还也。'盖秦、晋之怨自此始。"

冬，天王使宰周公来聘。

孙《解》："礼虽有天子聘诸侯之义，然义不当使三公，书曰'宰周公来聘'，见周之衰而诸侯强盛也。"

公子遂如京师，遂如晋。

孙《解》："是时晋文方强，诸侯畏之，实使公子遂聘晋，而因周公之来，遂使往报，故如京师。《春秋》之义，不可先晋而后京师，故曰'遂'也。此犹王人虽微，必序诸侯之上，圣人之法，不与其以卑及尊，故先京师而后晋也。"

三十有一年

三十有一年春，取济西田。

孙《解》："《左氏》、《公羊》皆以为晋侯以曹地分诸侯，而鲁取济西之田。然案经，书之与汶阳田相等耳，无异文也。此盖晋侯执曹伯而反诸侯之侵地,鲁济西之田,尝见侵入于曹,鲁于是取之。"叶《传》:"济西田,我田而鲁侵之者也。晋侯执曹伯,班其所侵地于诸侯,而我受焉,故曰'取'。不系之曹,非曹之所得有也。凡外取内邑、外取内田,皆不书,耻也。反而归于我,则书,重地。古者国亡大县邑,公卿大夫士皆厌冠哭于大庙三日,君不举,以为吾受之君而为之守者,失地则失其守矣,是以谓之'重'也。"吕氏《或问》:"汶阳、济西之田言'取',郓、讙、龟阴之田,则言'归'。言'取',非其所欲也,非彼所欲,而我取之,曰'取'。言'归',其所欲也,非我强之,而彼自归,曰'归'。"

公子遂如晋。

孙《解》:"拜晋反曹侵地尔,非拜曹田也。"

夏四月,四卜郊,不从,乃免牲。犹三望。

吕《集解》:"刘氏《意林》谓'犹'者,可以已之辞,何其不知《春秋》也!《春秋》贵正、贵备,安有废大存小,而又教之曰'可以已'哉!是犹逐其父、养其母者,而谓之曰'可并逐母'也。亦诲之孝而已矣。王介甫曰:'不郊矣,幸其犹三望也;不告朔矣,幸其犹朝于庙也。'是犹纱其兄之臂者,而曰'我且徐之以全吾爱'云尔,其可乎?亦诲之悌而已矣。故以'犹'为'可以已'者,逐父而养母之说也;以为'犹'愈乎'已'者,纱兄而徐徐之说也。君子不然。彼三郊而三望,自以为犹愈乎已者,故讥之;不告朔而朝庙,自以为犹愈乎已者,故非之。君子之道,致乎其至者也。当其必为,不曰可以已,亦不曰愈乎已。"陈氏《后传》:"诸侯之有郊、禘,东迁之僭礼也。故曰:'秦襄公始列于诸侯,作西畤,祠白帝,僭端见矣。位在藩臣,而胪于郊祀,君子惧焉。'则平王以前未有也。鲁之郊、禘,惠公请之也。据邵氏《经世书》,惠公立①于秦襄公祠白帝之年。齐桓公欲封禅,而晋亦郊鲧,皆僭礼也。然则

---

① 四库本作"止",钟改为"立",是,从之。

《春秋》何以始见于僖公？向者，庄公之观齐社也，曹刿谏曰：'天子祀上帝，诸侯会之，受命焉。诸侯祀先王、先公，卿大夫佐之，受事焉。'用见惠公虽请之，而鲁郊犹未率为常也。僖公始作颂以郊为夸焉。于是四卜不从，犹三望，是故特书之，以其不胜讥，讥其甚焉者尔。记礼者以为鲁礼皆成王赐之以康周公。案卫祝鮀之言曰：'周公相王室，以尹天下，于周为睦，分鲁以大路、大旂，夏后氏之璜，封父之繁弱，殷民六族，以昭周公之德。分之土田陪敦，祝宗卜史，备物典策，官司彝器。'则成王命鲁，不过如此。隐公考仲子之宫，问羽数于众仲；周公阅来聘，饔有昌歜、白黑、形盐，周公以为备物，辞不敢受；卫宁武子来聘，宴之，赋《湛露》及《彤弓》，武子不答赋，曰：'诸侯朝正于王，于是乎赋《湛露》。诸侯敌王所忾而献其功，于是乎赐之《彤弓》。陪臣其敢干大礼以自取戾！'假如《明堂位》之言，得用郊、禘，兼四代服官，祝鮀不应不及。况鲁行天子之礼久矣，则羽数何以始问于隐公？昌歜、形盐，以之饔天子之上公，安用固辞？《湛露》《彤弓》，宁武子何以不答，且致讥焉？于以见鲁僭未久，上自天子之宰，至于兄弟之国之卿，苟有识者，皆疑怪①逊谢，而鲁人并无一语及于成王之赐以自解。故用郊、禘之说，当从刘恕。太史公博极群书，定以为僭郊礼始于秦襄，而恕亦该洽，傥自史角之事之外，有传记与《明堂位》合，则外纪岂独遗佚乎！"

三十有二年

秋，卫人及狄盟。

叶《传》："卫人何以及狄盟？离盟，不可以地狄也。何以再见卫人？盟非侵之事也。"孙《解》："不曰'卫人、狄人盟'，而曰'及狄盟'者，《春秋》之法然也。《春秋》之法，内与外盟，则书'会'书'及'，中国与外裔亦曰'及'。"

---

① "疑怪"四库本作"云鲁"，不如钟抄"疑怪"为通，不知钟所据何本，暂从钟。

三十有三年

三十有三年春王二月，秦人入滑。

案《左传》载秦师灭滑而还，与经违异，实非违异也。传记当时之实，经通后事言之，晋既败秦于殽，秦虽灭滑，岂能有之？则书曰"入滑"而已。

夏四月辛巳，晋人及姜戎败秦师于殽。

孙《解》："殽之战，晋败秦师，不曰'战'而曰'败'者，外秦也。《尚书·秦誓》之序曰：'秦穆公伐郑，晋襄公败诸殽，虽其自誓之辞有可取，然伐郑而见败，则其过不得掩焉。'《春秋》书'晋人败秦师'，则与晋而外秦。《尚书》载其自誓，则许其改过而新之。盖圣人之意，惟其事之善否所在尔。"胡《传》："《书》序专取穆公悔过自誓之言，止于劝善，其词恕。《春秋》备书秦、晋无道用兵之失，兼于惩恶，其法严。"吕氏《或问》："《春秋》有书'灭'而爵之者，如'楚子灭萧'是也。若以爵为褒，灭人之国，何善之可褒？有书'救'而人之、国之者，如'齐人救邢'、'吴救陈'是也。若以人、国为贬，恤人之患，何恶之可贬？大抵《春秋》据事为褒、贬之实，非以人、爵为褒贬之例。书曰'晋人及姜戎败秦师于殽'，则晋人结戎狄、用诈战、厄人于险之罪著矣。先书'秦人入滑'，继书'败秦师于殽'，则秦人劳师袭远、越竟弃师之罪著矣。又书于'晋侯卒'之后，则秦人间晋之丧而越其竟，晋人背殡出兵之罪，又皆著矣。不必晋贬称人、狄之曰秦而后见其恶也。[①]案：书晋败秦于"秦人入滑"之下，其为大晋之败甚明，程子以秦为无道，越晋逾周以袭人，众所共愤，故书"晋人"，是也。《公》、《穀》以称人为微、为贬，舛也。

---

① "不必晋贬称人、狄之曰秦而后见其恶也"，泉州文库本作"不必贬晋外秦而后见其恶也"。

晋人败狄于箕。

吕《集解》:"襄陵许氏曰:自三十年狄始侵齐,晋未暇讨,自是中国岁有狄患。至败于此,而后惩艾不复犯略。是故戎狄之乱,不能震叠以威武,未易以德怀也。"陈氏《后传》:"中国败夷狄不书,据隐九年郑人大败戎师、闵二年虢公败犬戎之类。唯晋特书之。特书晋者,皆病晋也。晋帅天下诸侯以攘戎狄、存中国也,前年狄侵齐,去年狄侵卫,卫为之迁帝丘,而晋不能救,于是伐晋,盖仅而后胜之也。晋侯称人,以是为盟主病矣。"

陨霜不杀草。李梅实。

吕《集解》:"襄陵许氏曰:僖公宽仁过厚,其失也豫,而文公以暗弱继之,其咎遂著。三桓之盛,自僖公始,卒以专鲁。将梦之祥、卜郊不从者,凡以为此。天之感变,盖深远也。"

文　公

文元年

天王使叔服来会葬。

黄氏《通说》："桓王崩，七年而后葬，见诸侯不恤天子之丧。僖公以夏四月葬，而王使叔服先二月至鲁，见天子急于奉诸侯之丧也。冠履倒置，至此极矣。"

夏四月丁巳，葬我君僖公。

叶《传》："鲁十有二公，见葬者九。文、宣、成、襄、定，葬而得节者也。桓、庄、僖、昭，葬而缓者。桓以故而九月，庄以乱而十一月，昭以丧后至而八月，皆有为而然，是虽缓也而无所嫌，则慢葬而已矣。僖葬以七月（僖公之末盖有闰①），未见其所以然者也，岂其尊之欲以拟天子乎？文公之事亲，亦已悖矣。天王以二月来会葬，正也。举天王之正，见鲁之不正，所以正鲁也。"案：七月而葬之说，本《左氏》。叶氏以乙

---

① 此句不见于四库本，盖钟所加。

巳之日为十一月,经成而误。

秋,公孙敖会晋侯于戚。

吕氏《或问》:"窃谓齐桓未伯之前,大夫间有预邦交之事者矣,而齐桓既伯之后,则无之。以大夫而交政于中国,自晋文公始。春秋之初,列国之大夫间有窃用兵之权者矣,而伯主之国则无之。以大夫而专征伐之权,自晋襄公始。以大夫交政于中国,其殆始于翟泉之盟乎?晋文号为伯主,而使大夫盟王子虎,齐桓之伯无此法也。大夫自是交政于中国矣。晋文公之骤伯,咎犯、先轸诸臣人才众多之力也。然在文公之时,其患未见,至襄公之时,则已见矣。晋文之入曹也,令无入僖负羁之宫,而魏犨敢于蓺僖负羁氏,文公爱其材而不杀。即此一事,固已酝酿其臣负材恃功之端矣,然其患未见也。至于殽之役,襄公舍秦囚,则先轸不顾而唾;箕之役,先轸黜狼瞫而立续简伯,则狼瞫怒。此其患已渐见矣,而襄公又举其权以委之,伐楚之役,而阳处父帅师,始出主名矣。自是而后,中国诸侯,凡大会盟、大征伐,皆以大夫主之,其极至于三桓专鲁、六卿分晋,其所由来者渐矣。刘敞曰:'《春秋》自文公以来,多变文以示义。盖当是时,诸侯失政,大夫擅权,盟会侵伐之事,始专于臣下。'今考之经,元年'公孙敖会晋侯于戚',此专会始也;二年'及晋阳处父盟',此始专盟也;三年'叔孙得臣会晋人、宋人、陈人、卫人、郑人伐沈',此始专伐也;八年'公子遂会晋赵盾盟于衡雍',此二大夫专盟也;'公子遂会雒戎盟于暴',此始专会戎也;九年'公子遂会晋、宋、卫、许人救郑',此大夫专救也;十一年'叔彭生会晋郤缺于承筐',此二大夫专会也;十二年'季孙行父帅师城诸及郓',此内臣始专城邑也;十八年'公子遂、叔孙得臣如齐',此二大夫同如国也。夫自隐公以来,内臣尝出会矣,未有独会一国诸侯者,至此元年,敖会晋侯,所以为专会之始也。尝有二国盟矣,未有大夫自盟诸侯者,公及处父盟所以为专盟之始也。前此,隐元年'及宋人盟',八年'公及莒人盟',庄二十三年'及高傒盟',不过间见于经,未有如文公以后之盛也。尝有大夫会伐矣,然必帅师,亦未有数国大夫会伐者,盖帅师会伐,虽在于大夫,而命实出于诸侯,至此,叔孙得臣不称'帅师',又会五国大夫,所以为专伐之始也。尝有大夫盟诸侯矣,未有二大夫自盟者,此年遂与赵盾盟,所以为二大夫专盟之始也。尝有公会戎盟矣,未有大夫盟戎者,此年遂盟雒戎,所以为内臣盟戎之始也。尝书大夫救矣,亦未有不言'帅师'者,此遂会诸大夫救郑,不言'帅师',所以为大夫专救之始也。尝有大夫与诸侯会矣,未有二大夫自会者,此彭生、郤缺会于承筐,所以为二大夫专会之始也。尝有城邑矣,未有大夫帅师自城者,此行父城诸及郓,所以为内臣城邑之始也。尝有内臣如他国矣,未有二大夫同如者,此遂与得臣如齐,所以为二大夫同如他国之始也。呜呼! 东迁之后,始也诸侯僭天子,今也大夫僭诸侯,则名分不正,王道之衰,至此甚矣! 陵迟至于鸡泽、溴梁之盟,天下之政尽归大夫,不复有诸侯。可叹哉!”

冬十月丁未,楚世子商臣弑其君颊。

叶《传》:“商臣弑其君又弑其父,而无异文,极天下之辞,无所加也。正其名而君亲之义尽矣。”陈氏《后传》:“楚卒未志,据《传》,楚武王卒于庄四年,文王卒于庄十九年。其志颊何? 世子弑君,不可以楚不志也。”

二 年

三月乙巳,及晋处父盟。

孙《解》:“《春秋》之法,鲁公及外大夫盟,非外之罪,则没其名氏而书人,不以我公而盟大夫也。外大夫之罪,则书其名氏,而没公不书,以著大夫之罪,不与大夫而伉我公也。公如晋,晋侯卑公,而使大夫盟,书曰'及晋处父盟',所以著晋侯之罪也。公行不言其如,公反不言其至,所以没公如晋之迹,使若微者盟处父然也。”胡《传》:“及处父盟者,公也。其不地,于晋也。讳不书'公'者,抑大夫之伉,不使与公为敌,正君臣之分也。适晋不书,返国不致,为公讳耻,存臣子之礼也。

凡此类,笔削鲁史之旧文众矣。"陈氏《后传》:"朝而遂盟之于是始。传曰'适晋不书,讳之也'。凡讳国恶,耻在公,则但书其事,不书公者,恒辞也;讳在其事,则但书公,不书其事。公会晋侯于黑壤,为公不与盟,故不书盟;宣七年,有传。公如晋为止,公送葬,故不书葬,成十一年,皆有传。甚讳之也;会晋师于上郓,削而不书,讳不足以尽之矣。是故讳有爱君之谊焉,必讥不及君而后讳。舍是无讳道矣,故曰'讳莫如深'也。"

夏六月,公孙敖会宋公、陈侯、郑伯、晋士縠盟于垂陇。

吕氏《集解》:"襄陵许氏曰:元年卫人伐晋,至是诸侯会盟,而明年卫、晋伐沈,则知卫服于垂陇之会矣。晋襄方患秦、楚,专养中国,罪苟有所委,斯受之可也。"陈氏《后传》:"大夫而与诸侯敌于是始,故书。士縠非卿也,特书之,见晋之卑诸侯。然则士縠主是盟也,则曷为序士縠于诸侯之下?《春秋》不以大夫主盟也,是故迄于宋,不以大夫主盟。翟泉贬,此何以不贬?贬不于其甚,则于事端,余实录而已矣。自书士縠而后,凡役,书大夫。桓、文之伯也,会盟有大夫则但称人,据僖元年会柽'邾人'、二十八年会温'秦人'之类。必世子也,则得次小国之君。自垂陇主士縠、新城主赵盾,而后大夫与诸侯序,于是戚之盟书齐国佐,成十五年。沙随之会书宋华元,成十六年。甚者无伯而君与大夫并列于会矣。定十年齐侯、卫侯、郑游速会于安甫。"

自十有二月不雨,至于秋七月。

胡《传》:"书'不雨至于秋七月',而不曰'至于秋七月不雨'者,盖后言不雨,则是冀雨之词,非文公之意也。夫书'不雨至于秋七月'而止,即八月尝雨矣。然而不书'八月雨'者,见文公之无意于雨,不以民事系忧乐也。其怠于政事可知,而鲁衰自此始矣。"

冬,晋人、宋人、陈人、郑人伐秦。

陈氏《后传》:"尝书大夫矣,此晋先且居、宋公子成、陈辕选^①、郑公

---

① "选"四库本误为"涛涂",钟抄改之,是。

子归生也,曷为不序大夫,将犹称人也? 自士縠,专盟书大夫。自阳处父,专将书大夫。是故《春秋》之始,大夫将恒称人,由救郑之后,大夫始贬称人矣。"

公子遂如齐纳币。

黄氏《通说》:"使大夫纳币,礼也。或曰:恶居丧而图婚也。是不然。案鲁以此年十一月当除丧,若纳币在十一月以前,则为丧娶,在十二月则否。今《春秋》概以纳币系于冬时之下,不明其为十一月与十二月者,则知圣人所恶,不在丧娶矣。或又谓'若使纳币在十二月,丧事甫毕,而遽图婚,亦有所未安'者,是亦不然。鲁人有朝祥暮歌者,子路笑之,孔子曰:'由,尔责于人终无已!'夫圣人酌人情之平,不应既除丧,而更以丧娶为罪也。然则何以书? 赵子谓:婚礼不当使公族,贵远嫌也。故鲁公子遂、宋公孙寿纳币,然后书之。"

三　年

三年春王正月,叔孙得臣会晋人、宋人、陈人、卫人、郑人伐沈。沈溃。

吕氏《集解》:"襄陵许氏曰:内会伐不书'帅师'始此,则外重矣。"

秦人伐晋。

陈氏《后传》:"此秦伯也,曷为贬称人? 殽之誓,孔子有取焉,而秦穆之连兵无虚岁,君子以为秦之未离乎戎狄也。是故自韩原,秦不以爵见于经,至康公,而遂狄之。《终南》、《蒹葭》之作,秦非无人也,而秦不用,诚未离乎戎狄也。"吕氏《或问》:"秦何以不称伯?《春秋》之书秦,固尝书人也,虽大夫将,未尝书大夫,用大众则书师。其称秦伯者二:'晋侯及秦伯战于韩原'、'秦伯使术来聘'是已。秦无大夫也,则何以有君? 曰:'秦伯使术来聘',即'楚子使椒来聘'、'吴子使札来聘'之例也。术、椒、札书名,而秦伯、楚子、吴子称使,玉帛之事故也,以其与我接也。晋侯及秦伯战于韩原，获晋侯，此楚人会盂、吴子会黄池之例也，是圣人之不得已也。齐桓之伯也，秦、晋不与。晋固中国之侯，而秦僻处西戎者也。秦穆崛起而获晋侯，圣人虽欲不目秦伯，不可得也。苟非获晋侯之重，则从其常辞而书'秦人'、'秦师'而已。其书秦，则略辞。吴、楚浸盛而书'子'，秦伯崛起而书'伯'，皆著其实而已。若其曲直之辨，则存乎其事而已。"

晋阳处父帅师伐楚以救江。

叶《传》："江即灭矣，何以独录其救？救，所能为也。不灭，非所能为也。"陈氏《后传》："晋大夫书'帅师'于是始，大夫强也。向也曰'晋处父'，今曰'晋阳处父'，命大夫也。是故自郳黎来为小邾子，无未命诸侯，潞子、戎蛮子皆有君矣。自晋处父为阳处父，无未命大夫，曹公子首、邾庶其皆有大夫矣。文、宣之后，大夫舍宋山无去其氏，诸侯舍杞子无黜其爵者，皆《春秋》之变文也。"吕《集解》："襄陵许氏曰：《春秋》有一国之辞，有天下之辞。鲁国有兴则书'帅师'，此一国之辞也。诸侯侵伐则简之矣，此天下之辞也。中世以后，天下崇武，大夫尊强，卒乘繁兴，于是诸侯侵伐书卿帅师，且著内轻而外重，强弱相形也。"

四　年

四年春，公至自晋。

吕氏《集解》："吕氏曰：自是公朝强国皆至者，事近得详，事远则不得详也。"

夏，逆妇姜于齐。

孙《解》："《春秋》书逆女多矣，未有曰'妇'者。逆而言妇，则是成礼于彼也。礼成于彼，则逆之者公也。不曰'公'，不与公之成礼于齐也。《春秋》夫人之至者，必书于经，妇姜书'逆'而不书'至'，不与其先配而后祖也。"吕氏《或问》："逆不言公,何也? 曰:石氏曰:《春秋》书'妇姜'者三。于至书'妇'者二,有姑之辞也,宣元年'遂以夫人妇姜至自齐'、成十四年'侨如以夫人妇姜至自齐'是已。于逆书'妇'者一,恶成礼于齐也,此年'逆妇姜于齐'是已。讳不书'公',又不书'至',以讥公也。"

狄侵齐。

吕《集解》："襄陵许氏曰:狄自箕之败,至是始复侵齐,间晋有秦、楚之难也。"

冬十有一月壬寅,夫人风氏薨。

叶《传》："僖公之妾母也,何以曰夫人? 致之为夫人矣。"

五　年

五年春王正月,王使荣叔归含,且赗。

陈氏《后传》："以成风之丧赴京师也。赗,常事不书。唯赗仲子、成风特书之,则遂命为夫人也。春秋之初,犹以是为非常事也。宣之敬嬴、襄之定姒、昭之齐归虽命之为夫人,不复书矣。孟子卒,则不赴于京师,孔子曰:'夫人之不命于天子,自鲁昭公始也。'"

三月辛亥,葬我小君成风。王使召伯来会葬。

陈氏《后传》："王不称天,于追锡桓公见之,至是再见何? 以夫人之礼丧成风也。庄、僖之际,天下知有盟主而已,而襄王之季年,更有事于诸侯,于是叔服会葬、毛伯锡命,尤汲汲于鲁也。尤汲汲于鲁而何为乎? 成风,一人赗、含之,一人葬之,以是怀诸侯,吾见周之益陵夷也。宰咺尝以赗妾母贬,则召伯何以不贬? 王、公一体也,宰书名,则王不待贬而自见;王不称天,则召伯不待贬而自见也。文、武之教,著于《南》、《雅》,莫急于君夫人也。桓以少篡长,成风以庶乱嫡,王道熄矣。而庄、襄不能正,又从而褒赏之,是以天命施之天讨也,是故皆不称天。"

六 年

秋,季孙行父如晋。

黄氏《通说》:"《春秋》书内大夫出聘者,其旨有四:有书以见简礼者,有书以见谄礼者,有书以见大夫专命者,有书以见大夫私行者。所谓简礼者,'公子遂如京师'、'叔孙得臣如京师'之类是也,诸侯不朝,而使大夫聘也。谄礼者,'季孙行父如晋',继于'公孙敖如晋'之明年之类是也,使币频繁而不知节也。大夫专命者,'公子遂、叔孙得臣如齐'之类是也,非君命而行也。大夫私行者,'公子友如陈'、'公孙兹如牟'、'季孙行父如陈'之类是也,盖公子友以原仲之旧,而兹、行父以娶妇之故,于是托君命以遂其私也。"

晋杀其大夫阳处父。

孙《解》:"《春秋》杀大夫之例,自下杀之者称人,自君杀之者称国。襄公既卒,新君方幼,杀之者决非其君。然经书之,以君杀为文,盖《公》、《穀》之说,以为其君漏言,而狐射姑杀之。君漏言而处父见杀焉,则杀之者君尔。非身杀之,而以告言杀之,杀之亦等尔,亦何论君存君亡乎?"陈氏《后传》:"两下相杀不道,于是狐射姑使续鞠居杀阳处父,则其书国杀何?《春秋》之法,苟有贼而不知,则其君之罪也。晋蒐于夷,使狐射姑将中军,阳处父改蒐于董,易中军。襄公无讨焉,于是使续鞠居杀阳处父。是故晋胥童杀三郤,栾书、中行偃杀胥童,齐崔杼杀高厚,郑子展、子西杀公子嘉,皆称国而已矣。"

闰月不告月,犹朝于庙。

孙《解》:"告月之礼,废于文公。于是闰不告月,至于十有六年而朔之不视凡四。诸公相因，而告朔之礼殆废。《春秋》不可胜讥，故于其废礼之始，一正其法而诛之也。"胡《传》："不告月者，不告朔也。不告朔，则曷为不言'朔'也？因月之亏盈而置闰，是主乎月而有闰也，故不言'朔'而言'月'。占天时则以星，授民事则以节，候寒暑之至则以气。百官修其政于朝，庶民服其事于野，则主乎是焉耳矣。闰不可废乎？曰：迎日推策，则有其数；转玑观衡，则有其象。归奇于扐以象闰，数也；斗指两辰之间，象也。象数者，天理也，非人所能为也。故以定时成岁者，唐典也；以诏王居门终月者，周制也。班告朔于邦国，不以是为附月之余而弗之数也。'犹朝于庙'者，幸其不已之词。子贡欲去告朔之饩羊，子曰：'尔爱其羊，我爱其礼。'"

七　年

七年春，公伐邾。三月甲戌，取须句。

叶《传》："须句尝为我取矣，何以复见？再归于邾也。何以书？不正其伐取也。"黄氏《通说》："齐灵公与臧纥言伐晋，臧纥对曰：'抑君似鼠。夫鼠昼伏夜动，不穴于寝庙，畏人故也。今君闻晋之乱而后作焉，非鼠而何？'观鲁文公闻晋难而伐邾取邑，是亦臧纥之所谓鼠者尔。"

宋人杀其大夫。

胡《传》："书'宋人'者，国乱无政，非君命而众人擅杀之也。大夫不名，义系于杀大夫，而其名不足纪也。"陈氏《后传》："此公孙固也，则其不名何？昭公之大夫也。昭公新立，曷为于此焉不名其大夫？是春秋之大变也。自隐而下，春秋治在诸侯，天子无道，则不徒罪诸侯也，于是有宰书名、王子书名，甚者王不书天。自文而下，春秋治在大夫，诸侯无道，则不徒罪大夫也，于是有弑君称人，甚者称国，弑君，天下之元恶也，舍贼而称人，自宋昭公始，是春秋之大变也，是故终昭公之世，不名其大夫。《春秋》有天下之辞焉，有一国之辞焉，有一人之辞焉。于晋灵公，凡会盟皆不序诸侯，是天下之辞也；于鲁庄公，凡会齐襄皆书人，是一国之辞也；于鲁桓公，凡大夫将皆不言大夫，于宋昭公，凡大夫皆不名，是一人之辞也。"

狄侵我西鄙。

吕《集解》："襄陵许氏曰：狄惩箕之败，四年间一侵齐而未敢肆。至是始复侵鲁、侵齐、侵宋、侵卫，晋襄既没，莫之忌矣。"

秋八月，公会诸侯、晋大夫盟于扈。

孙《解》："《春秋》之法，前目后凡。扈之盟不序，而前无所见，以晋之大夫不名，不以诸侯之序而敌一大夫也。"吕《集解》："襄陵许氏曰：诸侯何以不序？大夫何以不名？大夫而主盟诸侯，自扈之会始也，君子恶之。灵公始立，而失正如此，其将无以终矣。"陈氏《后传》："垂陇尝书士縠而序诸侯，此公会齐侯、宋公、卫侯、陈侯、郑伯、许男、曹伯、晋赵盾也，则何以不序？晋始失伯也。凡称诸侯，必先目而后凡也。前有王人，后无王人，书曰：'诸侯盟于某。'则王人尝不与也。<small>据首止王世子、葵丘宰周公。</small>前无吾君，后有吾君，书曰：'公会诸侯盟于某。'则吾君尝不与也。<small>据僖二十一年盟薄、二十七年盟宋。</small>未始有不与者也，而但曰'诸侯'，一役而再有事者也。<small>僖二十八年围许、襄十八年盟祝柯、二十五年盟重丘。</small>非一役而再有事，则非凡辞也。非凡辞者，散辞也。"叶《传》："此齐侯、宋公、卫侯、陈侯、郑伯、许男、曹伯也，何以不序？不足序也。赵盾背秦约而立灵公，不以灵公会诸侯，而己临之，诸侯以大夫执国命而靡然听焉，故诸侯不序，大夫亦不名。犹溴梁大夫之盟然，不与大夫之得会诸侯也。"吕氏《或问》："此年'公会诸侯、晋大夫盟于扈'，十五年'诸侯盟于扈'，十七年'诸侯会于扈'，皆略之而不序。尝撫其事实而考之，然后知《春秋》之所以不序诸侯者，盖莫有主是盟之辞也。桓、文之盛，皆序齐、晋于诸侯之上，伯主之辞也。齐桓之未盛与晋伯之不竞，则虽序齐、晋于诸侯之上，而必书曰'同盟'者，未纯乎伯主之词也。此年之盟，与是后一盟、一会，皆不序诸侯者，莫有主是盟之辞也，于是夷晋于列国矣。"

八　年

冬十月壬午，公子遂会晋赵盾盟于衡雍。乙酉，公子遂会雒戎盟于暴。

胡《传》："《春秋》记约而志详，其书公子遂盟赵盾及雒戎，何词之赘乎？曰：圣人谨华夷之辨，所以明族类、别内外也。雒邑，天地之中，而戎丑居之，乱华甚矣。再称'公子'，各日其会，正其名与地以深别之者，示中国戎狄终不可杂也。自东汉以来，乃与戎杂处而不辨，晋至于神州陆沉，唐亦世有戎狄之乱。许翰以为'谋国者不知《春秋》之过'，信矣。"黄氏《通说》："案《左氏》僖二十二年秦、晋迁陆浑之戎于伊川，宣三年楚伐陆浑之戎，遂至于雒，观兵于周疆。盖成周伊、雒之地，往往皆戎居之故。圣人恶而书之，为后世华戎杂处之戒也。"

公孙敖如京师，不至而复。丙戌，奔莒。

叶《传》："公子遂'至黄乃复'，非自复也，故地而以难言之，乃难词也。公孙敖'如京师，不至而复'，自复也，故不地而以易言之，而易词也。何以不言出？自外而奔也。"吕氏《或问》："《春秋》之义，有书'还'，有书'复'者。'归父还自晋，至笙，遂奔齐'，还者，自彼及此而未至国之辞也。'公子遂如齐，至黄乃复'，反其故所之辞也。'公子遂如齐'与'公孙敖如京师'一也，公子遂书曰'至黄乃复'，则已如齐而未至齐。遂之心本欲至齐，而以疾不能也。公孙敖书曰'不至而复'，则敖本无至周之意，虽受命而实不行也。废君命，纵私欲，莫大于此。"

九　年

九年春,毛伯来求金。

吕《集解》:"襄陵许氏曰:王室大丧,诸侯莫赗,是以有求金焉。书之,非特王之讥也,所以遍刺天下之诸侯。"陈氏《后传》:"自是鲁虽不修贡,周无求矣。周室益衰,而顷王之崩、葬不见于经。"

二月,叔孙得臣如京师。辛丑,葬襄王。

陈氏《后传》:"王丧,卿共葬事不书,此何以书?夷周于晋也。前年,公子遂葬襄公。今年,叔孙得臣葬襄王。是夷周于晋也。是故苟常事,虽季孙行父请命,不书。苟非常也,虽叔孙得臣会葬,书。"

三月,夫人姜氏至自齐。

吕氏《或问》:"夫人与君,敌体者也。出必告行,反必告至,则书于策。夫子之修《春秋》,于君出则书'至',于夫人出则不书'至',降杀之等也。独于此书'至'者,盖有故也。是故录纪叔姬之归者,为归于酅起也;录夫人姜氏之至者,为归于齐起也。是圣人之微意。始书曰'夫人姜氏如齐'、'夫人姜氏至自齐',卒书曰'子卒,夫人姜氏归于齐',然则出姜之不安于鲁也,旧矣;文公私嬖敬嬴之子①,著矣;异时襄仲杀恶及视之兆,已萌于此时矣。圣人详录其往来,岂特为告至与不告至哉!"

楚人伐郑。

孙《解》:"楚自齐桓之兴,屡与齐争,而加兵于郑。葵丘之会,郑始叛楚而附齐,楚亦畏齐之强,不敢加兵于郑也,郑恃齐之援者十五年。齐桓既没,郑不自安,复去中国而从楚。晋文败楚于城濮,郑伯复从晋

---

① "子"泉州文库本作"罪",钟抄作"子"。

文,践土之盟,楚长晋,又不敢与争郑,郑恃晋以安者又十五年。至是晋文死,楚复伐郑矣。桓、文之功,亦何足道哉? 然天下诸侯,恃之以无蛮服之暴者,三十余年。桓文既没,蛮服入侵中国,而诸侯骚然无宁岁矣。《春秋》一切著之,用见中国之衰而外裔之盛也。"

公子遂会晋人、宋人、卫人、许人救郑。

陈氏《后传》:"兵将尝书大夫,此晋赵盾、宋华耦、卫孔达也,曷为贬称人? 晋遂不竞,而楚庄伯也。传曰:'卿不书,缓也,以惩不恪。'是故凡救不书,必救而无功,然后书,救非善辞也,自是而救不胜讥矣。"

九月癸酉,地震。

孙《解》:"《春秋》记地震者五,未尝曰'于某',盖圣人之意,欲大其异于天下也。"案:地震亦就鲁言鲁耳,不然,二百四十二年之间,岂仅五震哉!

冬,楚子使椒来聘。

孙《解》:"庄二十三年书'荆人来聘',不言'君使',又不言其臣之名。荆时尚微,《春秋》欲中国早为之御,不使之浸盛而侵渔中国也。于是来聘,君称爵,臣称名,非楚能自同于中国也,所以见中国之微,而荆楚之盛,聘问往来,中外一尔。《公羊》曰'始有大夫',《穀梁》曰'以其来我,褒之',是皆不知孔子伤中国之意。"吕氏《或问》:"《春秋》书夷狄使人来聘四,此年及十二年'秦伯使术',襄二十九年'吴子使札',三十年'楚子使薳罢来聘',皆非美其能聘也,所以著其强也。孟之会,楚称子,是《春秋》之不得已也,自是而后皆称人,至'使椒来聘'则称楚子。韩原之战,秦称伯,是《春秋》之不得已也,自是而后皆称人,至'使术来聘'则称秦伯。钟离之会、柤之会、向之会,皆书曰'吴',是圣人之外夷狄也,至'使札来聘'则称吴子,盖自是益以文物礼仪接中国矣,是使中国无以异也。椒、术、札不氏,犹'郑伯使宛'之例尔。盖向也书'荆人',则未有君、大夫也;继也书'子'、书'伯'、书'使',则有君也;书名,则有大夫也。然犹不氏也,盖至于薳罢,则书氏矣。是夷狄之浸强也。"案：《公羊》云"始有大夫"，犹曰"至此始书大夫"耳，始书大夫，即以见其强盛比于中国矣。黄氏《通说》："案《左氏》范山言于楚子曰：'晋君少，不在诸侯，北方可图也。'于是出师以伐郑，遣使以聘鲁，以此见自古夷狄未尝不窃伺中国之衰而肆其侮也。《书》所谓'无怠无荒，四夷来王'，信矣哉！"案：伐郑而聘鲁，此殆远交而近攻也。

秦人来归僖公、成风之襚。

陈氏《后传》："成风祔姑称谥，俨然如夫人矣。其曰'僖公成风'，修《春秋》之辞也。'夫人风氏薨'、'葬我小君成风'，未修《春秋》之辞也。由成风而下，宣母敬嬴、襄母定姒，皆从旧史之文实录而已。"吕氏《或问》："成风薨在四年，葬在五年。今五年矣，而后秦人来归襚，殆夷狄之借此名以交中国乎？"案：楚来聘、秦归襚，夷狄交于中国，中国之忧深矣。

十　年

夏，秦伐晋。

陈氏《后传》："狄秦也。归成风之襚，使术来聘，秦习于礼矣，则其狄之何？楚之伯，秦之力也。自灭庸以后，秦为楚役。自晋主诸夏之盟，舍秦无加兵于晋者也。会于夷仪之岁，秦晋成而不结。又明年，盟于宋而南北之势成。楚子曰：'释齐、秦，他国请相见也。'是战国之萌也。于次，《国风》退秦于魏、唐之后；于序，《书》系秦于周末；于作《春秋》，由韩原之后，秦帅无君、大夫，皆夫子所以深致意于秦也。吾闻用夏变夷矣，未闻变于夷者也，于是狄秦。夏之变于夷，秦人为之也。又三十年而狄郑，又五十年而狄晋。狄郑犹可也，狄晋甚矣。"

楚杀其大夫宜申。

胡《传》："案《左氏》，宜申与仲归谋弑穆王而诛，则是讨弑君之贼也,曷为称国以杀,又书其官,而不曰'楚人杀宜申'乎? 曰:穆王者,即楚世子商臣也,而《春秋》之义微矣。"陈《后传》:"讨乱不书,于是斗宜申谋弑穆王,则何以书? 宜申之罪,为欲弑商臣也。宜申之罪,为欲弑商臣,若此而同之他乱臣之列,则溢罚矣。是故蔓成然,弑者之党也,杀之不书;事在昭十四年。宜申,弑者之仇也,杀之书。臣子可以知劝惩矣。"

及苏子盟于女栗。

孙《解》:"苏子,王臣也。天王新立,求亲诸侯,而其臣下盟于鲁。"

楚子、蔡侯次于厥貉。

孙《解》:"楚蔡之次,将以侵伐诸侯,而侵伐之迹不见于经,则是欲为而不敢也。楚之入中国久矣,会盟侵伐,常称楚人,君臣同辞以贼之。厥貉之次,遂称楚子,而明年伐麇,又以爵书,盖自是楚与中国等矣。楚,蛮服,而中国与之等,则蛮服益强,而中国益衰也,明矣。"陈氏《后传》:"外会未有言次者,据襄元年'晋侯、卫侯次于咸'之类。此其言次何? 以楚之欲图伯而未集也。晋虽不竞,君大夫数会而不序,《春秋》重绝晋也。会于息,宋、陈、郑尝从楚矣,已而为新城之盟,则楚子犹未得志于宋、陈、郑也,于是息会不书。书及蔡次厥貉,用见楚子未得志于诸侯也。"

十有一年

十有一年春,楚子伐麇。

吕《集解》:"襄陵许氏曰:楚侵伐书爵始此,中国日替矣。"陈《后传》:"楚初书君将也。自是楚师必围、灭也,而后贬人之。"

冬十月甲午,叔孙得臣败狄于咸。

陈《后传》:"内大夫将,言'帅师',其不言'帅师'何? 危之也。凡君将不言'帅师',重在君也。言师不言君者,危师之辞也。据庄八年'师及齐师围郕'。大夫将言'帅师',重在师也。言将不言师者,危将之辞也。"

十有二年

十有二年春王正月,郕伯来奔。

陈《后传》:"此郕太子朱儒也,则其曰'郕伯'何? 逆之以诸侯之礼也。《春秋》之法,苟非诸侯,虽尝当国,不成君也。是故有卫侯朔,则黔牟八年不成君;有郑伯突,则子仪十四年不成君;虽卫叔武列于会矣,犹曰'卫子'尔。此郕太子也,鲁逆以诸侯之礼,吾从而志之无改焉,何也? 唯其如二君也,废立之际,足以乱名实,则《春秋》不可以弗辨。苟无乱于名实,则《春秋》不辨也。《春秋》之作,别嫌明微而已。有不待辨而自见,《春秋》何治焉? 郕太子朱儒,鲁谓之'郕伯';晋太子州蒲,晋谓之'晋侯'。从而志之,徒见其悖礼焉尔。虽然,凡诸侯,奔则书复。奔不书复者,遂失国也。失国,恒名之,据庄二十四年曹羁、昭二十二年蔡侯朱、二十三年莒子庚舆。此其不名何? 以为郕伯,未修《春秋》之辞也。苟以为郕伯朱儒,则是修《春秋》之辞矣。故凡从主人,则徒修《春秋》之辞也。"吕《或问》:"《公羊》曰:'失地之君也。'非也。'邢迁于夷仪',此自迁也。'宋人迁宿',此亡国之文也。'郕降于齐师',此亦自降也。'齐人降鄣',此亦亡国之文也。然则郕本未亡国也。"案:郕伯不名者,郕无二君也。无二君,则郕伯何以不复? 盖郕自是亡矣。吾何以知郕之亡也?"纪侯大去其国",纪侯亦不名,吾以是知之也。《礼》曰,"诸侯失地名"者,谓国在而君出奔者也。出奔者一君,国内一君,于是有二君,不名,则无以别矣。若既亡国矣,奚名之有!

二月庚子,子叔姬卒。

陈《后传》:"女未嫁不卒,此何以卒? 许嫁而绝,则丧以夫人之礼也。以子叔姬，见僖之丧伯姬也。"

秋，滕子来朝。

吕氏《或问》："文公之德、政无足言，而曹伯来朝、杞伯来朝、郕伯来奔、滕子来朝，不一书于经，何也？曰：鲁固东方之望国也。当是时，伯国则晋也，望国则鲁也。鲁之威令，不如晋之强，徒以周公、伯禽之后，诸侯望而敬之。承筐之会，亦惟晋、鲁二国之大夫与焉。秦术、楚椒之聘，亦汲汲于之鲁。然则曲阜之地，非小弱也，周公、伯禽之泽犹在也，声明文物之旧犹故也。诸侯之敬鲁，与夷狄之望鲁，亦不敢与他诸侯比也。使其君能自强于政，则其纠合诸侯、翼戴周室之权，不在晋而在鲁矣。惟其怠惰废弛，举其国之柄而移于大夫之手，自是而后，浸微浸弱，然则谁之咎哉？"案：文之中叶，正鲁之极盛，如日已中，过是则昃矣。当其盛也，怠心易萌，孟子所云"及是时般乐怠敖"者，文公正其人也。连书朝聘之盛，非侈之也，哀之而已。

冬十有二月戊午，晋人、秦人战于河曲。

陈《后传》："此秦伯、晋赵盾也。曷为贬称人？亟战也。于是范山言于楚子曰：'晋君少，不在诸侯，北方可图也。'而秦、晋亟战。秦、晋亟战，而楚君将称君矣。是故战必言及，而不言及，不以秦、晋主此战也。不以秦、晋主此战，犹曰'夫人战焉'耳，略之也。'秦人、白狄伐晋'，首从之辞也。'晋人及姜戎败秦师于殽'，敌辞也。'晋人、秦人战于河曲'，略之之辞也。"

季孙行父帅师城诸及郓。

黄氏《通说》："城其国邑，宜无待于帅师也。行父帅师以城诸、郓，何也？歉于义也。案庄二十九年'城诸及防'，则知诸鲁地也。襄十二年'莒人伐我东鄙，围台。季孙宿帅师救台，遂入郓'，则知郓莒邑也。莒邑而鲁城之，是城非其所有之地也。城非其所有而虑莒必争，于是乎将兵以往焉，故曰'歉于义也'。"吕《或问》："鲁有二郓。成四年'城郓'，是郓也，盖近晋之邑也，故杜曰'以备晋也'。此年'城郓'，盖近莒之邑,故杜曰'莒鲁之所争者'。窃尝推之,前七年徐伐莒,莒人请盟于我,故公孙敖如莒涖盟,则莒之于我,未始有怨也。今城二邑而惧莒之难者,以公孙敖之在焉故也。及者,先后之辞。及者,不宜及也。"案:鲁去晋甚远,宁有近晋之邑名郓者乎?当只一郓,文之时惧在莒,成之时惧在晋,杜说遂有歧异耳,非二邑也。叶《传》:"城则何以帅师?鲁郓,吾邑也。齐尝取其田矣,是以城而有畏焉。"

十有三年

冬,公如晋。卫侯会公于沓。

孙《解》:"沓之会,公已去鲁,而未至于晋。《左氏》谓'请平于晋',盖公将如晋,而卫侯因公以结晋好,故会公于沓。"

公还自晋。郑伯会公于棐。

孙《解》:"棐之会,公已去晋,而未至于鲁。经书'还自晋'者,所以见公会郑伯于道也。《穀梁》曰:'还者,事未毕。'自晋还,事毕。《穀梁》还、复之例,正自颠倒,宜赵子非之也。"黄氏《通说》:"自鲁仲遂及晋赵盾为衡雍之盟,而后文公倡卫、郑以从晋,凡公盟、公会,皆仲遂主之尔。"

十有四年

六月,公会宋公、陈侯、卫侯、郑伯、许男、曹伯、晋赵盾。癸酉,同盟于新城。

陈《后传》:"向也扈之盟,不序诸侯,此其复序何?诸夏之志也。晋救江无功,救郑无功,与秦亟战,而楚浸强,交聘于中国,得蔡、次厥貉矣,而晋遂不竞。于是公朝晋,卫侯来会;公还自晋,郑伯来会,诸夏之惧甚矣。汲汲于晋而为此盟,如之何勿序也? 以诸夏之汲汲于晋也,而徒以赵盾主是盟,书曰'同盟',同众辞也。自幽以来,未之有也,则不予晋以主是盟之辞也。"吕《或问》:"幽之会,齐桓伯业未盛之时,则其会、其盟也,同出于诸侯之欲,同于惧楚,而为此盟也,故书'同'。迨夫齐桓既盛之时,则合海内而听命一邦,则有以主是盟者矣,故不书'同'。齐桓既没之后,晋文起而继之,诸侯附从之不暇,则亦有以主是盟者矣,故不书'同'。襄公既没,灵公尚幼,政在大夫,纠合诸侯之力怠矣;楚焰方张,诸侯同惧,于是汲汲焉为新城之盟,而借晋以为主,非晋之能纠而合之也,故书'同'。是故桓、文未盛之时,是一时也;桓、文既盛之时,是一时也;晋伯已衰之后,是一时也。然则是盟也,其亦幸而诸侯能知汲汲于从晋,而为此盟耶? 其亦不幸而晋伯不竞,然后诸侯相率以为此盟耶?"

秋七月,有星孛入于北斗。

孙《解》:"曰'有'者,不宜有之辞。且不知其孛者何星,阙所不知也。"叶《传》:"何以曰入? 北斗有环域,自外入于环中也。"黄《通说》:"孛,彗属也。偏指曰彗,四出曰孛。"

晋人纳捷菑于邾,弗克纳。

孙《解》:"不曰'伐邾',未尝伐之。未尝伐邾,而弗克纳者,非伐而弗克也,义弗克尔。"陈《后传》:"此晋赵盾以诸侯之师,曷为贬称人? 以晋为不竞也。楚方交聘于上国,得蔡、次厥貉矣。而晋区区纳亡公子于邾,又以'少陵长'见辞于邾人。自败秦于令狐、盟于扈、救郑、战河曲,赵盾皆不书。由是讫灵公之篇,兵车之会,自参以上,贬人之,十七年伐宋、宣二年侵郑。赵盾为之也。"

九月甲申,公孙敖卒于齐。

吕氏《或问》:"公孙敖卒于齐,书之于策,何也? 曰:石氏曰:'孔子曰:"政在大夫,五世矣。"盖由文以来也。襄王崩,公孙敖如周吊,不

至而复,遂从己氏奔莒。因重赂以求入,惠叔以为请,许之。将来,卒
于齐,齐人归其丧。惠叔又请而受之,书曰"公孙敖卒于齐",明年又书
曰"齐人归公孙敖之丧",言鲁人虽欲绝之,而不能也。陪臣执国命可
见矣。'又曰:'奔大夫卒,皆不书,如公子庆父出奔莒、臧孙纥出奔齐是
也。内大夫卒于外者,皆不至,如仲遂、公孙婴齐是也。公孙敖,奔大
夫也。其卒,当如公子庆父、臧孙纥,绝而不书。其书,以齐人归其丧
起也。其丧至,当如仲遂、公孙婴齐,阙而不录。其录,以鲁人受其丧
故也。且禄去公室,三家之子孙渐盛强矣,敖虽废命奔莒,而其子文
伯、惠叔继立于朝,襄仲又从其请,而复其生莒之二子。然则大夫之
汰,可知矣。单伯,天子卿也;叔姬,鲁女也。齐人以鲁之故,皆执而辱
之。然则齐人之狂,可见矣。夫以其子之汰,请其父之丧,虽欲勿许,
其可得而禁乎?于以见大夫之专也。夫以齐之狂,归我臣之丧,虽欲
勿受,其可得而辞乎?于以见鲁人之弱也。'"

齐公子商人弑其君舍。

陈《后传》:"未逾年之君,卒不书,据卫戴公。奔则但书名。据郑忽。
舍未逾年,何以得称君?本《穀梁传》。以弑罪罪商人也。是故陈佗、齐
无知、莒展舆,逾年矣,而不成君;舍未逾年也,而成君。苟弑其君世
子,虽成君,不君之;苟见弑于其臣子,虽未成君,君之。《春秋》之大义
也。"案曰:"其君"者,自商人目之之辞也。于其逾年、未逾年何与焉?
而说者断之逾年、不逾年之间,征之礼经,博之传记,徒赘而已矣。

冬,单伯如齐。齐人执单伯。

陈《后传》:"《春秋》书周大夫如吾大夫然,内之也。伯者作,天下
不知有王久矣。于是,鲁之请昭姬,晋之命随会,犹假宠于王室。而
文、宣之际,王卿士数有事于四方。救江之役、黑壤之盟,王叔桓公在
焉,盖汲汲于晋也。葬僖公,锡文公命,赗、含成风,王季子来聘,尤汲
汲于鲁也。而齐人执单伯,以天子之使而见执,《春秋》所甚惧也。王
叔陈生尝相周矣,晋悼公执之,则何以不书?传曰:'士鲂如京师,言王

叔之贰于戎也。'则是为京师执之也。为京师执之，而与执单伯同罪，则溢罚矣。"孙《解》："《左氏》以单伯为王卿士。案：明年书'单伯至自齐'，未有王臣而鲁史书至者。盖不知其为王命大夫，故字而不名尔。"

单伯至自齐。

陈《后传》："吾大夫不至，必见执而后至。《春秋》书周大夫如吾大夫然，故至单伯也。"

晋郤缺帅师伐蔡。戊申，入蔡。

陈《后传》："入不言伐。言伐，甚伐者也。入未有书大夫者，于是书郤缺始。自是讫春秋，入称人者，邾也；称国者，吴、越也。邾、吴、越无大夫也。是故自伐书阳处父、入书郤缺、侵书赵穿，宣元年。由是凡役书大夫。虽大夫自为战，书大夫。宣二年宋郑。甚者，大夫与君战，亦书大夫。宣十二年邲之战、成二年鞌之战。是经之变文也。"

冬十有一月，诸侯盟于扈。

孙《解》："不序诸侯者，所以罪文公之怠于政也。盟会之事，虽王法所当诛，而春秋之时，伯主持之，以号令天下，从之者安，不从者危。文公怠于国政，不务安其国家，而诸侯盟会不能与焉。至于齐师再侵其鄙，书曰'冬十有一月，诸侯盟于扈'，所以见诸侯之大会而公独不与，齐师再侵而外无所救也。"陈氏《后传》："向也扈之盟，赵盾为之，则其不序诸侯，犹曰'大夫主是盟也'。此晋侯、宋公、卫侯、蔡侯、陈侯、郑伯、许男、曹伯也，则曷为不序？散辞也。新城之盟，不可以不序，徒以诸夏之志焉耳。而晋侯不出，于是楚伯成而顷王崩、葬不见于《春秋》，诸侯无统纪甚矣！故终灵公之篇，凡合诸侯，皆散辞，传曰'无能为也'。"

十有二月，齐人来归子叔姬。

孙《解》："《公》、《榖》之说，皆以叔姬为有罪者。考寻经文，当以《左氏》为定。方单伯之如齐，齐已有弑君之难。齐方有难，单伯送女，将安归乎？不容犯难而致女也。盖为齐之行，为请叔姬尔。若单伯、叔姬实有为恶之迹，则经书其执，当以累及为文。据经文两执之，乃是叔姬因单伯之请而见执，二传之说，殊不近人情矣。"

齐侯侵我西鄙，遂伐曹，入其郛。

吕《集解》："襄陵许氏曰：鲁尽礼于晋，而见侵弗恤；曹修礼于鲁，而被伐莫救。此仁义之所以日坏，而兵革之所以方兴，岂特齐懿之暴戾无道？皆晋灵、赵盾之责也。"陈《后传》："一役而再有事，不悉书也。苟悉书也，则以遂言之。兵事言遂，必天下之大故也。此其言遂何？齐始败夏盟也。晋文公卒，襄公能合诸侯。灵虽不竞，而新城之盟，诸夏汲汲焉固结之，则犹有属也。而齐独为乱阶，执天子之使，加兵于鲁，于是伐曹，晋遂不竞，而诸侯贰，故悉书之也。传曰'谓诸侯不能也'，是故入郛皆不书，据隐五年郑伐宋入郛之类。于齐特书之；侵我皆书'人'，于是书'齐侯'。异其文者，异其事也。"

十有六年

十有六年春，季孙行父会齐侯于阳谷，齐侯弗及盟。

叶《传》："桃丘我往而不肯遇，故言'弗遇'；阳谷齐侯来而不盟，故言'弗及盟'。"

毁泉台。

叶《传》："毁泉台何以书？不正其听于神而疑民也。有蛇出于泉宫，入国，如先君之数。既而夫人薨，鲁人以为妖，遂毁泉台。非示民之道也。叶子曰：殷人率民以事神，先鬼而后礼，孔子以为'其民之敝，荡而不静'，是以古者假鬼神时日卜筮以疑众者诛，不以听。孔子盖知之矣，故曰'不语怪力乱神'，然后人知敬鬼神而远之，故以泉台一见法焉。"

楚人、秦人、巴人灭庸。

陈《后传》："此楚子也，灭犹未书君将也。"

171

冬十有一月，宋人弑其君杵臼。

陈《后传》："弑未有称人者，其称人何？犹曰'众人杀之'焉耳。然则宋公孰弑？襄夫人也。贼由夫人使之，若众人然。以是为君不君也。"

十有七年

齐侯伐我西鄙。

案：先犹侵也，今则声罪而伐我矣，齐之暴益著，鲁之弱亦益甚矣。

诸侯会于扈。

孙《解》："文公怠于国政，而使其大夫会盟强国。诸侯之盟，公不与焉，以求安其国家，而肆然受诸侯之来讨，至于无所救，而土疆以削，人民以伤，书曰'诸侯会于扈'，罪公之不与也。"

十有八年

夏戊戌，齐人弑其君商人。

孙《解》："商人，弑君之贼也。齐人杀之，不以讨贼书者，杀商人者，又以其私，非讨贼也。《春秋》之义，虽弑君大恶之人，杀之必正其罪，然后许之。不讨其罪，而又以其私，则亦曰弑君也。所以原情定罪，而大为之防欤！"陈《后传》："商人之罪，尝著于《春秋》，曷为书弑如他君？久矣其为君也。《春秋》位号从主人，不以正不正。未尝有国，虽郑忽不可不谓之世子；尝有国，虽商人不可不谓之君。然则商人无罪欤？以蔡般之见杀，宜不名而名之，则商人罪不容诛矣。然则齐侯孰弑？阎职、邴歜也。阎职、邴歜微不称盗，而称齐人，所以罪商人也。君商人，人阎职、邴歜，其实各得其天矣。"

秋,公子遂、叔孙得臣如齐。

吕《集解》:"刘氏《意林》:'《春秋》之文,有常有变。变用于变,常用于常,不相袭也。变之甚微,读者难知也,则以为史耳,乃《春秋》则欲起问者见善恶也。公子遂将弑君,谋之齐而后决;阳虎将窃国,谋之晋而后发。而经书子卒,盗窃宝玉大弓,其实尚隐,故原其祸乱之始、邪谋之发,著之奉使之日,以见非常也。使学者比其类、揆其情,因是而知之,所谓"微而显、志而晦"者也,非圣人孰能修之哉?齐与人之大臣谋弑其君,晋与人之陪隶谋覆其国,意俱恶而祸俱大,此《春秋》所以异而恶之也。'"叶《传》:"公子遂、叔孙得臣何以并见?二卿共使也。聘则何以二卿共使?非常聘也。其谋立宣公也欤?遂以僖二十八年得政,然视三家为最亲。文公立而遂益专,末年执政惟遂与叔彭生、得臣、行父四人。彭生既以不从而杀,则得臣、行父不得不畏而听,此其所以挟得臣而与之偕行,将以见此鲁执政之意,而非己之私也。宣公立,季孙行父亦如齐,公遂会齐侯于平州,以定其位。则二人盖皆与闻乎弑者欤?"

夫人姜氏归于齐。

胡《传》:"书'夫人',则知其正;书'姜氏',则知其非见绝于先君;书'归于齐',则知其无罪,异于'孙于邾'者。而鲁国臣子杀嫡立庶,敬嬴、宣公不能事主君、存嫡母,其罪不书而并见矣。"

季孙行父如齐。

吕氏《集解》:"襄陵许氏曰:文子之行,告宣公立也。前乎'子卒'书如齐,后乎'子卒'书如齐,齐与闻乎故也,所以恶齐也。又吕氏曰:君死不正,而国之大臣恃大国以自免,施施肆肆,无所忌惮。行父,名大夫也,而犹若是,先王之泽尽矣。"

莒弑其君庶其。

陈氏《后传》:"弑未有书国者,其称国何?犹曰'国,其国也,而以自弑焉尔'。称人,罪不在臣子;称国,罪不在众人矣。然则,莒子孰

173

弑? 太子仆也。莒子生太子仆，又生季佗，爱季佗而黜仆，而以自祸，众人何罪焉? 故凡称国以弑，必易树子、杀大臣者也。树子吾贰也，大臣吾股肱也，亲莫亲于斯，贵莫贵于斯。贼由斯人，是自贼也。"叶《传》:"以吾考之，庶其所谓多行无礼于国、密州所谓虐国人而国人弑之者，其言是也。以为仆与展舆之弑，则不明《春秋》之义，而妄信旧史之过矣。惟公羊、穀梁氏为能近之，盖非传经者不能辨。吾是以于《左氏》所记事每不敢以为证，必断于经焉。孟子曰:'尽信书，不如无书。吾于《武成》，取二三策而已。'此之谓善学。"

宣　公

宣元年

元年春王正月，公即位。

叶《传》："继弑君而书即位，见宣志也。叶子曰：隐公之弑，公子翚也；子赤之弑，公子遂也。《春秋》于翚与遂皆无异辞，至桓与宣，则书即位，以著其意，何也？《春秋》以道治弑君者三，而正弑君不与焉。郑公子归生，非本弑夷者也，惧人之潜己而从之，故夷弑不书公子宋而书归生。楚公子比，非亲弑虔者也，告之谋而不能拒，故虔弑不书公子弃疾而书比。晋赵盾非实弑夷皋者也，不讨贼而居其位，故夷皋弑不书穿而书盾。书归生者，《春秋》之义也。书比者，《春秋》之情也。书盾者，《春秋》之教也。翚与遂之罪固不得免矣，然其所为，则桓、宣之意也。使以翚、遂首恶，则凡天下之为篡夺而弑其君者，皆得因人而免矣，此桓、宣所以书即位也。"

公子遂如齐逆女。

胡《传》："丧未期年，遣卿逆女，何亟乎？太子赤，齐出也。仲遂杀子赤及其母弟而立宣公,惧于见讨,故结昏于齐为自安计,越典礼以逆之,如此其亟而不顾者,必敬嬴、仲遂请齐立接之始谋也。"

三月,遂以夫人妇姜至自齐。

胡《传》:"凡称妇者,其词虽同,立义则异。'逆妇姜于齐',病文公也。'以妇姜至自齐',责敬嬴也。敬嬴嬖妾,私事襄仲,以其子属之,杀世適兄弟,出主君夫人,援成风故事,即以子贵为国君母。斩焉在衰服之中,请昏纳妇,而其罪隐而未见也,故因夫人至,特称'妇姜'以显之。此乃《春秋》推见至隐,著妾母当国用事,为后世鉴者也。概指为有姑之词,而不察其旨,则精义隐矣。"

夏,季孙行父如齐。

胡《传》:"经不言其故,谓'纳赂以请会'者,传也。经有不待传而著者,比事以观,斯得矣。下书'公会齐侯于平州',则知此会,行父请之也。又书'齐人取济西田',则知其请,盖以赂也。虽微传,其事著矣。诸侯立卿为公室辅,犹屋之有楹也。而谋国如此,亦不待贬绝而恶自见者也。"

六月,齐人取济西田。

孙《解》:"宣公弑君,罪大当诛。而齐为伯主不能讨,与公婚姻,与公盟会,再受其臣之聘,又取其田,盖皆于数月之间也。齐侯之罪,隐而难见,故明书取田,以著其罪。《春秋》取田邑,皆贬之曰人,罪其擅取也。惟昭公二十五年'齐侯取郓',独书以爵。是时昭公见逐于季孙,而寓于齐,齐侯以义取鲁之郓,以居昭公。《春秋》以其取不为己,得伯主之义,特书曰'齐侯'。舍是而取田邑者,皆贬曰人,'齐人取济西田'是也。"叶《传》:"外取内田不书,此何以书?赂也。宣公既请于齐,而以弑立,故以济西田赂齐。为之辞,言'齐取',若非我与之然。齐称人,贬也。曰'济西田',不一地也。"陈《后传》:"外取邑不书,虽取诸我,不书。据传,襄二十六年'齐取我高鱼'。必有归之者也,然后书,是故济西田书取,谨、阐书取。"吕《集解》:"伊川先生解:宣公不义得国,赂齐以求助，齐受之以助不义，故书'取'。不义不能保其土，故不云'我'。非为彼强取，故不讳。不能有而失者皆讳。襄陵许氏曰：桓公既弑，以许田赂郑；宣公既弑，以济西田赂齐。夫负不义于天下，则所借以行者，唯利而已。凡非利不取者，则亦何义之与择？至于弑父与君，将无不合也，是以桓、宣之计，若出一轨。《春秋》志之，以见世平则正与法皆胜，世变则乱与赂俱行。自然之符，可不戒诸？"

秋，邾子来朝。

黄氏《通说》："邾自僖、文之世，常与鲁抗。今宣篡立而反朝之，非畏鲁，乃畏齐也。齐悦鲁之利，邾畏齐之压，而公论不复存矣，此所以为春秋之乱也。"

楚子、郑人侵陈，遂侵宋。

陈氏《后传》："书'遂伐楚'，言志不在蔡也；书'遂侵宋'，言志不在陈也。说在僖四年。南北之势，于是始也。后十五年而宋、楚平，后五十年而晋赵武、楚屈建同盟于宋，诸夏之君，分为晋楚之从矣。南北之势于是始，故谨书之也。自是讫春秋，师再有事，无言遂者矣。言遂者，非与国伐盟主，'齐侯伐卫，遂伐晋'，事在襄二十三年。则盟主伐与国也。'晋士鞅侵郑，遂侵卫'，传曰'卫叛晋也'，事在定八年。"吕氏《或问》："侵陈、侵宋而书楚子，岂予楚以伯乎？曰：《春秋》盟会而书楚子，自盂始；征伐而书楚子，自侵陈始。向也，次厥貉尝书楚子矣，然而未尝加兵于中国也。继而伐麇亦书楚子矣，然而不过加兵于其与国也。至于侵陈，遂侵宋，则直加兵于中国矣。凡征伐而书爵者，皆伯之辞。侵蔡、伐楚书齐侯，伯齐侯也。侵曹、伐卫书晋侯，伯晋侯也。侵陈、侵宋书楚子，伯楚子也。'然则《春秋》固伯楚子乎？'曰：楚而能伯，《春秋》安得不伯之耶？然圣人之书此，则有幸之意焉，有伤之意焉。书曰'齐侯'、'晋侯'，喜中国之犹有伯也。书曰'楚子'，伤中国之无伯，而夷狄得以执伯权也。美恶不嫌同辞，此之谓欤！然是时也，楚子侵陈，而赵盾亦帅师以救陈，又会四国之君以伐郑，是晋犹有志于与楚争也。然晋师以救陈而

177

起，而楚子侵宋，晋不能与争，其为不竞，亦可知矣。"

宋公、陈侯、卫侯、曹伯会晋师于棐林，伐郑。

孙《解》："陈、宋附晋，而见侵于楚，赵盾帅师救之，不曰救宋者，侵宋已去。而陈方受侵也，诸侯伐郑。会晋师不言赵盾者，前目而后凡也。《公羊》以为君不会大夫。案春秋诸侯会大夫亦多矣，此例不通。《穀梁》以为大赵盾之事。案经言会晋师而没去赵盾之名，乃是贱尔，何谓大乎？盖《公》、《穀》不知《春秋》省文之义，故妄为之说尔。"案：诸家或谓黜赵盾，或谓张晋。得革老之说，知师为承上之辞，则纷纷者息喙矣。然说《春秋》有以名者，此近于礼家，则名实不相紊，革老此说是也。有以义者，近于诗家，则所谓《春秋》无达例，各随所见而为之说，犹诗之断章，不得执一也。明此，则读《春秋》可以无滞矣。

冬，晋赵穿帅师侵崇。

黄氏《通说》："崇，秦之与国也。《左氏》载，晋欲求成于秦，赵穿曰：'我侵崇。秦急崇，必救之。吾以求成也。'冬，赵穿侵崇。秦弗与成。夫机心一动，鸥鸟高飞，况于人乎？秦弗与成，是晋以诈失之也。"案：穿之侵崇以求与秦成者，盖方欲用兵于郑，惧秦乘其后也。然求之非其道，计终弗售，而明年秦师伐晋矣。

二　年

二年春王二月壬子，宋华元帅师及郑公子归生帅师，战于大棘。宋师败绩，获宋华元。

叶《传》："郑受命于楚以伐宋，华元不服而御之，故以'华元及归生'言，华元之主战也。君获，不书师败绩。大夫获，书师败绩。君重于师，师重于大夫。华元获，再见'宋'，华元尽力于战，不以获耻华元，善之也。"陈《后传》："战未有书大夫者，于是书宋华元、郑公子归生，大夫初主战也。自此战皆书大夫。不书大夫者,吴也,吴无大夫也。"吕氏《或问》:"《春秋》书战三十四,惟晋赵鞅、郑罕达战于铁,及此年大棘之战皆称帅师者,其众敌也。《春秋》书获者七,惟齐国书及此年宋华元书败绩者,身见获而师又败也。大夫生死皆言获,宋华元,生也;吴获陈夏啮、获齐国书,死也。盖存之杀之,皆在既获之后尔。"案:此两书帅师,不独见其众敌也,亦以著郑倾国受命于楚。其伐宋,关于诸夏之盛衰,伯主之进退,而宋首当其冲,不能不倾国以与之争存亡。宋之败、华元之获,为宋痛,为诸夏惧,为晋之伯主耻也。

秦师伐晋。

吕《集解》:"襄陵许氏曰:自襄至悼,秦六伐晋,独此称师,则灵之季不竞甚矣。"吕氏《或问》:"晋文之伯,秦与有功;晋伯之衰,秦与有罪。城濮之战,秦从晋以弱楚,是故晋伯而楚衰。自文十六年,秦党楚以灭庸,而秦为楚役。楚方陵驾中国,而秦复兴师以伐晋,是故楚伯而晋衰。虽然,此非秦之罪也。晋文之欲与楚争也,必得秦而后敢战,此固伯者之虑也。殽函之事,晋襄之度已浅,而先轸诸人,见利乘便,未始有远图也。自是而后,更相报复,无有穷已。楚方窥伺中国,而两虎方斗,何暇议及他事哉?楚庄之雄也,通秦以轧晋,而秦为楚役矣。次于厥貉之后,楚方有陵驾中国之心。同盟新城之后,诸侯方有惧楚之志。盖至于今,则郑复背晋以从楚,党楚以侵陈。晋方与楚争,则通秦以轧楚可也,否则置秦而勿问可也。而盾之族子曰穿,乃兴侵崇之谋,盾非病狂,何故听之?是起秦之争也。宋方败于郑,而晋复劳于秦,非自致之而谁耶?"

夏,晋人、宋人、卫人、陈人侵郑。

陈《后传》:"此晋赵盾用诸侯之师,曷为贬称人?以晋为甚不竞也。楚方图伯而晋以大夫用诸侯,由是兵车之会自参以上皆贬。而自柳棼之役,楚皆称子矣。九年。"

秋九月乙丑,晋赵盾弑其君夷皋。

吕《集解》:"襄陵许氏曰:讨贼发于忠愤,尝药生于孝爱,如击其首而手应,如徒跣疾驰而目视夷险,有不待思焉而得、勉焉而至者矣。盾不讨贼,止不尝药,此其不遂于理,非其智之罪也,所以诚其心于忠、孝者有不至也。"

三　年

三年春王正月,郊牛之口伤,改卜牛。牛死,乃不郊。犹三望。

叶《传》:"未用谓之牛,将用而全谓之牲,故将祭,展牲则告牷。牷之为言,为其全而无伤也。帝牛不全,则扳稷牛而卜之;稷牛不吉或死,则不郊。郊牛之口伤,自伤也。改卜牛,稷牛也。伤者,养之不谨。死者,若有遣之者也。以宣公为事天者怠矣。"

楚子伐陆浑之戎。

胡《传》:"夷狄相攻不志,此其志何也? 为陆浑在王都之侧,戎夏杂处,族类之不分也。楚又至洛,观兵于周疆,问鼎之大小轻重焉,故特书于策,以谨华夷之辨,禁猾夏之阶。"陈《后传》:"窥周室也。"黄氏《通说》:"楚子伐陆浑之戎,遂至于雒,观兵于周疆,盖名为伐戎,实在逼周也。"

夏,楚人侵郑。

胡《传》:"案《左氏》:'晋侯伐郑,郑及晋平。'而经不书者,仲尼削之也。郑本以晋灵不君,取赂释贼为不足与,似也;而往从楚,非矣。今晋成公初立,背僭窃伪邦而归诸夏,则是反之正也。《春秋》大改过,许迁善,书'楚人侵郑'者,与郑伯之能反正也,故独著楚人侵掠诸夏之罪。郑既见侵于楚,则及晋平可知矣。"

秋,赤狄侵齐。

吕《集解》:"襄陵许氏曰:楚侵其南,狄侵其北,此'大过栋桡'之时也。"

四 年

四年春王正月,公及齐侯平莒及郯。莒人不肯。公伐莒,取向。

孙《解》:"《春秋》之义,大和平而恶侵伐。侵伐必正其主兵之名,和平则曰人而已,以明举国皆欲之也。公及齐侯平二国之怨,而莒独不从,书曰'莒人不肯',盖微之也。《春秋》平者曰人,不肯者亦曰人,所以书人则同,而褒贬则异矣。公以大国之义,平小国之怨,莒人不肯,则有罪矣。伐之而取其邑,不亦甚乎?《春秋》之义,不以有功没其过,不以不正治人之邪。楚人杀陈夏征舒,则为义;入陈,则无道矣。平莒及郯,则近正;伐莒取向,则有罪矣。所谓牵牛蹊人之田而夺之牛也。"胡《传》:"心不偏党之谓平,以此心平物者物必顺,以此心平怨者怨必释。惟小人不能宅心之若是也,虽以势力强之,而有不获成者矣。夫以齐、鲁大国平郯、莒小邦,宜其降心听命,不待文告之及也。然而莒人不肯,则以宣公心有所私系,失平怨之本耳,故书'及'、书'取'以著其罪。及,所欲也。平者,成也。取者,盗也。不肯者,心弗允从,莫能强之者也。以利心图成,虽强大者不能行之于弱小。《春秋》书此,戒后世之不知治其本者,故行有不得者,反求诸己斯可矣。"案:莒不肯大国之平,而招取邑之祸,莒亦不能无过,而经意则罪鲁为多,胡《传》言之悉矣。又案:及,犹汲汲也。平莒及郯,则汲汲于平者郯,而莒不急也,此莒人所以不肯也。

夏六月乙酉,郑公子归生弑其君夷。

叶《传》:"《春秋》用法,常施于所疑,而不施于所不疑。于所不疑,则举重;于所疑,则举轻以见重。宋之弑,无可免之道。而归生尝拒宋,或疑于可免,故治归生,则宋自见,非以归生薄宋也。"陈《后传》:"首弑君者,公子宋也,则其蔽罪于归生何?归生为正卿,而宋有无君之心,非归生,孰禁之? 于归生乎谋先,然而弗禁,则贼由归生而已矣。是故归生之弑,公子宋启之,不以罪宋,而罪归生。宁喜之弑,公子鱄启之,不以罪鱄,而罪宁喜。董史书赵盾,孔子取焉,盖有合于《春秋》。"黄氏《通说》:"观《左氏》,方子公与子家谋先,子家未可,则弑未成。及子家既从,则弑遂成。是成弑君之事,全在子家,岂止于纵人为逆也哉? 然郑灵公不以礼遇其臣,至于食大夫鼋,召子公而弗与,以激其怒,又自怒而欲杀之。为君如此,虽欲无乱,亦不可得已。"

五　年

五年春,公如齐。

叶《传》:"公始即位,公子遂、季孙行父一岁而三聘齐,犹可为也。至是更三时而再朝,则鲁失位而屈于大国,至公而不可复亢矣。"黄氏《通说》:"《左氏》载,春,公如齐,高固使齐侯止公,请叔姬焉。秋,高固来逆女,自为也。夫人所以自立于天地间者,义而已矣。苟为不义,则自视歉然,惟人之畏,百骸四体,岂复我有哉? 观鲁宣公以不义得国,倚强齐以自固,土田荐贿,玉帛造廷,举千乘之国,惟齐是听。今遂见逼于齐,连昏于齐之大夫而不敢违焉,此孟子所谓人役者也。"

冬,齐高固及子叔姬来。

陈《后传》:"凡来,讥也,非归宁之辞。"

六　年

晋赵盾、卫孙免侵陈。

胡《传》:"传称'陈及楚平'、'荀林父伐陈',经皆不书者,以下书

‘晋、卫加兵于陈’，即陈及楚平可知矣。以赵盾、孙免书‘侵’，即林父无词可称，亦可知矣。爱人不亲反其仁，治人不治反其智。晋尝命上将帅师救陈，又再与之连兵伐郑，今而即楚，无乃于己有缺，盍亦自反可也。不内省德，遽以兵加之，则非义矣。故林父不书‘伐’，而盾、免书‘侵’，以正晋人所以主盟非其道也。”吕《或问》：“《公羊》之说，谓弑君之贼不复见经，其复见者，以明盾之非弑也。此说误矣。《春秋》弑君之贼不复见者，惟宋督、郑归生、齐崔杼、陈乞四子耳。其他如商人、世子般、宋万、晋里克、卫宁喜，皆再见于经。又有以讨贼而见于经者，州吁、无知是也。他国之臣，唯衔命来鲁，及预盟会、侵伐则书，无事则不书。赵盾所以书者，以帅师侵陈也。若其事当书，岂以弑君之贼而不之书？其事不当书，岂以其非弑君而强书之邪？况其身为弑君之贼，而预国事，再见于经，适足以见其国之无臣子尔，岂谓其非弑君，而乃再见之哉！”案：晋之霸也，宋、卫、陈、郑皆受命唯谨。今郑、宋、陈皆即楚，与晋侵陈者，唯卫人而已，书以见晋伯之衰，至此已极，初不在伐之与侵也。

七　年

七年春，卫侯使孙良夫来盟。

胡《传》：“是盟卫欲为晋致鲁，而鲁专事齐，初未与晋通也。必有疑焉，而卫侯任其无咎，故遣良夫来为此盟，而公卒见辱。盟非《春秋》之所贵，义自见矣。”

夏，公会齐侯伐莱。秋，公至自伐莱。

胡《传》：“及者内为志，会者外为主。平莒及郯，公所欲也，故书‘及’，继以取向，即所欲者可知矣。伐莱，齐志也，故书‘会’，继以伐致，即师行之危亦可知矣。公与齐侯俱不务德，合党连兵，恃强陵弱，是以为此举也。"案：至者，告成于庙。为大国役，兴师以侵弱小，何足告成乎？书之以志耻也。

冬，公会晋侯、宋公、卫侯、郑伯、曹伯于黑壤。

陈氏《后传》："晋灵公之会同皆不序，自黑壤而下复序诸侯，何也？垂陇之役，初以大夫会盟。自以大夫会盟，而后不序诸侯。不序诸侯，犹责伯者也。终灵公之篇，则诸侯无贬矣，以其不胜贬，序之可也。是故《春秋》自隐而下，君恒称君，贬人之，故诸侯多贬辞焉。自文而下，大夫恒称大夫，贬人之，故大夫多贬辞焉。诸侯不胜贬，则政在大夫矣；大夫不胜贬，则陪臣执国命矣。"黄氏《通说》："黑壤之会，晋人止公，以赂免焉。盖宣为不义，不特齐人得以无道加之，而晋人亦得以无道加之也。"

八　年

夏六月，公子遂如齐，至黄乃复。

胡《传》："楚伐吴，陈侯使公孙贞子往吊。及良而卒，将以尸入，吴人辞焉。上介芊尹盖曰：'寡君使盖备使，吊君之下吏。无禄，使人逢天之戚，大命陨坠，绝世于良，废日供积，一日迁次。今君命逆使人曰："无以尸造于门。"是我寡君之命委于草莽也，无乃不可乎？'吴人不敢辞。君子以为知礼。'乃'者，无其上之辞。其曰'复'，事未毕也。"吕《集解》："刘氏《传》：有疾也。何言乎有疾乃复？讥。何讥尔？大夫以君命出，未致使而死，以尸将事。"

辛巳，有事于太庙，仲遂卒于垂。壬午，犹绎。万入，去籥。

黄氏《通说》："或谓《春秋》书'大事'为禘祫，'有事'为烝尝，非也。烝尝，四时之常祭，故《春秋》书'丁丑烝'、'乙亥尝'，不曰于某宫、于某庙也。惟三年一大祭，故书禘于太庙，或书大事于太庙，其实一也。案

《春秋》闵以二年八月薨,僖二年当除丧,为大祭。至五年,再大祭。八年,三大祭。故经于僖八年书'禘于太庙'是也。文十八年二月薨,宣二年当除丧,为大祭。至五年,再大祭。八年,三大祭。故经于八年书'有事于太庙'是也,岂得谓之烝尝哉?仲遂久专国柄,作威作福,虽宣公为仲遂所立,而卒不能堪焉。于其生也忌之,于其死也幸之,故书曰'仲遂卒于垂。壬午,犹绎',明宣公无悲戚之心者,由仲遂专国之所致也。此所以戒人臣也。《戴记·檀弓》:'"仲遂卒于垂,壬午,犹绎。"仲尼曰:非礼也,卿卒不绎。'此汉儒所传尔。卿卒不绎,礼之常者也。若夫《春秋》所书之意,有不止此者,非汉儒所能尽传也。"

楚人灭舒蓼。

胡《传》:"诗称'戎狄是膺,荆舒是惩',在周公,所惩者其自相攻灭,中国何与焉?然《春秋》书而不削者,是时楚人疆舒蓼,及滑、汭,盟吴、越,势益强大,将为中国忧,而民有被发左衽之患矣。经斯世者当以为惧,有攘却之谋而不可忽,则圣人之意也。"

冬十月己丑,葬我小君敬嬴。雨,不克葬。庚寅,日中而克葬。

吕《集解》:"襄陵许氏曰:子恶之弑,谋自敬嬴,故《春秋》因其'雨,不克葬'而著咎征焉。君子于是乎知有天道。"叶《传》:"克之为言,致力而后胜之者也。'不克葬',欲致力而不得也。古者庶人县窆,不封不树,不为雨止。漆车载蒇笠,盖士之礼然。言'县窆',则有'隧窆'者矣;言不封不树,则有封树者矣;言不为雨止,岂非有为雨止者乎?礼之降杀,未有虚加之者,亦各称其情而已。葬不为雨止,特为士庶人言之尔。诸侯旅见天子,雨沾服失容,虽入门犹废,况送死之大乎?"

城平阳。

吕《集解》:"襄陵许氏曰:国有大丧,始丧而又动众城邑,非特不爱民力,以公为忘亲之爱矣,不时孰甚焉?"案:如许氏之说,则此书"城平阳",与书"仲遂卒。壬午,犹绎"一意,以见敬嬴、仲遂之谋立,不足弋宣公之敬爱,小人可以废然返矣。

九　年

九年春王正月，公如齐。公至自齐。

吕《集解》："泰山孙氏曰：公有母丧，而远朝强齐，公之无哀也甚矣！"

夏，仲孙蔑如京师。

胡《传》："属辞比事，《春秋》教也。当岁首月，公朝于齐；夏，使大夫聘于京师。此皆比事可考，不待贬绝而恶自见者也。宣公享国九年，于周才一往聘；其在齐，则又再朝矣。经于如齐，每行必致，深罪之也。故聘觐之礼废，则君臣之位失，诸侯之行恶，而倍畔侵陵之败起矣。此经书君如齐、臣如周之意，而特书'王正月'以表之也。"

齐侯伐莱。

吕《集解》："襄陵许氏曰：狄比侵齐，齐不敢报。莱不犯齐，而齐亟伐之。畏众强而虐轻弱，此可以观惠公矣。"

秋，取根牟。

孙《解》："根牟者，邑名也。《春秋》之法，本鲁田邑，而鲁复取之者，不以国系之，明本我田邑也，取济西、取汶阳、取郓、取郓是也。《公羊》以根牟为邾邑，《春秋》不系之邾者，以亟数而讳之也。此盖《公羊》不知根牟为鲁邑，为邾取去，而鲁复得之，故不系邾也。谓之讳亟，有何义乎？"案：根牟之于邾、鲁，犹向之于鲁、莒也，此彼争取不休，故《公羊》有亟数之言，非不知其为鲁邑也。

辛酉，晋侯黑臀卒于扈。

叶《传》："扈，晋地也。何以不言卒于会？会散矣，晋侯以疾留而卒也。凡诸侯卒于师言师，卒于会言会，曰师与会，则既有地矣。春秋诸侯，擅相征伐盟会，虽不能无得罪于王法，然有救灾、恤患、谋事、补阙之道焉。故凡卒于是者，葬之加一等，则《春秋》实不得不与也，不地而言师与会,盖录之也。今会扈之后,间有荀林父伐陈之事,而见卒非会散而何?"吕氏《或问》:"诸侯卒于内不地,此其地何也? 曰:于国都之外,则地之。衽金革而死,则书'卒于师',如曹伯负刍。修玉帛之好而死,则书'卒于会',如杞伯成。于竟外,则许男宁之'卒于楚',吴子遏之'卒于巢'。于封内,则如郑伯髡顽'卒于鄵'、宋公佐'卒于曲棘'。惟许男新臣卒于师,不地,盖许男既与次陉之师,而其下文无异辞,则其为卒于次陉之师明矣,故虽不地,而其义自见。"案:黑臀之卒不书于会而书于扈者,以间有荀林父伐陈之事,于文不得书会也。然上言"晋侯、宋公、卫侯、郑伯、曹伯会于扈",此言"晋侯黑臀卒于扈",则其为卒于会,不待书而可见也。叶氏之说虽巧,非经意也。

冬十月癸酉,卫侯郑卒。

胡《传》:"晋成公何以不葬? 鲁不会也。卫成公何以不葬? 亦鲁不会也。卫成事晋甚谨,而鲁宣独深向齐,卫欲为晋致鲁,故谋黑壤之会,而特使孙良夫来盟以定之也。及会于黑壤,而晋人止公,略然后免。是以扈之会皆前日诸侯,而鲁不往,二国继以丧赴,亦皆不会,此所谓'无其事而阙其文'者也。或曰:二君皆有贬焉,故不书葬。误矣。鲁人不会,亦无贬乎? 书'卒'而以私怨废礼忘亲,其罪已见。《春秋》文简而直,视人若日月之无私照也,曲生意义,失之远矣。"

宋人围滕。

胡《传》:"围国非将卑师少所能办也,必动大众而使大夫为主帅明矣。然而称'人',是贬之也。滕既小国,又方有丧,所宜矜哀吊恤之不暇,而用兵革以围之。比事以观,知见贬之罪在不仁矣。"

楚子伐郑,晋郤缺帅师救郑。

陈氏《后传》:"书救郑何? 楚伯也。元年救陈,今年救郑,而辰陵之盟序陈、郑于楚子之下,遂以诸侯予楚矣。"

陈杀其大夫泄冶。

胡《传》:"称国以杀者,君与用事大臣同杀之也。称'其大夫',则不失官守,而杀之者有专辄之罪矣。泄冶无罪而书名,何也? 冶,以谏杀身者也。杀谏臣者,必有亡国弑君之祸,故书其名,为征舒弑君、楚子灭陈之端,以垂后戒,此所谓义系于名而书其名者也。"吕《集解》:"襄陵许氏曰:书杀泄冶,张陈亡之本也。"

十　年

齐人归我济西田。

叶《传》:"此其为赂也。曷为归之? 以我为能事己也。何以不言'取济西田'? 曰:是我济西之田也,而齐人反归之乎? 公以是病矣。郏,郑邑也,我非所当入而入,故于入言我,恶其取;济西,我田也,齐非所当取而取,故于归言我,恶其与也。"吕氏《或问》:"取不言我,而归言我,何也? 曰:取不言我者,宣公以立之不正,而欲赂齐以求会,故不言我,以见内无惜之之意。于其归也,则公比年如齐,情好已笃,外有邻国之礼,内有婚姻之故,鲁亦欲得,而齐以归之,是以言我,以见内有欲之之意也。师曰:经凡言归邑三,定十年'齐人来归郓、讙、龟阴田'、哀八年'齐人归讙及阐'与'归我济西田'是也。然或言来,或不言来。言来者,非鲁之所求,而齐自归之也。何者? 夹谷之会,齐侯以无礼自屈,为是归田以谢过,非鲁求之也。若夫济西之田,则公连年朝齐,又与之为婚姻,又助之以伐莱,故因是求之,而齐归之也。讙之与阐,亦犹是矣。其始也,以公入郏之故,而齐取之;既而归郏子益,而与齐平,则因请其所取之邑,故齐以是归之也。然则言来者,无所惜之辞也;不言来者,有所惜之辞也。无所惜,其所欲也;有所惜,则出于不得已矣。"案:归田不久而元卒,则是老有悔心,欲以此结好于鲁,非尽以宣公之能事齐也,狡哉!

齐崔氏出奔卫。

孙《解》:"《春秋》书氏者,皆讥世卿也。《春秋》世卿多矣,而尹氏书卒,崔氏书奔,盖圣人于世卿之中,择其尤强而为害之深者,以为后世戒也。隐三年书'尹氏卒',昭二十三年书'尹氏立王子朝',又三年书曰'尹氏以王子朝奔楚'。自隐至昭,二百年矣,而尹氏世执周政,故有子朝之难而专废立之权也。宣十年书'崔氏出奔卫',至襄二十五年书'崔杼弑其君光'。自宣至襄,五十余年矣,崔氏世齐大夫,故卒有弑君之祸也。《春秋》之国,莫尊于周,莫强于齐,而周、齐世卿卒造大祸,世卿之为害可知矣。"吕《集解》:"襄陵许氏曰:崔杼出而能反、反而能弑者,以其宗强,经以氏举,于此辨之早也。"

六月,宋师伐滕。

胡《传》:"前围滕称'人',刺伐丧也。此伐滕称'师',讥用众也。"

晋人、宋人、卫人、曹人伐郑。

吕《集解》:"襄陵许氏曰:晋自灵公以来,成、景相继,力争陈、郑而无以服楚,是以屡书其侵伐,讥德政之不施也。"

秋,天王使王季子来聘。

胡《传》:"宣公享国,至是十年,不朝于周而比年朝齐,不奔王丧而奔齐侯丧,不遣贵卿会匡王葬而使归父会齐侯之葬,纵未举法勿聘焉,可也。而使王季子来,王灵益不振矣,自是王聘《春秋》亦不书矣。"吕《集解》:"襄陵许氏曰:自是王灵益亡、王聘益轻,《春秋》不复录矣。"

公孙归父帅师伐邾,取绎。

胡《传》:"用贵卿为主将,举大众出征伐,不施于乱臣贼子,奉天讨罪,而陵弱侵小,近在邦域之中附庸之国,是为盗也。当此时,陈有弑君之乱,既来赴告,藏在诸侯之策矣。曾不是图,而有事于邾,不亦慎乎!故四国伐郑,贬而称'人',鲁人伐邾,特书'取绎',以罪之也。"

齐侯使国佐来聘。

黄氏《通说》:"齐惠公卒,嗣子立未逾年,而以爵通于诸侯,当凶衅而行吉礼,无君臣、父子之义矣。"

楚子伐郑。

胡《传》："经有词同而意异者，比事以观，斯得之矣。九年楚子伐郑称爵者，贬词也，若曰：国君自将，恃强压弱，凭陵中夏之称也。知然者，以下书'晋郄缺帅师救郑'，则贬楚可知矣。此年楚子伐郑称爵者，直词也，若曰：以实属词，书其重者，而意不以楚为罪也。知然者，以《传》书'晋士会救郑，逐楚师于颍北'，而经削之，则责晋可知矣。此类兼以传为案者也。"

十有一年

夏，楚子、陈侯、郑伯盟于辰陵。

陈氏《后传》："序楚子于陈侯、郑伯之上，初予楚以伯也。"案：此非予楚也。据事直书，以见中国无伯，而夷狄夺之，为诸夏危也。

公孙归父会齐人伐莒。

吕《集解》："襄陵许氏曰：辰陵之盟，此中国所宜震也，而齐、鲁方且务穷兵于小国，何震之有？"

秋，晋侯会狄于欑函。

吕《集解》："襄陵许氏曰：诸侯大国，恃齐与晋。而齐方伐莒，晋方会狄，莫有忧中国之心，而使楚人为霸者事，此反道也。"

冬十月，楚人杀陈夏征舒。

吕《集解》："泰山孙氏曰：孔子与楚讨者，伤中国无人，丧乱陵迟之甚也。"陈氏《后传》："楚亟称子矣。自宋万而下，无讨贼者，虽讨之，不以其罪，且百年于此。则楚子讨夏征舒，其不曰'楚子'何？《春秋》之法，惟讨贼不以内外贵贱，恒称人。是故杀大夫，恒称国，或称人；杀他国之大夫，恒称人，或称君；_{据昭四年杀庆封}惟讨贼讫春秋称人，以是为国人杀之也。"孙《解》："弑君之贼，人人皆得杀之。杀之者，虽诸侯、虽大夫、虽国人、虽外裔,必皆曰人也。陈佗杀太子免而立,蔡杀之,则曰'蔡人杀陈佗';夏征舒弑其君平国,楚杀之,则曰'楚人杀陈夏征舒'。"

丁亥,楚子入陈。

胡《传》:"案《左氏传》:'楚子为夏氏乱故,谓陈人:"无动!将讨于少西氏。"遂入陈,杀征舒,轘诸栗门。'而经先书'杀'、后书'入'者,与楚子之能讨贼,故先之也。讨其贼为义,取其国为贪,舜、跖之相去远矣,其分乃在于善与利耳。楚庄以义讨贼,勇于为善,舜之徒也;以贪取国,急于为利,跖之徒矣。为善与恶,特在一念须臾之间,而书法如此,故《春秋》传心之要典,不可以不察者也。或曰:圣人大改过,楚虽县陈,能听申叔时之说而复封陈,可谓能改过矣,犹书'入陈'以贬之,何也?曰:楚庄意在灭陈,虽复封之,然乡取一人焉以归,谓之夏州。而又纳其乱臣,是制人之上下,使不得其君臣之道也。晋人以币如郑,问驷乞之立故,子产对曰:'若寡君之二三臣,而晋大夫专制其位,是晋之县鄙也,何国之为?'辞客币而报其使,晋人舍之。他国非所当与也,而必欲纳其乱臣,存亡兴灭,其若是乎?"叶《传》:"此讨贼也,何以书'入陈'?不正其欲县陈也。楚子之伐陈,盖在杀夏征舒之先。方其始,谓陈人:'无动!吾有讨于少西氏。'遂杀征舒而轘诸栗门。孰知楚子之非讨贼哉!谓之'入陈',不可也,则书'楚人杀陈夏征舒'足矣。及欲贪其地而有之,虽能用申叔时之言,不终其志,与得而不居者何以异?则亦'入陈'而已。故于是再见'入陈',与入国之辞一施之。"

纳公孙宁、仪行父于陈。

黄氏《通说》:"公孙宁、仪行父者,陈大夫之与其君淫,使其君见弑者也。楚子不讨而反纳之,其殆二臣许以陈输楚,故使之为乡导欤?"

十有二年

夏六月乙卯,晋荀林父帅师及楚子战于邲,晋师败绩。

孙《解》:"《春秋》之义,内大夫可以及外诸侯,外大夫不可以及我公,所以尊内而杀外也;中国之大夫可以及外裔之君,外裔之大夫不可以及中国之诸侯,所以贵中国而贱外裔也。外大夫及我公行事,则杀而称人,蜀之盟、伐卫、伐徐之会是也。外裔之大夫及中国之诸侯,则杀而称人,泓之战、城濮、柏举之败是也。内大夫可以及诸侯,单伯会诸侯于鄄是也。中国之大夫可以及外裔之君,晋荀林父及楚子战是也。《春秋》之义,以为不贵中国,不足以责治道之详;不贱外裔,不足以杜侵陵之渐。惟其贵之,是以内之;惟其贱之,是以外之也。"陈氏《后传》:"大夫尝主战矣,犹未敌君也,以大夫敌君于是始。甚矣大夫强也,鞍之战,不惟敌君,且盟齐于师矣。"

冬十有二月戊寅,楚子灭萧。

胡《传》:"萧既灭亡,必无赴者,何以得书于鲁史? 楚庄县陈、入郑、大败晋师于邲,莫与校者,不知以礼制心,至于骄溢,克伐怨欲,皆得行焉,遂以灭萧告赴诸侯,矜其威力以恐中国耳。"

晋人、宋人、卫人、曹人同盟于清丘。

陈《后传》:"此晋先縠、宋华椒、卫孔达也,曷为贬称人? 犹曰:人自为盟也。人自为盟,自鹿上以来未之有也,于是再见。其再见何? 中国久无伯也。由救郑之后,大夫会伐,自参以上皆不书,至是会盟亦不书矣。"

宋师伐陈,卫人救陈。

黄氏《通说》:"陈,附楚者也。宋以清丘之盟而伐之,卫背盟而救之,伐者义而救者不义矣。然宋以附庸之萧见灭于楚,不胜其愤楚之私,而泄其怒于陈,非实为中国伸其义也。"

十有三年

夏,楚子伐宋。

胡《传》:"楚人灭萧,将以胁宋,诸侯惧而同盟。为宋人计者,恤民固本,轻徭薄赋,使民效死亲其上,则可以待敌矣。计不出此,而急于伐陈,攻楚与国,非策也,故楚人有辞于伐而得书爵。"

十有四年

秋九月,楚子围宋。

胡《传》:"宋人要结盟誓,欲以御楚,已非持国之道;轻举大众,剿民妄动,又非恤患之兵。特书'救陈'以著其罪,明见伐之由也。国必自伐,然后人伐之。凡事其作始也简,其将毕也必巨。《易》于《讼》卦曰:'君子以作事谋始。'始而不谋,必至于讼。讼而不竟,必至于师。若宋是矣。始谋不臧,至于见伐、见围,几亡其国,则自取之也。《春秋》端本,故责宋为深,若蛮夷围中国,则亦明矣。"

冬,公孙归父会齐侯于榖。

胡《传》:"夫礼,别嫌明微,制治于未乱,自天子出者也。列国之君,非王命而自相会聚,是礼自诸侯出矣。以国君而降班失列,下与外臣会,以外臣而抗尊出位,上与诸侯会,是礼自大夫出矣。君若赘旒,陪臣执命,岂一朝一夕之故? 其所由来者渐矣。故《易》于《坤》之初六曰:'驯致其道,至坚冰也。'《易》言其理,《春秋》见诸行事,若合符节,可谓深切著明矣。"

十有五年

十有五年春，公孙归父会楚子于宋。

胡《传》："楚子不假道于宋，以启衅端而围之，陵蔑中华甚矣。诸侯纵不能畏简书、攘夷狄，存先代之后，严兵固圉以为声援，犹之可也。乃以周公之裔，千乘之国，谋其不免，至于荐贿，不亦鄙乎！若此类，圣人不徒笔之于经也。比事以观，则知中国、夷狄盛衰之由。《春秋》经世之略矣。"黄氏《通说》："自晋霸不竞而楚争诸侯，于是伐陈而陈服，讨郑而郑降，围宋而宋请平，往往骈首南向者，不止此矣。然陈乱无君，而楚来讨贼，国人皇皇，惟命是听，固不足责。至如郑、宋被围，初皆阖城拒守，绵历时月，力不能支，然后请服，此亦有不得已者。独鲁不然，方楚子在宋，兵未及鲁，望风纳贿，惟恐或后，是以有宋[①]之会焉。此可见鲁君、大夫苟免自营、怵于威武之甚矣。"吕《集解》："襄陵许氏曰：楚围宋之威震及鲁矣。"案：自是鲁亦折而入于楚之党矣。

夏五月，宋人及楚人平。

陈氏《后传》："凡平不书，必关于天下之大故而后书。有与楚平者矣，于陈不书，_{文九年。}于郑不书，_{宣十年。}至宋始书之。宋尝及楚平矣，_{僖二十四年宋及楚平。}至庄王始书之。必宋从楚，必庄王得宋，天下将有南北之势，《春秋》特致意焉。"吕氏《或问》："此一编也，可以见晋伯之不竞，而楚之横行中国也，甚矣！向也，晋与楚争陈，其后也，陈有少西氏之乱，晋不能讨，而楚讨之，县陈封陈，在其掌握，而陈在楚宇下矣。向也，晋与楚争郑，其后也，郑有皇门之入，晋不能救，已而有邲之战，而晋师败绩，而郑又在楚宇下矣。向也，晋、宋、卫犹为一党，及宋师伐

---

① 四库本作"縠"，误，钟改为"宋"，是也，从之。

陈,而卫救之,则卫又贰于楚。向也,晋楚之争,而中国之望如鲁国者犹未尝即楚也,今则公孙归父会楚子于宋,而鲁又即于楚。当是时,中国伯主之后,则晋也;先代之后,则宋也。二国皆大国也。郑及楚平,则伐郑者,晋与宋也;邲既败,则同为清丘之盟者,晋与宋也;清丘之盟,陈人不至,则为之伐陈者,又宋也。今也,楚子围宋者九月,宋之国人至于易子而食、析骸而爨矣。楚之围宋者,亦军敝食尽,而将去矣。而宋人告急之师,晋不能一出力以援之。一惩于邲之战,而中国之气索然矣。宋及楚平,岂其得已哉? 书曰'宋人及楚人平',以见中国之无伯也,以见夷狄之恣横也,以见诸侯之有畏于楚而莫有能救之者也。然则宋、楚之平,岂小故哉!"

六月癸卯,晋师灭赤狄潞氏,以潞子婴儿归。

陈氏《后传》:"楚灭国,书君将矣,此其称师何? 灭国之大夫犹贬也。是故荀林父灭潞氏,不书;随会灭甲氏,不书。灭国以其君归,皆称爵,如'楚人灭弦,弦子奔黄'、'楚人灭顿,以顿子牂归'、'楚人灭胡,以胡子豹归',第言奔者不名之,以归者名之。"吕氏《或问》:"楚之围宋,历三时而不解。晋不能一引手救之,而徒加兵于狄。今年书'晋师灭赤狄潞氏,以潞子婴兒归',明年书'晋人灭赤狄甲氏及留吁'。观宋之告急也,晋侯欲救之,而伯宗方以纳污藏疾、匿瑕含垢自诿。及晋侯之欲伐狄也,诸大夫皆以为不可,而伯宗乃曰'后之人或者将敬奉德义以事神人,而申固其命,若之何待之'。呜呼! 是诚何心哉? 不得志于楚,乃求得志于狄。晋侯以是赏桓子,又以是赏士伯,又使赵同献俘于周,君臣之间,矜然德色,志得意满矣,何暇谋及楚哉? 圣人备书于策,而义自见矣。"案:称师者,以见潞氏之强,非大众不足克之尔,疑无他意。

王札子杀召伯、毛伯。

叶《传》:"晋人亲贵卓,则有曰'卓子'者焉;卫人亲贵伋、寿,则有曰'伋子'、'寿子'者焉。当时之辞也。札子其犹是乎? 故得窃君命而矫用之。《春秋》所以因而不革也。"陈氏《后传》:"两下相杀,虽王卿士不书,据传,昭十二年刘献公杀甘悼公、十八年毛伯得杀毛伯过之类。此何以书?斥王之辞也。于是王孙苏与召氏、毛氏争政,使王子杀召戴公及毛伯卫。王孙,家人也,而争政。王子一日而杀二卿,则讥不但在其人也,是故终《春秋》才一再书之。'王札子杀召伯、毛伯','陈侯之弟招杀陈世子偃师',皆斥君之辞也。"案:王室于此时,陵夷极矣,至不得比于陈、卫之邦。而大夫犹争政不已,一朝而见杀者二人,其何异于蚁斗穴中而鸱争腐鼠哉?书之,不独为王室哀,亦且为人心忧矣。

秋,螽。

胡《传》:"人事感于此,则物变应于彼。宣公为国,虚内以事外,去实而务华,烦于朝会聘问赂遗之末,而不知务其本者也。故戾气应之,六年,螽;七年,旱;十年,大水;十三年,又螽;十五年,复螽。府库匮,仓廪竭,调度不给,而言利克民之事起矣。"吕《集解》:"襄陵许氏曰:税亩之法,盖积贪虐之习而后能至也。观乎灾异,则见政事;观乎政事,以知灾异,是谓'念用庶征'。"

仲孙蔑会齐高固于无娄。

胡《传》:"礼之始失也,诸侯非王事而自相会也,无以正之,礼不自天子出矣。然后诸侯与大夫会,又无以正之;然后大夫与大夫会,礼亦不自诸侯出矣。田氏篡齐,六卿分晋,三家专鲁,理固然也。不能辨于早,后虽欲正之,其将能乎?"

初税亩。

孙《解》:"孟子曰:'耕者助而不税。'此言税,则非助出也。至孟子时,天下皆税亩矣,故使之复助也。井田之法,有公田,有私田,诗曰'雨我公田,遂及我私'。商谓之助,而周谓之彻也。故私田虽善,而公田不善,官不以其善而取之、不善而不取也,惟公私为之别焉。至宣公之时,患公田之不善,而丰凶无常也,于是亩亩而税之,定其常入之数,而使供焉,始隳井地之制,而乱公田之法也。《春秋》罪之,故书曰:'初税亩。'《公》、《穀》以为履亩而税。履亩者,谓履践其良者而收之。若实若此,鲁国之广,岁岁履亩,不亦劳乎？经言'初',则是终其国而行之。履亩而税,势亦不能久也。杜预、赵子之徒,又以《论语》哀公曰'二吾犹不足'为据,言此税亩乃什二而税也。案鲁旧行什一之法,一朝而什二焉,不亦甚乎！亦不能暴取于民如此之刻也,必有渐矣。此盖宣公之时,始限亩之所出而税之,废助法而用贡法。至哀十二年,又以田为赋,其后始行什二之法也。若于宣公之时,遂行什二之法,不应于经无讥。孔子弟子,有若最少。孔子没,群弟子尝奉之为师,则是有若后孔子卒,亦明矣。哀公行什二法,有若之对,皆在《春秋》之后,故经无讥也。诸家皆非。"案:"履亩而税",正如革老所云"亩亩而税之"。以为"履践其良者而收之",此革公误会《公》、《穀》意,非《公》、《穀》误也。胡《传》："孟子曰:'耕者助而不税,则天下之农皆悦而愿耕于其野矣。'书'初税亩'者,讥宣公废助法而用税也。殷制,公田为助。助者,藉也。周因其法为彻。彻者,通也。其实皆什一也。古者上下相亲,上之于下则曰:'骏发尔私,终三十里。'惟恐民食之不给也。下之于上则曰:'雨我公田,遂及我私'。惟恐公田之不善也。故助法行而颂声作矣。世衰道微,上下交恶,民惟私家之利,而不竭力以奉公;上惟邦财之入,而不恻怛以利下。水旱凶灾相继而起,公田之入薄矣,所以废助法而税亩乎！'初'者,志变法之始也。其后作丘甲、用田赋,至于二犹不足,则皆宣公启之也。故曰:'作法于凉,其弊犹贪。作法于贪,弊将若何？'有国家者,必欲克守成法而不变,其必先务本乎！"叶《传》："税亩者何？履亩而税也。古者藉而不税。野以一夫受田百亩,积九夫以为井。以其八为私田,一为公田,谓之'藉'。国中自园廛至于漆林,各视其地而征之,多不过乎二十有五,寡者止于十一,谓之'税'。藉以田,税以地,未有田而以亩税者也,举贡之法而加之藉,非正也。"案:《周官》所载园廛之税,未必鲁所行,叶氏引此为说,疑未可用。

197

饥。

胡《传》:"《春秋》饥岁,书于经者三,而宣公独有其二,何也? 古者三年耕,余一年之蓄,九年耕,余三年之食,虽有凶旱,民无菜色。是岁虽螽、蝝,而遽至于饥者,宣公为国,务华去实,虚内事外,烦于朝会聘问赂遗之末,而不敦其本,府库竭矣,仓廪匮矣。水旱螽蝝,天降饥馑,亦无以振业贫乏矣。经所以独两书'饥',以示后世为国之不可不敦本也。"黄氏《通说》:"《春秋》书'饥'者,凶荒之甚者也。庄公二十八年'大无麦、禾',亦饥岁也,而不言'饥',盖当时虽无素备,然犹知告籴于齐以为凶荒之救,故其民犹未至于流亡。今宣公岁饥见于书者再,是其国既无蓄积之备,又无救荒之策,坐视其民之饥而死尔。盖必如《诗》所谓'饥馑降丧,民卒流亡'、孟子所谓'凶年饥岁,老弱转乎沟壑,壮者散而之四方'者矣,故《春秋》以'饥'书也。呜呼! 使民至此,恶在其为民父母哉!"

十有六年

夏,成周宣榭火。二传作灾。

孙《解》:"《楚语》曰:'榭不过讲军实,台不过望祥氛。'盖榭为讲武而设也。故杜预以宣榭为讲武屋,是也。成周之地,而有宣榭焉,盖所谓宣王之榭也。宣王之时,周未东迁,而讲武之榭在于成周者,盖成周之地,自周公、成王卜之,久为别都,宣王尝讲武于此尔。周道衰,征伐一出于下,而宣王讲武之榭又天灾之,圣人伤之,是以谨志之尔。"黄氏《通说》:"成周之地,有宣榭者,兴王之遗迹也。宣王承厉王之后,中国衰弱,夷狄侵陵,于是修车马、备器械,南征北讨,中兴王业。其用武于四方,则必有讲肄之所,即成周宣榭是也。宣榭火,兴王之迹泯矣,故圣人重而书之,示不忘古也。千载而下,尚有悲石鼓文字之磨灭如韩愈氏歌诗者,不亦春秋意乎!"叶《传》:"室有东西广曰庙,无东西广有室曰寝,有广无室曰榭。榭,所以讲武事也。"案:《公羊》谓乐器藏焉尔,虽出自传闻,当非捏造。意本为讲武之所,而后则乐器藏于是尔,两说自不相碍也。

秋,郯伯姬来归。

胡《传》:"案《左氏》:'郯伯姬来归,出也。'内女出,书之策者,男女居室,人之大伦也。婚姻之礼废,则夫妇之道苦,淫辟之罪多矣。复相弃背,丧其配耦,《氓》之诗所以刺卫;日以衰薄,室家相弃,《中谷有蓷》所以闵周。《易》序《咸》、《恒》为下经首,《春秋》内女出、夫人归,凡男女之际,详书于策,所以正人伦之本也,其旨微矣。"

十有七年

十有七年春王正月庚子,许男锡我卒。丁未,蔡侯申卒。夏,葬许昭公。葬蔡文公。

胡《传》:"日卒书名,赴而得礼,记之详也。葬而不月,其略在内。宣公为国,务华而无忠信诚悫之心,计利而不知礼义邦交之实,哀死送终,独厚于齐,而利害不切其身者,皆阙如也。大则薄其君亲,次则忽于盟主,又其次若秦、若卫、若滕,虽来告赴,怠于礼而不会也。比事以观,义自见矣。"案:许、蔡小国,而君卒鲁会其葬者,以其为楚党也,鲁之向楚可知矣。

己未,公会晋侯、卫侯、曹伯、邾子同盟于断道。

陈《后传》:"同盟至新城而再见,断道之后,不曰同盟者寡矣。"吕氏《或问》:"断道之盟鲁与焉,何也?曰:前乎是,鲁专事齐;至此,鲁始从晋。石氏曰:'断道之盟,《左氏》以为"辞齐",《穀梁》以为"外楚",今从《穀梁》义,何则?自宣公以来,凡晋会诸侯,齐未尝不与也,卫尝同盟矣。清丘之盟，辞曰"讨贰"。而陈贰于楚，宋人伐之，卫乃救陈。晋以卫之救陈也，讨焉。卫杀其大夫孔达以说于晋。然则断道之盟，卫人在焉，故曰"同外楚也"。《左氏》见明年同卫世子臧伐齐，成二年有鞍之战，而以此为"辞齐"，亦不与经合矣。'"

冬十有一月壬午，公弟叔肸卒。

叶《传》："是外书所谓'纪季'、'蔡季'者也，内不可系之国，故举字以加诸名之上。然则与季友、仲遂奚辨？季友、仲遂，皆正卿也，故可以功得赐族。叔肸未尝为大夫也，则不嫌于为族，是谓《春秋》'美恶不嫌同辞'，各于其事察之而已。"陈《后传》："'公弟'者何？非见大夫也。_{本何休。}非大夫不卒，而卒叔肸，贤之也。_{本《穀梁》。}贤之，所以恶宣公也。凡先君之子称公子，有谓称弟，是故宋地辰，兄弟也，一篇之间，讥称'宋公之弟辰'，无讥则从其恒称为'公子地'。陈公子招，一人也，讥称'陈侯之弟招'，无讥则从其恒称为'公子招'。故不弟称弟，不友称弟。不弟称弟，传曰：'陈侯之弟招杀陈世子偃师，罪在招也。'不友称弟，传曰：'秦伯之弟鍼出奔晋，罪秦伯也。'叔肸称弟，罪宣公也。"

十有八年

公伐杞。

陈《后传》："自是内不言君将，征伐在大夫矣。"

甲戌，楚子旅卒。

叶《传》："楚前未有书卒者，此何以书卒？始能以赴通中国也，进之也。"

公孙归父如晋。

胡《传》："按《左氏》：'归父欲去三桓，以张公室，与公谋，而聘于晋，欲以晋人去之。'夫轻于背与国，易于谋大家，而不知其本，未有能成而无悔者也。然则公室不可张乎？务引其君当道，正心以正朝廷，礼乐刑政自己出，其庶几乎！必欲倚外援以去之，是去疥疡而得腹心之疾，庸愈哉！"叶《传》："归父，仲遂之子也。叶子曰：齐、晋，盖相与为强者也。宣公既因齐以得位，势不得不厚齐而弃晋。三桓，又附齐以自托者也。故自即位，聘好之使与身自朝齐者无虚岁，而未尝一与晋通。及三桓既张，虽仲遂疑亦不能堪。将谋去之，非稍谢齐而假于晋不可，故七年始为黑壤之会，则仲遂之志也。明年，仲遂卒。十年，归父始见。逮晋景公复霸，我始与诸侯为断道之盟。归父之为此行，殆行先君之志欤？不幸宣公卒不克成。君子犹以是录焉，故后书'还自晋，至笙，遂奔齐'，辞繁而不杀，以与其正。吾以是知《左氏》言为有征也。"

成　　公

成元年

三月,作丘甲。

孙《解》:"古者九夫为井,四井为邑,四邑为丘,四丘为甸。一甸之地,兼有四丘,而出长毂一乘,戎马四匹,牛十二头,甲士三人,步卒七十二人。成公始作丘甲,则是丘出一甲,而甸出甲士四人也。往者三人,而今增其一,丘出一人焉,故曰'作丘甲'。诸家之说皆非。"胡《传》:"作丘甲,益兵也。古者九夫为井,四井为邑,四邑为丘,四丘为甸,甸地方八里,旁出一里为成,所取于民者,出长毂一乘,此《司马法》一成之赋也。唐太宗问李靖:'楚广与周制如何?'靖曰:'周制一乘,步卒七十二人,甲士三人,以二十五人为一甲,凡三甲,共七十五人。'然则一丘所出,十有八人,积四丘而具一乘耳。今作丘甲者,即丘出一甲,是一甸之中,共百人为兵矣。则未知其所作者,三甸而增一乘乎?每乘而增一甲乎?鲁至昭公时,尝蒐于红,革车千乘,则计甸而增乘,未可知也。楚人二广之法,一乘至用百有五十人,则鲁每乘而增一甲,

202

亦未可知也。赋虽不同,其实皆为益兵,其数皆增三之一耳。"陈《后传》:"丘甲何? 丘自为甲也。二十五人为两,四两为卒,卒出长毂一乘也,于甸乎取之,于是有甲士。魏武《孙子注》"甲士三人,步卒七十二人,炊子守装之数,又二十五人",是一乘也。丘,十六井也,而自为甲,是丘赋一乘也。《大司马》之制,上地家可用三人,中地二家五人,下地家二人,皆胜兵也。必四丘之甸也,而后备一卒、出长毂一乘,则是从征少而休多也。作丘甲,休少而从征多矣。"黄氏《通说》:"从孙氏之说,则是一甸之地,增甲士一人,百甸所增者,百人尔。然鲁将伐齐,故作丘甲。鞍之战,四卿并将,盖前此所未有也,其势必大益兵,度其苛赋于民者,不止于一甸增一甲士也。或谓丘出甸赋,则什赋三四矣,何至哀公时方有二犹不足之叹耶? 曰:鲁为伐齐,故作丘甲,一时暴民,非必以为常也。惟初税亩、用田赋为常制尔。故'作丘甲'不言'赋'。"案:如黄氏说,则作如《周礼》县师"作其众庶"、稍人"作其同徒輂辇"之"作",谓起而用之也。叶石林盖有是说。

秋,王师败绩于茅戎。

叶《传》:"茅戎,戎之别种也。何以不言战? 王者无敌,莫敢当也。为之辞曰'败绩于茅戎',言王之自败,非败于戎云尔。叶子曰:鲁言战不言败,内辞也。言战而不言败某师,则我固败矣。败,所耻也。战,非所耻也。故以战见败。战者,诸侯之所宜有也。王言败不言战,天下辞也。言败绩,则固战矣。自败,可言也。战而败,不可言也。故以败见战。败者,虽王亦或有也。"陈《后传》:"昔者伐郑,桓王不言败绩,讳之也。则曷不为定王讳? 昔者讨不庭,则君子何忍言之? 于是晋人平戎于王,既拜成矣,刘康公徼戎,遂伐之,败焉,是故不讳。书曰'败绩于茅戎',而刘康公但称师。"

二　年

二年春,齐侯伐我北鄙。

胡《传》:"初鲁事齐谨甚,虽易世而聘会不绝也。及与晋侯盟于断道,而后怨隙成;再盟于赤棘,而后伐吾北鄙。齐侯之兴是役,非义矣。鲁人为鞍之战,岂义乎? 同曰愤兵,务相报复,而彼此皆无善者,则亦不待贬而罪自见矣。"

六月癸酉,季孙行父、臧孙许、叔孙侨如、公孙婴齐帅师会晋郤克、卫孙良夫、曹公子首及齐侯战于鞍,齐师败绩。

叶《传》:"周衰,征伐自诸侯出,列国始各自为军,而以其卿将之。故晋初以一军为晋侯,至献公而作二军,与太子分将。文公之霸,遂增三行,以为六军,则他国盖可知也。然犹时出而用之,未尝立以为定制也。鲁之僭军,自隐公以来见于征伐,有自来矣。至是,季氏虽专国,而臧孙氏、叔孙氏与婴齐犹未尽听从,是以《春秋》因一见焉。逮成之六年,仲孙蔑、叔孙侨如侵宋,以二卿见,自是二卿将者九。昭之十年,季孙意如、叔弓、仲孙貜伐莒,以三卿见,自是三卿将者二。盖且三分公室以为三军,则时出而用焉者,固非其君所得制也。"陈《后传》:"凡帅,非卿不书。据传,文三年晋救江,书阳处父不书先仆;襄十七年卫伐曹,书石买不书孙蒯之类。虽卿也,非元帅,亦不书。据传,襄元年围宋彭城,书晋栾黡,不书荀偃;宣二年战大棘,书宋华元,不书乐吕之类。书四卿,是各自帅也。会伐不言帅师,此其言帅师何? 四卿并出,各自为帅也。自文之季年而无使介,至是而无将佐,鲁三家之势成矣。于是卫未有大夫将,书孙良夫;曹无大夫,书公子首。而赏鞍之功,晋于是有六卿。征伐在大夫,不独鲁也。以四国之臣战齐君,甚矣,鞍战之忿也! 齐桓合九国之师以临楚,屈完来盟于师。桓不欲以临楚盟屈完也,退而盟召陵。齐侯使国佐如师，进师于袁娄而后盟国佐。且夫屈完不言使，而国佐言使。屈完不言使，而退盟之于召陵，以礼于楚子。国佐言使，而进盟之于袁娄，以逼齐君。桓公之所不敢，而四国之臣敢为之，甚矣，鞌战之忿也！"黄氏《通说》："鲁、卫、曹皆从霸令者也，然鲁独以四卿会之，何哉？鲁自季友卒，政归仲氏。宣公薨，归父奔齐，故四卿专政，而惧归父因齐以入也，于是并力挫齐，始分公室而不相下，故舆尸之也。"

秋七月，齐侯使国佐如师。己酉，及国佐盟于袁娄。《穀》作爰娄。

黄氏《通说》："楚屈完来盟于召陵，不称使，见楚子之不屈也，夷狄强也。齐国佐来盟于袁娄，称齐使，见齐侯之屈也，大夫强也。"

取汶阳田。

叶《传》："汶阳田，我田而齐侵之者也。齐既服于晋，以反鲁、卫之侵田，于是复归我，故曰'取'。不系之齐，非齐之所得有也。"吕氏《或问》："汶阳田书'取'，何也？曰：石氏曰：'内取外邑，皆曰取，如取鄆、取邿、取根牟；外归鲁，皆曰归，如济西、龟阴及讙、阐是也。汶阳田，鲁地也。齐人以归于我，当曰归。今而曰取者，盖因晋之力而取之，易也。归者，其意也；取者，我也，非其志也。于后齐复事晋，故八年使韩穿来言，归之于齐。然此年齐归我田，书曰取；八年齐取我田，乃曰归者，取之自晋，归之自晋，以见鲁国之命，制于晋而已，故虽我田也，而不得偃然有之，其犹寄耳。故齐归我田，书曰取，犹若取之于外也；齐取我田，书曰归，犹若齐之所有也。'"案：汶阳虽鲁田，而其人服齐已久。取者，于鲁为外之之词，于其人，则以著非其所欲也。观他日侨如围棘，人心之不属鲁可知矣。且地者，附人者也，人不属，则地非吾地矣。然则虽曰复其故土，与取非其有何以异哉！此以见鲁公之泽微矣。

十有一月，公会楚公子婴齐于蜀。

陈氏《后传》："凡吾君会诸侯，有大夫，得称其大夫，僖二十五年莒庆、二十六年卫宁速。苟无诸侯，则不以大夫敌吾君。是故莒无大夫，则曰'莒人'浮来；齐有大夫，则曰'齐大夫'既。及高侯盟、及晋处父盟，始以大夫敌吾君矣，皆不言公，以是为齐、晋之讥，则讳公焉耳。此其曰'公会楚公子婴齐'，是公自与婴齐夷也。于楚之会盂，公后诸侯至；于楚之会宋，公亦后诸侯至，鲁犹重从楚也。公与婴齐夷，楚何讥焉？不足为公讳焉尔。是故自屈完以来，楚之大夫皆无氏族也，而书'公子'自婴齐始。"胡《传》："按《左氏》：'鲁、卫受盟于晋，从于伐齐，故楚为阳桥之役。'侵卫则书侵，我师于蜀，致赂纳质，没而不书，非讳也。书其重者，则莫重乎其以中国诸侯降班失列，下与夷狄之大夫会也。季孙行父为国上卿，当使其君尊荣，其民免于侵陵之患，特起于忿愎，肆其褊心，而不知制之以礼，辱逮君父，不亦惛乎！"

丙申，公及楚人、秦人、宋人、陈人、卫人、郑人、齐人、曹人、邾人、薛人、鄫人盟于蜀。

孙《解》："《春秋》之义，公及大夫，则杀大夫而称人，不与大夫而敌公也。公之罪，则书公。书大夫之名，言公之为彼敌者，有以取之也。婴齐，蛮服之大夫，而公亲与之会，盖公将去中国而从蛮服也。公将从蛮服，而会其大夫，则公之罪也，书曰'公会楚公子婴齐于蜀'，罪公也。蜀之盟，婴齐在焉，不书之者，盖诸侯之大夫众多，其将去中国而附蛮服者，非独我公也，《春秋》之义，罪不专于我公，而与诸侯共之者，不以我公独当其责也。会则书名，我公独与之会，责无所分也。盟则不名，诸侯皆有罪矣，何独我公哉？"胡《传》："盟而鲁与，必先书公，尊内也；次书主盟者，众所推也。此书'公及楚人'，则知主盟者楚也。公子婴齐、秦右大夫说、宋华元、陈公孙宁、卫孙良夫、郑去疾，皆国卿也，何以称'人'？楚僭称王，《春秋》黜之，比诸夷狄。晋虽不竞，犹主夏盟，诸侯苟能任仁贤，修政事，保固疆圉，要结邻好，同心择义，坚事晋室，荆楚虽大，何畏焉？今乃南①向服从而与之盟，不亦耻乎！经于鲁君盟会，不信则讳公而不书，不臣则讳公而不书，弃中国从夷狄则讳公而不

---

① "南"，胡《传》整理本作"西"，钟作"南"，从钟。

书。蜀之盟，弃晋从楚，书公不讳，何也？事同而既贬，则从同同，正始之义也。从荆楚而与盟，既讳公于僖十九年齐之盟矣，是以于此不讳，而人诸国之大夫以见意也。"黄氏《通说》："《左氏》谓蜀之盟'卿不书，匮盟也'，于是畏晋而窃与楚盟，曰'匮盟'，非也。楚自得志于邲，横行于中国，诸侯之不附楚者，盖鲜矣。今其号召列国之君臣群至于蜀，而公然为之盟主，而列国之君臣，亦公然受楚之盟，是岂得谓之畏晋而窃盟哉！使列国窃与楚盟而晋莫之知，亦可谓涂塞耳目之甚矣。"吕氏《或问》："公会公子婴齐，而同十一国之人以盟于蜀，岂鲁之得已哉？晋之不能却夷狄以安中国，亦明矣。'晋不能却夷狄以安中国，而十一国之盟皆称人何？'晋犹主夏盟也。盖至于晋赵武、楚屈建合诸侯于宋，而后晋、楚之势均；楚灵王求诸侯于晋，晋人许之，而后诸侯始皆从楚。此蜀之盟所以略之也。"陈《后传》："此楚公子婴齐、蔡侯、许男、宋华元、陈公孙宁、卫孙良夫、郑公子去疾也，曷为贬称人？楚大夫初会盟也，是故诸侯之大夫复不序。晋大夫初会盟，则不言公；楚大夫初会盟，则其言公何？公固与婴齐夷矣，无足讳焉尔。"

三 年

三年春王正月，公会晋侯、宋公、卫侯、曹伯伐郑。

胡《传》："晋侯称爵而以'伐'书，何也？初为是役，必以郑之从楚也。附蛮夷、扰中国，则盟主有词于伐耳。宋、卫未葬，何为称爵？背殡越境，以吉礼从金革之事也。"

甲子，新宫灾。三日哭。

黄氏《通说》："三传皆谓宣公新主入庙，故曰新宫。非也。《春秋》书先君之宫，未有不书谥者，'丹桓宫楹'、'立炀宫'、'有事于武宫'之类是也。若曰先公新主之庙，故谓之新宫，则闵二年'吉禘于庄公'、文二年'跻僖公'者,可谓新主矣,何以不曰新宫,而曰庄公、僖公哉? 由此观之,则知新宫非宣宫,明矣。《春秋》于土木之功,逾越旧制,则以'新'言之,如'新延厩'、'新作南门'、'新作雉门及两观'是也。鲁成狃于战鞍之胜,侈欲横生,于是别为新宫,如晋之筑虒祁者,怨黩动于民,则天火之,故曰'新宫灾',明非旧制也,所以为后世人君崇侈宫室者之戒也。昭十八年郑灾,三日哭,国不市,盖为国与民哭之也。今新宫之灾,失侈欲之奉,何哭之有? 故书曰:'三日哭。'言不当哭也。《檀弓》以新宫为先君之宫,三日哭为得礼,盖汉儒沿三传之讹说尔。"案:此如黄氏之说,亦惟"禘于庄公"可云"禘于",不免有疑。若"跻僖公",则所跻者主,非宫也,于文固不得称"新宫"。若曰"跻新宫",成何说乎? 窃意三传必有所据,未可非也。

乙亥,葬宋文公。

胡《传》:"案《左氏》:'文公卒,始厚葬,益车马,重器备。君子谓华元、乐举于是乎不臣。'考于经,未有以验其厚也;数其葬之月,则信然矣。天子七月,诸侯五月,大夫三月,士逾月,以降杀迟速为礼之节,不可乱也。文公之卒,国家安靖,外无危难,曷为越礼逾时,逮乎七月而后克襄事哉? 故知华元、乐举之弃君于恶而益其侈无疑矣。夫礼之厚薄,称人情而为之者也。宋公在殡,而离次出境,从金革之事,哀戚之情忘矣,顾欲厚葬其君亲,此非有所不忍于死者,特欲夸耀淫侈无知之人耳。世衰道微,礼法既坏,无以制其侈心,至于秦、汉之间,穷竭民力以事丘陇,其祸有不可胜言者。《春秋》据事直书而其失自见,此类是也,岂不为永戒哉!"

夏,公如晋。

吕《集解》:"襄陵许氏曰:著鲁受田之重如此,而晋轻夺之,有以知晋之无以令天下矣。"

郑公子去疾帅师伐许。

吕《集解》:"襄陵许氏曰:前此外志唯霸国有卿帅师,至是诸侯书卿帅师,霸统微也。"陈氏《后传》:"郑初著大夫将也。"

秋,叔孙侨如帅师围棘。

胡《传》:"按《左氏》:'取汶阳之田,棘不服,故围之。'复故地而民
不听,至于命上将,用大师,环其邑而攻之,何也？鲁于是时,初税亩,
作丘甲,税役日益重矣,棘虽复归故国,所以不愿为之民欤。成公不
知薄税敛、轻力役,修德政以来之,而肆其兵力,虽得之,亦必失之矣。"
黄氏《通说》:"汶阳,鲁故地。棘,汶阳邑也。昔夺于齐,今归于鲁,则
其故邑人民宜怀其旧主,愿附于鲁也。今棘乃不服,至勤用师以围之,
何哉？胡氏谓:'鲁于是初税亩,作丘甲,赋役繁重,棘虽复归,而不愿
为之氓也。成公不知行仁政、去苛征,以起人愿附之心,而区区恃兵威
以加之,则其叛自若也。'他日汶阳之田复归于齐,虽出于晋侯之命,然
亦其人民携叛,鲁不得而留之尔。有国家者可不戒哉！"陈氏《后传》:
"不言叛。内言围,皆叛也。"

晋郤克、卫孙良夫伐廧咎如。

吕《集解》:"襄陵许氏曰:晋灭潞氏,书师。灭甲氏,书人。而伐
廧咎如书卿者,从诸侯之兵也。从诸侯之兵以伐夷狄,《春秋》书卿
始此。"

**冬十有一月,晋侯使荀庚来聘。卫侯使孙良夫来聘。丙午,及荀
庚盟。丁未,及孙良夫盟。**

吕《集解》:"泰山孙氏曰:此公及荀庚、孙良夫盟也。不言公者,
二子伉也。二子来聘,不能以信相亲,反要公以盟,非伉而何？故言
聘、言盟以恶之。吕氏曰:先晋后卫,视强弱云尔,非以其至有先后
也。当是时,诸侯之班序先后例如是。"

郑伐许。

孙《解》:"外郑之说,诸儒论之多矣,盖皆以郑附蛮服而伐中国,叛
去年之盟,一岁而再伐,又乘其丧也。董仲舒曰:伐丧无义,叛盟无
信,无信无义,故大恶之也。"叶《传》:"郑何以举国狄之也？郑自邲之

役,叛晋而从楚,不复与中国交。许灵公之弱,前既屈于公子婴齐,失位而不得列于诸侯矣,郑方以公子去疾伐之,未知许之为罪也。曾未三时而再伐焉,此其为冯弱犯寡,必有中国所不为者,而史失之矣。"陈氏《后传》:"狄郑也。其狄之何? 楚之伯,郑人为之也。由齐桓以来,争郑于楚。桓公卒,郑始朝楚。诸夏之变于夷,郑为乱阶也。至辰陵,郑帅诸夏而事楚矣。败晋于邲,盟十四国之君大夫于蜀,皆郑为之。是故狄秦而后狄郑,微秦、郑,中国无左衽矣。"吕氏《或问》:"案《春秋》,文十年秦伐晋、成三年郑伐许、昭十二年晋伐鲜虞,先儒皆曰'狄之'也。以愚观之,是皆深于求《春秋》者也。尝窃以为,事有小大,辞有详略。其书人、书氏、书爵者,详辞也。其直书国者,略辞也。秦、晋之争,自令狐而后,其事微矣,故略之。晋伐鲜虞亦然。《春秋》固不可尽以阙文视之,而亦岂可字字而求其义乎? 善乎吕本中之言曰:'先儒以为,不称人者,皆狄之。恐未必然。记事有远近,有详略,有小大,不可以一概论,褒贬之实则不在是焉。秦之伐晋,事小而地远,故略之,特罪其诸侯自相侵伐、杀生自恣耳。如加人而中国之,则遂合于礼乎?'又曰:'事有小大,则记有详略,史家常法。《春秋》特以是褒贬垂训后世尔,所谓吾无隐乎尔也。晋伐鲜虞,罪在伐人之国,以天子在上,而诸侯放恣,擅行征讨也。其事则微,故其书亦略。"晋伐鲜虞",略辞也。其罪则自见矣。以"晋伐鲜虞"为狄之,则"荀吴帅师"何以不狄之也? 以此知详略之异,非褒贬所系。'"

四　年

冬,城郓。

叶《传》:"郓,内邑也。冬城之,节矣。何以书? 不正其所以城也。前季孙行父帅师城之,虽时亦书,畏齐也。今公欲叛晋而求成于楚,城之以为备,虽时亦书,畏晋也。叶子曰:晋筑蒲与屈,士芳曰'无戎而城,仇必保焉';楚囊瓦欲城郢,沈尹戌曰'苟不能卫,城无益也'。夫城,虽以为守,而非恃以为守者也。故城之非其道,以仇则不能拒,以己则不能卫,而况介于齐、晋二大国之间者乎!君子以是为非守国之道也。"

郑伯伐许。

胡《传》:"前此郑襄公伐许,既狄之矣。今悼公又伐许,乃复称爵,何也? 丧未逾年,以吉礼从金革之事,则忘亲矣。称爵非美辞,所以著其恶也。"

五　年

梁山崩。

孙《解》:"《春秋》灾异及于天下者,不以国言,以其异不主于一国也,故不曰'晋梁山崩'。"吕《集解》:"襄陵许氏曰:山崩之岁,定王崩,周室日微。又二年,吴兵始犯中国,卒与晋争盟于黄池,王霸道尽。"

六　年

二月辛巳,立武宫。

吕《集解》:"常山刘氏曰:礼《王制》曰'诸侯五庙',二昭、二穆与太祖之庙而五。《祭法》曰:'诸侯立五庙,一坛一墠。曰考庙、曰王考庙、曰皇考庙,皆月祭之;显考庙、祖考庙,享尝乃止。去祖为坛,去坛为墠。坛、墠,有祷焉祭之,无祷乃止。去墠为鬼。'然则诸侯宗庙,古有彝制,过则毁之,不可复立也。武宫之毁已久,而辄立之,非礼明矣。

书立者，不当立也。定元年九月立炀宫同。"叶《传》："周衰，先王之礼
乐尽废矣。古者师出，必于庙受命，而春秋诸侯，盖有各于其先而私祷
者焉，功成则为之立宫，其为说则吾不知也。故季孙意如逐昭公，祷于
炀公，因为之立炀宫。武公，伯禽之九世孙敖也，谥之曰武，其必有称
此名者，岂鞍之战季孙行父亦私有以请之欤？是盖以为周有文武二
祧，故以武公配伯禽，亦已僭矣。记礼者不知，遂曰'鲁公之庙，文世室
也，武公之庙，武世室也'。使诚如记礼之言，以为天子之礼而成之赐
之，亦安能遽先其九世而名之欤？儒者之妄每如是，不可以不察也。"

卫孙良夫帅师侵宋。

吕《集解》："苏氏曰：晋将复会诸侯，宋人辞以难，故使卫与鲁更
侵之。"

秋，仲孙蔑、叔孙侨如帅师侵宋。

胡《传》："鲁遣二卿为主将，动大众焉。有事于宋，而以'侵'书者，
潜师侵掠，无名之意，盖陋之也。于卫孙良夫亦然。上三年尝会宋、卫
同伐郑矣；次年宋使华元来聘，通嗣君矣；又次年，鲁使仲孙蔑报华元
矣；是年冬，郑伯背楚，求成于晋，而鲁、卫与宋又同盟于虫牢矣。今而
有事于宋，上卿授钺，大众就行，而师出无名，可乎？故特书'侵'以罪
之也。《左氏》载此师，'晋命也'。后二年，宋来纳币，请伯姬焉，则此
师为晋而举，非鲁志明矣。兵戎，有国之重事；邦交，人道之大伦。听
命于人，不得已焉，将能立乎？《春秋》所以罪之也。"吕《集解》："襄陵
许氏曰：晋景不务弥缝诸侯之阙。去年与宋会盟，而今年鲁、卫伐之，
此必有晋命矣。前书宋、鲁之聘，后书宋、鲁之婚，则知侵宋非鲁志也。
御寇之利，务顺相保，而晋景反使诸侯构怨如此，则楚必有以量中国矣。"

楚公子婴齐帅师伐郑。

吕《集解》："襄陵许氏曰：前此，外志诸侯有卿帅师者矣。至是书
楚卿帅师者，霸统几亡也。"陈《后传》："楚初书大夫将也。自是，必围、
灭也，而后贬人之。"

冬,季孙行父如晋。

吕《集解》:"襄陵许氏曰:仲孙蔑、叔孙侨如、公孙婴齐、季孙行父有如必书,相望于春秋者,大夫张也。"

晋栾书帅师救郑。

吕《集解》:"襄陵许氏曰:楚伐郑丧而悼公不葬,则晋救虽至,郑已苦兵矣。志救,犹恃救也。正书'栾书帅师',以楚师遇之而退,不无功也,存霸统也。"陈氏《后传》:"晋尝救郑矣,不书。宣十年士会救郑。于是书救何?郑不服也。郑自辰陵,无役不从楚,败晋于邲,盟诸侯之大夫于蜀,再伐许,《春秋》于是狄郑。虫牢之盟,郑始服,而楚人争郑未已也。今年救郑,明年合九国之众以复救郑,而郑伯会楚公子成于邓。于是执郑伯,杀行人伯蠲,而郑不急君,晋于是归郑伯,使钟仪合晋、楚之成矣。"

七 年

七年春王正月,鼷鼠食郊牛角,改卜牛。鼷鼠又食其角,乃免牛。

吕《集解》:"襄陵许氏曰:小害大,下贼上,食而又食,三桓子孙相继之象也。宣公有虞三桓之志,至成始弗戒矣,乱象已著,国将无以事天也。"

吴伐郯。

胡《传》:"称国以伐,狄之也。案《国语》云:'命圭有命,固曰吴伯,不曰吴王。'然则吴本伯爵也,后虽益炽,浸与中国会盟,进而书爵,不过曰'子',亦不以本爵与之,故纪于礼书曰'四夷虽大,皆曰子',此《春秋》之法,仲尼之制也。而以为'不敢擅进退诸侯乱名实'者,误矣。"黄氏《通说》:"楚之始见也,曰'荆败蔡';吴之始见也,曰'吴伐郯'。其不以爵氏人名称者,虽《春秋》贱夷狄之法,亦以见其势之犹微也。方其

213

势之犹微，使为中国者能深思远虑，抑遏其锋，则用力不难而遗祸不烈矣。奈何楚之始见也，当齐桓之初霸，方欲养其患以张己之功；吴之始见也，当晋景之不竞，方欲资其力以为己之助。于是涓溜不塞而成川，爝火不扑而燎原。其始事也简，其将毕也巨。故吴、楚之祸至于盟宋、盟黄池，以中国而奉夷狄，首顾居下，足乃居上，此岂一朝夕之故哉！《易》坤之初六曰'履霜，坚冰至'，盖言顺也，由辨之不早辨也。圣人于《易》示其象，于《春秋》著其事，所以为诸夏之戒明矣。"吕《集解》："襄陵许氏曰：吴自寿梦，得申公臣而为楚患，夷狄相攻，不志也。伐郯之役，兵连上国，于是始见于《春秋》，志'入州来'，著十五年之所以会于钟离也。"

不郊，犹三望。

叶《传》："凡免牛、免牲，不书'不郊'，免牲与牛，则不郊可知矣。此何以再见'不郊'？为'犹三望'起也。"吕《集解》："襄陵许氏曰：用是知鲁郊或以五月，非特定公也。"

公会晋侯、齐侯、宋公、卫侯、曹伯、莒子、邾子、杞伯救郑。八月戊辰，同盟于马陵。

胡《传》："前此晋遣上将，诸国不与焉；此则其君自行，而会合诸国，则楚人暴横凭陵诸夏之势益张，亦可见矣。故盟于马陵而书'同盟'者，同病楚也。"

吴入州来。

陈氏《后传》："吴、楚之交兵不书，据传伐楚、伐巢、伐徐，子重七奔命。至是始书之，传曰：'是以始大，通吴于上国。'晋人为之也。盟于蒲，景公将始会吴，吴不至，于钟离而后至。盟于鸡泽，悼公又逆吴子，吴不至，于戚而后至。吴之为蛮久矣，其不敢自列于诸夏，而晋求之急，将以罢楚也。楚罢，晋亦不复伯矣。'入州来'，不可以不录其始也。"黄氏《通说》："州来，楚邑也。晋通吴于中国，而资之以挠楚，故吴为之入州来也。他日，吴为中国之患，有甚于楚者，盖自晋之通吴始矣。"

八 年

八年春,晋侯使韩穿来言汶阳之田,归之于齐。

叶《传》:"汶阳,我之旧田也。晋为霸王,可使齐人反我之侵田,不可使我复以与齐。名不正,则言不顺;言不顺,则事不成。韩穿之言,不可以为顺也,故辞皆容'之'。'之',缓辞也,不与其正之辞也。"胡《传》:"'来言'者,缓词也。'归之于'者,易词也。为国以礼者,无惮于强,而鲁侯微弱,遂以归齐而不能保,罪亦见矣。"

晋栾书帅师侵蔡。

吕《集解》:"襄陵许氏曰:侵蔡,报伐郑也。大国争衡,而小国受败,《春秋》矜焉。"

宋公使华元来聘。

吕《集解》:"襄陵许氏曰:录伯姬始此。"

夏,宋公使公孙寿来纳币。

叶《传》:"纳币不书,此何以书?以宋公使公孙寿为得礼也。昏礼,无父则母命之,无母则己命之。公孙寿言'使',无母之辞也。无父则母命之,不以母命而己命之,则非正,故纪裂繻不言'使',以母命之,得礼,一见正也。无母则己命之,不以己命而以诸父兄命之,则非正,故公孙寿言'使',以己命之,得礼,一见正也。叶子曰:昏礼不称主人,然欤?非也。礼,国君求婚之辞曰:'请君之玉女与寡人共有宗庙之事。'其父母纳女之辞,于天子则曰'备百姓',国君则曰'备酒浆',大夫则曰'备洒扫',未尝不亲命之。不称主人,于礼未之闻也。为是说者,特出于《公羊》,盖以纪裂繻不言'使'而云尔。然'公子遂如齐逆女',内之言'如',则外之言'使'也。婚姻之道,一在我,则得言'如';在彼,则不得言'使',可乎?夫公羊氏既以无母则当称父师友矣,宋公无母，又安得以辞而言'使'？弟称其兄，礼，为支子之无父者，非宗子也。乃师友，则非礼之所见，安有合二姓之好以奉宗庙社稷而受之于他人者？其亦何辞以见祖考？是皆不可行于春秋，则公羊氏不学礼之罪也。"孙《解》："纳币，礼之小者，无事则不书。宋公纳币特书之，所以起伯姬之贤也。妇人不与外事，其行事不闻见于人，惟备书之，可以见其贤尔。纳币、致女、二国来媵、卒、葬，无遗焉，圣人乐人之善如何也！"案：《春秋》纪伯姬之详，与《卫风·硕人》之诗道庄姜不容口正相类，《春秋》之通于《诗》，于此可悟。

冬十月癸卯，杞叔姬卒。

孙《解》："《春秋》内女之大归者，卒、葬不书，以其见绝于夫，贬之，郯伯姬是也。叔姬五年来归，而卒特书者，盖明年杞伯来逆其丧，将有其末者，先录其本也。"叶《传》："叔姬已出于杞矣，何以复系之杞？虽出而未许其绝也。曷为未许其绝？我将胁杞而复归之也。"吕《集解》："陆氏《纂例》：杞叔姬虽出犹书者，为丧归杞故也。"

晋侯使士燮来聘。叔孙侨如会晋士燮、齐人、邾人伐郯。

吕《集解》："襄陵许氏曰：吴伐郯，晋弗救，至郯成而伐之，则郯有辞矣。聘而召师，霸统衰也。内讨如杀赵同、赵括，外讨如伐郯，则何以为政于天下？"

卫人来媵。

吕《集解》："伊川先生解：媵，小事，不书。伯姬之嫁，诸侯皆来媵之，故书之以见其贤。女子之贤，尚闻于诸侯，况君子乎！或曰：鲁女之贤，岂能闻于远乎？曰：古者庶女与非嫡者，则求为媵，因为之择贤小君，则诸侯国之女贤，自当闻也。"叶《传》："《礼》称'世妇献茧于夫人，夫人副袆而受之'，祭祀，'夫人副袆立于房中'。副袆，王后之服也。先儒皆以为二王后之夫人，得从后之服，则三夫人之数，宜亦备焉，《昏义》：后立六官，三夫人，九嫔。天子后，三国往媵，三夫人者，王后之媵也。此宋所以得三国之媵欤？《公羊》乃以三国媵之为非礼，此知诸侯之制而不知宋之礼也。"陈《后传》:"滕何以书?公亲与为礼也。滕,细故也。人,微者也。以微者行细故,而公亲受之,则不可不书也。是故苟不亲,虽改葬惠公,隐弗临,不书。苟亲之,虽卫人、晋人、齐人来滕,书。然则滕者无讥欤?滕必以同姓,齐人悖矣。"案:如陈说,则《春秋》特鲁君之起居注尔,疑未可从。

九　年

九年春王正月,杞伯来逆叔姬之丧以归。

胡《传》:"夷考杞叔姬之行,虽贤不若宋共姬,亦不至如鄫季姬之越礼也。杞伯初来朝鲁,然后出之,卒而复逆其丧以归者,岂非叔姬本不应出,故鲁人得以义责之,使复归葬乎?"叶《传》:"既以杞夫人卒之矣,则胁杞伯而归其丧者,非正也。故辞间容'之'。'之',缓辞也,不与其正之辞也。"

晋人执郑伯。

吕《集解》:"襄陵许氏曰:向使晋能制楚,使之不能危郑,讨郑可也。今楚溃莒入郓,晋不能救,而禁郑之贰于楚,郑独能无惩于牵羊衔璧之祸乎?故晋景之执郑伯,愧于汉武之遣楼兰也。《春秋》之义,自反以尽其道而后责人矣。"

晋栾书帅师伐郑。

胡《传》:"案《左氏》:'楚人以重赂求郑,郑伯会公子成于邓。秋,郑伯如晋,晋人讨其贰于楚,执诸铜鞮。栾书伐郑,郑人使伯蠲行成,晋人杀之。楚子重侵陈以救郑。'杀伯蠲不书者,既执其君矣,则行人为轻,亦不足纪也。楚子重侵陈,与处父救江何异?削而不书者,郑亦有罪焉耳。夫背夷即华,正也。今以重赂故,又与楚会,则是惟利之从,而不要诸义也。故郑无可救之善,楚不得有能救之名。"

楚公子婴齐帅师伐莒。庚申，莒溃。楚人入郓。

胡《传》："案《左氏》：'楚子重自陈伐莒，围渠丘。城恶，众溃。楚师围莒，莒之城亦恶。庚申，莒溃。楚遂入郓。'孟子曰：'凿斯池也，筑斯城也，与民守之，效死而民弗去，则是可为也。'夫凿池筑城者，为国之备，所谓事也；效死而民不去，为国之本，所谓政也。莒恃其陋，不修城郭，浃辰之间，楚克其三都，信无备矣。然兵至而民逃，其上不能使民效死而不去，则昧于为国之本也，虽隆莒之城，何益乎？"案：围渠丘不书而入郓书者，郓近鲁，见楚师之逼也。其意深矣。

秦人、白狄伐晋。

胡《传》："经之所谨者，华夷之辨也。晋尝与白狄伐秦，秦亦与白狄伐晋，族类不复分矣。其称'人'，贬词也。中国友邦，自相侵伐，已为不义，又与非我族类者共焉，不亦甚乎！"

城中城。

叶《传》："中城，公宫之城也。楚既入郓，公惧其来逼，故修中城以备之，不正其卫己而外民也。"

十　年

十年春，卫侯之弟黑背帅师侵郑。

胡《传》："案《左氏》：'卫子叔黑背侵郑，晋命也。'其曰'卫侯之弟'者，子叔黑背生公孙剽，孙林父、甯殖出卫侯衎而立剽，亦以其父有宠爱之私，故得立耳。此与齐之夷仲年无异。其特书'弟'以为后戒，可谓深切著明矣。"叶《传》："卫侯之弟云者，母弟也。何以称弟？兵，凶器；战，危事。不以其可将者将焉，而私其弟，非爱其弟之道也。"

秋七月，公如晋。

吕《集解》："刘氏《传》：葬晋侯也。曷为不言'葬晋景公'？不与葬晋侯也。曷为不与？天子之丧动天下，属诸侯；诸侯之丧动通国，属大夫；大夫之丧动一国，属修士；修士之丧动一乡，属朋友；庶人之丧动州里，属党族。公之葬晋侯，非礼也。以谓惟天子之事焉，可也。"叶《传》："景公不书葬，以公亲会为耻也。"

十有一年

十有一年春王三月，公至自晋。晋侯使郤犨来聘。己丑，及郤犨盟。夏，季孙行父如晋。

黄氏《通说》："晋人止公，九月而后归之。然犹亟于聘鲁者，岂复有亲鲁之意哉？疑其叛而要结之也。鲁侯被晋之辱，然犹继朝而聘晋者，岂复有德晋之心哉？畏其威而诣事之也。晋以要结为信，鲁以诣事为礼，二者皆小人之相与者尔。"

秋，叔孙侨如如齐。

吕《集解》："襄陵许氏曰：鲁盖激于晋之德礼不施，将贰于齐而未能者欤？"

十有二年春，周公出奔晋。

孙《解》："《春秋》之义，自周无出，盖曰：'天下一周也，何往而非周乎？'王子瑕、王子朝之奔不言出是也。天子居郑，周公奔晋，特异之者，孔子之意也。王之所以为王，以有其位，而天下皆其有也。王得言出，则是自绝其位，而不能有天下也。天下非其所有，则虽居郑，不可不言出也，故曰：'天王出居于郑。'周公之所以为公，以其左右天王，而与王共治也。为三公而得罪天王，至于奔晋，则是自绝于王，而不能有三公之位也。三公之位非其所有，则虽止奔于晋，犹若出于四海之外也，故曰：'周公出奔晋。'天下一王，而王有三公，天子不能有天下而出居矣，周公不能有其位而出奔矣，其下其如何哉！《春秋》书之，用见天下无王，而王无三公也。"叶《传》："王大夫奔未有言'出'者，此何以言'出'？以周公也。三公，论道经邦，与王同德，故系之周。此宰周公楚也。自周无出，言宰楚则可出，言周公则不可出，故言周公不言宰，恶楚也。叶子曰：坐而论道，谓之王公；作而行之，谓之士大夫。三公之为德，上有同于王，而下有别于士大夫，则天下之大，盖有共当其任者矣。天下有道，有会朝，无出居，'天王出居于郑'，耻也。三公有道，有经邦，无出奔，'周公出奔晋'，恶也。'王子瑕奔晋'，'尹氏、毛伯、召伯以王子朝奔楚'，皆不言'出'，周非卿大夫之所得任也。是以诸侯之大夫奔言'出'，以其国别也；王卿士、大夫奔不言'出'，不以其国别也。必有不可出者，而后言'出'，即出者上下之所病也。《公羊》以为自其私土出，误矣。"吕《集解》："常山刘氏曰：周室衰微，《黍离》变为《国风》，号令不行乎天下，则畿外皆非王有，故始于周公之奔特书曰'出'。以王者无外，'溥天之下，莫非王土'之义也，故后于子朝、子瑕之奔而止书曰'奔'。襄陵许氏曰：平、桓之诗，夷于《国风》，是以《春秋》王公书'出'也。虽然，各一见之而已，后不复书，以存周也。"

夏，公会晋侯、卫侯于琐泽。

吕《集解》："襄陵许氏曰：晋厉之会始此，略之不致，则以见厉公之德不能谨始，诸侯解体焉。"吕氏《或问》："琐泽之会，何也？曰：《左氏》云：'华元克合晋、楚之成。''郑伯如晋听成，会于琐泽，成故也。'刘敞云：'琐泽之会，本以合楚、郑也。今楚、郑不至，鲁、卫自盟，何邪？合晋、楚者，宋也，宋亦不与，又何邪？然则传之言未足信也。'愚意琐泽之会，为伐秦起文耳。今年会于琐泽，明年春使郤锜来乞师，而后五月暨诸侯伐秦。比事而观之，可见矣。"

秋，晋人败狄于交刚。

陈氏《后传》："中国败夷狄，皆不书，唯晋特书之。特书晋者，病晋也。楚方聘鲁平宋，合诸侯之大夫于蜀，讨陈夏征舒，观兵于雒，而晋区区争地于群狄。是故宣、成之《春秋》,晋有事于秦、楚或略不书,而甚详于灭狄,以是为晋衰也。晋之衰,诸夏之忧也。"

十有三年

十有三年春,晋侯使郤锜来乞师。

陈氏《后传》:"外乞师不书,必盟主也而后书。乞,卑辞也,见晋之无以令与国也。"吕《集解》:"襄陵许氏曰:自齐桓以来,霸者征伐,召兵诸侯。至于晋景,始使士燮来聘,以济伐郑之役。厉公承之,始乞师矣。当此之时,晋固盛强,唯忠信之厚不崇,而伪饰之文弥盛,是以召兵而曰乞师,谦辞也,霸体贬矣。"案:求车、求金,天下无王矣;乞师,天下无霸矣。春秋之至于战国也,岂一朝一夕之故哉!

三月,公如京师。

吕《集解》:"刘氏《传》:公如京师不书,此何以书?讥。何讥尔?公非如京师也,为伐秦故如京师也。"叶《传》:"公朝京师不书,此何以书?不正其伐秦而道朝京师也。"黄氏《通说》:"公如京师者,假道于京师也。《左氏》僖三十年:'秦将袭郑,过周北门,左右免胄而下,超乘者三百乘。郑商人弦高将市于周,遇之。以乘韦先、十二牛犒师。'以此观之,秦兵东出自道自周,故晋帅东诸侯西向以伐秦,亦必假道于周明矣。"孙《解》:"晋文公实召天王,而经书'狩于河阳',成公实会诸侯,而经书'公如京师',惟其无礼,是故以礼正之,圣人之意远矣。"

夏五月,公自京师,遂会晋侯、齐侯、宋公、卫侯、郑伯、曹伯、邾人、滕人伐秦。

吕《集解》:"伊川先生解:以伐秦为遂事,明朝为重。"叶《传》:"此伐秦也,何以言公自京师遂会诸侯伐秦?以公为不足于恭,故为之辞而以遂言之也。"陈氏《后传》:"于是战于麻隧,秦师败绩,则其但书伐何？略之也。自狄秦以来,秦晋之相加兵,皆略之。是故战于麻隧,秦师败绩,但书伐秦;战于栎,晋师败绩,但书伐晋,以为不足详焉尔。"

秋七月,公至自伐秦。

吕《集解》:"泰山孙氏曰:不以京师至者,明本非朝京师。"案:既书"遂会诸侯伐秦"矣,则当以后事至,不必求之过深也。

十有四年

十有四年春王正月,莒子朱卒。

叶《传》:"莒未有书卒者,此何以书？ 始来赴也。何以不书葬？辟其名也。叶子曰:莒子以爵见于隐公,自是不复与我通,盖其实夷也。至文而庶其以弑见,襄而密州以弑见,昭而展舆以奔见,外此,则朱与去疾以卒见而已。以传考之,朱之号曰'渠丘公',去疾之号曰'著丘公',而非谥也。盖朱之辞曰:'辟陋在夷,其孰以我为虞?'则朱之自安于夷久矣。葬从主人。卒,我所可正其爵为了;葬,我不可从其号为夷,故与吴、楚不言王,皆不得以葬见也。"

夏,卫孙林父自晋归于卫。

吕《集解》:"泰山孙氏曰:林父七年奔晋,其言'自晋归于卫'者,由晋侯而得归也。卫大夫由晋侯而得归,则卫国之事可知也。襄陵许氏曰:人臣不唯义之即安,而介恃大国,使之返己,此能为逐君之恶者也。唯其辨之不早,是以卫献至于出奔,祸兆此矣。归,易辞也,自晋奉之故也。"

九月,侨如以夫人妇姜氏至自齐。

叶《传》:"侨如何以不氏？ 一事而再见者,卒名之。妇,有姑之辞也。"陈氏《后传》:"'夫人妇姜氏',有姑之恒称也。若妾姑,则不书氏。是故有成风,则出姜不氏;有敬嬴,则穆姜不氏,所以别嫡姑也。"黄氏

《通说》：“《春秋》内大夫或称族、或舍族者，以前后一事，故后从省文尔。如前书'叔孙豹及晋赵武、楚屈建会于宋'，故后书'豹及诸大夫盟于宋'；如前书'晋人执季孙意如以归'，故后书'意如至自晋'。其称族、舍族者，岂复有意义存乎其间哉？《左氏》以侨如称族为尊君命，舍族为尊夫人者，妄也。”吕氏《或问》：“石氏曰：妇，有姑之辞，时穆姜存焉。与宣元年'遂以夫人妇姜至自齐'之义同。”

十有五年

晋侯执曹伯归于京师。

孙《解》：“《春秋》执诸侯者多矣，未尝有书爵者。'晋侯执曹伯归于京师'，特书以爵。《公羊》僖四年传曰：'称侯而执者，伯讨也。'盖谓执得其罪，又归于京师，则以伯讨书之。”

楚子伐郑。

吕《集解》：“襄陵许氏曰：郑逼许，楚困郑，以国大小、兵力强弱更相吞噬，夷夏一道，而人理尽矣。”

宋华元出奔晋。宋华元自晋归于宋。宋杀其大夫山。

吕《集解》：“苏氏曰：华元之奔晋也，未至而复，其书曰'华元出奔晋'，且书'自晋归于宋'，何也？元将讨山，而知力之不能，故奔。奔而国人许之讨，故归。故其讨山也，虽其族人莫敢救之者，故书曰'宋华元出奔晋'，'宋华元自晋归于宋'，言其出、入之正，是以能讨山也。使元怀禄顾宠，重于出奔，则不能讨山矣。郑子产为政，丰卷将祭，请田。弗许。卷退而征役，子产奔晋。子皮止之，归而逐卷，亦犹是也。”陈氏《后传》：“于是华元使华喜、公孙帅师，国人攻荡氏，杀子山，则何以称国？称国，杀无罪之辞也。荡泽弱公室，则曷为例之以无罪？不氏，所以别其非无罪也。不氏，所以别其非无罪也，则称国，有司法守之辞也。"黄氏《通说》:"即经意考之,如曰'华元出奔晋'、曰'自晋归于宋',可以见其结晋霸之援,而求得志于其国也。既得晋援而返国,于是杀荡泽、逐五大夫,举宋国庆赏刑威之柄惟己之所欲为。其所谓强公室者,实弱之;所为靖国乱者,实乱之也。此而不治,则世之奸臣,挟外援以求专其国者,皆得借是以逞矣。"叶《传》:"《左氏》记大夫名氏,多欲与经参见,经以山为名,则泽当为字。"

宋鱼石出奔楚。

陈氏《后传》:"于是鱼石、向为人、鳞朱、向带、鱼府出奔楚,则其但书鱼石何? 凡奔,必有罪也。众不可以胜罪,则罪此甚焉。鱼石以楚师伐宗国,入彭城,为宋患之日久,是以甚鱼石也。"案:"华元出奔晋",鱼石则出奔楚,"华元自晋归于宋","宋鱼石复入于彭城"则在"楚子、郑伯伐宋"之下。比事以观,华元党晋,鱼石党楚,皆挟外援以争国政者也。然而晋,中国也,党晋之罪,杀于党楚,故书之不能无异词也。

冬十有一月,叔孙侨如会晋士燮、齐高无咎、宋华元、卫孙林父、郑公子鳅、邾人,会吴于钟离。

孙《解》:"钟离之会,再言会以殊吴者,《春秋》外吴也。《春秋》之于吴、越,书之有渐焉,非进之也,蛮服益强,则中国益衰,《春秋》书之,所以伤中国之衰也。"胡《传》:"殊会有二义,会王世子于首止,意在尊王室,不敢与世子抗也;会吴于钟离、于柤、于向,意在贱夷狄,而罪诸侯不能与之敌也。成、襄之间,中国无霸,齐、晋大国,亦皆俯首东向而亲吴,圣人盖伤之,故特殊会,可谓深切著明矣。"叶《传》:"春秋夷狄之强,莫大于吴、楚。楚自庄公以后始见,至僖而浸强。然召陵之盟,齐小白一起而正之,虽成王之强,不敢不服。及晋重耳继败成王于城濮,楚卒不得肆,盖齐与晋犹有与之敌者也。故申之会,灵王合十二国,晋与我虽不能拒,亦不复从,《春秋》犹以中国之会书焉。成王之末,楚浸衰而吴骤强矣,天下所恃以主盟者,晋而已。厉公之暴、悼公之贤,皆不能少振,反率诸侯而从之。一会而合七国,再会而合十三国,三会而合十二国,我皆与之俱,天下无不听于吴焉。于是伐郯、伐陈、入州来,无不如志。及其久也,破楚柏举而入郢,几以灭楚,败顿、沈、陈、蔡之师,杀二国君,我遂舍中国而从之。昭公不耻同姓而与之昏,哀公始以叔还会吴于柤,已而身为鄫与橐皋之好,则不被发而左衽者,几希矣。故钟离与柤与向,皆殊会,夫岂以楚申之会与此为异哉?楚有与敌,吴无与敌,君子之所忧也。"黄氏《通说》:"殊会者,往会之也。往会之者,尊之而不敢屈致之也。王世子在首止,而诸侯往会之,故曰'会王世子于首止'。吴在钟离,而诸侯之大夫往会之,故曰'会吴于钟离'。以中国尊夷狄如诸侯尊王世子者,可谓'首顾居下,足反居上'矣。"吕《集解》:"襄陵许氏曰:会列书卿,君道微而臣行彰也。"吕氏《或问》:"戚之会,乃诸侯会,而吴人来会,故序吴于诸侯之下。钟离之会,乃吴未通中国,而晋欲会吴,故特以'会吴'为文。'然则曷为不与首止之文同义?'曰:首止之文曰'公及晋侯会王世子于首止',若世子在此,而诸侯往会之,然尊世子也。会吴之文曰'叔孙侨如会晋士燮,会吴于钟离',是其会晋士燮也,为会吴尔。"

许迁于叶。

吕《集解》:"襄陵许氏曰:凡书迁,皆逼也,书以刺之。时晋迁于新田,不书,无所为书也。"

十有六年

甲午晦,晋侯及楚子、郑伯战于鄢陵。楚子、郑师败绩。

孙《解》:"《春秋》之法,举重言之。韩之战,实获晋侯,不言晋师之败,君获则师败矣。鄢陵之战,楚师败绩,而楚子伤焉,不曰楚师,君伤则师败也。"

秋，公会晋侯、齐侯、卫侯、宋华元、邾人于沙随，不见公。

黄氏《通说》："'不见公'者，矜胜楚之功，日骄诸侯也。其侈益甚，不待反自鄢陵而后见矣。小夫浅人不能居成功者如是哉！"

公会尹子、晋侯、齐国佐、邾人伐郑。

陈《后传》："会伐未有书王人者，此其书尹子何？初以王卿士与伐也。《春秋》不以诸侯用王师，虽齐桓不得与单伯序也。阳处父之救江也，王叔桓公不书。虽前年伐秦之役，刘子、成子犹不书也。于是厉公恣矣，初以尹子与齐国佐、邾人序，甚矣，厉公之无道也！"

曹伯归自京师。

胡《传》："曹伯不名，其位未尝绝也。不绝其位，所以累乎天王也。其言'自京师'，王命也，言天王之释有罪也。善不蒙赏，恶不即刑，以尧为君，舜为臣，虽得天下，不能一朝居也。负刍杀世子而自立，不能因晋之执，置诸刑典，而使复国，则无以为天下之共主矣。"叶《传》："何以不言'曹伯归于曹'？以天子命之见正也。负刍杀世子而篡其位，霸主执而归于王。王不能诛，反使归焉，则何以谓之正乎？以子臧之故而曹人之请，不归负刍，曹之乱或未已，视纳赂而私与之者犹有间，且曰'自我命之使君也'。故不言'复归'，不与其复也。何以不名？子臧不取为君，则内无君也。何以言归？易辞也，以王命反之，易辞也。"案：《左氏传》晋侯谓子臧："反，吾归而君。"则执之、反之，权皆在晋。王一听命于晋而已，岂得自置诸刑典乎！胡氏之说虽正，然亦未察诸当时之事势矣。黄仲炎《通说》曰："'曹伯归自京师'，正也。何以书？盖晋侯挟天子以令诸侯，虽置曹伯于京师，而操纵在己也。"此可谓一针见血矣。

九月，晋人执季孙行父，舍之于苕丘。

孙《解》："《春秋》流他国之大夫，皆书曰'放'，'楚师入陈。执公子招，放之于越'是也。《春秋》鲁史，其记鲁事，有内辞焉。行父，我大夫也。虽为晋人执而放之，不可曰放也。故变文而书之曰'舍'，若曰：

执而舍之,释其罪也。实则流放之耳。"案:舍当训止,不训释也。案《左传》先言晋人执季文子于苕丘,后言"乃许鲁平,赦季孙",与经下文"盟于扈"正合,明执而止之于苕丘,历时而后释之,不得以舍为释也。

十有二月乙丑,季孙行父及晋郤犫盟于扈。

孙《解》:"行父见执于苕丘,于是始盟而释之。不书释而书晋大夫与之盟,则释之可知矣。单伯见执,反而言至,行父之至不书,以从公归,可以知其至也。"

十有七年

夏,公会尹子、单子、晋侯、齐侯、宋公、卫侯、曹伯、邾人伐郑。六月乙酉,同盟于柯陵。

吕《集解》:"伊川先生解:诸侯同病楚也。又苏氏曰:齐晋之盛,天子之大夫会而不盟,尊周也。柯陵之会,尹子、单子始与诸侯之盟,自是习以为常,非礼也。"叶《传》:"王大夫前未有二人临诸侯者,此何以言尹子、单子?郑恃楚而不服晋,复请于王而益之也。王命而行,一人可矣;命而不行,虽益何补?晋为霸主,不能服郑,而假王人。王临诸侯,不能服郑,而益以大夫。交失也。"陈氏《后传》:"不指言诸侯何?二子与盟也。言诸侯,则疑于葵丘。狄泉之盟,讳王子虎,于是不讳,曷为不讳?会伐未有书王人者,唯晋厉公特书之,会盟不足讳焉尔。是故书'同盟',其尹子之盟欤?抑厉公之盟欤?莫适为主之辞也。"

齐高无咎出奔莒。

吕《集解》:"襄陵许氏曰:齐灵不公其听,自沉帷墙,奔其世臣,以长祸乱。《诗》曰'萋兮斐兮,成是贝锦','哆兮侈兮,成是南箕'。悲夫!唯巧言能使闭门索客,为将不能纳君也。"

九月辛丑，用郊。

孙《解》："王者一岁而再郊，故春郊正月，以祈谷；秋郊九月，以报功。春曰'员丘'，秋曰'明堂'。后稷，员丘之配；文王，明堂之配。《孝经》曰：'郊祀后稷以配天，宗祀文王于明堂以配上帝。'后稷、文王不可一时而同配也，故曰郊、曰明堂焉。《豫》之象曰：'先王以作乐崇德，殷荐之上帝，以配祖考。'亦曰祖、考异时而各配也。王者之郊，岁再行焉，故有正月、九月之二时，郊祀、明堂之异处。鲁郊，非礼也。而成王赐之，鲁公受之，《诗》曰'皇皇后帝，皇祖后稷'，鲁之郊配后稷，而不曰文王焉，盖其郊止于祈谷，而报功之郊不行也。春秋卜牛，必于正月。三月在涤，则春秋之正月，夏时之十一月也。十一月而养牛，则二月可以郊矣。然则鲁之郊用夏时之二月，不敢并天子之时，又杀之也。春秋之九月，夏时之七月，以为祈谷则已晚，以为报功则太早，又鲁礼不当行，书曰'用郊'，用者，不宜用也。《公》、《谷》之说，皆得其粗。"叶《传》："凡祭祀，有为而行之者，皆曰'用'。僖公八年'禘于太庙，用致夫人'，此用禘也。以九月辛丑而郊，此用郊也。禘目事，郊不目事。禘，宗庙之祭，用之以致夫人，犹可言也。郊天，祭不施之天，而假之以为用，不可言也，以成公为无天矣。"黄氏《通说》："用郊者，以郊为用也，盖谄神以求福尔，如后世秦苻坚因王猛疾病，特为亲祈南北郊之类是也。"

晋侯使荀罃来乞师。

叶《传》："晋何以三乞师于我？陵我也。叶子曰：鲁在晋、楚之间为弱国，僖公尝乞师于楚矣，未闻二国而乞师于我也。今晋为盟主，有求于诸侯之师，则令之而已，何独于我乞师焉？盖厉公无道，暴虐诸侯，畏我之从楚，故多方以挠之。方我往吊景公之丧，固已止公而使送葬；沙随之会，复以侨如之谮而不见公，已而遂执季孙行父，则其所以陵我者可知矣，是故连年以郤锜、栾黡、荀罃来乞师。且厉公执曹伯而会吴子，败楚师而伤其王，内尸三郤，其力孰与之抗？奚少于我哉？君

228

子以是知其情,独申之曰'乞师',使之欲为强而不可得也。"吕《集解》:
"吕氏曰:春秋之世,霸主之令小国,其强大恣横,有甚于平世天子之
令诸侯者,而犹以'乞师'为名,则是先王之礼意,犹有仿佛存者。惜乎
其君臣上下习之而弗著,行之而不察,不能袭其号以求其意,而反人道
之正也。"

冬,公会单子、晋侯、宋公、卫侯、曹伯、齐人、邾人伐郑。

吕《集解》:"泰山孙氏曰:郑与楚比周,晋侯再假王命、三合诸侯
伐之,不能服郑,中国不振可知也。"案:书"乞师",固以见晋之屡劳于
鲁,亦以见鲁之事晋,时时有欲叛之心,而霸业似强而益衰也。

壬申,公孙婴齐卒于貍脤。《公》作轸,《穀》作蜃。

孙《解》:"经书'九月辛丑'、'十二月丁巳朔',则十一月无壬申矣。
《公羊》以为公许然后卒之,则是于十一月然后录十月壬申之日也。
《穀梁》以为《春秋》先君后臣,故公既许之,而后书婴齐之卒也。二传
之意,盖皆以孔子大圣人,不应不辨壬申之日当在十月,其书之必有
义,故从而为之说也。殊不知孔子不苟知所不知以为智,其于《春秋》
也,疑则阙之尔。壬申当在十月,而孔子录之于十一月,为《公》、《穀》
者犹知之,孰谓孔子而不知乎?二传不知阙疑之意,故妄为之说尔。"
叶《传》:"貍脤鲁地,内大夫卒于竟外,地;卒于竟内,不地。此何以地?
录婴齐也。婴齐从公伐郑而道卒也,卒后致公,至而后卒之也。十一
月无壬申,经成而误也。叶子曰:壬申,十月之日也。或曰:致公而后
录,是日可得而错也。或曰:故史也,《春秋》所不革。是事可得而易
也,以是言《春秋》,过矣。"吕《集解》:"刘氏《传》:十一月无壬申,其以
壬申卒之何?《春秋》,故史也,有所不革。子曰:'其事则齐桓、晋文,
其文则史,其义则丘窃取之矣。'"

晋杀其大夫郤锜、郤犨、郤至。

吕《集解》:"泰山孙氏曰:君之卿佐,是谓股肱。厉公不道,一日杀
三卿,此自祸之道也,谁与处矣?故列数之,以著其恶。明年,晋杀州蒲。"

十有八年

十有八年春王正月,晋杀其大夫胥童。庚申,晋弑其君州蒲。

陈氏《后传》:"晋侯孰弑? 栾书、中行偃也。晋侯一日而尸三卿,又执书、偃将杀之,而以自祸,是故称国。楚商臣杀斗勃而后弑君,晋栾书、中行偃杀胥童而后弑君,《春秋》不列于孔父,以是为不能与其君存亡者也。然则书晋杀胥童,不书楚杀斗勃,何也? 书杀胥童,以累州蒲也;不书杀斗勃,不以累頵也。州蒲称国以弑,而弑頵斥商臣,二君之所以异也。是故弑不言故,弑而言故,有自来者矣。'晋杀其大夫郤锜、郤犨、郤至','晋杀其大夫胥童','晋弑其君州蒲';'蔡杀其大夫公子驷','蔡放其大夫公孙猎','盗杀蔡侯申'。《春秋》书弑,未有详于此者也。"黄氏《通说》:"《左氏》载:晋栾书、中行偃使程滑弑厉公,而《春秋》不名首弑者,盖厉公得罪于诸大夫,而弑之者众,首从难分,故称国以弑也。"

夏,楚子、郑伯伐宋。宋鱼石复入于彭城。

吕《集解》:"刘氏《传》:伐宋以纳鱼石也。伐宋以纳鱼石,则其不曰'纳宋鱼石于彭城'何? 不与纳也。曷为不与纳? 诸侯失国,诸侯纳之,正也,诸侯世也。大夫失位,诸侯纳之,非正也,大夫不世也。诸侯托于诸侯,礼也;大夫托于诸侯,非礼也。其言复入何? 大夫无复。复者,位已绝也。已绝而复,恶也。吕氏曰:不言纳,楚、郑以兵胁宋,而鱼石自入焉尔。或曰:不言纳,不与纳也。然则言纳者,是与之乎?"陈氏《后传》:"奔大夫复不书。据文十一年宋荡意诸、昭五年秦后子之类。庄、闵而上,有书'归'若'入'者矣,则皆不书奔者也。郑突、曹赤、齐小白、蔡季、许叔、鲁季子之类。奔而言归,自卫元咺始。元咺,讼其君者也。虽然,归犹言自也。若宋鱼石、晋栾盈,是贼而已矣。是故鱼石不言自楚,栾盈不言自齐。"吕氏《或问》："伐宋以纳鱼石也,而不曰'纳鱼石',何也?曰:'纳公孙宁、仪行父于陈',则纳之者楚子耳,非公孙宁、仪行父之能为也。今日'宋鱼石复入于彭城',则纳之者虽楚子,而复入者则鱼石也。其诸晋栾盈之俦乎?"孙《解》："鱼石奔楚,为楚乡导,诱楚、郑以伐宋。楚于是取宋彭城之邑,复鱼石于彭城。明年,华元与诸侯之大夫围宋彭城,以鱼石复入而叛也。然则鱼石之仕宋,尝食邑于彭城,十五年出奔楚,遂舍彭城以去,至是借楚取之,而复入焉。书曰'复入',明鱼石之尝有彭城也。鱼石入彭城而宋围之,则是入以叛也。不曰'叛',经书楚、郑伐宋而鱼石入,鱼石入而宋围彭城,不待书而义可见也。"

公至自晋。晋侯使士丐来聘。

吕《集解》："襄陵许氏曰:公朝始致,而聘使绍至,晋悼之下诸侯,肃矣。此列国之所以睦,而叛国之所以服也。"

筑鹿囿。

吕《集解》："襄陵许氏曰:大夫擅国,威福日去,而公务自虞于鸟兽草木,是谓'冥豫在上,何可长也'。"

晋侯使士鲂来乞师。

吕《集解》："襄陵许氏曰:悼公之时,霸业复兴,而乞师以救宋,犹遵厉公故事。元年以后,遂无乞师,则召兵而已矣。"

十有二月,仲孙蔑会晋侯、宋公、卫侯、邾子、齐崔杼同盟于虚朾。

吕《集解》："襄陵许氏曰:襄公不会,当丧故也。悼之所以仁诸侯也。"陈氏《后传》："崔杼尝奔卫,不言归,其再见何?齐纳以为大夫也。向也曰'崔氏',今曰'崔杼',则已为大夫也。齐之祸,灵公为之也。前年逐高无咎,今年杀国佐,而杼当国。已而杀高厚,齐无世臣矣。于是伐莒、伐鲁,皆杼帅师焉。而后弑齐之祸,灵公为之也。"

荀注订补

《荀注订补》，由杨立军据上海商务印书馆 1936 年版排印本重新整理，并施现代标点。

目　　录

序

荀子为儒学大宗。而其书自唐杨倞外，别无注本。盖由宋以来，学者既推尊孟子，以为得孔氏之正传，荀书于孟子不无龃龉，故治之者少也。然黄东发有校正杨注两则，见于《日钞》。一曰："注于'驽马十驾'之下云'有缺文'。愚案'驽马十驾，功在不舍'此二句正相联属，若曰马驽而能致十驾之远者，功在于行而不止耳。"一曰："'以狐父之戈镯牛矢'注云'喻以贵用贱，其说未闻'。愚案此章戒斗，谓好斗者不足与之较也。狐父之戈良器也，牛矢至贱也，而镯之，是自亵其良也，君子与小人斗之譬也，若曰千钧之弩为鼷鼠发机云尔，何未闻之有？"其论皆颇精审。则杨注之未尽当，宋人固有议之者矣。迨于有清，校书之风大盛，又经师于穷经之余，率好兼及丙部，于是如卢抱经、顾涧薲、刘端临、汪容甫、郝兰皋、王念孙父子下逮俞荫甫、郭筠仙之伦，于荀书注释并有所订正发明，先后殆不下十数家。王益吾乃裒而辑之，时附己意，以为《荀子集解》一书焉。至是读荀子者无不庆，以为得善本。前数年蜀中有《荀子考证》之刻，于《集解》诸家外，更益以孙仲容、刘申叔、章太炎三家，盖视《集解》又加密矣。然间尝取二书而读之，诸家喜纠发杨氏之误，即亦有杨本不误而自说实误者，亦有虽能正杨之误而所诠仍未当于荀旨者。大抵书有疑义，所以决之，不出四端：一曰训诂之相通，二曰他书之所引，三曰文势之相接，四曰义理之所安。诸家既屏斥义理不欲言，而于文章衔接与否，又往往忽不经意，则其不能无失，固势有必然者矣。如《不苟篇》"不诚则不独，不独则不形"，俞荫甫曰："上文云'致诚则无他事矣'，所谓'独'者，即'无他事'之谓。"解"独"为"无他事"，此古所未闻也。且上文方言"顺命以慎其独"，慎独可谓之慎其无他事乎？《天论篇》"君子敬其在己者"，俞荫甫曰："'敬'当为'苟'。《说文》：'苟，自急敕也。'《经典》通作'亟'。"若是，则《易》之"敬以直内"，《论语》之"修己以敬"，亦当谓亟以直内、修己以亟乎？此无他，不欲如宋儒之言慎独、言持敬，故持论不复顾夫义理之安否也。《非相篇》"观人以言美于黼黻文章"，王怀祖曰："'观'当作'劝'。'劝人以言'，谓以善言劝人也。"不知下文曰"听人以言乐于钟鼓琴瑟"，"观人""听人"，文正相对。且惟言"观"，故曰"美于黼黻文章"，若言"劝人"，则何为以黼黻文章相喻乎？《正论篇》"是非以圣王为师"，王伯申曰："'是非'当作'莫非'。"不知上文言"无隆正则是非不分"，又言"天下之大隆是非之分界"，此云"是非"，即承上文而言，谓是与非必以圣王为师也，岂得率尔改字乎？推此所由以致误，则又于前后文势承接不加细考之过也。夫不考文势，其失易见，即误人亦浅。若夫逞其私臆，变易义理，学者不察，或乐其浅易，或喜其新奇，则不独有违一书本意，亦且贻害于心术，此其误人之深，君子不得不为之惧焉。泰何人，岂敢与诸老先生争一日之短长哉？顾愚妄所见，考之于文，揆之于理，觉实有非此不能安者。讲论之余，辄复札而记之，积以时日，不觉盈帙。二三朋好以为是未可以自私也，怂恿以付剞劂。因述其所以不能苟同前贤之故，以弁于端，而名其书曰《荀注订补》云。中华民国二十有五年春三月，江宁钟泰自序于秦望山麓露桃烟竹之轩。

劝 学 篇 第 一

强自取柱,柔自取束。

杨注:凡物强则以为柱而任劳,柔则见束而约急,皆其自取也。
○王引之曰:杨说强自取柱之义甚迂,柱当读为祝。祝,断也。

案:柱即拄也。强者可取以拄物,如竹木是也;柔者可取以束物,如皮韦是也。而自竹木与皮韦言之,则皆所自取也。杨注不误,特言之未分明耳。王训柱与祝通谓之断,断与束义岂相称乎? 斥杨为迂,而不知其迂尤甚也。

昔者瓠巴鼓瑟而流鱼出听至为善不积邪? 安有不闻者乎?

案:此一段当并入上节。首以"积土成山、积水成渊、积善成德"起,末以"为善不积"积字终,首尾正相应。划入下节,则于前语气为未完,而于后文反为冗赘矣。

其数则始乎诵经。

杨注:数,术也。

案:数犹言程也。术字之训未确。

故学至乎礼而止矣,夫是之谓道德之极。礼之敬文也,乐之中和也,诗书之博也,春秋之微也,在天地之间者毕矣。

案："学至乎礼而止矣"，此专言之礼也。"礼之敬文也"，与"乐之中和""诗书之博""春秋之微"并言，此偏言之礼也。偏言之礼，与诗书乐春秋对；专言之礼，则诗书礼乐春秋皆在其中。故曰："在天地之间者毕矣。"谓毕于礼也。《伊川易传》谓"四德之元犹五常之仁，偏言则一事，专言则包四者"，荀子之言礼，盖与伊川言元、言仁同，注解于此皆未了。

端而言，蠕而动。

杨注：端读为喘。喘，微言也。蠕，微动也。

案：喘，言貌。蠕，动貌。注谓微言微动，失之支。

方其人之习君子之说，则尊以遍矣，周于世矣。

案：此"其人"即"学莫便乎近其人"之"其人"。其曰"习君子之说则尊以遍周于世"者，盖对上"礼乐法而不说"三句言。"君子"谓孔子也，言其习孔子之说，通于诗书礼乐之故，非仅得其一体也。故曰"尊以遍"。以此应世则无有不周，故又曰"周于世"。惟其人如此，故曰"学莫便乎近其人"。解者率以"其人"与"君子"牵混为一，故缴绕而不可通。

安特将学杂识志顺诗书而已耳。

王引之曰：此文本作"安特将学杂志顺诗书而已耳"。志即古识字也。"学杂志""顺诗书"，皆三字为句。多一识字，则重复而累于词矣。

案：王说未必然。"杂识志"与"顺诗书"对文，学字当略读，言所学如此也。学字为一篇之纲，故处处特提之。

以戈舂黍也，以锥飡壶也。

王先谦曰："以锥飡壶"，言以锥代箸也。古人贮食以壶。

案："以戈舂黍""以锥飡壶"，壶与黍对文，即《诗》"八月断壶"之"壶"，盖"瓠"之假借字也。王以壶飧解之，尚未的。

隆礼虽未明，法士也。

王先谦曰：法士，即好礼之士。

案：法士，即《小戴·经解》所云"隆礼由礼，谓之有方之士者也"。

方与法一义，不必即指礼为法。

匪交匪舒。

王引之曰：交读为姣。《广雅》曰："姣，侮也。"

案：交通绞。绞，急也。"匪交匪舒"，言不绞急、不舒急也。王说失之。

目好之五色，耳好之五声，口好之五味，心利之有天下。

俞樾曰：古之字于字通用。《大戴礼·事父母篇》曰："养之内，养之外。"之内、之外，即于内、于外也。

案："目好之五色"四句，皆当于之字略读。意谓目好之，则是即五色也；耳好之，则是即五声也；口好之，则是即五味也；心利之，则是即有天下也。与孟子言"礼义之悦我心，犹刍豢之悦我口"同意，不得如俞说解之为于。且《大戴》曰"养之内，养之外"，之乃父母之代字，而于为省辞，非之即于也。俞说殆不可通。

天见其明，地见其光，君子贵其全也。

俞樾曰：按两见字并当作贵。

案："天见其明"，高明配天之义也；"地见其光"，博厚配地之义也。君子德配天地之谓全，故言"君子贵全"，先举天地以发之。如俞说改见为贵，文则顺矣，而义则浅矣。

修身篇第二

见善修然，必以自存也。

杨注：修然，整饬貌，言见善必自整饬，使存于身也。○王念孙曰：《尔雅》："存在省察也。"见善必以自存者，察己之有善与否也；见不善必以自省者，察己之有不善与否也。杨解"自存"失之。

案：杨注见善必使存于身，说未为失。如王训存为察，则与修然字义反不贯。前篇曰："为其人以处之。"存，在也；在，居也；居，处也。自存者，即为其人以处之之谓。且下文曰"善在身不善在身"云云，即根存字来。存之训在而不训察，明矣。

扁善之度。

卢文弨曰：案扁，《外传》作辩，则扁当训平。郝懿行曰：扁当为辩。《韩诗外传》一作辩，是也。辩训平也，治也。

案：卢、郝训扁为平，是也，而意尚未尽。平者中也。《礼论》曰："礼者断长续短，损有余益不足。"无余无不足之谓中，观用度字可见也。

治气养心之术。

杨注：言以礼修身，是亦治气养心之术，不必如彭祖也。○王先谦曰：此与上言"扁善之度"各自为义。上言"治气养生"，故以"后彭祖"为说，然其道不外由礼，故下文曰"礼信"是也。此自论治气养心之术，与上不相蒙，杨乃云以礼修身，不必如彭祖，谬矣。

案：此节所论正是礼。盖礼者损有余益不足，裁之以归至正。故末曰："凡治气养心之术，莫径由礼，莫要得师，莫神一好。"杨注本不误，王氏乃斥之为谬，异矣。

又案：第三节承第一节，第四节承第二节，文理甚明，何以云此与上不相蒙？

勇胆猛戾则辅之以道顺。

俞樾曰：顺当读为训。

案：道、顺一义。《书·禹贡》"九河既道"，谓顺其道也。是道亦有顺义。道顺皆猛戾之反。

又案：顺与训、驯、逊，古并通。

事乱君而通，不如事穷君而顺焉。

郭嵩焘曰：通则言听计从恣其所欲为，顺则委身以从之而已。

案：得位之谓通，行道之谓顺。郭以顺为委身从之，非也。

程役而不录。

杨注：程，功程。役，劳役。录，检束也。

案："程役而不录"，对"拘守而详"言。录与虑同声相借，虑之言省也，程役谓勉应期程，如赴役然，谓其非出自本心也，故曰不省。不省与不详对，非与拘守对。杨解录为检束，非是。

夫坚白、同异、有厚无厚之察，非不察也。

杨注引《庄子·天下篇》"无厚不可积"为说曰：无厚不可积，因于有厚可积。

案：今《邓析子》有《无厚篇》。荀子屡言惠施、邓析，此有厚无厚之说必出于邓析无疑。《邓析子》虽伪书，然其篇名当有所据。杨氏"无厚不可积有厚可积"云云，特求其说而不得，从而为之辞耳。

故学曰迟，彼止而待我，我行而就之。

杨注：学曰，谓为学者传此言也。迟，待也。○王念孙曰：学曰疑当作学者。

案："学曰迟"句，犹学之为言迟也。疑古有是语，而荀子引之。迟训待不误，王氏改学曰为学者，则迟字不属矣。

道虽迩，不行不至；事虽小，不为不成。其为人也多暇日者，其出入不远矣。

郝懿行曰：出入，疑当作出人。○王念孙曰：出入当为出人。

案：出入字不误，即前篇所谓"一出焉，一入焉，涂巷之人也"。郝王欲改入为人，非荀书义。

又案：此六句当属上，不得另为一节。

好法而行，士也至**圣人也**节。**人无法则伥伥然**至**然后温温然**节。

案：此二节当合并为一节。无法则伥伥然，承好法而行言；有法而无志其义，承笃志而体言；依乎法而又深其类，承齐明而不竭言。惟深其类，所以不竭也。

有法而无志其义。

杨注：志，识也。

案：志即笃志之志，杨训志为识，非也。

不穷穷而通者积焉。

杨注：积，填委也。

案：积犹聚也。

人有此三行，虽有大过，天其不遂乎。

俞樾曰：过当为祸。

案：俞说过与祸通，是也。此正对上"陷刑戮"言。

君子贫穷而志广，隆仁也。

杨注：仁爱之心厚，故所思者广，言务于远大济物也。

案：隆，尊也。以仁为尊，故虽贫穷而志广，即曾子所谓"彼以其富我以其仁,彼以其爵我以其义,吾何慊者也"。杨注未得其义。

富贵而体恭,杀埶也。

杨注:减权势之威,故形体恭谨。

案:杀与隆对。隆,尊也;杀,卑也。不得作减字解。

安燕而血气不惰,柬理也。

杨注:柬与简同,言简择其事理所宜,而不务骄逸。○刘师培曰:柬当作娴。柬与简通,简与闲通,闲与懒通。

案:柬与闲通,闲有检柬义,谓检束于理也,理谓礼也。

不苟篇第三

然而君子不贵者,非礼义之中也。

杨注:礼义之中,时止则止,时行则行,不必枯槁赴渊也。

案:中犹当也。观后文曰:"君子行不贵苟难,说不贵苟察,名不贵苟传,唯其当之为贵。"以当为言,可知。

欲利而不为所非。

杨注:心以为非,则舍之。

案:所非,谓非义也。杨注迂。

言辩而不辞。

郝懿行曰:《韩诗外传·二》辞作乱。○王念孙曰:不辞当作不乱。

案:辞与非为韵,作辞是也。辞谓多文辞,郝、王说非也。

人污而修之者。

俞樾曰:修当读为涤。涤从条声,条从攸声,修亦从攸声,声同之字故亦得通行。

案:修即修身之修。《楚辞》言"好修",多有好洁义,修之即洁之也。且言去污而易之以修可,言去污而易之以涤,尚复成何辞乎?俞

246

说殊非是。

诚心守仁则形。

杨注：诚心守于仁爱，则必形见于外。

案：诚心守仁则形，形之为言显也。《易》曰"显诸仁"，非形见于外之谓也。杨注失之。

夫此有常以至其诚者也。

杨注：至，极也。

案：至与上"致"同。至其诚，即致诚也。

不诚则不独，不独则不形。

杨注：不能慎其独，故其德亦不能形见于外。○俞樾曰：上文云"致诚则无它事矣，唯仁之为守，唯义之为形"。所谓独者，即无它事之谓。唯仁唯义，故无它事，无它事是谓独，故曰"不诚则不独，不独则不形"。

案：庄子曰"朝彻而后能见独"，此云不诚则不独，语意相似。独自有一番光景，乃实理，非虚辞也。以人所不见释之，已嫌不切，俞直以为无他事之谓，真呓语也。

操而得之则轻，轻则独行。

杨注：举至诚而不难，则慎独之事自行矣。

案：独是本体，慎独是工夫。杨屡以慎独解独，混工夫于本体，非也。

百王之道，后王是也。

杨注：后王，当今之王。

案：后王谓周。杨注云"当今之王"，语嫌混，说见后。

言无常信，行无常贞，唯利所在，无所不倾。

俞樾曰：倾犹尽也。无所不倾，即无所不尽。

案：倾，颇也，偏也。俞训为尽，与上文不属。且下二节言"偏生暗"，言"偏伤之也"，皆承此而言，则倾之为偏无疑。

欲恶取舍之权。

杨注：举下事也。○顾千里曰：案"欲恶取舍之权"，疑当作欲恶利害_句取舍之权_句，脱利害二字。

案："欲恶取舍之权"六字并无脱衍。此犹《王制篇》言"王者之人"、"王者之制"，皆一节之提纲，与下文不相属者也。杨注曰"举下事"，其意甚明。顾欲补入利害二字，直臆说也。又下篇"荣辱之大分，安危利害之常体"云云，亦同此例。

荣辱篇第四

为事利。

杨注：为，于伪反。

案："为事利"，与下文"为倚事"，两"为"同，皆读平声。注谓于伪反，误。

政令法，举措时，听公断。

杨注：举措时，谓兴力役，不夺农时也。

案：举措时，谓举措得其时宜也，非使民以时不违农时之谓。杨注误。

虑之难知也，行之难安也，持之难立也。

杨注：虑之难知，谓人难测其奸诈。行之难安，言易颠覆也。持之难立，谓难扶持之也。○王念孙曰：此言小人虑事不能知也。盖公生明，私生暗，小人之思虑，不足以知事，故曰虑之难知。

案：虑之难知，行之难安，持之难立，皆言其势不顺。王说亦未得其意。盖难者其事之本难，非由小人不能知、不能行、不能持也。

然而人力为此而寡为彼。

俞樾曰：力为多字之误，与寡对文。

案："力为"，力字不误。上言"疾为诞"、"疾为诈"，彼言疾为，此言力为，疾力一也。俞欲改力为多，殊非书旨。曰陋也。

杨注：言人不为彼尧禹而为此桀跖，由于性之固陋也。

案：《修身篇》曰："少见曰陋。"后文以陋与塞与愚并言，正少见之谓，盖言不学也。杨注"由于性之固陋"，以陋属性言，非是。

夫起于变故成乎修。

杨注：变故，患难事故也。

案：变犹化也，即化性之谓。故犹习也。杨注谓患难事故，非是。

是若不行，则汤武在上曷益？桀纣在上曷损？

杨注：若不行告示之道，则汤武何益于天下？桀纣何损于百姓？所以贵汤武贱桀纣，以行与不行耳。○王念孙曰："是若不行"，是字承上文"告之示之"四句而言。言民从告示，故汤武在上则治，桀纣在上则乱。若民不从告示，则汤武在上何益，桀纣在上亦何损乎。杨注失之。

案：是若不行，即不告之示之，孟子所谓"中也弃不中，才也弃不才"也。杨注意是而辞未达。王氏改为民不从告示，转支离矣。

非不欲也，几不长虑顾后而恐无以继之故也。

王念孙曰：案"非不欲也"二句，文意紧相承接，中不当有"几不"二字，盖涉下文"几不甚善"而衍。

案："几不"非衍文。"也"读为邪，几不犹岂非，言岂非长虑顾后而恐无以继之故邪。上接何也，《儒效篇》："然而人谓之富何也？岂不大富之器诚在此也？"与此文法正相类。

俄则屈安穷矣。

杨注：安，语助也。

案：安与焉通，屈安穷即屈焉穷。

其汸长矣，其温厚矣，其功盛姚远矣。

杨注：汸，古流字。温，犹足也。言先王之道于生人，其为温足也亦厚矣。姚与遥同，言功业之盛甚长远也。○郝懿行曰：温与蕴同。

蕴者积也。杨注非。○王引之曰：杨读盛为茂盛之盛，非也。盛读为
成，成亦功也，姚亦远也，言其功甚远也。成与盛古同声而通用。

案：其功与其流、其蕴对文，盛不必与功字相属，仍以从杨注为是。

反鈆察之而俞可好也。

杨注：鈆与沿同，循也。既知礼乐之后，却循察之，俞可好而不
厌。○王先谦曰：杨反字无注，而以却字代释之，非也。反者反复也。
反鈆察之者，反复沿循而察之。

案：反铅二字连文。铅，循也，还也。反铅，犹反还也。

非相篇第五

突秃长左轩较之下而以楚霸。

杨注：长左，左脚长也。《说文》云："轩，曲辀也。"郑注《考工记》云："较，两輢上出式者。"○刘师培曰：轩较之较系骹字之讹。《说文》："骹，胫也。"轩者前高，轩骹者骹形高大之谓也。之下当作乏下。

案：如刘说则长左当谓臂。

又案：较读如角。轩较者，头角隆起也。乏下者，面下削也。刘以乏下为短胫亦非。长左仍当依杨注。

故事不揣长，不揳大，不权轻重，亦将志乎尔。

杨注：言不论形状长短大小肥瘠，唯在志意修饬耳。○卢文弨曰：案注以志意二字训志字，增一字成文耳。宋本作"亦将志乎心尔"，心字衍。○王先谦曰：此承上文，言古之闻人不以相论，故事不揣絜长大轻重，亦且有志于彼数圣贤也。杨注非。

案：宋本有"心"者是也。志读如识。识，量也，度也。意谓不必揣长短、絜大小、权轻重，固将度之于心耳。此盖以起下"长短、小大、美恶形相非论"之文，而与下长短、小大字不相涉。下之长短、小大言人之形，此之长短、小大、轻重特泛言权衡之道，亦如孟子云"权然后知

252

轻重,度然后知长短,物皆然,心唯甚"之意。各家皆未得其解。

是非容貌之患也,闻见之不众论议之卑尔,然则从者将孰可也?

卢文弨曰:《非相篇》当止于此。下文所论较大,并与相人无与,疑是《荣辱篇》错简于此。

案:下文所论乃所谓论心择术之道,正承上文来,不得谓之非本篇之文。

故曰:欲观圣王之迹,则于其粲然者矣,后王是也。

杨注:后王,近时之王也。司马迁曰:"法后王者,以其近己而俗相类,议卑而易行也。"○刘台拱曰:后王谓文武也。杨注非。○汪中曰:《史记》引法后王,盖如赋诗之断章耳,此注承其误。○王念孙曰:后王二字,本篇一见,《不苟篇》一见,《儒效篇》二见,《王制篇》一见,《正名篇》三见,《成相篇》一见,皆指文武而言。杨注皆误。○俞樾曰:刘、汪、王三君之说,皆有意为荀子补弊扶偏,而实非其雅意也。盖孟子言法先王而荀子言法后王,亦犹孟子言性善荀子言性恶,各成其是,初不相谋。比而同之,斯惑矣。《吕氏春秋·察今篇》曰:"上胡不法先王之法?治非不贤也,为其不可得而法。"盖当时之论,固多如此。

案:荀子所云后王,或指三代,或指周。或指三代者,《儒效篇》曰:"道过三代谓之荡,法贰后王谓之不雅。"以后王三代对举,是也。或指周者,此篇下文曰"欲知上世则审周道",又曰"禹汤有传政而不若周之察也"是也。周之道盛于文武,子贡所谓"文武之道,未坠于地",孔子所云"文武之政,布在方策",称述周道必曰文武,荀子固亦犹是耳。刘、汪、王三氏之说甚确,而俞曲园乃以为"为荀补弊扶偏而实非其雅意",岂未考荀子本书耶?

其所见焉犹可欺也,而况于千世之传也。妄人者门庭之间犹可诬欺也,而况于千世之上乎。

俞樾曰:可字衍文,涉上文"犹可欺也"而衍。诬乃挟之误,《韩诗外传》作"彼诈人者门庭之间犹挟欺,而况乎千岁之上乎",可据以订正。

案：诬即欺也。可诬可欺对文，诬下不当有欺字，盖涉上而衍。又荀书自作可诬，不必用《外传》改荀书也。

以类度类。

杨注：类，种类，谓若牛马也。

案：类谓事类，非牛马之类也。注失之。

传者久则论略，近则论详。略则举大，详则举小。

俞樾曰：两论字皆俞字之误，俞读为愈。《韩诗外传》正作"久则愈略，近则愈详"，可据订。

案：论字不误，论与下举字对。论有详略，故举有大小也。俞说非是，《韩诗外传》亦未可据。

法先王，顺礼义，党学者。

杨注：党，亲比也。○郝懿行曰：注云"党，亲比"，非也。《方言》"党，知也"，郭注"党，朗也，解悟貌"。此则党为晓了之意。○俞樾曰：《方言》曰："党、晓、哲，知也。楚谓之党，或曰晓，齐宋之间谓之哲。"荀卿居楚久，故楚言耳。

案：党当从杨注为是。下文言"不好言，不乐言，则必非诚士也"。夫言者，所以晓人，若此训晓，则既有以语之矣，不必更言好言乐言，更不必言君子必辩矣。

故君子之于言也，志好之，行安之，乐言之，故君子必辩。

王引之曰："故君子之于言也"，言当为善。善字本作譱，脱其半而为言，又涉上下文言字而误也。志好之，行安之，乐言之，三之字皆指善而言。下文云"凡人莫不好言其所善，而君子为甚"，是其明证矣。

案：言字不误。下文亦曰"君子之于言无厌"，此言谓先王之言，于乐言字不相犯也。详上下文义可知。王说殊失之武断。

观人以言美于黼黻文章。

王念孙曰：案观本作劝。劝人以言，谓以善言劝人也，故曰美于黼黻文章。若观人以言，则何美之有？《艺文类聚·人部·十五》正引作"劝人以言"。

案：观读去声，示也。下言"听人以言，乐于钟鼓琴瑟"，观与听正一类，不得改字。《艺文类聚》引作劝，此误也，不可从。且言观可以美于黼黻文章，言劝则与黼黻文章何涉乎？王氏盖未之思耳。

故君子之度己则以绳，接人则用抴。

杨注：抴，牵引也。度己犹正己也。

案：度己之度，即前"圣人以己度者也"之度。此言度己以绳，犹《大学》言絜矩之道，非谓正己也。杨注非。

又案：抴者弓抴。言绳者取其直，言抴者取其曲。故上文一则曰"未可直"，再则曰"曲得所谓"。

接人用抴，故能宽容因求以成天下之大事矣。

杨注：成事在众。○王念孙曰：因求二字义不可通，求当为众，字之误也。唯宽容故能因众以成事。杨注云成事在众，言众而不言求，则求为众之误甚明。

案：求字不误。求读如救，即下文谋救是也。抴者所以正弓，接人用抴者，亦取其能救正人之失耳。若但言宽容因众而无救字，则与抴之取义全不相涉矣。

又案：因救亦二字连文。因者因其善，救者救其不善也。

虽不说人，人莫不贵。

杨注：不说犹贵，况其说之。

案：不说人之说当读悦，谓虽不取悦于人也。

居错迁徙，应变不穷。

王念孙曰：居读为举。言或举或错或迁徙，皆随变应之而不穷也。《王制篇》曰："举错应变而不穷。"《君道篇》曰："与之举错迁移，而观其能应变也。"《礼论篇》曰："将举错之迁徙之。"皆其证矣。举与居古字通。

案：居错一义。迁徙一义。居错犹言错置，不得如王说谓或举或错也。《君道篇》"举错迁移",《礼论篇》"举错迁徙",并同。

文而致实,博而党正,是士君子之辩者也。

案:文与实对。文而致实,文而尽于实也。博与正对。博而党正,党,比也,博而比于正也。

非十二子篇第六

不足以合大众，明大分。

杨注：大分，谓忠孝之大义也。

案：分谓上下贵贱之分。杨注忠孝之大义，非苟旨。

曾不足以容辨异，县君臣。

杨注：上下同等，则其中不容分别，而县隔君臣也。

案：县之为言殊也。

上则取听于上，下则取从于俗。

杨注：言苟顺上下意也。○王念孙曰：取听、取从，言能使上下皆听从之耳。杨云言苟顺上下意，失之。

案：如王说，则与下"欺惑愚众"意复，仍以依杨注为是。

案往旧造说，谓之五行。

杨注：五行，五常仁义礼智信是也。

案：五行，水火金木土也。五行自五行，五常自五常，杨以五常解五行，非是。

甚僻违而无类。

王念孙曰：类者法也。《方言》："类，法也。"

案：荀书每言伦类统类。僻违而无类，亦言其无统无伦耳。依本字可解，不必用《方言》解作法也。

以为仲尼、子游为兹厚于后世。

杨注：仲尼、子游为此，言垂德厚于后世也。○俞樾曰：厚犹重也。为兹厚于后世者，兹即指子思、孟子而言。盖荀子之意，谓仲尼、子游之道，不待子思、孟子而重，而世俗不知，以为仲尼、子游因此而得重于后世。故曰是则子思、孟轲之罪也。

案："以为仲尼、子游为兹厚于后世"云云，盖与上曰"此真先君子之言也"相应。兹即指五行之说。厚于后世，犹云赐于后世。杨注未尝误，特语欠明耳。若俞说转失之迂曲，且罪荀旨。

在一大夫之位，则一君不能独畜，一国不能独容。

杨注：言王者之佐，虽在下位，非诸侯所能畜，一国所能容。或曰，时君不知其贤，无一国一君能畜者。

案：杨注前说是。后说无一国一君能畜，与下"莫不愿得以为臣"显相悖，其失甚明。

言无用而辩，辩不惠而察。

王念孙曰：此本作无用而辩，不急而察。辩者智也，慧也，非辩论之辩。下文言辩而逆，乃及言论耳。无用而辩，即谓而无用，非谓言无用而辩也。不急而察，即察而不急，非谓辩不惠而察也。

案：言、辩字非衍文。荀书之所谓辩皆辩说，观上言辩而无用，乃以论名家之邓析、惠施可见也。至下文言辩而逆，亦正承此而言，不得谓下始及言论，而此谈智慧。王氏之说非是。

好奸而与众。

杨注：好奸而与众人共之，谓使人同之也。

案：与，党与也。与众，犹谓所与者众。与众与操僻用乏_{原作用之，}俞樾改乏字_{，是也。}对文。杨注谓与众共之，误。

乐富贵者也。

杨注：乐其道也。○俞樾曰：乐富贵岂得谓乐其道？正文乐字疑涉注文而误。○王先谦曰：富字当是可字之误。正文言乐可贵者也，故注以乐其道释之，惟道为可贵也。○刘师培曰：富贵二字系良贵之讹。

案：富贵字不误。其曰乐富贵者，根上"仕士"来。孟子亦曰："中天下而立，定四海之民，君子乐之。"杨注乐其道者，非解本文，乃因本文而推言之，以足其意。若曰乐富贵者非果以富贵为乐，亦乐其道之得行于天下耳。不得因注遽断本文之有误也。至下言"羞独富"与此亦不相犯，羞独富非羞富也。《中庸》曰："大德者必得其位，必得其禄。"古人未尝以富贵为讳，以其不徒富贵也。后世无可以富贵之实，而顾徼富贵以自荣，其究或反至贼害于天下，于是富贵乃为污恶之名，群避之而不敢道。如俞、王、刘三氏疑富贵为讹字，皆以后世之见而测古人之言者也。

务事理者也。

杨注：务使事有条理。

案：事理二字并列，谓务事、务理，与上远罪过一例。杨注殊迂而失实。

俨然，壮然。

杨注：壮然，不可犯之貌。或当为庄。

案：壮读如庄，注"或当为庄"，是也。

俭然，恀然，辅然，端然，訾然，洞然。

案：俭读如敛，谓自敛约也。又訾与疵同。訾然，不安貌，下"訾訾然"同。

酒食声色之中，则瞒瞒然，瞑瞑然。礼节之中，则疾疾然，訾訾然。

杨注：瞒瞒，闭目之貌。瞑瞑，视不审之貌。谓好悦之甚，佯若不视也。疾疾訾訾，谓憎疾毁訾也。

案：瞒瞒瞑瞑，皆言其昏迷。疾疾訾訾，皆言其不安。疾疾犹蹙麐。杨注失之。

弟佗其冠，神襜其辞。

杨注：神襜当为冲淡，谓其言谈薄也。

案：前言士君子之容，皆上冠而下衣，无道其辞者，此辞字疑衣字之讹。且神襜字皆从衣，若非言衣，无为用衣旁之字也。或本为裔字。裔，衣裾也。裔与辞右旁相似，不知者误加辛为辞耳。

正其衣冠，齐其颜色，嗛然而终日不言，是子夏氏之贱儒也。

杨注：嗛与慊同，快也，谓自得之貌。○郝懿行曰：嗛犹谦也，抑退之貌。

案：《说文》："嗛，口有所衔也。"此"嗛然"正用本义，盖讥之也。非谦退之谓，亦非自得貌也。

仲尼篇第七

是何也？曰：然彼诚可羞称也。

案：然犹则也，属下为句，不得读断。下文"然彼非平政教也"同。

其霸也宜哉。非幸也，数也。

杨注：其术数可霸，非为幸遇也。

案：言数，犹言理、言势，非术数之谓，注误。

能耐任之则慎行此道也。能而不耐任且恐失宠，则莫若早同之。

王念孙曰："能耐任之"、"能而不耐任"，两"能"字皆衍文，耐即能字也。又曰：而读为如，言如不能任其事，则莫若推贤让能也。

案："能耐任之"、"能而不耐任"，两"能"字皆非衍文。能耐字亦不复。能者其才能，实字也。耐者可以堪耐，虚字也。而亦当以本字读之，不读为如，犹言其能能任之，其能不能任也。

勇而好同必胜。

郭嵩焘曰：胜当读为识蒸切。《说文》"胜，任也"，言勇而好同，能尽人之力，则可以任天下之大事。

案：胜读如字。胜负者，勇者之所争，勉之以好同，故曰勇而好同必胜。郭说非。

261

以羞耆而不行施,道乎上为重,招权于下以妨害人。

杨注:施道,施惠之道。欲重其威福,故招权使归于己。

案:当以"羞耆而不行施"施字句绝。上言援贤博施,此言不行施,文正一例。道乎上为重句,道与谄同,道上以为重,与招权于下以妨害人对句。或"为重"上脱一以字。杨注不辞,亦失句读。

以事君则必通,以为仁则必圣。

俞樾曰:仁当作人,言以事君则必通达,以为人则必圣知也。

案:"为仁"仁字不误。为仁孔门自有其说,观《论语》可见。俞说非也。

立隆而勿贰也。

案:隆即隆礼之隆,谓其所尊也,意即指礼言。

顿穷则从之,疾力以申重之。

杨注:疾力,勤力也。

案:疾力连文,疾亦力也。

儒效篇第八

履天子之籍。

杨注：籍，谓天下之图籍也。○王念孙曰：籍者，位也，谓废履天子之位也。

案：籍通藉。藉，席也。言席犹言位。

周公归周。

杨注：周公所封畿内之国，亦名周。春秋周公黑肩，盖其后也。言周公自归其国也。○王先谦曰：归周者，以周之天下归之成王，与"反籍于成王"文义一贯，故下文又以"归周反籍"连言，非谓自归其国。

案：王说是。"周公归周"当连下"反籍于成王"为一句。

天子也者，不可以少当也，不可以假摄为也。

杨注：不可少顷当此位也。

案：少，幼也。不可以少当，谓成王；不可以假摄，谓周公。

周公无天下矣，乡有天下，今无天下，非擅也。成王乡无天下，今有天下，非夺也。

杨注：擅与禅同，言非禅让与成王也。

案：擅与夺对，当如本训，不得作禅。

致贵其上者也。

杨注：致，极也。

案：致贵之致，即致君尧舜之致。注训为极，非也。

礼节修乎朝，法则度量正乎官。

杨注：官，百官。○王念孙曰：官与朝对文。《曲礼》："在官言官，在朝言朝。"郑注曰："官谓板图文书之处是也。"《富国篇》亦曰："节奏齐于朝，百事齐于官。"杨云"官百官"，失之。

案：古之所谓官，即后世之所谓衙署也。郑注亦未是，此不得引之。

先王之道，仁之隆也。

杨注：先王之道，谓儒学，仁人之所崇高也。

案：仁者人也，仁之隆者，人道之隆也。故下曰："道者非天之道，非地之道，人之所以道也。"人之隆，钱本作仁人隆，此必旧有以人释仁，注人字于仁旁，后遂并入正文耳。仁不作仁义字解。

不恤是非然不然之情。

王引之曰：然不然，本作然不，即然否也。

案：然不然，当时自有此语。观《庄子·齐物论》言"然于然，不然于不然"，可见也。荀书本不误，王氏乃欲以己意改之，异矣。

夫是之谓中事，夫是之谓中说，事行失中，知说失中。

案：中当读仲，言当也。前"比中而行之"之中亦同，与《中庸》之"中"异。

图回天下于掌上。

杨注：图，谋也。回，转也。言图谋运转天下之事如在掌上也。○俞樾曰：杨注图谋运转两义不伦，恐非其旨。图者圜之误字。《广雅·释诂》："圜，圆也。"圜回，犹圆转也。

案：俞说图为圆字之误，是也。圆与运通，回者转也，圆回运转一义。孟子亦曰："天下犹运之掌上。"

264

屑然藏千溢之宝。

郝懿行曰：屑，琐细之貌。至宝必不盈握，故以琐细言之。

案：屑，清也，洁也，屑然犹洁然。又屑修双声通转，屑然犹修然矣。非琐细之貌。千溢之宝不得谓之琐细也。

比周而誉俞少。

王念孙曰：誉非名誉，即与字也。言虽比周以求党与，而党与愈少也。下句"鄙争而名俞辱"，乃言名誉耳。

案：上云"贵名不可以比周争"，此云"比周而誉俞少"，誉自如本训，王说非是。

行法至坚。

王念孙曰：法者正也，言其行正，其志坚。故下句云："不以私欲乱所闻也。"

案：行法之法，即《劝学篇》法士之法。法曰法，守法亦曰法也。本字义自可明，不必以正训之，转失其义。

以桥饰其情性。

案：桥饰之饰，当读如饬。饬，正也。

上则能大其所隆。

王先谦曰：所隆，谓其所尊奉者，言能推崇其道而大之。

案：其所隆，谓其所尊事之人大其所隆，即前所谓"致贵其上"，非言推崇其道而大之也。王氏说误。

行礼要节而安之，若生四枝。

杨注：要，邀也。

案：要节之要当训约，下要时之要则训邀，二字不同义。杨注"要，邀也"，当在"要时"句下。

又："而安之"，而字疑衍，安之疑当作之安。下云"要时立功之巧，若诏四时平正和民之善，亿万之众而抟若一人"，此三句相对成文，彼曰"之巧"、"之善"，则此自当作"之安"也。

分分兮其有终始也。

杨注：事各当其分，即无杂乱，故能有终始。○王念孙曰：分分当为介介，字之误也。○俞樾曰：分当读为份。《说文·人部》："份，文质备也。从人分声。"《论语》曰："文质份份。"分分即份份也，省偏旁耳。

案：分读如份，俞说是。但此自作分别貌，不言文质备也。

如是则可谓圣人矣。

王先谦曰：此句衍文。

案："如是则可谓圣人矣"，乃重言以咏叹之，非衍文也。具下"神固之谓圣人"，正与此句相应。若删此句，则文势隔远，不相连属矣。

执神而固。

杨注：执持精神坚固。

案：神者不测之谓，非言精神也。观下"尽善挟治"之解可见。杨注执持精神，大误。

遂乘殷人而诛纣。

杨注：乘，乘其倒戈之势。○郝懿行曰：倒戈之语非荀所称易乡者，盖谓纣卒辟易奔北耳。又曰：乘者覆也，谓驾其上也，注非。

案：杨注乘倒戈之势，云倒戈未然，而言乘势者是也。故接曰"杀者非周人，因殷人也"。若如郝说训乘为覆，则与下文反不相连。郝说非也。

不知隆礼义而杀诗书。

郝懿行曰：杀盖敦字之误，下同。

案："杀诗书"，杀字不误，杀谓卑抑之。《劝学篇》曰："诗书故而不切。"又曰："不道礼宪以诗书为之，譬之犹以指测河、以戈舂黍、以锥飡壶也。"隆礼义而杀诗书，正荀子语。后言雅儒，亦曰隆礼义而杀诗书，盖正对此。郝氏说非也。

然而明不能齐，法教之所不及，闻见之所未至，则知不能类也。

杨注：虽有大体其所见之明，犹未能齐言行使无纤介之差。又曰：有所不知，则不能取比类而通之也。○俞樾曰：杨注断"明不能齐"为句，此失其读也。齐读为济，"然而"以下十八字作一句读，言法教所及、闻见所至，则明足以及之，而不能济其法教所未及、闻见所未至也。所以然者，由其知不能类也。学者误谓明不能齐、知不能类相对成文，遂以齐字断句，失之矣。《韩诗外传》正作"明不能济法教之所不及，闻见之所未至"，无"知不能类"句。

案：杨读"明不能齐"句不误。《修身篇》曰："好法而行，士也。笃志而体，君子也。齐明而不竭，圣人也。"此言明不能齐，谓其不能如圣人之齐明而不竭也。圣人即下所谓大儒。《外传》作济者，盖俗儒所改。俞氏欲以《外传》易荀书，以误易不误，非是。

法先王。

杨注：先王当为后王。

案：荀书言先王，言后王，辞异而义实同。盖自当时言之，则谓之先王；自上古言之，则谓之后王，皆指三代或周而言也。《劝学篇》曰："将原先王，本仁义，则礼正其经纬蹊径也。"《非相篇》曰："言不合先王，不顺礼义，谓之奸言。虽辩，君子不听。"此篇亦曰："先王之道，仁之隆也。"则此云法先王未为误。杨注谓当为后王，非也。荀书先王后王，非为相对之辞。前言"俗儒略法先王而足乱世术"，与《非十二子篇》言"略法先王而不知其统"语意正相似，讥其略而不知统，非讥其法先王也。后人误认先王后王为对立，遂有荀子法后王不法先王之谬说，盖未尝检荀子全书而通阅之也。

知之不若行之，学至于行之而止矣，行之明也，明之为圣人。

案：上言"行之曰士也，知之圣人也"，此言"知之不若行之，学至于行之而止矣，行之明也，明之为圣人"，非自相抵牾也。行有安勉，知有浅深，此明之为圣人，即知之圣人也，不得以此疑彼。

知之而不行，虽敦必困。

杨注：苟不能行，虽所知多厚，必至困踬也。

案：此敦即上文敦慕焉之敦，亦训勉。杨谓多厚，非是。

而师法者，所得乎积，非所受乎性，不足以独立而治。

王念孙曰："不足以独立而治"上，当更有一性字，言性不足以独立而治，必待积习以化之也。

案：不足以独立而治，即谓不可无师法也，上不得添性字，王说非是。

而都国之民，安习其服。

杨注：安习其土风之衣服。

案：服即服习之服，犹言行也，非衣服也。

积靡使然也。

杨注：靡，顺也。顺其积习故能然。

案：积靡连文，靡之言磨也。注谓顺其积习，以靡为顺，误。又案《性恶篇》"靡使然也"，注"或曰靡，磨切也"，或说是也。此言积靡，彼言靡，一也。

大积靡，则为君子矣。

杨注：大积靡，谓以顺积习也。

案：大，犹隆也。大积靡，即隆积。杨注未是。

《诗》曰："维此良人，弗求弗迪。维彼忍心，是顾是复。民之贪乱，宁为荼毒。"此之谓也。

杨注：《诗·大雅·桑柔》之篇。迪，进也，言厉王有此善人，不求而进用之，忍害为恶之人，反顾念而重复之。故天下之民贪乱，安然为荼毒之行，由王使之然也。

案：引《诗》断章，不必与原意合。此良人以喻君子，彼忍心以喻小人。"民之贪乱，宁为荼毒"，言其贪于祸乱，乃自为荼毒，即所谓日徼其所恶也。杨注全非。

王制篇第九

罢不能,不待须而废。

杨注:须,须臾也。

案:须犹缓也,不作须臾解。下文"须而待之",注谓"须暇之",此"须"义亦当同。

职而不通,则职之所不及者必队。

杨注:虽举当其职,而不能通明其类,则职所不及者必队。队与坠同。

案:《周礼·冢宰》:"以八灋治官府。一曰官属,以举邦治。二曰官职,以辨邦治。三曰官联,以会官治。"官属、官职之后,必继之以官联者,即所以防职而不通也。又《小宰》以官府之六联合邦治,亦是此意。杨注以不通为不能通明其类,语欠分明。

分均则不偏。

王念孙曰:偏读为遍,言分既均,则所求于民者亦均,而物不足以给之,故不遍也。下文曰"势位齐而欲恶同,物不能澹",正所谓不遍也。

案:偏当读如平。均似平也而非平,犹齐似壹也而非壹,故引《书》"维齐非齐"以结之。王说似尚隔一层。

成侯嗣公,聚敛计数之君也,未及取民也。子产取民者也,未及为政也。

杨注:取民谓得民心。○俞樾曰:杨注以取民为得民心,于义甚晦,殆非也。老子曰:"故取天下者,常以无事。"河上公注曰:"取,治也。"此取字亦当训治,取民言治民也。

案:取民犹得民,杨注不误,特不必加一心字耳。孟子论子产曰:"惠而不知为政。"惠者得民之事,非治民之事也。若如俞说,则为政修礼,独非治民耶?

又案:取当读聚。《大学》曰:"财聚则民散,财散则民聚。"取民对聚敛言,则作聚民为是。

王夺之人,霸夺之与,强夺之地。

杨注:人谓贤人。与谓与国也。强国之术,则夺人地也。

案:之人、之与、之地,犹言其人、其与、其地也。人谓民人,杨以贤人当之,非也。

人之城守,人之出战。

俞樾曰:出当为士,字之讹也。守必以城,战必以士。人之城守,人之士战,正相对成文。

案:俞说非也。战以士,守独不以士乎?上节言入不可以守,出不可以战,就我言则可言入,此就他人言,不得曰入,故易言城守也。城守出战,义正相对,何烦改字乎?

诸侯莫不怀交接怨而不忘其敌。

杨注:交接,连结也。既以力胜而不义,故诸侯皆欲相连结怨国,而不忘与之为敌。本多作坏交接,言坏其与己交接之道也。○郝懿行曰:接者续也。怀交,谓私相缔交。接怨,谓连续修怨。注非是。○王念孙曰:"诸侯莫不怀交接"为句。坏怀古字通。杨后说以坏交接连读,是也。前说以怀交接怨连读,失之。○俞樾曰:杨注二说皆未安。王氏谓当从后说,非也。疑怨字当在交接二字之上,本作"诸侯莫不怀怨交接,而不忘其敌",怀怨交接,犹匿怨而友其人也,故不忘其敌。传写夺怨字,而误补之接字之下耳。○王先谦曰:案郝说是也。

案:怀交之怀,与怀诸侯之怀同。怀交者,其素交好者则怀之。接怨者,其素有怨隙则接之。接者谓交之已断而复续者也。怨而亦可接者,以大敌当前故也。故曰而不忘其敌。战国之世,各国之间,时离时合,其如此者多矣。曰交、曰怨、曰敌,正重在一敌字。文自分明,而诸家莫有能解者何也?

虑以王命,全其力,凝其德。

杨注:虑,计也。○王念孙曰:虑,犹大氐也。

案:杨注"虑,计也"不误。后文"非其道而虑之以王也",此虑与彼虑正同。虑,思也,计也。轻之则言思,重之则言计。

然后渐庆赏以先之。

杨注:渐,进也,言进勉以庆赏也。○郝懿行曰:渐子廉切,读若渐民以仁之渐。其训渍也,浸也,深染入也。

案:渐,深也。深庆赏,犹言重庆赏,正与下"严刑罚"对文。郝说深染入也,亦未了。

修友敌之道。

案:友敌二字连文,此敌乃敌体之敌,非仇敌之敌也,与前言"敌诸侯",后言"天下莫敢敌",两"敌"字不同。言友又言敌者,正以见其不欲相臣也。杨无注,不免遗漏。

天下无王霸主则常胜矣。

杨注:无王者,则霸者常胜也。○王念孙曰:"天下无王霸主",本作"天下无王主"。上文说强者之事云"天下无王霸主句则常胜矣",言天下无王霸主,则强者常胜也。此文说霸者之事云"天下无王主句则常胜矣",言天下无王主,则霸者常胜也。王主二字之间,不当更有霸字,盖涉上文"王霸主"而衍。杨不知霸字之衍,而读"天下无王"为句,"霸主则常胜矣"为句,则句法与前不合。

案：杨读确误，而霸字不必衍。天下有王，霸者固不能常胜。天下有二霸，霸者亦不能常胜。观春秋晋楚并霸时可见也。恐荀书意如此，不得从王说删之。

王者之人。

杨注：王者之佐。

案：王者之人，人字实包君臣言。注专指王者之佐，非是。

饰动以礼义，听断以类。

杨注：所修饰及举动，必以礼义。

案：义字疑衍文，当作"饰动以礼"，与"听断以类"相对。荀书之例，礼义二字连言者恒轻，单提一礼字者恒重，此处与类字对举，似宜从其重者。杨注"必以礼义"，因礼而及义，便于成文耳，未必所见本即有义字。

又案：言王者之制，必先言王者之人者，所谓有治人无治法之意，即根前第二节"有良法而乱者有之，有君子而乱者自古及今未尝有"来。儒术之异于法家者正在此。

又案：言王者之人如此其略者，已详见《儒效篇》，故更不待烦言也。

王者之论。

杨注：论谓论说赏罚也。○王先谦曰：杨说非。论亦当读为伦，伦者等也，言为君者能行此政，则是王者之等也。下文云："此五等者，王霸安存危殆灭亡之具也。"以王者之政为一等，与此可互证。

案：论字不得读伦。后曰"夫是之谓定论"，可曰夫是之曰定伦乎？《小戴记·王制篇》曰："凡官民材，必先论之。论辨，然后使之。任事，然后爵之。位定，然后禄之。爵人于朝，与士共之。刑人于市，与众弃之。"此下曰"贵德官能，赏功罚罪"，与彼义正同。则论即论官之论，谓考其德艺也。

尚贤使能而等位不遗。

杨注：不遗，言各当其材。

案：不遗谓不失也。"不遗"正与下"不过"相对。

王者之等赋政事财万物，所以养民也。

杨注：等赋，赋税有等，所以为等赋及政事。裁制万物，皆为养人，非贪利也。○刘台拱曰："所以"字当在"财万物"上。○王念孙曰：之字下当有法字。又曰：等赋二字连读，政读为正，言等地赋，正民事，以成万物，而养万民也。杨读"王者之等赋"为句，"政事财万物"为句，皆失之。

案：王者之等赋政事，此事字疑衍。"等赋政"与"财万物"相对为文，此节所言为等赋政事，后节所言则裁万物事也。"所以"二字亦不得如刘说移于"财万物"上。王说之字下有法字，是。余未必然。

北海则有走马吠犬焉，然而中国得而畜使之至《诗》曰："天作高山，大王荒之。彼作矣，文王康之。"此之谓也。

案：此节当与上合并为一。上节曰："无幽闲隐僻之国，莫不趋使而安乐之。"此节曰："上以饰贤良，下以养百姓，而安乐之。"两安乐之，正前后相应，其文固不得分析，不独此节为说财万物事，与上相承也。大氐分节者，以"是王者之法也"一语，遂尔截断，以与前"王者之人"、"王者之制"、"王者之论"，归于一律耳，初未尝详其文字之条理脉络也。

以类行杂，以一行万，始则终，终则始，若环之无端也，舍是而天下以衰矣。

杨注：始，谓类与一也。终，谓杂与万也。言以此道为治，终始不穷无休息，则天下得其次序，舍此则乱也。○王念孙曰：始终二字，泛指治道而言。下文曰："君臣父子兄弟夫妇，始则终，终则始。"义亦同也。始非谓类与一，终亦非谓杂与万。

案：下文云"天地生君子，君子理天地"，即所谓"终始始终，若环之无端"者也。

君子者，礼义之始也。为之，贯之，积重之，致好之者，君子之始也。

杨注：言礼义以君子为本，君子以习学为本。○王引之曰："君子之始也"，"之始"二字盖涉上三"之始"而衍。

案："君子"下"之始"二字非衍文。杨注"礼义以君子为本,君子以习学为本",实得其意。王氏说非也。

故丧祭、朝聘、师旅一也,贵贱、杀生、与夺一也,君君、臣臣、父父、子子、兄兄、弟弟一也,农农、士士、工工、商商一也。

杨注:此已下明君子礼义之治,为之制丧祭、朝聘之礼,所以齐一民各当其道,不使淫放也。下"一"之义皆同。

案:此四句即所谓"以一行万"也。杨注"所以齐一民"非是。

又案:"以类行杂"二句,疑当在"故丧祭朝聘"句上,如是则文理较为分明。或系错简,然未敢定也。

圣王之制也。

案:圣王之制也,当属下读。盖"斧斤不入山林"以下,皆言其制也。

圣王之用也。

杨注:用,财用也。

案:圣王之用也,亦当属下读。又用者,体用之用,非财用也。杨注误。

故曰一与一是为人者,谓之圣人。

杨注:一与一,动皆一也。是,此也。以此为人者,则谓之圣人也。○王先谦曰:与读为举。上言以一行万,是上之一也。丧祭、朝聘、师旅诸事,皆所以一民,是下之一也。以上之一举下之一,故曰一举一。

案:与读举,是也。谓一举一则非也。一是二字相连,《大学》曰"壹是皆以修身为本",一是即壹是,犹一切也。一举一切,所谓以一持万也。"一与一是为人"六字当一气读,亦不得从是字断句。

顺州里。

杨注:使之和顺。

案:顺谓次序之也。注使之和顺,失之。

占祲兆。

杨注:兆谓龟兆。或曰:兆,萌兆。谓望其云物,知岁之吉凶也。

案：兆当从后说。下始云"钻龟陈卦"，此不得先言龟兆也。

天下胁于暴国，而党为吾所不欲，于是者日与桀同事同行，无害为尧。

王先谦曰：《方言》："党，知也。楚谓之党。"吾所不欲，即谓胁于暴国也。于是时而后知为吾所不欲，与桀同事而无害为尧，为时晚矣。功名安危所系，当在国家闲暇之日也。举尧、桀者，圣君、暴君之极也。

案：党，或也，与《天论篇》"怪星之党见"之党同。日与桀同事同行，即指吾所不欲言。此文本自明白。盖国未能独立，即不能免于累，即不能不为暴国所胁。为暴国所胁，即不能不与之同事同行，而为吾所不欲为之事。然而无害为尧，何者？则以此非功名之所就，非安危存亡之所随也。王注不独缭绕，且不可解。

权者重之。

王先谦曰：下"兵劲名声美"皆承上言之。此云权者重之，上无所承，疑有夺文。

案：权者重之，谓上中立无有所偏，偃然按兵不动也。兵之劲名声之美皆本乎此，故首言之，中未必有夺文。王说谓无所承，非也。

而勿忘栖迟薛越也。

案：下文栖迟薛越，与畜积并聚对言。则栖迟薛越并耗散之意，与《诗》言栖迟不同。杨无注，当补。

我今将顿顿焉日日相亲爱也以是待其敝。

案："我今将顿顿焉日日相亲爱也"不得句绝，当读至"以是待其敝"为句。

事行则蠲疑。

郝懿行曰：蠲者明也，谓喜明察而好狐疑也。

案：《玉篇》："蠲，疾也。"此蠲字当从疾训，与上轻字下锐字正一类。若曰喜明察而好狐疑，吾未见好狐疑者之能明察也。且既喜明察，又好狐疑，亦嫌不辞。

富 国 篇 第 十

万物同宇而异体，无宜而有用，为人数也。

王念孙曰："无宜而有用为人"为一句。"数也"为一句。为读曰于，言万物于人虽无一定之宜，而皆有用于人，数也。数也云者，犹言道固然也。"数也"与下"生也"对文。杨以"为人数也"四字连读，而属下为义，故失之。

案：同异、有无相对成文，皆五字句，不得于"有用"下多二字。且言万物同宇，则人亦在万物之中。如王氏说，万物有用于人，则人与万物为对，于文当先说人，后及万物，不得以万物开端也。窃意"无宜而有用"，仍当句绝，下"为人"自为一句。为读去声，意谓万物虽与人并生，然人者万物之总则，取物以养人，固道之当然，故曰数也。为人者，为人而物不得不贱也。始言万物，继于万物中特提出人，而曰道当为人，此亦文字先后之序所宜然也。

埶同而知异。

案："埶同而知异"句，应属上读。"皆有可也知愚同"，所谓埶同也。"所可异也知愚分"，所谓知异也。

则民心奋而不可说也。

杨注：说读为悦。

案：说，谕也，当读如字。

知者未得治，则功名未成也。

杨注：功名之立，由于任智。

案：功者功用，名者名分，非常言所谓功名也。注似未了。又言功名之立由于任智，语与本文亦无涉。

而能不能兼技，人不能兼官。

杨注：虽能者亦不兼其技功，使有分也。又曰：皆使专一于分，不二事也。

案：能不能兼技，言人之能，不能兼通数技也。注"虽能者亦不兼其技功"，作能者说，非是。又人不能兼官，注言"使专一于分，不二事也"，亦非。此言人自不能，非谓必使之如此也。

离居不相待则穷。

杨注：不相待遗弃也。

案：不相待，谓独立而不待于人，非曰遗弃人也。此正承上"不能兼技兼官"言。注未了。

不以德为政。

杨注：德谓教化，使知分义也。

案：政读如正。不以德为政，谓力征者不知正之以德也。此德字对力言，非教化之谓。

民富则田肥以易。

杨注：易谓耕垦平易。

案：易，治也，非平易之谓。

上以法取焉，而下以礼节用之。

案：上者对民言。以法取，以礼节用，皆上之事。则"而下"不当有"下"字。此不知者以上"上"字而妄加耳。观后"或以无礼节用之"

上无"下"字,可见。

而或以无礼节用之。

案：或以无礼节用之,犹言或无礼以节用之也。

由士以上,则必以礼乐节之。众庶百姓,则必以法数制之。

杨注：君子用德,小人用刑。

案：以礼乐节之,以法数制之,言节用制用也。注"君子用德,小人用刑",非荀旨。

必时臧余,谓之称数。

杨注：足用有余,则以时臧之。此之谓有称之术数也。

案："谓之称数",数,数度也；称数,犹言合度。注非。

礼者贵贱有等至**故曰朝无幸位,民无幸生,此之谓也。**

案：自"礼者贵贱有等"至"此之谓也",言节用以礼也。其不明结者,文义自明,无待指说也。下文"轻田野之税"至"如是则国富矣",结之曰"夫是之谓以政裕民",与此正两扇相对。

将以明仁之文,通仁之顺也。

杨注：仁,谓仁人也。○王先谦曰：此言先王将欲施仁道于天下,必先有分割等异,乃可以明其文而通其顺。若无分割等异,则无文不顺,即仁无所施矣。杨注非。

案：仁即《儒效篇》"仁之隆也"之仁,谓人道也。王氏泛以仁道释之,亦非。

掩地表亩。

杨注：掩地,谓耕田使土相掩。○王引之曰：掩地二字义不可通,掩疑撩之讹。《说文》："撩,理也。"

案：掩,覆也。掩地者,覆土之谓。

是将率之事也。

杨注：将率犹主领也,若今宰守。○俞樾曰：此言足天下之道。前后皆言农事,而此云将率之事。杨注曲为之说,未为得也。盖古之为将率者，其平时即州长、党正之官。《周官·州长职》："若国作民而师田行役之事，则帅而致之，掌其戒令与其赏罚。"郑注曰："掌其戒令赏罚，则是于军因为师帅。"贾疏云："因为师帅者，若众属军吏，别有军吏掌之，何得还自掌之？故知因为师帅也。但在乡为州长，已管其民，在军还领已民为师帅，即是因内政寄军令也。"又《党正职》注曰："亦于军因为旅帅。"《族师职》注曰："亦以军因为卒长"以是推之，闾胥即为两司马，比长即为伍长，《夏官》序官疏曰"闾胥以下，虽不言因为，义可知"是也。此云将率，即指州长、党正之属，从其在军之名而称之曰"将率"，正见内政、军令之可通。杨注未达斯旨。

案：将字本不必指掌军者而言。汉人谓举主为举将，郡吏称太守亦曰将，则将即长官之号，不待远引《周官》"因内政寄军令"而后可知也。

若夫兼而爱之，兼而制之。

案："兼而制之"，制亦利字之讹。兼爱、兼利，语本墨子。

若是则瘠，瘠则不足欲，不足欲则赏不行。

杨注：瘠，奉养薄也。奉养既薄，则不能足其欲。欲既不足，则赏何能行乎？言皆由不顾赏也。夫赏以富厚，故人劝勉。有功劳者而与之粗衣恶食，是赏道废也。

案：不足欲，欲者愿也。不足愿，谓不足为民仰望，犹云不尊也。不尊故赏不行。注言"不能足其欲"，以欲属人君。又言"皆由不顾赏也"，"有功劳者而与之粗衣恶食，是赏道废也"，则不足欲又似属之臣下之当受赏者。并与本义不合。

渐庆赏。

杨注：渐，进。

案：渐犹深也，深犹重也。已见上《王制篇》。

使天下生民之属，皆知己之所愿欲之举在于是也。

杨注：言生民所愿欲，皆在于是也。

案：愿欲犹言仰望。说见前。

则财货浑浑如泉源。

杨注：浑浑，水流貌。

案：浑浑犹混混。《孟子》曰："源泉混混。"

则天下大而富，使而功。

杨注：大读为泰，优泰也。使，谓上之使也。可使则有功也。○谢本从卢校作"使有功"。刘台拱曰："使有功"，当作"佚而功"。○王念孙曰：刘说是也。○王先谦曰：刘、王谓"有"当为"而"，是也。改"使"为"佚"，非也。"大而富"承上"万物得宜"言，"使而功"承上"赏行罚威"言，文义甚明，不烦改字。

案：作"佚而功"，是也。"使而功"与"大而富"不能相对，"大"当依杨注读"泰"，非谓万物大多也。

是奸治者也。

杨注：奸人为治，偷取其誉。

案：奸治犹言害治。注非。

进事长功。

杨注：益上之功利也。

案：长功，谓尚功也。注非。

使民夏不宛暍。

杨注：宛读为蕴，暑气也。《诗》曰："蕴隆虫虫。"或曰："宛"当为"奥"。篆文"宛"字与"奥"字略相似，遂误耳。

案：宛古音与燠同，盖同声假借。

上下俱富。

郝懿行曰：富与福同，古字通用。此文不为富言，故知为"福"。上云"夏不宛暍，冬不冷寒，急不伤力，缓不后时"，此正上下俱受其福之意。

案：富字仍当用本义为是，以此固以《富国》名篇也。

故君国长民者,欲趋时遂功,则和调累解,速乎急疾。忠信均辨,说乎赏庆矣,必先修正其在我者,然后徐责其在人者,威乎刑罚矣。

杨注:自"故君国长民"已下,其义未详,亦恐脱误。或曰:累解,婴累解释也。言君国长人,欲趋时遂功者,若和调而使婴累解释,则民速乎急疾。言效上之急不后时也。若忠信均辨,则民悦乎庆赏。若先责己而后责人,则民畏乎刑罚。○俞樾曰:累解与和调,皆二字平列,训为婴累解释,非其义矣。《儒效篇》曰"解果其冠",杨注引《说苑》"蟹螺者宜禾"为证。窃谓累解与蟹螺一也。彼从虫而此否者,书有繁简耳。蟹螺倒为累解,犹和调亦可云调和也。《说苑》以"蟹螺""污邪"对文,则蟹螺之义,殆犹平正矣。

案:"和调累解,速乎急疾"者,谓急疾不如调和也。"忠信均辨,说乎赏庆"者,谓赏庆不如忠信也。"先修正其在我者,然后徐责其在人者,威乎刑罚",谓刑罚不如先正己后责人也。义自分明。注乃言未详,又疑有脱误,盖未寻上下文理,而又深求之,是以惑耳。

又案:累解皆有缓义。观"速乎急疾"之文,明与急疾相对,作宽缓解为是。即《儒效篇》"解果其冠"亦然,故与"逢衣浅带"并言。逢浅、解果,义并相近。

三德者诚乎上。

杨注:三德,谓调和累解、忠信均辨、正己而后责人也。或曰:三德,即忠信、调和、均辨也。

案:三德者,调和累解一也,忠信均辨二也,正己而后责人三也。注本不误。又引或说,反游移失据矣。或说当删。

尚贤使能以次之。

王先谦曰:《晋语》韦注:"次,行列也。"次之,谓使之就列。

案:次之犹言等之,使有等列也。王说亦欠分晓。

其塞固。

杨注:其所充塞民心者固。

案：塞者杜塞。塞与道对，道者导之使行，塞者杜之使不行。《管子》屡言决塞，《商君书》有《开塞篇》，决塞、开塞、道塞，一也。注非是。又案《君道篇》曰"公道达而私门塞"，塞与达对。达，通也，则塞之义可知矣。

利而不利也、爱而不用也者，取天下矣。利而后利之、爱而后用之者，保社稷也。不利而利之、不爱而用之者，危国家也。

王念孙曰："取天下矣"，"保社稷也"，"危国家也"，本作"取天下者也"，"保社稷者也"，"危国家者也"。今本或作"矣"，或作"也"，文义参差不协，当依《文选·五等诸侯论》注所引改正。

案：此不必改，古人引书即未必一一依其原文也。

其竟关之政尽察。

杨注：尽察，极察，言无不察也。

案：尽察二字并列。尽，悉也，悉察一义。

其于货财，取与计数也，须孰尽察。

杨注：须，待也。○俞樾曰：须字无义，乃顺字之误。

案：俞说须为顺之讹，是也。顺读为驯。驯熟一义。尽察一义。

十年之后，年谷复熟，而陈积有余。

顾千里曰："后"下疑脱"七年之后"四字，承上"故禹十年水汤七年旱"言之。

案：言十年则足以包七年矣。顾说殊迂。

以国持之。

杨注：以一国扶持之。○王念孙曰：持，载也，《中庸》曰"辟如地之无不持载"是也。杨说"持"字未确。

案：持犹养也。荀书多以持养并言，是持养一也。

君人者，并可以觉矣。百里之国，足以独立矣。

杨注：此言无道则虽大必至灭亡，有道则虽小足以独立也。

案：独立谓不随俗也。"可以觉"，"足以独立"义正相同，非谓其虽小而不至灭亡也。注失之。

以国载之，则天下莫之能隐匿也。

杨注：载，犹任也。以国委任贤士，则天下莫能隐匿。言其国声光大也。

案：以国载之，对上"布衣紃屦之士"言，谓布衣之士犹然，而况有国者乎？注非是。

境内之聚也，保固视可。

杨注：其境内屯聚，则保其险固，视其可进。谓观衅而动也。○王念孙曰：杨读"保固视可"为一句，非也。此当读"境内之聚也保固"为句。"视可午其军"，"可"字因上文"不可"而衍。○俞樾曰：王氏谓"可"字衍文，"视"字当属下读，然《强国篇》亦有"视可司闲"之文，旧说恐未可改。○王先谦曰：见可而进，文义自明，俞说是也。

案：视可二字当属下读。"境内之聚也保固"言守，"视可午其军取其将"言战。

视可午其军，取其将，若拨麷。

杨注：午读为迕，遇也。麷，麦之芽蘖也，至脆弱，故以喻之。若拨麷，如以手拨麷也。○王念孙曰：视午其军，取其将，若拨麷者。午，触也，言境内之聚安固，则视触人之军，取人之将，若拨麷也。○郝懿行曰：午者逆也。彼来而此逆之，取其将若拨麷者。熬麦曰麷，见《笾人》注。熬，干煎也，今谓之焙。盖麦干煎则质轻脆，故拨去之甚易。○俞樾曰：古义每存乎声。麷既音丰，即可读为丰。丰者蒲也。蒲之为物至脆弱，故以手拨之至易也。

案：若拨麷，言难。麷轻细，非拨之可开也。故继之曰"彼得之不足以药伤补败"。其军其将，指守者之军将，非攻者之军将也。诸说并不得其解。

将修小大强弱之义以持慎之。

杨注：慎读曰顺。修小事大、弱持强之义，守持此道，以顺大国也。○郝懿行曰：慎即谨也，谓谨持此义。

案：杨注读慎为顺，是也。若如郝说"谨持此义"，则当曰慎持，不当曰持慎也。

则货宝单而交不结。

案：单读如殚，尽也。

君卢屋妾。

杨注：卢当为庐。君庐屋妾，谓处女自称是君庐屋之妾，犹言箕箒妾，卑下之辞也。○卢文弨曰：君庐句疑有讹字。○刘台拱曰："君庐屋妾"，君疑作若。言讪要桄朋，若庐屋之妾也。○王先谦曰：刘说是。

案："君庐屋妾"，"君"字不误，但上省一"曰"字耳。此种古书甚多其例。如《孟子》曰："吾君不能谓之贼，吾身不能居仁由义谓之自弃也。"皆上省一"曰"字。

王霸篇第十一

安之者必将道也。

杨注：必将以道守之。○王先谦曰：《广雅·释诂》："将，行也。"言安天下必行道也。

案：将犹以也。必将道，必以道也。

无他故焉，略信也，是所谓信立而霸也。

杨注：虽未能济义，略取信而行之，故能致霸也。

案：略犹取也，略信即取信，不得曰"略取信而行之"。

齐闵薛公是也。

杨注：薛公，孟尝君田文，齐闵王之相也。

案：薛公疑谓孟尝君之父田婴齐，非田文也。

绵绵常以结引驰外为务。

杨注：绵绵，不绝貌。引读为靷。靷，引轴之物。结引，谓系于轴，所以引车也。齐闵、薛公不修德政，但使说客引轴驰骛于他国，以权诈为务也。

案：结引谓结纳与国。注误。

285

是惮惮非变也。

杨注：惮与坦同。言国者，但继世之主自新耳，此积久之法，坦坦然无变也。○郝懿行曰：此惮疑幝字之形讹。《毛诗》"檀车幝幝"，传云"幝幝，敝貌"，与此义合。

案：惮与禅通，禅者递禅，故曰是禅非变也。惮不得重字，下惮字误衍。

譬之是由好声色而恬无耳目也。

杨注：恬，安也。安然无耳目，虽好声色，将何用哉？○俞樾曰：恬当作姑。《诗·何人斯篇》"有靦面目"，《毛传》曰："靦，姑也。"郑笺曰："姑然有面目。"是其义也。姑无耳目，犹言姑然无耳目。

案："好声色而恬无耳目"，好与恬对文，杨注训恬为安未误，恬无耳目谓安于无耳目也。俞说非是。《诗》云"有靦面目"，不云有靦耳目也。

加有治辨强固之道焉。

杨注：有读为又。

案：有者有其道也。杨读为又，非是。

使臣下百吏，莫不宿道向方而务。

杨注：臣下皆以宿道向方为务。

案：务谓勉也，尽也。注即云"以宿道向方为务"，非是。

无偏贵贱。

王念孙曰：偏当为伦，字之误也。伦与论同。

案：偏字承上偏举来，不得改偏为伦。

尺寸寻丈，莫得不循乎制度数量然后行。

案：得字衍文。

不足数于大君子之前。

杨注：大君子谓人君也。○王先谦曰：大君子，君子之尤著者，犹圣人崇称之曰大圣人也，不指人君言。《仲尼篇》两云"彼固曷足称乎大君子之门哉",大君子即指仲尼,尤其明证。

案:此大君子正谓人君,与《仲尼篇》异。上云"则是官人使吏之事也",大君子与官人使吏对言,非人君而何?

故古之人有大功名者,必道是者也。

杨注:道,行也。

案:道,由也。

以饰朝廷臣下百吏之分。

杨注:修饰使各当分。

案:饰读饬,正也。

唊唊常欲人之有。

杨注:唊唊,并吞之貌。○郝懿行曰:案唊者,嚼唊也。唊唊,欲食之貌。○王引之曰:唊唊,犹歁歁也。《说文》:"歁,欲得也。"○王先谦曰:唊唊为欲食貌,义自可通,不必如王说读唊为歁。

案:唊唊为睒睒之假借,言候而视之也。诸家皆未得其说。

君道篇第十二

所以为啧也。

卢文弨曰：啧，情也。○王念孙曰：啧者，齐也。啧与婧通。《说文》："婧，齐也。"

案：啧当从王念孙说训齐为是。盖"衡石、称县者所以为平也"，"斗、斛、敦、概者所以为齐也"，齐与平正一类。

而劝上之事。

卢文弨曰："而劝上之事"，元刻作"而勤上之事"。

案：劝，勉也。元刻作勤，疑不知者妄改。

以礼待君。

郝懿行曰：待字误。《韩诗外传·四》作事，是也。盖事讹为侍，又讹为待耳。

案：作待者侍之讹字。荀自作侍，不必改为事也。

致临而有辨。

郝懿行曰：辨，《韩诗外传·四》作别，谓夫妇有别也。

案：辨与别通。

谨修饰而不危。

王念孙曰：案危读为诡。言君子修饬其身，而不诡于义也。

案：危者高也，即《论语》"危言危行"之危。宽裕者易于阿从，故曰不阿；修饰者易于自高，故曰不危。若如王说读危为诡，谨修饰者自不诡于义，则前后义反复矣。

其待上也忠顺而不懈。

卢文弨曰：待，俗间本作侍。○王先谦曰：依上郝说，待上亦当为事上。

案：作侍者是也。

仁厚兼覆天下而不闵。

案："不闵"，闵字不可解，疑阆字之讹。

以天下之王公莫好之也，然而于是独好之。以天下之民莫欲之也，然而于是独为之。好之者贫，为之者穷，然而于是独犹将为之也。

王念孙曰：案三"于是"皆义不可通，当依《外传》作"是子"。"是子"二字，对上文"王公"与"民"而言。下文曰"非于是子莫足以举之，故举是子而用之"，是其证。

案：三"于是"字皆不误，此紧承"彼其人者"为文。若如王说改作"是子"，则不独"其人"、"是子"犯复，而文义亦不贯矣。不得以后"是子"例此也。王以"于是"为不可通，不知言"于是"犹言"案"，本无深义，荀书此类甚多，将何说耶？

四统者俱而天下归之。

案：俱当作具，字之误也。

至道大形。

王先谦曰：言至道至于大形之时。

案：至道大形者，至道之大形也。形者仪也。此一章之题目。

尚贤使能而民知方。

王先谦曰：知方皆知所向。

案：知方即《论语》"且知方也"之知方，谓知义也。

纂论公察则民不疑。

王先谦曰：《尔雅·释诂》："纂，继也。"纂论，谓使人相继议论之，与公察对文，皆所以使民不疑也。

案：纂，集也。纂论者，集论也。如诸葛武侯所谓"集众思广忠益"是也。故与公察对文。王说尚未得其意。

人习其事而固。

王先谦曰：固者不移易之谓。《易·系辞下传》注："固，不倾移也。"《礼论篇》云："礼之中焉能勿易，谓之固。"

案：《儒效篇》亦曰"万物莫足以倾之之谓固"。

参之以礼。

案：参者参验也。

禁之以等。

王先谦曰：《强国篇》云："夫义者所以限禁人之为恶与奸者也。"限禁连文，是禁与限同义。禁之以等，犹言限之以阶级耳。

案：等者序也，即后世之所谓资格也。

轻不得以县重。

案：县犹衡也。

人主欲得善射，射远中微者。

案：射远中微，射亦及字之讹。

本不利于所私也。

王先谦案：本字无义，大之误也。

案：作本者是。欲以利之而适害之，故曰本不利。

便嬖左右者，人主之所以窥远收众之门户牖嚮也，不可不早具也。故人主必将有便嬖左右足信者，然后可。

卢文弨曰：嚮与向同。○王先谦曰：便嬖犹近习也。荀书用便嬖，不作邪佞解。

案：《豳风·七月》之诗曰"塞向墐户"，嚮与向通，嚮亦牖也。

又案：便嬖谓近习，不谓邪佞，诸子之书皆然，不独荀子也。《管子·八观篇》："便辟左右不论功能而有爵禄，则百姓疾怨非上。"孟子曰："便辟不足使令于前与。"其言便辟，皆与荀书同。盖当时自有此名。若即指邪佞，则孟子对齐宣安得直言之？

其知惠足使规物。

案：惠与慧通。

人主之基杖也。

俞樾曰：基杖二字，义不可解。基当为綦。《仪礼·士丧礼》"组綦系于踵"，郑注："綦，屦系也，所以拘止屦也。"綦也杖也，皆人之所以行者，故以为喻。

案：基字不误。上言"便嬖左右者，人主之所以窥众收远之门户牖嚮也"，基与门户牖向，皆就宫室为喻，不得改为綦也。杖者仗之假借，凡可以凭倚者，皆得谓之仗，墙壁亦仗之类，不必支节而后谓之杖也。基者言其所借，仗者言其所倚，语义甚重，若改作綦杖则轻矣。

不还秩，不反君。

王念孙曰：秩当为私，字之误也。还读为营。言不营私，不叛君也。营与还古同声而通用。《管子·山至数篇》曰"大夫自还而不尽忠"，谓自营其私也。《秦策》曰"公孙鞅尽公不还私"，谓不营私也。还字或作环。《韩子·五蠹篇》曰"古者苍颉之初作书也，自环者谓之私"，《说文》"厶"字解引作"自营为厶"。《管子·君臣篇》曰"兼上下以环其私"，《韩子·人主篇》曰"当途之人得势擅事，以环其私"，皆谓营其私也。

案："不还秩，不反君"，直接下"应薄捍患"为说，谓不待还反请命于君也。秩者职也。还反一义，反非谓叛也。王说虽辩，而非荀书之意。

孤独而晻谓之危。

案：晻暗同字。

291

材人。

卢文弨曰：谓王者因人之材而器使之之道也。

案："材人"之材，与上"材技官能"之材同。

愿悫拘录。

卢文弨曰：《荣辱篇》作"钩录"，注谓"钩与拘同"，盖据此文。然吏材非仅取愿悫检束而已，必将取其勤劳趋事者，则作"劬录"义长。

案：拘录犹劬劳。刘申叔说《荣辱篇》曰："钩录即劬劳之异文。"引《淮南子·末术训》"加之以勇力辨慧捷疾劬录"为证，是也。

臣道篇第十三

人臣之论。

杨注：论人臣之善恶。○王先谦曰：论者伦之借字。

案：论当如本字解。说见前《王制篇》"王者之论"条。

应卒遇变，齐给如响。

杨注：齐，疾也。给，供给也，应事而至谓之给。

案：齐给皆疾也。

将危国殄社稷之惧也。

案：之惧犹是惧。

事暴君者，有补削，无挢拂。

杨注：拂音佛。○卢文弨曰：拂读为弼，此音佛，误。

案：杨注拂音佛者，音佛胇之佛，正与弼同音，非误也。

因其怒也，而除其怨。

杨注：怨恶之人，因君怒除去之也。

案：《哀公篇》"富有天下而无怨财"，注曰"怨读为蕴"，此怨字当亦同。除其蕴者，除其蕴藏之宿恶也。如注解作怨恶之人，但曰怨恶，安见其必为恶人也？

又案：怨或系恶字之讹。

仁者必敬人。

案：孟子曰"仁者爱人，有礼者敬人"，此云"仁者必敬人"，盖仁礼一也，分而言之，则曰仁曰礼，合而言之则一仁而已矣。

伦类以为理。

杨注：伦，人伦。类，物之种类。言推近以知远，以此为条理也。

案：《劝学篇》："伦类不通，仁义不一，不足为善学。"注曰："通伦类，谓虽礼法所未该，以其等伦比类而通之。谓一以贯之，触类而长也。"彼解伦类甚的，此忽析伦类而二之，以伦为人伦、物为物类，大失书旨，当改依前注。

故君子安礼乐利。

王念孙曰：乐利当为乐乐，乐乐与安礼对文。○俞樾曰：乐利当为和乐，和乐与安礼相对成文。

案："乐利"，利字为和字之误，安礼与乐和相对。不曰乐乐而曰乐和者，避不文耳。王俞两说皆未审。

通忠之顺，权险之平。

杨注：忠有所壅塞故通之，然而终归于顺也。又曰：权危险之事使至于平也。或曰：权，变也。既不可扶持，则变其危险，使治平也。

案：通忠、权险，皆各两字相属为义。注失之。下文"争然后善，戾然后功，所谓通也；出死无私，致忠而公，所谓忠也；夺然后义，杀然后仁，所谓权也；上下易位然后贞，所谓险也"。

过而通情。

王先谦曰：君本过也，而曲通其情，以为顺善。

案：过而通情，疑通过二字互舛。杨无注者，以通而过情，文义易明，故不须解也。若本作过而通情，则杨必有注矣。

致士篇第十四

闻听而明誉之。

杨注：君子闻听流言流说，则明白称誉。谓显露其事，不为隐蔽。○刘师培曰：《淮南·主术篇》云"而臣情得上闻"，注"闻犹达也"。则闻听者，即达聪之谓。

案：明誉之誉与举通，谓明举之也。注曰"明白称誉"，非是。刘说"闻听"亦凿。

得众动天，美意延年，诚信如神，夸诞逐魂。

郝懿行曰：按四句一韵，文如箴铭，而与上下颇不相蒙，疑或他篇之误脱。

案：此四句盖古语。荀子引之者，以"得众动天"一句也，"得众"承上"士民去之"而言。疑上下有脱文，非他篇误入于此也。

礼者，节之准也。

杨注：节谓君臣之差等也。

案：节即下文所云节奏。复言之则曰节奏，单言之则曰节，一也。《非相篇》"节族久而绝"，"节族"即节奏。彼注云"节，制度也"，是也。此以节为君臣之差等，于义太狭，失之。

凡节奏欲陵而生民欲宽。

杨注：陵，峻也。○王念孙曰：陵谓严密也，故与宽相反。

案：陵，峻也。之注不误。

诵说而不陵不犯，可以为师。

杨注：诵谓诵经，说谓解说。谓守其诵说，不自陵突触犯，言行其所学。○王先谦曰：不陵不犯，谓谨守师说者。

案：不陵不犯，指礼言，谓不陵礼不犯礼也。杨说为近之。

知微而论，可以为师。

杨注：知精微之理而能讲论。○郝懿行曰：论与伦古字通，言知极精微而皆中伦理也。

案：郝说论与伦通，是也，而解伦为伦理则非。伦，类也。知微而伦，犹言知微而类，谓能通其统类也。

议兵篇第十五

故仁人上下,百将一心,三军同力,臣之于君也,下之于上也,若子之事父,弟之事兄,若手臂之捍头目而覆胸腹也,诈而袭之,与先惊而后击之,一也。

杨注:先击头目使知之,而后击之,岂手臂有不救也?○王先谦曰:此言两者俱无所用,注义似隔。

案:"诈而袭之",谓用诈也。"先惊而后击之",谓鸣钟鼓而伐之也。"诈而袭之,与先惊而后击之,一也"者,言用诈与不用诈同,则诈无所用矣。杨注欠明,王说亦未了。

故仁人用国日明。

杨注:日益明察。○俞樾曰:杨注非也,明之言盛也。

案:俞说非也。上云"仁人用十里之国则将有百里之听,用百里之国则将有千里之听,用千里之国则将有四海之听,必将聪明警戒和抟而一",此谓"用国日明"即承上而言,则明自谓聪明也,安得以盛释之?

凡在大王将率末事也。

杨注:孝成王见荀卿论兵,谓王者以兵为急,故遂问用兵之术。荀卿欲陈王道,因不答其问,故言凡在大王之所务,将帅乃其末事耳,所急教化也。○王先谦曰：以下文"凡在于军将率末事也"证之，是谓凡在大王之将率者皆末事也。杨注误。

案：杨读凡在大王句绝，是也。观下云"君贤者国治，君不能者国乱"可见。王说不可从。

隆礼效功。

杨注：效，验也。功，战功也。效功，谓不使赏僭也。

案：效犹效死之效，训作致，效功谓致功也，隆礼效功对文。注解效功为验功，非也。

其生民也陿陁。

杨注：生民，所生之民。陿陁，谓秦地险固也。○郝懿行曰：陿陁犹狭隘也，谓民生计穷蹙。注以陿陁谓秦地险固，非也。下云"隐之以陁"，亦非地险。○王念孙曰：杨注沿《邢法志》注而误。

案：生犹养也，生民也陿陁谓养民者薄也，此观《商君书·弱民篇》可见，非民之生计本穷也。故下曰"隐之以陁"，又曰"陁而用之"，即商君所谓"民辱则贵爵，弱则尊官，贫则重赏"者也。

忸之以庆赏。

杨注：忸与狃同。串，习也。战胜则与之赏庆，使习以为常。

案：此忸字当训玩，不训串习。玩之以庆赏，犹言诱之以庆赏也。

使天下之民，所以要利于上者，非斗无由也。

顾千里曰：天字疑不当有。

案：天字为夫字之讹。

功赏相长也。

杨注：有功而赏之，使相长。

案：功赏相长，谓功与赏相持而长。盖赏则有功，有功则益得赏，得赏则益急于有功，是为相长。注非是。

多地以正，故曰世有胜，非幸也，数也。

杨注：以正，言比齐魏之苟且为正。言秦亦非天幸，有术数然也。

案：多地以正，正者征之假字，谓多地以征赋也。注误。

又案：数也，犹言理也、道也，非有术数之谓。

诸侯有能微妙之以节。

杨注：节，仁义也。

案：节谓礼也，不谓仁义，注未详。观下言"礼义教化"，及后言"礼者治辨之极，凝士以礼"，可见。

知莫大乎弃疑。

杨注：不用疑谋，是智之人。○王先谦曰：言用人不疑。

案：弃疑即所谓道吾所明，无道吾所疑。杨注不误。王乃欲改之，异矣。

观敌窥变，欲潜以深，欲伍以参。

杨注：谓使间谍观敌，欲潜隐深入之也。伍参，犹错杂也，使间谍或参之或伍之于敌之间，而尽知其事。韩子曰"省同异之言以知朋党之分，偶参伍之验以责陈言之实"，又曰"参之以比物，伍之以合参"也。

案：注"伍以参"，引韩子之言是也。谓使间谍参之伍之于敌间，非也。参之伍之，但言参合而考验之耳，非谓用间谍之道也。

又案：欲潜以深，亦非谓使间谍潜隐而深入。潜亦深也，言观敌窥变，不可粗略耳。此皆为将之道。将自不能不用间谍，然此观之窥之，皆就将言，非谓间谍也。

殷之服民，所以养生之者也，无异周人。

王先谦曰：服民当作民服，此误倒耳。

案：殷之服民谓殷民之归服者也。殷之服民与下周人对文，实未倒，王氏说非。

故曰：凡在于军，将率末事也。

杨注：荀卿前对赵孝成王有此言语，弟子所知，故引以答之也。○卢文弨曰：旧本作凡在于军，今案当是君字。○王先谦曰："凡在"下作一句读。不改军为君，说自可通，卢不当臆改。

案：杨注"荀卿前对赵孝成王有此言语"，即所谓"凡在大王将率末事"者也。玩杨注，似本作君字。其作军者，后人误写耳。卢校甚有见。王氏欲作一句读，几不成辞矣，王说非也。

臣下懔然，莫必其命。

杨注：懔然，悚栗之貌。莫自谓必全其命也。

案：莫必其命，谓不知死日也。注缭戾费解。

强国篇第十六

刑范正。

杨注：刑与形同。范，法也。刑范，铸剑规模之器也。○郝懿行曰：刑与型同，范与笵同，皆铸作器物之法也。杨注非。

案：刑范谓器非谓法，杨注"铸剑规模之器"未误，特辞未莹耳。郝说"铸作器物之法"，非是。

敌国不敢婴也。

案：婴犹撄犯也。

爱利则形。

杨注：形，见也，爱利人之心见于外也。○郝懿行曰：形，《韩诗外传·六》作刑，刑者法也。爱人利人皆有法，不为私恩小惠。注云形见，非是。

案：《不苟篇》曰："不诚则不独，不独则不形，不形则虽作于心、见于色、出于言，民犹若未从也，虽从必疑。"此形与彼形同，谓见之于行事也。杨注未晓，郝说尤非。

敌中则夺。

杨注：敌人得中道则夺其国。一曰：中，击也。○俞樾曰：此以民情言，不以敌国言，杨注非是。敌当读为适，此云敌中，谓适乎其中也。既不用道德之威，而用暴察之威，适乎其中，则反失其所以为暴察矣。故曰适中则夺。

案：俞说殊迂曲。杨注"一曰：中，击也"，是也。盖谓敌击之则夺，义自分明，无劳辞费。

又案：中，当也。敌中则夺，犹言当敌则夺。

公孙子曰：子发将西伐蔡。

案：此节论子发辞赏之非，与《强国篇》旨无涉，疑《正论篇》之文，而误入于此者。

其辞赏也固。

杨注：固，陋也。

案：固即《论语》"疾固也"之固，谓固执也。训陋非是。

则君享其成，群臣享其功。

杨注：享，献也，谓受其献也。

案：享即受也，注殊支。

楚人则乃有襄贲开阳以临吾左。

俞樾曰：乃疑又字之误。

案："乃有"，乃字不误。下文"秦南乃有沙羡与俱"亦作"乃有"可证。"则有"、"乃有"一义，叠言之，则曰"则乃有"耳。俞欲改乃为又，非也。

故自四五万而往者强胜，非众之力也，隆在信矣。

杨注：言有兵四五万以上者，若能崇信，则足以自致强胜，不必更待与国之众也。

案：众自谓人民之众，即承上四五万言。注以与国释之，非也。

所以养生安乐者，莫大乎礼义。

王念孙曰：案，安乐当为乐安。养生乐安，与贵生乐安，并承上"莫贵乎生莫乐乎安"而言。今本乐安二字倒转。

案：安乐字非倒。此言安乐，意即谓安，以安一字不成文，故带乐字耳。乐安与贵生对，乐安不能与养生对也，通文者自察之。王说非是。

汤武也者，乃能使说己者使耳。

俞樾曰：下使字当训从。《尔雅·释诂》："使，从也。"

案：荀卿书常言安乐趋使，此下使字即趋使之使。

其百吏肃然，莫不恭俭敦敬忠信而不楛。

杨注：楛，滥恶也。或曰：读为王事靡盬之盬。盬，不坚固也。

案：楛谓苟且也，王怀祖说如此，是也。见前《修身篇》。

观其朝廷，其间听决，百事不留。

杨注：其间，朝退也。

案：其间即谓朝廷之间，非曰朝退也，注误。

其县日也博。

杨注：博，谓所县系时日多也。

安：县日之县，亦与衡同，曰衡犹曰计也。

霸者之善箸焉可以时托也。

杨注：霸者其善明箸，以其所托不失时也。○俞樾曰：托乃记字之讹。言霸者之善所以明著者，以其可以时记也。

案："箸焉可以时记也"七字为句。杨、俞以"箸焉"属上读，非也。

王者之功名，不可胜日识也。

杨注：日记识其政事，故能功名不可胜数。○王念孙曰：玩杨注，则正文"不可胜"下，当有数字。○俞樾曰：日，志也。上亦当有"可以"二字，与可以时记也一例。

案：不可胜日志，犹曰日不可胜志，中并无脱字。杨注"不可胜数"，数字即解日志，非正文别有数字也。王、俞说并非。

故为人上者，不可不顺也。

杨注"不可不顺"义：或曰，当为慎。

案：当从或说，顺为慎之假字。荀书慎墨每作顺墨，可证。

堂上不粪至**疾养缓急之有相先者也。**

案：此节当与上节合并。上节云"义为本，信次之，所谓事有先后也"，故此引疾养缓急相先之事以明之，文义相承，明为一节，不得分也。

则郊草不瞻旷芸。

杨注：旷，空也。空谓无草也，芸谓有草可芸锄也。○王念孙曰：芸上不当有瞻旷二字。

案：旷谓不治也。旷与芸反。不瞻旷芸，即不顾其治否。杨注非。王氏疑不当有瞻旷二字，亦未是。

天论篇第十七

养略而动罕。

杨注：罕，希也。动希，言怠惰也。○俞樾曰：罕疑芉字之误，芉即今逆字。"养略而动芉"，正与"养备而动时"相对成义。

案：罕字自可通，不必如俞说改作芉。

舍其所以参，而愿其所参。

杨注：舍人事而欲知天意。

案：愿其所参，即谓与天争职。注曰欲知天意，非也。

风雨博施。

杨注：博施谓广博施行，无不被也。

案：博，犹溥也。二字相通。

夫是之谓天。

杨注：或曰，当为"夫是之谓天功"。○王念孙曰：或说是也。人功有形而天功无形，故曰"莫知其无形，夫是之谓天功"。天功二字，下文凡三见。

案：此不当有功字。"夫是之谓神"，"夫是之谓天"，文正一例。且天与神协韵。下接曰"唯圣人为不求知天"，亦紧顶此天字而言，尤不得以功字间之。王说殊未然。

耳目鼻口形，能各有接而不相能也。

杨注：耳辨声，目辨色，鼻辨臭，口辨味，形辨寒热疾痒，其所能皆可以接物，而不能互相为用。○王念孙曰：杨以耳目鼻口形连读，而以能字属下读，于义未安。余谓形能当连读，能读为态，《正名篇》以耳目口鼻与形体并列，彼言形体，犹此言形态。

案：王读能为态，非也。能即良能之能。耳目鼻口，形也。能听，能视，能嗅，能尝，能也。能与形对。能形皆谓耳目鼻口，故曰天官。天官、天君，即孟子耳目之官、心之官之别也。无为插入形态，反不伦矣。

又案：《正名篇》曰："所以知之在人者谓之知，知有所合谓之知。知所以能之在人者谓之能，能有所合谓之能。"此即能字之正解。盖耳目鼻口皆有知，即皆有能。耳目鼻口形能者，耳目鼻口形之能也。此所谓能各有接，即《正名篇》所谓能有所合。孟子言良知良能，荀子亦以知能并言，则荀子之谓能，即孟子之良能，明矣。杨注以能属下读，未为误，特所以诠能字者未晰，故以来王氏之疑耳。某前言形与能对，与五官之数不合，非也。

则知其所为，知其所不为矣。

杨注：知务导达，不攻异端。

案：此注不得原意，可删。本文甚明，不待注也。

官人守天，而自为守道也。

杨注：官人，任人。欲任人守天，在于自守道也。皆明不务知天之义也。○刘师培曰：官人者，执一不通之人也。盖吏之事君者谓之官人，有一偏之才亦谓之官。《礼·乐记》言"大德不官"，不官者，言其不宥于一曲也，官与管同。此文言执一之人，仅知守天，而自以为守道。

案：官人犹言官师，此即指阴阳太史之官言，刘说尚未的。《正论篇》、《礼论篇》皆有官人以为守之言,此官人即彼官人矣。官人则守天,而自为则守道。自为者,谓圣人也。

故君子敬其在己者。

俞樾曰:敬当为苟。《说文·苟部》:"苟,自急敕也。"《经典》通作㤘。

案:敬字不误。俞说故弄巧,而不知实穿凿也。

楛耘失薉。

杨注:失薉,谓楛耘失时,使秽也。薉与秽同。○卢文弨曰:楛耘失薉,《韩诗外传·二》作"枯耘伤薉",枯与楛同,疑是也。○郝懿行曰:楛耘失薉,《韩诗外传·二》作"枯耘伤岁",与上句相俪,是也。○王念孙曰:卢说是也。楛耘失岁,上对"楛耕伤稼",下对"政险失民"。岁之为薉,乃涉下文"田稼薉恶"而误。

案:此当作楛耘失岁。楛耘二字形略相似,又耘耨恒连文,是以致误耳。《韩诗外传》作枯耘,此作楛耨,耘耨一也。

举错不时。

杨注:举谓起兵动众。错谓怀安,失于事机也。

案:举错犹言兴废,百事皆有之,不必专指用兵也。注误。

内外无别,男女淫乱,则父子相疑,上下乖离。

王念孙曰:案"内外无别"二句为一类,"父子相疑"二句为一类,"父子"上不当有"则"字。《群书治要》无"则"字,《韩诗外传》亦无。

案:则字似可存。盖上言"勉力不时,则牛马相生、六畜作祆",两则字正相对也。

则日切瑳而不舍也。

郝懿行曰:切瑳,言务学也。

案:切瑳犹言扬搉,非务学之谓,郝说未是。

理贯不乱。

杨注:知礼,则其条贯不乱也。

案：理贯不乱，谓理得其贯则不乱也。注以"贯不乱"三字连释，失之。

水行者表深。

俞樾曰：水行当作行水。行水者表深，与下文"治民者表道"一律。《孟子·离娄篇》"如智者若禹之行水也"，此"行水"二字之证。

案：水行与行水不同，俞说牵而一之，直是不通矣。

正论篇第十八

世俗之为说者曰：“主道利周。”

案：主道利周，盖法家之言。

《书》曰：克明明德。

杨注：《书·多方》曰：“成汤至于帝乙，罔不明德慎罚”。

案：《康诰》曰：“克明德。”此重一明字，或出逸书。注引《多方》“明德慎罚”释之，非也。

岂特玄之耳哉。

案：玄亦读眩。

以是百官也，令行于境内，国虽不安，不至于废易遂亡，谓之君。

杨注：仅存之君。

案：注“仅存之君”，“仅存”字无意，此但言如是始谓之君耳。不得添字说之，反违本旨。

然而暴国独侈，安能诛之。

王先谦曰：以上下文义求之，能字不当有。

案：能字非衍文，吾未见其为不当有也。

桀纣非去天下也。

杨注：非天下自去也。

案：去犹弃也。桀纣不弃天下，而天下自去之，故曰非去天下也。注云"非天下自去也"，转与本意相反。

后世之言恶者，必稽焉。

杨注：言恶者，必稽考桀纣以为龟镜也。

案：稽犹计也，谓言恶人必计桀纣也。注解为稽考之为龟镜，非也。

是不容妻子之数也。

杨注：不能容有其妻子，是如此之人。数也犹言不能保妻子之徒也。《列子》梁王谓杨朱曰"先生有一妻一妾，不能治"也。

案：不容妻子，即孟子言"不足以保妻子"。《易》曰"容保民无疆"，容保一义。注引梁王谓杨朱之言说之，非也。

譬之是犹伛巫跛匡，大自以为有知也。

俞樾曰：大乃而之讹。

案：大自以为有知，犹言自以为大有知。大字在上，倒文耳。不得如俞说改为而字。后文曰"汤武者至天下之善禁令者也"，若以今日文法言之，亦当曰汤武者天下之至善禁令者矣。至字岂讹字乎？

一物失称，乱之端也。

杨注：失称，谓失其所称类，不相从也。○王先谦曰：称，权称也。失称，谓失其平。杨注非。

案：失称谓不相当，荀子本文甚明。王说谓失其平，反泛而不切矣。

夫是之谓视形埶而制械用，称远近而等贡献，是王者之至也。

杨注：至当为志，所以志识远近也。○王念孙曰：至当为制。

案：此"王者之至"疑与下"未足与及王者之制"至、制二字互舛。

沟中之瘠也，则未足与及王者之至也。

俞樾曰：此文当在"东海之乐"下。荀子原文盖云"语曰'浅不足与测深，愚不足以谋知，坎井之蛙，不可与语东海之乐，沟中之瘠，未足与及王者之制'，此之谓也"。"坎井之蛙"二句，所谓"浅不足与测深"也。"沟中之瘠"二句，所谓"愚不足以谋知"也。

案此"沟中之瘠也"上云"是规磨之说也"。规磨之说，犹今言揣测之谈，谓不足以信也。故即继之曰"沟中之瘠，未足与及王者之至"，以沟中之瘠而议王者之至，所谓规磨之说也。文自相连，俞氏谓"沟中之瘠"句误倒在上，非也。"浅不足与测深"三句，古自有其语，故称"语曰""沟中之瘠"云云，乃荀子之辞，岂可以入语曰中耶？

智惠甚明。

案：惠与慧通，前文已见之。

不能以伪饰性。

案：饰读饬，前文已见之。

天下厌然与乡无以异也。

杨注：厌然，顺服貌。

案：厌然犹晏然。

犹复而振之矣。

杨注：服而振之，谓犹如天下已去而衰息，今使之来复而振起也。

案：复而振之，谓复振之也。振即上"振动从服"之省，"而"字无义。注分复振为二事，谓来复而振起，非是。

持老养衰，犹有善于是者，与不老者休也，休犹有安乐恬愉如是者乎？

杨注：不老，老也，犹言不显，显也。或曰："不"字衍耳。○郝懿行曰：不老者，不衰老也，犹《诗》之言"永锡难老"矣。故以"天子无老"申之。杨注二说皆非。○王念孙曰：或说是。○俞樾曰：案此当作"犹有善于是者不与"，不读为否，传写误倒在下。

案：不疑夫字之讹。上言"犹有善于是者与"，下言"犹有安乐恬愉如是者乎"，文正一律，不得如俞说乙不字于与字之上。

故作者不祥，学者受其殃，非者有庆。

杨注：作鬼琐者不详也。○俞樾曰：此谓作世俗之说者不祥。下文引《诗》曰"下民之孽,非降自天,噂沓背憎,职竞由人",可见荀子之意。深疾世俗之说,故为此言。杨注未得其旨。

案:俞说非也。作者正谓始作蒐琐者,杨注不误。顺上文读之自见。至引《诗》"职竞由人"云云,亦以证罪在朱象。

世俗之为说者,曰太古薄葬。

案:此节攻墨家节葬之说也。

是不及知治道,而不察于扣不扣者之所言也。

案:所言"言"字,不与上下文义相应,疑系"由"字之误。

今人或入其央渎,窃其猪彘。

杨注:央渎,中渎也,如今人家出水沟也。○刘师培曰:渎当作窦,古通用。如《周礼·大宗伯》注"四窦"即《尔雅》之"四渎"。

案:央疑穴字之误,央穴形近故易舛耳。刘谓央渎为大窦,非也。穴窦与猪彘对文,宜皆双字。

夫今子宋子不能解人之恶侮。

杨注:解,达也。不知人情恶侮而使见侮不辱。

案:解犹释也,谓解去释去也。注训达,失之。

将以为有益于人,则与无益于人也。

杨注:与读为预。本谓有益于人,反预于无益人之论也。○王念孙曰:杨说甚迂。余谓与读为举,皆也。

案:与字本在则字上,"有益于人"下当读至"与"字绝句,此误倒在"则"字下耳。

子宋子曰:见侮不辱。

案:"子宋子曰"以下,当别起为一节。

是非以圣王为师。

王引之曰:是非当作莫非。

案:上言"无隆正,则是非不分",又言"天下之大隆,是非之分界",此云"是非以圣王为师",盖承上文而言,谓是与非必以圣王为师也。不得如王说改作莫非。

有义荣者,有势荣者。

案:荀子所谓势荣、义荣,犹孟子之言天爵、人爵也。

百姓以为成俗。

王念孙曰:本作百姓以成俗,吕本无为字。《礼论篇》"官人以为守,百姓以成俗",成上亦无为字。

案:为字非衍。《正名篇》曰"诸夏之成俗曲期",成俗自成一名,不与为字复也。吕本无为字,盖不知者删之。

虑一朝而改之。

杨注:其谋虑乃欲一朝而改圣王之法。

案:虑一朝而改之,犹思一朝而改之。虑,思也。注殊赘。

将恐伤其体也。

杨注:伤其体,谓受大辱。

案:伤其体,即承上"蹎跌碎折"言。注以为大辱,非也。

礼论篇第十九

先生恶其乱也,故制礼义以分之,以养人之欲,给人之求,使欲必不穷乎物,物必不屈于欲,两者相持而长,是礼之所起也。

杨注:屈,竭也。先王为之立中道,故欲不尽于物,物不竭于欲,欲与物相扶持,故能长久,是礼所起之本意也。

案:"养人之欲",养有持义,荀书屡以持养并言。"使欲必不穷乎物",即养欲之道,"不穷乎物"者,不尽物也。人之欲不尽物,而物亦足以给人之求,故又曰"物必不屈于欲"。"两者相持而长",此两者,即谓欲不尽物、物不屈欲之道,非谓欲与物也。杨注殊欠分明。又长读丁丈反,亦非长久之意。

疏房檖貌,越席床第几筵,所以养体也。

杨注:貌,古貌字。檖貌,未详。或曰:檖读为邃。貌,庙也。庙者,宫室尊严之名。或曰:貌读为邈,言屋宇深邃绵邈也。

案:或说檖读为邃,貌读为庙,是也。《左传》虞人之箴曰:"民有寝庙,兽有茂草。"古居屋亦谓之庙,不必宗庙而后曰庙也。故此以疏房、邃庙对言。至杨曰"庙者宫室尊严之名",则不得其说而为之辞。

孰知夫出死要节之所以养生也。

杨注：孰，甚也。

案：孰不训甚，孰如本训读谁孰之孰。觉孰知者，谓无能知之也。此下四也字，皆当读如耶。

苟怠惰偷懦之为安。

杨注：懦读为儒。○卢文弨曰："偷懦"，《非十二子篇》作"偷儒"，是也。此与《劝学篇》作"偷懦"，皆非。

案：注曰"懦读为儒"，当作儒读为懦。盖正文本作儒字，故有此注。后人既改正文，不知者遂并注文乙转矣。

两者合而成文，以归大一。

杨注：大读为太。太一，太古时也。

案："两者合而成文以归大一"十字为一句。大一之一，对两而言。大当读如字，与大隆之大同。注谓太一太古时，非也。后文曰"万变而不乱"，万变而不乱，是之谓一也。

又案：《小戴记·礼运篇》亦曰："是故夫礼必本于大一。"疏曰："谓天地未分混沌之元气也。"疏说亦未的。大一盖谓道之未丧者耳，不得以混沌元气言也。

县一钟，尚拊之膈，朱弦而通越也。

杨注：或曰：拊，乐器名。膈，击也。○郝懿行曰：《乐论篇》以"拊鞷"与"鞉柷"、"椌楬"相俪，则皆乐器名也。"膈"彼作"鞷"，其字从革，窃疑亦拊之类，不得依此注以膈为击也。则此当"县之一钟"句，"尚拊膈"句，文误倒耳。○王先谦曰：《大戴礼》钟作磬，与磬同。拊膈作拊搏，无之字，《史记》亦无，明此之字衍。

案：县一钟，县者，宫县也。则县下不当有之字。又王谓之字衍，是也。

然而不法礼，不足礼，谓之无方之民。法礼足礼，谓之有方之士。

杨注：方犹道也。○郝懿行曰：方犹隅也。廉隅谓有棱角。

案：注"方犹道也"，不误。郝说非是。《庄子·天下篇》曰"天下之为方术者多矣"，又曰"古之道术有在于是者"，或言方术，或言道术，是方道一也。

文理情用，相为内外表里，并行而杂，是礼之中流也。

杨注：中流，谓如水之清浊相混也。○王先谦曰：中流犹中道，下有复句可互证。杨注非。

案：后文"故其立文饰也，不至于寙冶下，是礼之中流也"，杨注正作中流中道也。

于是其中焉方皇周挟，曲得其次序。

杨注：方皇读为仿偟，犹徘徊也。

案：方皇皆有广大意，犹周浃也。注以为彷徨徘徊，非也。

故死之为道也，一而不可得再复也，臣之所以致重其君，子之所以致重其亲，于是尽矣。

杨注：以其一死不可再复，臣子于极重之道，不可不尽也。

案：曾子曰："吾闻诸夫子，人未有自致者也，必也亲丧乎！"此两致字，皆当与彼同训尽，不训极也。

所以持险奉凶也。

杨注：持，扶助也。

案：持犹奉也。持奉互文。注"持，扶助也"，非是。

两情者，人生固有端焉。

案：此云端，即孟子四端之端。故曰："无性则伪之无所加，无伪则性不能自美。"是荀子亦未尝不知性之有善也。

非顺孰修为之君子，莫之能知也。

杨注：顺，从也。孰，精也。

案：顺孰即驯熟。

天能生物，不能辨物也。地能载人，不能治人也。

案：辨亦治也。辨治互文。

饭以生稻,晗以槁骨,反生术矣。

杨注:术,法也。

案:反生术,谓反乎生人之道也。术训道,不训法。

刻死而附生谓之墨,刻生而附死谓之惑,杀生而送死谓之贼。

杨注:墨,墨子之法。○王念孙曰:"墨"与"惑"、"贼"对文,则墨非墨子之谓。上文云"事生不忠厚,不敬文,谓之野,送死不忠厚,不敬文,谓之瘠",此云"刻死而附生谓之墨",《乐论》云"乱世之征,其养生无度,其送死瘠墨",又以"瘠墨"连文,则墨非墨子明矣。

案:瘠正谓墨子之道太瘠薄也,故《乐论》以瘠墨连文。然则墨之谓墨子之法,无疑耳。此下云"儒者是矣",儒亦与墨对。《修身篇》"术慎墨而情杂污",慎墨与杂污对文,荀子固有此种说法也。至刘申叔引《左传》叔向之言"贪以败官为墨",谓刻死附生略与贪同,故谓之墨,更附会可笑。

因以饰群别、亲疏、贵贱之节。

杨注:群别,谓群而有别也。

案:群别对文。群之与别,犹亲之与疏、贵之与贱然矣。注谓群而有别,以群别连释,非也。

故社祭社也,稷祭稷也,郊者并百王于上天而祭祀之也。

杨注:百王,百神也。或神字误为王。○郝懿行曰:上云祭社祭稷配止一人,此言郊祭上天配以百王,尊之至也。百王,百世之王,皆前世之君也。杨注欲改王为神,则谬矣。○郭嵩焘曰:"故社"以下数语,在此终为不类,疑当在下"尊尊亲亲之义至矣"下,言社以报社,稷以报稷,郊者并百神而尽报之,皆"志意思慕"之积也。

案:此言郊者并百王于上天而祭祀之,正以见王之重耳。言社言稷,皆陪文也。郭误认为说祭之文,故欲移之"尊尊亲亲之义至矣"之下,其实误也。又百王当从郝说为是。

祭者,志意思慕之情也。

王念孙曰:情当为积,字之误也。

案：情字不误。下文云"其于志意之情者，惆然不嗛；其于礼节者，阙然不具"，以情与礼节对言，礼节即文也，是正情文俱尽之说。王氏说非也。

事死如事生，事亡如事存，状乎无形影，然而成文。

杨注：言祭祀不见鬼神，有类乎无形影者。

案：此当以"状乎无形"为句，"影"字下属为句。"影然"者，"成文"之貌也。影当作景，俗书误作影耳。生与形为韵，存与文为韵，盖间句韵也。杨以形影连读，非是。

乐论篇第二十

而墨子非之奈何？

案：墨子非之奈何，犹言墨子奈何非之，倒文耳。

则百姓莫不安其处，乐其乡，以至足其上矣。

案：足其上，犹言重其上。说见前。

乐姚冶以险。

案：姚冶即窕冶。窕姚皆佻之假字。

声乐之象。

案："声乐之象"以下当别起为一节。声乐之象四字，即提纲也。

众积意諄諄乎。

卢文弨曰：元刻无意字。諄，《说文》作偆，云："语偆偆也，直离切。"元刻正同。

案：积者习也。諄諄犹谆谆。谆谆，厚也。众积意諄諄，言众习此而意谆厚也。上文云"舞意天道兼"，此云"众积意諄諄"，文正相应。卢欲依元刻去意字，非也。

解蔽篇第二十一

凡人之患，蔽于一曲而暗于大理。

杨注：一曲，一端之曲说。是时各蔽于异端曲说，故作此篇以解之。○王先谦曰："是时"二句，当在"如有物壅蔽之也"下。

案：异端曲说，正承上"一曲，一端之曲说"而言。若移于篇目之下，则所谓曲说者无根矣。王说非也。杨注本解一篇之旨，但于首句下发之耳。

治则复经。

案：复经，即孟子之言反经。

两疑则惑矣。

杨注：两疑，谓不知一于正道，而疑蔽者为是。一本作"两则疑惑矣"。○俞樾曰：两有匹偶之义。疑字亦作拟。天下之道一而已矣。有与之相敌者，是为两；有与之相乱者，是为疑。两焉疑焉，惑从此起，故曰"两疑则惑矣"。

案："两疑"句，当从一本作"两则疑惑矣"为是。后文曰"心枝则无知，倾则不精，贰则疑惑"，此"两则疑惑"即彼之"贰则疑惑"也。故此下继之曰"圣人无两心"，彼文下亦继之曰"类不可两也"，统前后文观之,可见。

则必或是或非,或治或乱。

卢文弨曰:宋本或皆作惑。

案:宋本或作惑者,此或本惑之假字,宋本改依正写耳。"惑是惑非,惑治惑乱",简言之,则惑于是非治乱耳,正承上"两则疑惑"来,非曰有是有非有治有乱也。

妒缪于道。

案:妒缪于道,用妒字者,如刘歆《让太常博士书》所谓妒道真者也。下文"倚其所私以观异术,唯恐闻其美也",即妒之为也。"私其所积唯恐闻其恶也",即缪之为也。

而人诱其所迨也。

杨注:迨,近也。近,谓所好也。○郝懿行曰:迨者及也。注训近,则借为殆字,殆训近也,其义较长。

案:迨借作殆。殆,危也,不正也。谓本以求正,而妒缪于道,故人得诱之以所不正也。殆与正相对为义。

是以与治虽走,而是己不辍也。

杨注:走,并驰。治,谓正道也。既私其所习,妒缪于道,虽与治并驰,而自是不辍。"虽"或作"离"。○郝懿行曰:"虽"当依注作"离"。与治离走,谓离去正道而走,而自以为是,不辍止也。○王念孙曰:作"离"是也。言与治离走而自是不已也。

案:不辍者,走而不辍也。郝说较王说为长。

心不使焉,则白黑在前而目不见,雷鼓在侧而耳不闻,况于使者乎!

杨注:使,役也。以论不役心于正道,则自无闻见矣,况乎役心于异术,岂复更闻正求哉!○俞樾曰:下"使"字乃"蔽"字之误。此承上文"蔽于一曲"而言,下文"欲为蔽,恶为蔽"诸句,又承此而极言之,故篇名《解蔽》也。因涉"心不使焉"句而误作"使"。既云"心不使焉",又云"况于使者乎",文不可通。杨曲为之说,非是。

案：俞改"使者"为"蔽者"，非也。不使与使，正相对为义。不使而不见不闻者，《大学》所谓"心不在焉，视而不见，听而不闻，食而不知其味"也。使之之害则《大学》所谓"有所忿懥，不得其正；有所恐惧，不得其正；有所好乐，不得其正；有所忧患，不得其正"也。盖使者，正蔽之根也。后文言"心者自禁也，自使也"，又曰"使之则谋"，屡用使字，足明此使字非无义者矣。

故为蔽。

谢本从卢校作"数为蔽"。卢文弨曰：正文"数"，宋本作"故"。○郝懿行曰：案"数"当作"故"。故，语词也。此句为下十蔽总冒。○王念孙曰：作"故"者是也。○俞樾曰：故犹胡也，胡之言何也。○王先谦曰：郝、王说是，今从宋本改正。故训为胡，俞说是也。

案："故为蔽"三字，为一节之总提，故不必如俞说读为胡字。古人之文，多有以故字发端者，如《小戴礼·礼运篇》"故圣人参于天地"，"故人者其天地之德"，"故礼义也者人之大端也"，《正义》皆别作一章，与前不相承，此亦当犹是尔。

昔宾孟之蔽者，乱家是也。

杨注：乱家，谓乱周之家事，使庶孽争位也。

案：上"乱家之人"，杨注曰"乱人"，是也。此何以改之？

宋子蔽于欲而不知得。

杨注：宋子以人之情欲寡而不欲多，但任其所欲则自治也。蔽于此说而不知得欲之道也。○俞樾曰：古得、德字通用。"蔽于欲而不知德"，正与下句"慎子蔽于法而不知贤"一律，注失之。

案："得"不得训"德"。宋子曰"人之情欲寡"，是宋子本主寡欲，非贪欲之徒，岂得以欲、德相对而曰不知德乎？《正论篇》驳宋子"见侮不辱，使民不斗"之说曰"斗在恶而不在辱"，此意盖云，人之所求亦在得而不仅在欲。彼以恶字破辱字，此以得字破欲字，一也。

又案：《正名篇》曰："欲不待可得，而求者，从所可。"又曰："欲虽不可去,所求不得虑者,欲节求也。"然则欲是一字,得又是一字。欲但在心,而得者涉于物。涉于物者,有可求不可求、可得不可得。人之所争者,亦在得之合义与否,不在欲之多寡也。彼亦辨正宋子之说者。以彼此合观之,作"得"不作"德"明矣。杨注"不知得欲之道",意为近之。

又案:宋子虽曰"人之情欲寡",而其所以说秦楚之王者,仍不免以利言,是其立论终堕于欲之一边也。故孟子以仁义救之,即其不知仁义,则亦可曰"蔽于欲而不知德"。有主俞氏之说者,或当以此申之。

庄子蔽于天而不知人。

杨注:天谓无为自然之道。庄子但推治乱于天,而不知在人也。

案:庄子言因任自然,故以为蔽于天而不知人。人者人为也,此与荀子之道最牾。注谓"但推治乱于天,而不知在人",此不独失荀旨,且亦未解庄书。

故由用谓之,道尽利矣。

杨注:若由于用,则天下之道,无复仁义,皆尽于求利也。○王先谦曰:如注,"道"字下属,"谓之"二字无著。此言由用而谓之道,则人尽于求利也。下并同。数者道之一隅,而墨、宋诸人自以为道,所以为蔽也。杨失其读。

案:由用谓之,犹曰由用言之也。自"之"字断句,未为不可。

又案:道尽利者,谓利可以尽道也。下尽嗛、尽数并同。王氏解尽利为人尽求利,殊失荀旨。

又案:利者爱利,非恶名也,故荀子亦以为道之一隅,非欲尽屏之也。注以此利与仁义对,非是。墨之言兼利,自兼爱来,正所谓仁义也。

由欲谓之,道尽嗛矣。

杨注:嗛与慊同,快也。言若从人所欲,不为节限,则天下之道,尽于快意也。

案:嗛,足也。道尽嗛者,谓足欲可以尽道也。杨注解嗛为快,曰"从人所欲,不为节限,则天下之道,尽于快意也",此绝非荀子难宋子之意。宋子方以情欲为寡浅，岂有从其道而及从人所欲，不为节限，尽于快意者哉？《正论篇》荀子之难宋子也曰"目欲綦色，耳欲綦声，口欲綦味，鼻欲綦臭，形欲綦佚，则尽于快意"云云，无宁为荀子之所主，而岂以此罪宋子哉？《汉志》有《宋子》十八篇，曰"其言黄老意"，然则宋子之嗛，犹老子之知足云尔。训嗛为足，不独训诂无逮，亦于两家之说为合。

曲知之人观于道之一隅，而未之能识也。

杨注：曲知，言不通于大道也。一隅犹昧，况大道乎？

案：未之能识，谓未能识道也，非不识此一隅也。注"一隅犹昧"，非。

一家得周道，举而用之。

杨注：一家得，谓《春秋》也。周道举，谓删《诗》《书》、定礼乐。○郝懿行曰："一家得周道"句，"举而用之"句。此言孔子志在《春秋》，行在《孝经》，又曰"吾学周礼，吾从周"，盖能考论古今成一家言。○王先谦曰：郝读是也。言孔子为《春秋》一家之言，而得周之治道，可以举而用之。

案：郝断"一家得周道"句，"举而用之"句，是也。周道即对一曲言，周者周至之谓，非三代之周也。一家得周道，言一家而得道之全，初不必以作《春秋》删《诗》《书》实之。杨注失之泥矣。而郝、王又误以周道为周之治道，并非也。

不蔽于成积也。

杨注：成积，旧习也。○王先谦曰：《儒效篇》云"并一而不二，所以成积也"，"并一而不二，则通于神明，参于天地"，"涂之人百姓积善而全尽，谓之圣人"。道由积而成，故谓之成积。不蔽于成积者，犹言不蔽于道之全体也。

案：杨注"成积，旧习"，不误。上云"私其所积，唯恐闻其恶也"，此积字，即根彼积字来，安得有二说乎？《儒效篇》"所以成积"，积亦训习,至"积之有善、有恶、有是、有非",则所谓"美恶不嫌同辞"者,其义终未可改也。又此之成积,谓一成不变之积习,成为静字。《儒效篇》之成积,则谓所以成此积,成为动字。如何牵混而一之?王氏之说殊颠顿矣。

知而有志,志也者臧也。

杨注:在心为志。

案:志犹誌也,故杨以"在心为志"释之。然语欠分明,与言志向、志趣终嫌少别。

作之则将须道者之虚则人将事道者之壹则尽尽将思道者静则察。

杨注:此义未详,或恐脱误耳。或曰:此皆论虚壹而静之功也。作,动也。须,待也。将,行也。当为"须道者虚则将,事道者壹则尽,思道者静则察",其余字皆衍也。作之则行,言人心有动作则自行也。以虚心须道,则万事无不行;以一心事道,则万物无不尽;以静心思道,则万变无不察。此皆言执其本而末随也。○王引之曰:杨训将为行,而以"作之则将"绝句,又增删下文而强为之解,皆非也。此当以"作之"二字绝句。下文当作"则将须道者之虚,虚则入;将事道者之壹,壹则尽;将思道者之静,静则察"。此承上文"虚壹而静"言之。将,语词也。道者,即上所谓道人也。言心有动作,则将须道者之虚,虚则能入;将事道者之壹,事如请事斯语之事。壹则能尽;将思道者之静,静则能察也。虚则入者,入,纳也,犹言虚者能受也。故上文云"不以所已臧害所将受谓之虚"也。壹则尽者,言壹心于道,则道无不尽也。静则察者,言静则事无不察也。今本"入"误作"人",其余又有脱文衍文耳。○刘师培曰:王说近是,惟增字则非。此文当断"作之"为句,作之犹言若用之也。下文当作"则将须道者虚则入,将事道者壹则尽,将思道者静则察",将犹欲也,言本虚壹而静之心推用之,则欲须道之人可由虚而入道,欲事道之人可由壹而尽道,欲思道之人可由静而察道。

案:作之谓兴起之也。"之"即指求道者言。作之与上谓之文正一例。谓之虚壹而静者,告之虚壹而静也。

又案:须者,顺之讹字。顺道者循道也。《富国篇》"其于货财取与计数也,顺孰尽察",顺亦误作须,是其证也。

又案:"将思道者静则察",不得于察字句绝,当连下"知道"二字为句,谓静则察知道也。察知道者,然后能行道,故接曰"察知道,行体道者也"。后之"察知道",分明叠上"察知道"而言之,故知上不得于"察"字句绝。杨、王、刘三氏皆未审。

故曰心容,其择也无禁必自见,其物也杂博,其情之至也不贰。

杨注:容,受也。言心能容受万物,若其选择无所禁止,则见杂博不精,所以贵夫虚壹而静也。○王先谦曰:此承上文"心者形之君也"云云,而引古言以明之。心自禁使、自夺取、自行止,是容其自择也。《正名篇》亦云:"离道而内自择。"容训如《非十二子篇》容辨异之容。无所受令,是无禁也。神明之主出令,是必自见也。物虽杂博,精至则不贰"心容其择也"句,"无禁必自见"句。杨失其读。

案:王说亦未是。"心容"二字为句。《庄子·天下篇》言宋钘、尹文语心之容,命之曰"心之行,以脜合欢,以调海内",则心容二字,当时固有是语,犹言心之情状也。

又案:《洪范》"思曰睿",《今文》作"思心曰容"。《春秋繁露·五行五事篇》云:"王曰思,思心曰容。容者,言无不容。容作圣,圣者设也。王者心宽大无不容,则圣能施设,事各得其宜也。"心容二字,或即用《洪范》之说。然终当于"容"字句绝,不得属下读。盖"其择也,其物也,其精之至也",文皆相俪。心容二字,乃下文各句之总提耳。

心枝则无知。

杨注:枝,旁引如树枝也。○郝懿行曰:案枝与岐同,古字通用,岐者不一也。

案:心枝之枝,当训如《易·系》"中心疑者其辞枝"之枝,谓不定而分散也,故曰"枝则无知"。郝说尚未尽。

以赞稽之万物。

杨注：赞，助也。

案："以赞稽之万物"，赞训明，不训助。《易•说卦》"幽赞于神明"注："赞，明也。"

处一危之，其荣满侧。养一之微，荣矣而未知。

杨注：一谓心一也。危之当为之危，谓不自安，戒惧之谓也。侧谓迫侧，亦充满之义。微，精妙也。处心之危，言能戒惧，兢兢业业，终使之安也。养心之微，谓养其未萌，不使异端乱之也。处心之危有形，故其荣满侧可知也。养心之微无形，故虽荣而未知。

案：荣当读如荧。荧，惑也。"处一危之，其荧满侧"，言处一而戒惧。"危之"者，物之惑我者常满于我前也。此知避惑而不得避惑之道者也。至"养一之微"，则荧矣而未知，心能退藏，物虽多，讵足以摇撼之哉？故曰："人心之危，道心之微。"盖言危者犹是人心，必入微而后始是道心也。故又曰："危微之几，惟明君子而后能知之。"危微之几，即危微之别也。

则不可以得大形之正也。

王先谦曰：大字无义。上言"槃水见须眉肤理，非能见身之全形也"。大形疑当作本形。

案：大字不误。大形，形之大者，不必身之全形也。须眉肤理，皆形之细者。此对彼言，故宜言大。

则不足以决庶理矣。

卢文弨曰：庶理，宋本作粗理，今从元刻。

案：宋本作粗理，是也。粗理正对是非嫌疑之精微者言。元刻作庶，乃不知者妄改耳。

是其庭可以搏鼠，恶能与我歌矣！

杨注："是"盖当为"视"。曾子言："有人视庭中可以搏击鼠，则安能与我成歌咏乎？"言外物诱之，思不精，故不能成歌咏也。○卢文弨曰：正文"矣"字，元刻作"乎"。○郝懿行曰：此言庭虚无人，至静矣，恐有潜修其中而深思者，我何可以歌咏乱之乎？荀义当然，注似失之。

案：其庭可以搏鼠，言秽乱也，故曰"恶能与我歌"。郝说非是。又"矣"同"乎"，不必改字。

辟耳目之欲，可谓能自强矣，未及思也。蚊虻之声闻，则挫其精，可谓危矣，未可谓微也。

杨注："可谓能自强矣未及思也"十字，并衍耳。○郝懿行曰：此文错乱不可读，当作"辟耳目之欲而远蚊虻之声，可谓能自危矣，未可为微也"。余皆涉上文而误衍。○郭嵩焘曰：下两言"何强何忍何危"，则此七句正作三项言之。疑此"可谓能自强矣"六字衍，"未及思也"句当在前"可谓能自强"下。○王先谦曰：郭说是也。杨、郝说并非。

案："未及思也"当移于前"可谓能自强矣"下，"可谓能自强矣"六字当删，郭说是也。"蚊虻之声闻则挫其精"当从郝说改作"而远蚊虻之声"。

凡观物有疑，中心不定，则外物不清。

案："凡观物有疑"为此一节之总提，不与"心中不定"句属。

见植林以为后人也。

俞樾曰：上文"见寝石以为伏虎也"，伏与寝义相应。此云后人，则与植林不相应矣。植林岂必在后乎？疑荀子原文本作立人，立与植正相应。

案："后人"，后字疑从字之误，从盖耸之假字。

水动而景摇，人不以定美恶，水势玄也。

杨注：玄，幽深也。或读为眩。

案：玄者眩之假字。水势眩，与下用精惑相对，眩惑一也。

以可以知人之性。

案："可以知人之性"，可字疑所字之讹。《正名篇》曰："所以知之在人者谓之知。"以彼证此,则此亦必作所以知。所字破缺,乃误为可耳。

而无所疑止之。

杨注:疑止,谓有所不为。疑或为凝。○郝懿行曰:疑止说已见《王制篇》。按:《王制篇》说与俞氏同,谓凝皆俗字。○俞樾曰:《诗·桑柔篇》"靡所止疑",传曰:"疑,定也。"疑训定,故与止同义。此云疑止,犹《诗》云止疑。

案:疑字当涉上节"疑玄"字而衍。《修身篇》"将有所止之,又止之也",《儒效篇》"有所止也",皆单用一止字。此文下"学也者,固学止之也。恶乎止之?曰:止诸至足",亦皆仅一止字。则此止字上不得有疑字明矣。

故有知非以虑是,则谓之惧。有勇非以持是,则谓之贼。

王引之曰:惧当为攫。《不苟篇》曰"小人知者攫盗而渐",故曰"有知非以虑是,则谓之攫"。

案:此惧贼字疑互舛。王说嫌其附会。

察孰非以分是,则谓之篡。

杨注:孰,甚也。

案:孰与熟通,荀书皆然。

多能非以修荡,是则谓之知。

王引之曰:修读为涤,谓涤荡使洁清也。

案:荡字疑衍。虑是、持是、分是、言是,皆单字,则此亦当作"修是",方一例。王说迂而难通。

妄辨而几利。

杨注:几,近也。妄辨几利,谓妄为辨说,所近者惟利也。

案:几,祈也。几利,谓求利也。

不慕往,不闵来。

杨注:不慕往,谓不悦慕无益之事而往从之也。不闵来,谓不忧

悯无益之事而来正之也。或曰：往，古昔；来，将来也。不慕往古，不
闵将来，言惟义所在，无所系滞也。

案：不慕往，不闵来，即《庄子·应帝王》所谓"不将不迎"也。杨
注两说皆未得其义。惟"无所系滞"之语，颇为近之。

周而成，泄而败，明君无之有也。宣而成，隐而败，暗君无之有也。

案：此即《正论篇》"主道不利周"之说。

正名篇第二十二

杨注：是时公孙龙、惠施之徒，乱名改作，以是为非，故作《正名篇》。

案：《正名篇》不专为名家作，观篇中所引，有宋钘、墨翟之说可见也。当合《非十二子篇》、《正论篇》观之。

散名之加于万物者，则从诸夏之成俗曲期，远方异俗之乡，则因之而为通。

杨注：期，会也。曲期，谓委曲期会物之名者也。○郝懿行曰：曲期，谓曲折期会之地，犹言委巷也。此与远方异俗相俪。杨注断"曲期"上属，似未安。○王先谦曰：郝云"曲期"二字下属，是也。而解为委巷，非也。曲期者，乃委曲以会之。万物之散名，从诸夏之成俗，以委曲期会于远方异俗之乡，而因之以为通，所谓"名从中国"是也。○刘师培曰：曲当作典。期记古通。典记者，犹孟子所谓"于传"也。此二字仍当上属。

案：期犹约也。后文云"是所以共其约名以相期也"，是期与约同义。又云"约定俗成谓之实名"。彼以约俗对文，此以俗期对文，一也。曲者委曲，所期非一，故曰曲期。本文义自可通，无待多辞以为之说。刘氏臆为改字，尤非也。

生之所以然者谓之性。性之和所生，精合感应，不事而自然谓之性。

王先谦曰：性之和所生，当作生之和所生。此生字与上生字同，亦谓人生也。两"谓之性"相俪，生之所以然者谓之性，生之不事而自然者谓之性，文义甚明。若云性之不事而自然者谓之性，则不词矣。

案：性之和所生，性字不误。上言生之所以然者谓之性，是性之体也；此言性之和所生精合感应不事而自然谓之性，是性之用也。用生于体，故曰性之和所生。性字正顶上"生之所以然谓之性"之性而来，两句乃相承，非相俪者也。王氏说非是。后文"所以知之在人者谓之知，知有所合谓之知；知所以能之在人者谓之能，能有所合谓之能"，皆下句承上句，此文正与彼同，合前后观之自明。

智所以能之在人者谓之能。

杨注：智有所能，在人之心者谓之能。○卢文弨曰：句首智字衍。注当云"在人有所能谓之能"。此似有舛误。

案：知所以能之在人者谓之能，犹云知之所以能之在人者谓之能。释能而必带言知者，能之所依者知，知能一体，不可析也。卢以知为衍字，误。

故王者之制名，名定而实辨，道行而志通。

杨注：道，谓制名之道。

案：名以辨实，实以著道，道者名之原也。道即道德之道。注谓道为正名之道，失之。后文"夫民易一于道，道之以道"，注曰"道达之以正道"，彼注不误。

缘天官。

杨注：天官，耳目鼻口心体也。

案：天官即五官，谓耳目鼻口形体，不数心也。杨言耳目鼻口心体，心体当是形体之误。

凡同类同情者，其天官之意物也同。

杨注：同类同情，谓若天下之马白黑大小不同，天官意想其同类。

案：同类同情，谓人也。孟子亦曰："圣人与我同类耳。"同情，如口之于味同嗜、目之于色同美是也。注失之。

形体色理以目异。

杨注：色，五色也。○王引之曰：色理，犹肤理也。杨云"色，五色也"，失之。

案：色者颜色，理者肤理，不得以色理为肤理。王说非是。

心有征知。

杨注：征，召也。言心能召万物而知之。

案：征，验也，不训召。心有征知者，谓耳目之所接，心得以考验而知其是非、辨其然否也。下文"五官簿之而不知，心征之而无说"，征簿对文，则征与簿义当相近。且征训召，亦与缘字犯复。杨注尚失之未密。

然而征知，必将待天官之当簿其类，然后可也。

杨注：天官，耳目也。当，主也。簿，簿书也。当簿，谓如各主当其簿书，不杂乱也。○郭嵩焘曰：簿犹记录也。○俞樾曰：杨注曰"天官，耳目也"，疑此文及注并有夺误。上文云"然则何缘而以同异，曰缘天官"，注曰："天官，耳目鼻口心体也。"是天官本兼此六者而言，此何以独言耳目乎？疑天官乃五官之误。上云"心有征知"，此当云"然而征知必将待五官之当簿其类"，注当云"五官耳目鼻口体也"。所以不数心者，征知即心也。下文云"五官簿之而不知，心征之而无说"，即承此文而言，可知天官为五官之讹。因五官讹为天官，而注又有阙文，遂不可读。

案：当簿，郭曰"簿犹记录也"，是也。荀此言，颇与释氏言耳识、眼识相似，识亦有记录义。心有征知，征知盖兼意识与第七识、第八识言之。此则儒、佛所言，各有详略，故不尽同也。

又案：《天论篇》曰："耳目鼻口形，能各有接而不相能也，夫是之谓天官。心居中，虚以治五官，夫是之谓天君。"则天官本不数心。杨于"缘天官"注曰"耳目鼻口心体也"，多一心字，自是注误。或心字为形字之讹。此注曰"天官耳目也"，因承上"缘耳知声，缘目知形"而言，故但言耳目而不及口鼻形体，则杨本不误。俞氏既不细考，乃欲以注而改本文，异矣。

则人莫不然谓之不知。

王念孙曰："莫不然谓之不知"，然字涉上下文而衍。○郭嵩焘曰：然亦语词，不必为衍文。

案：然字非衍，郭说是也。"莫不然谓之不知"，即"莫不谓之不知"，然语助耳。此然字盖与案字同。

推而共之，共则有共，至于无共然后止。

杨注：推此共名之理，则有共至于无共，言自同至于异也。起于总谓之物，散为万名，是异名者本生于别同名者也。○王念孙曰：共则有共之有读为又。谓共而又共，至于无共然后止也。杨说失之。

案：共则有共者，共名又各有其所共也。有共、无共相对为义，不得读作又。王说非。

名无固实，约之以命实。约定俗成，谓之实名。

王念孙曰："约之以命实"，实字涉上下文而衍。

案：此实字不可省。上言"名无固宜"，谓名本无定，故曰"约之以命"，命犹名也。后文"实不喻然后命"，注谓"以名命之也"。此曰"名无固实"，则非约之以实，将实终不定，故曰"约之以命实"。其实上必加一命字者，此实乃具于所命也。此言实，犹今人言名之有内涵，如去实字，则与后"谓之实名"不合矣。王说非也。

圣人不爱己，杀盗非杀人也。

杨注：圣人不爱己，未闻其说，似庄子之意。杀盗非杀人，亦见《庄子》。

案：《墨子·大取篇》云"爱人不外己，己在所爱之中"。故但言爱人已足，不必言爱己，此圣人不爱己之说也。又杀盗非杀人，亦见《墨子·小取篇》，注以为《庄子》，误。

334

验之所缘，无以同异。

郭嵩焘曰：此文"验之所缘，无以同异"，与前文不合，明"无"字衍文。

案：无者，而之讹字。

非而谒楹，有牛马非马也。

杨注："非而谒楹，有牛"，未详所出。"马非马"，是公孙龙白马之说也。

案：《墨子·经说上》曰："止句无久之不止，当牛非马，若矢过楹；有久之不止，当马非马，若人过梁。"此文当作"矢而过楹，当牛非马也"。非为矢字之讹，有为当字之讹，"牛"下"马"字为衍文。

又孙诒让曰：此当以"有牛马非马也"为句。谓兼举牛马，与单举马异也。《墨子·经说下》曰："或不非牛而非牛也，可，则或非牛而牛也，可。故曰'牛马非牛也'，未可，'牛马牛也'，未可，则或可或不可，而曰'牛马牛也未可'亦不可。且牛不二，马不二，而牛马二。则牛不非牛，马不非马，而牛马非牛非马，无难。"即此"有牛马非马"之义。如孙说，则矢过楹与牛马非马当为两事，亦通。或非而谒楹，为非矢过楹之误。《墨经》多错乱，原难据彼以定此也。"而"与"矢"篆文正相似。

命不喻然后期。

杨注：期，会也。言物之稍难名命之不喻者，则以形状大小会之，使人易晓也。谓若白马但言马则未喻，故更以白会之。

案：期谓相期约也。说已见前。注非。

累而成文，名之丽也。

杨注：累名而成文辞，所以为名之华丽，《诗》、《书》之言皆是也。或曰，丽与俪同，配偶也。

案：此当从或说为是。丽与俪同。

名也者，所以期累实也。

杨注：名者，期于累数其实以成言语。或曰，累实当为异实。言

335

名者所以期于使实各异也。

案：累字当涉上文"累而成文""累"字而误衍。名者所以期实，承上名闻而实喻言，则不当有累字。或说亦非也。

辨说也者，不异实名，以喻动静之道也。

杨注：动静，是非也。言辨说者，不唯兼异常实之名，所以喻是非之理。辞者论一意，辨者明两端也。

案：不异实名，谓使名实不相违异也。注未晰。

期命也者，辨说之用也。

杨注：期谓委曲为名以会物也。期与命，所以为辨说之用。

案：期命，犹言名约。期与命不得析言之。

道之工宰也。

杨注：工能成物，宰能主物。○陈奂曰：工宰者，工官也。官宰，犹言主宰。旧注失之。

案："工宰"，工字疑主字之残缺。

辞让之节得矣至**何恤人之言兮，此之谓也。**

案：此节不当与上分。荀书每以士君子、圣人比类而言，如《儒效》等篇可见也。上言圣人之辨说，此言士君子之辨说，自当连属为一。

不利传辟者之辞。

杨注：利谓说爱之也。辟读为僻。○刘师培曰：传读为专，即襄二十九年子容专之专也。杜注训专为自是，则专辟犹言坚僻。《非十二子篇》、《宥坐篇》"行僻而坚"，即此文所谓专辟也。

案：利为衍文，涉下"利而不流"而误衍。此文本作"不传辟者之辞"，辟者正与观者、贵者相对。刘说虽辨，未必然也。

永思骞兮。

杨注：骞，咎也。

案：注"骞，咎也"，盖以骞与愆通。然下有"礼义之不愆"句，则此不得又作愆也。且与上"长夜漫兮"义亦不相属。骞仍当读如本字，永思骞者,谓欲骞举而远去也。

涉然而精。

杨注:涉然,深入之貌。

案:涉然谓浅也。浅而精,与倪然而类、差差然而齐,皆以相反成义。若如注为"深入之貌",则非其伦矣。杨注未深考。刘师培改涉为陟,谓陟然者高视之貌,尤非。

苟之奸也。

案:苟字,即《不苟篇》"行不贵苟难,言不贵苟察"之句。刘师培谓苟从句声,即委曲之义,言不求其通而歧其说也。强作解人,不知其大违书旨也。

芴然而粗,啧然而不类,諁諁然而沸。

杨注:芴与忽同。忽然,无根本貌。啧,争言也。或曰,与赜同,深也。

案:啧,或说"与赜同",是也。芴然亦非无根本。芴者,言其隐约也。隐约而粗,正与上"君子之言涉然而精"相反。諁諁然而沸,沸当读作拂,拂者悖也,悖与齐反。

而无深于其志义者也。

杨注:不深明于志义相通之理也。

案:无深无字,当读如㨃,或读如芜。㨃深者谓揣摩求深也。芜深者谓芜杂而深也。盖此与上"以务白其志义"相对。务白其志义,谓但求明白,达而已。此既与相对,不得曰无深也。且上文"诱其名,眩其辞",亦非不深求之义。故知"无"字不当作本字读。至杨注"不深明于志义相通之理",如此解与前"志义"句意不相当,是未得其说而强为之辞耳。盖此论愚者之言,颇似东坡讥《太玄》,所谓以艰深文浅陋者。依是义求之,庶得其解。

穷藉而无极。

杨注:谓践履于无极之地。

案:无极对上"辞足以见极"言。彼注"极,中也,本也",则此亦当作中或本解。注"无极之地"，似谓无穷极，非也。

无以道欲而困于有欲者也。

案：道读如导，谓疏导之也。

所受乎天之一，欲制于所受乎心之多，固难类所受乎天也。

杨注：此一节未详，或恐脱误耳。或曰：当为"所受乎天之一欲，制于所受乎心之计"，其余皆衍字也。一欲，大凡人之情欲也。言所受乎天之大欲，皆制节于心之所受计度，心之计度亦受于天，故曰"所受"。○俞樾曰：或说甚晦，义不可通。此文当云"所受乎天之一，所受乎心之多，固难类也"。所受乎天，所受乎心，即承上文而言，一与多正相对。所受乎天之一，言天之与人有定也。所受乎心之多，言人之心无穷也。固难类也，犹言固不可同耳。○郭嵩焘曰：生之有欲，一而已矣。制于所受乎心之多者，以有欲之性，听命于心，而欲遂多，纷驰而日失其故、漓其真，则与所受于天之一欲，又不可以类求也。文义显然。杨、俞说皆非。○刘师培曰：受于天、受于心，均承上文言。一即《大戴·本命篇》"形于一谓之性"之一，此一即指性而言。受于心者，即外欲也。其易性为一者，以与下文"多"字对文之故，亦古人属辞之法也。"一"下"欲"字，涉上文而衍。

案：郭说非也。如郭氏之说，则是欲不可受制于心也，此与荀子之意大反。

又案：所受乎天之一，指性言，刘说是也。所受乎心之多，谓即外欲，则非也。心之多，盖谓思也。欲一而已，而有可有不可，可之中又有轻重、大小、缓急、先后焉。凡此皆心之所思虑计度而定其孰取孰舍者也，则为心不亦多乎？此所以曰"制于所受乎心之多"也。既受制于心，则所受乎天者无权矣，故曰"难类所受乎天也"。

又案：《不苟篇》曰："欲恶取舍之权，见其可欲也，则必前后虑其可恶也者；见其可利也，则必前后虑其可害也者。而兼权之，孰计之，然后定其欲恶取舍。如是则常不失陷矣。"所谓兼权、孰计，即此言所受乎心之多者也。故此文后亦曰"以为可而道之,知所必出也",又曰"所求不得,虑者欲节求也",又曰"故人无动而可以不与权俱"。曰知、曰虑、曰权,与彼文正相一致。

欲虽不可去,求可节也。

杨注:虽至贱,亦不可去欲。若知道,则求节欲之道而为之也。

案:求可节者,所求可节也。上文曰"欲不待可得,而求者从所可",求字与欲字相对,此亦当然。注曰"求节欲之道",非也。

所求不得虑者,欲节求也。

杨注:为贱者之谋虑,皆在节其所求之欲也。

案:所求不得虑者,言虽在所求,而有时不得入于念虑也。此不入于念虑者,孰为之? 则心之有节为之也。故即继之曰"欲节求也"。此欲字与前诸欲字异,盖以心之为主者言。注未分明。

道者进则近尽,退则节求。

杨注:道谓中和之道,儒者之所守也。进退亦谓贵贱也。道者贵者可以知近尽,贱者可以知节求。

案:进退与贵贱无涉。注非也。

故可道而从之,奚以损之而乱。不可道而离之,奚以益之而治。

杨注:可道,合道也。损,减也。言若合道则从之,奚以损乱而过此也。又曰:不合道则离之,奚以益治而过此。

案:此言可乎道而从道,则无术以损之而使之乱;不可乎道而离道,亦无术以益之而使之治。其曰"奚以"者,特反言以见其必不然耳。文自分明,注反缭绕矣。

故知论道而已矣,小家珍说之所愿皆衰矣。

杨注:能知此者,则墨、宋之家,自珍贵其说,愿人之去欲、寡欲皆衰矣。

案:珍者异也。珍说,异说也。注以珍为珍贵,失之。

离道而内自择,则不知祸福之所托。

案:前言"治乱在于心之所可,亡于情之所欲",此又曰"离道而内自择,则不知祸福之所托",即《非相篇》"论心不如择术"之说。

又案:上言"心也者,道之工宰也",则此先言心、后言道,正一气相贯。

其累百年之欲,易一时之嫌。

杨注:累,积也。嫌,恶也。此谓不以道求富贵,终遇祸也。

案:百年之欲,谓终身之大计也。累当读如字。以一时之好,而使终身之大计不就,故曰累也。其不曰一时之好,而曰一时之嫌,乃极言之。或嫌为嗛之讹字,谓害百年之欲而易一时之快也。

心平愉则色不及佣,而可以养目。

杨注:所视不及佣作之人,亦可养目。○孙诒让曰:此佣当与庸通。庸犹言常。

案:《王制篇》:"立身则从佣俗,事行则遵佣故,进退贵贱则举佣士。"此三佣字,皆谓佣常也。此荀书佣庸相通之证。

如是而加天下焉,其为天下多,其和乐少矣。

杨注:以是无贪利之心,加以天下之权,则为天下必多,为己之私和乐少矣。○王念孙曰:和当为私,字之误也。言以是不贪之心治天下,则其为天下必多,而为己之私乐必少也。杨云"为己之私和乐少",则未知"和"即"私"之误也。○王先谦曰:王说是。注中"和"字,乃后人因正文误"私"为"和"而羼入之,杨所见本盖不误。

案:"如是而加天下焉,其为天下多,其和乐少矣",此谓有以天下相加者,则视以为为天下者多,而和乐反少,盖不屑天下之意。故接之曰"夫是之谓重己役物"。杨、王说皆非是。和字更不得易为私字。

不见之行,不闻之谋,君子慎之。

杨注:不见之行,不闻之谋,谓在幽隐,人所不闻见者,君子尤当戒慎,不可忽也。《中庸》曰:"戒慎乎其所不睹,恐惧乎其所不闻,莫见乎隐,莫显乎微,故君子慎其独也。"又曰:此三句不似此篇之意,恐误在此耳。

案：不见之行，不闻之谋，谓不经见之行，不经闻之谋。与上"无稽之言"，皆指宋子"情欲寡"之说而言。注引《中庸》"戒慎不睹，恐惧不闻"以释不见不闻，非也。又谓"此三句不似此篇之意"，亦非。君子慎之，犹言君子戒之耳。戒之者，所不取也，非曰不可忽也。此"君子"即承上节"君子之言"而来。

性恶篇第二十三

杨注：当战国时，竞为贪乱，不修仁义，而荀卿明于治道，知其可化，无势位以临之，故激愤而著此论。《书》曰"惟天生民有欲，无主乃乱，惟聪易时乂"，亦与此义同也。

案：性恶之说，实荀子所见如此，非激愤而故为此言也。如宋人说气质之性，亦是实见有此理。杨注特欲为荀子回护，而不知非荀子之意也。

其善者伪也。

杨注：伪，为也，矫也，矫其本性也。凡非天性而人作为之者，皆谓之伪。○郝懿行曰：伪，作为也。伪与为古字通。杨氏不了而训为矫，全书皆然，是其蔽也。○王先谦曰：郝说是。

案：杨注"伪，为也，凡非天性而人作为之者，皆谓之伪"，训伪字甚的，未为非也。至申之曰"矫也，矫其本性也"，亦据荀书而为说，后文所谓"矫饰扰化"是也。郝氏乃以为蔽，过矣。

然则从人之性，顺人之情。

王先谦曰：《论语·八佾篇》集解："从读曰纵。"下同。

案：从与顺一义，当读如字，不得作纵也。王说非。

合于犯分乱理。

俞樾曰：犯分当作犯文。此本以文理相对。

案：俞说非，犯分不误。淫乱、残贼、争夺，皆犯分也。若作犯文，则义太窄而不切矣。如以为上下文必相应，则上言残贼不言暴，此何以曰归于暴乎？龂龂字句之间，真章句小生之见也。

以矫饰人之情性而正之。

案：饰读如饬，已见前。

以扰化人之情性而导之也。

案：导当作道，作导者后人所改耳。

纵性情。

案：纵当作从。作纵者，亦后人妄改。

不可学、不可事，而在人者，谓之性。

杨注：不可学、不可事，谓不学而能、不事而成也。○顾千里曰：而在人者，而疑当作之，人疑当作天，与"可学而能、可事而成之在人者，谓之伪"，为对文也。

案：不可学、不可事，谓非人力之所得为也。《儒效篇》曰"性也者吾所不能为也"，正此义。杨以"不学而能、不事而成"解之，非是。果如杨说，则反成孟子性善之说矣。

又案：而在人者，本文未误。不可学、不可事者天也，而在人者性也，故下一而字。此而字大有斟酌。若改作之，则其本出于天不见；若径曰在天，则性明为人之性，又嫌不切矣。细玩之，方知一字未可易，顾疑有误，非也。

今人之性，生而离其朴、离其资，必失而丧之。

杨注：言人若生而任其性，则离其质朴而偷薄、离其资材而愚恶，其失丧必也。

案：生而离其朴、离其资，谓生则离之也，故曰"必失而丧之"。既生即离之，则即谓之性恶也可，此荀子之意也。观下文云"性善者，不离其朴而美之,不离其资而利之也",对照自见。注言"生而任其性,则离其质朴"云云,意欠分晓。

用此观之,然则人之性恶明矣。

王念孙曰:此下亦当有"其善者伪也"句。"人之性恶,其善者伪也",前后凡九见,则此亦当然。

案:此无"其善者伪也"一句者,是也。下文"所谓性善者"紧接"人之性恶明矣"而言,若插入"其善者伪也"句,则文气反不衔接矣。此当于文章求之,不得以前后一例观也。王说尚未详考。

今人饥见长而不敢先食者,将有所让也。

俞樾曰:注不释长字,盖以为尊长也。然下文云"劳而不敢求息者,将有所代也",无为尊长任劳之文,则此句长字,亦非为尊长也。长读为粻。《尔雅·释言》:"粻,粮也。"《诗·嵩高篇》"以峙其粻",郑笺曰:"粻,粮也。""见粻而不敢先食",与下文"劳而不敢求息"意正相配。若作"见长",则转与下意不伦矣。

案:见长之长,自当作尊长解。下文不言者,省之也。如此无见长之文,则下文云"将有所代者",将谁代耶? 且后文言父言兄,即承此长字来,以后证前,知此长之为尊长无疑矣。若如俞说,改长作粻,则饥见粻而不敢先食,劳何不曰得荫而不敢求息乎? 劳不曰得荫,则意仍不相配也。

故陶人埏埴而为器,然则器生于工人之伪,非故生于人之性也。故工人斫木而成器,然则器生于工人之伪,非故生于人之性也。

杨注:言陶器自是工人学而为之,非本生于人性自能为之也。或曰:工人当为陶人。○王念孙曰:杨后说以此工人为陶人之误,是也。此文本作"故陶人埏埴而为器,然则器生于陶人之伪,非故生于陶人之性也。故工人斫木而成器,然则器生于工人之伪,非故生于工人之性也"。今本陶人之性,工人之性,皆作人之性,此涉上下文"人之性"而误。下文云"瓦埴岂陶人之性","器木岂工人之性",是其明证矣。

案：此两"非故生于人之性""人"上无陶字、工字，不误。礼义者，生于圣人之伪，非生于人之性。器者，生于陶人、工人之伪，非生于人之性。文正一例。若此改作陶人、工人之性，则前后反不相应。王说非也。

习伪故。

案：习伪故之故，与《庄子·达生篇》"生于陵而安于陵故也"之故同，谓惯习也。

夫感而不能然，必且待事而后然者，谓之生于伪。

王引之曰："谓之伪"三字中，不当有"生于"二字，此涉上"生于"而衍也。

案：伪上有生于二字者，不误。此生于伪，正承上"生于陶人之伪，生于工人之伪"言。下文曰"是性伪之所生，其不同之征也"，不曰"性伪不同"，而曰"性伪所生不同"，明此文之为生于伪，而非仅一伪字矣。王说非也。

假之人有弟兄资财而分者，且顺情性好利而欲得，若是，则兄弟相拂夺矣。

王先谦曰：据下文言"让乎国人"，则非兄弟分财之谓，明"弟兄"二字衍文也。有资财而分，顺情性则兄弟相夺，化礼义则让乎国人，文义正相对待，若兄弟分财而让及国人，非情理所有矣。

案：王说非也。此若无"弟兄"二字，则下言"让乎国人"，正谓分资财而让矣，世有与国人分资财者乎？让国人自别是一事，与此分资财无涉也。

今人之性，固无礼义，故强学而求有之也；惟不知礼义，故思虑而求知之也。

案：性无礼义，性不知礼义，此较告子义外之说犹为过当。然后文曰"涂之人皆有可以知仁义法正之质，皆有可以能仁义法正之具"，是自亦不能守其前说矣。

今不然，人之性恶。

杨注：今以性善为不然者，谓人之性恶也。

案：今不然者，谓必用圣王用礼义也。必用圣王用礼义，是人之性恶也。故接曰"人之性恶"。此与"今诚以人之性固正理平治耶？则有恶用圣王、恶用礼义矣哉"正相呼应杨注"今以性善为不然"云云，未得其解。

众者暴寡而哗之。

杨注：众者陵暴以寡而喧哗之，使不得发言也。○俞樾曰：《礼记·曲礼篇》"为国君华之"，郑注曰："华，中裂之。"此文"哗"字当读为华而从"中裂"之训。○刘师培曰：哗当作跨。《说文》："跨，踞也。"跨与跨同。加人上者谓之跨。《国语·晋语》云"不跨其国"，注云"跨犹据也"。据义亦与踞同。《列子·杨朱篇》"而欲尊礼义以跨人"，跨人者即《左传》之上人。则此文之哗，即假跨字之义。言众者，据寡者之上而使之出己下也。

案：众之所以夺寡者，正恃在喧哗，哗字殆不可易。孟子曰"一齐人傅之，众楚人咻之"，咻亦哗也。俞、刘之说，皆不免穿凿。

问者曰：礼义积伪者，是人之性，故圣人能生之也。

杨注：言礼义虽是积伪所为，亦皆人之天性自有，圣人能生之，众人但不能生耳。○王先谦曰：礼义积伪者，积作为而起礼义也。杨注非。

案：积犹习也。此曰积伪，犹上言"习伪故"之"伪故"矣。伪故两字平列，积伪亦两字平列，故与礼义对文。杨注"积伪所为"，谓积与伪两者之所为，非曰积夫伪者而为之也。王氏未会杨氏之意而非之，过矣。且训作"积作为而起礼义"，则积之上加一起字，起礼义乃在性之后，安得曰人之性耶？与书意反背矣。

又案：问者之意，乃谓礼义积伪，正惟为人之性，故圣人能生之，盖圣人亦人也。欲以积伪归之人性，以破性恶之说。杨注"圣人能生之，众人但不能生耳"，亦未得解。

夫陶人埏埴而生瓦,然则瓦埴岂陶人之性也哉。

杨注:岂陶人亦性而能瓦埴哉？亦积伪然后成也。

案:此注亦非是。当言埏埴生瓦,积伪所成,岂出陶人本性哉？

天非私齐、鲁之民而外秦人也,然而于父子之义、夫妇之别,不如齐、鲁之孝共敬文者,何也？

王念孙曰:"于父子之义、夫妇之别"上,当有"秦人"二字,而今本脱之。

案:"于父子之义、夫妇之别"上,无"秦人"二字者,疑此文本为秦人作,对秦人言,故省之也。

尧问于舜曰:人情何如？

案:此以下至"唯贤者为不然",引尧、舜之问答以结上文。自"有圣人之知者"以下至"是下勇也",与前文义不相属,当别为一节。且不似《性恶篇》文,疑《不苟》、《荣辱》、《儒效》等篇窜入于此。

齐给便敏而无类。

杨注:无类,首尾乖戾。○郝懿行曰:类者善也。

案:无类谓无统类也。类即上"多言则文而类"之类。郝训作善,非,荀书无以类为善者。

析速粹孰而不急。

杨注:析谓析辞,若坚白之论者也。

案:析与晰通,谓明晰也。

恬祸而广解。

杨注:恬,安也,谓安于祸难也。而广自解说,言以解胜人也。

案:恬祸而广解,应连下"苟免"二字为句。广解,谓广自解脱,广解苟免正一义。注曰"广自解说",非是。恬祸者,祸未至而慢之;广解苟免者,祸至而求幸免也。

繁弱、巨黍,古之良弓也。

案:自"繁弱、巨黍"以下,当别为一节。此言节靡之道,在于师友,即前"师法之化,礼义之道"意也。

君子篇第二十四

论知所贵，则知所养矣。

杨注：养谓自奉养。○陈奂曰：养，取也。知所养，知所取法也。《周颂·毛传》曰："养，取也。"是养有取义。注"养谓自奉养"，失之。

案：知所养，养者养士也。杨注固非，陈说亦失。

则事业捷成而有所休。

杨注：捷，速也。○郝懿行曰：捷与接同。言相接续而成，故人不得休息也。

案：捷仍以杨注训速为正。

节者死生此者也。

杨注：能为此五者，死生则为名节也。

案：死生此，谓生死皆不出此也。杨注未明。

备而不矜，一自善也，谓之圣。

杨注：一，皆也。德备而不矜伐于人，皆所以自善，则谓之圣人。○郝懿行曰：德备而不矜伐于人，一一自然尽善，非圣人不能也。○王先谦曰：杨注未顺。郝说增文成义，既言备，又言一一尽善，于文为复矣。自犹己君，德备而不以己之一善自矜，非圣人不能也。

348

案：此当作"备而不矜，不有善也，谓之圣"。下文"不矜矣，夫故天下不与争能，而致善用其功"，承不矜言。"有而不有也，夫故为天下贵矣"，承不有言。一者不字之缺脱，自者有字之讹误。若如今文作"一自善也"，则下文"有而不有"之言为无根矣。

成相篇第二十五

　　杨注：以初发语名篇，杂论君臣治乱之事，以自见其意。《汉书·艺文志》谓之《成相杂辞》，盖亦赋之流也。或曰成功在相，故作《成相》三章。○卢文弨曰：成相之义，非谓成功在相也，篇内但以国君之愚暗为戒耳。《礼记》"治乱以相"，相乃乐器，所谓春牍。又古者瞽必有相。审此篇音节，即后世弹词之祖。篇首即称"如瞽无相何伥伥"，义已明矣。首句"请成相"，言请奏此曲耳。○王引之曰：相者，治也。成相者，成此治也。请成相者，请言成始之方也。○俞樾曰：卢说是也。惟引"治乱以相"及"瞽必有相"以释"相"字，则皆失之。乐器多矣，何独举春牍为言？既以为乐器，又以为瞽必有相义，又两歧矣。此相字即春不相之相。《礼记·曲礼篇》"邻有丧，春不相"，郑注曰："相谓送杵声。"盖古人于劳役之事必为歌讴以相劝勉，亦举大木者呼邪许之比，其乐曲即谓之相。请成相者，请成此曲也。《汉志》有《成相杂辞》，足征古有此体。○郝懿行曰：《诗》云"考慎其相"，慎训诚，相训质，诚与成古字通，是即《成相》名篇。篇中"相"字俱读平声。○王先谦曰：案俞说近是。王以成相为成治，于《汉书》之《成相杂辞》及本篇云"托于成相以喻意"，义未洽。郝氏读相为平声，尤非。○刘师培曰：

350

俞云"相即春不相之相",其说最确。谓"以成相为请成此曲",则非。章绛曰:"成即打字。今俗犹言打连相,此其证。"其说是也。古成字从丁,丁训为打,今淮南犹以打人为丁人。则成字即打字,是也。

案:今俗言打,即谓作、谓成。章氏以成为打,正倒用之,不如卢、俞说之当也。

论臣过,反其施。

杨注:言论人臣之过,在乎不行施惠。○王先谦曰:言论人臣之过,当反其所施行,即下所云"拒谏饰非,愚而上同"也。杨以施为施惠,非也。

案:反其施者,反其君之所施也。君以自专为过,臣以上同为过,自专上同,正相反也。

谗人达。

案:达,进也。

卑其志意。

杨注:卑其志意,言无远虑,不慕往古。

案:卑其志意,谓志趣污下耳。正与"大其园囿高其台"反映成文。杨注"无远虑,不慕往古",反失文旨。

尧在万世如见之,谗人罔极,险陂倾侧,此之疑。

杨注:言当疑此谗人倾险也。○王念孙曰:疑,恐也,畏也。此之疑,此是畏。言此倾陂险侧之人,甚可畏也。○俞樾曰:《尔雅·释言》:"疑,戾也。"郭注曰:"戾,止也。疑者亦止。""谗人罔极,险陂倾侧,此之疑",承上文"尧在万世如见之"而言。此之疑者,此之止也。言尧明见万世,虽险陂倾侧之徒,莫不由此而止也。

案:王、俞两家之说皆非也。此之疑,即指尧言。谓尧之德万世如见,而谗人则反疑之也。后文曰"文、武之道同伏戏,由之者治,不由者乱何疑为",何疑疑字,即针对此疑字。盖尧、伏戏、文、武,一也,两疑字同,何得有二训乎?

基必施,辨贤罢。

王念孙曰:施,张也。言必欲张大基业,当先辨贤罢也。

案:牧基,谓治之基。治之基,即辨贤罢是也。此曰"基必施,辨贤罢",特倒文耳。王说基为基业,曰"欲张大其基业,当先辨贤罢",以辨贤罢与牧基分而二之,非是。

至治之极复后王。

杨注:后王,当时之王。言欲为至治,当归复后王。谓随时设教,必拘于古法。

案:后王,即承上文、武而言。杨注"后王,当时之王",非是。说并见前。又注"随时设教,必拘于古法",必上当脱一不字。

复慎墨季惠,百家之说诚不详。

案:复字涉上"复后王"而衍。

众人贰之,谗夫弃之,形是诘。

杨注:众人则不能复一,谗夫则兼弃之,但诘问治之形状。言侮嫚也。或曰,形当为刑。无德化,唯刑戮是诘。言苛暴也。○郝懿行曰:形与刑古字通。诘者治也。《书》曰:"度作刑以诘四方。"

案:"刑是诘","是"即指众人。谗夫言,谓有贰之弃之者,则以刑诘之也。杨注失之。

精神相反,一而不贰为圣人。

杨注:相反,谓反复不离散也。○王引之曰:反当为及,字之误也。精神相及,故一而不贰。杨说失之。

案:反谓复也。杨注不误。如王说,不成辞矣。

治之道,美不老。

杨注:老,休息也。《庄子》曰:"佚我以老。"为治当日新为美,无休息也。

案:"美不老",不老即谓不衰老也。荀书本有"美意延年"之语,注曲为之说,非是。

君子道之顺以达。

杨注：道，言说也。○王念孙曰：道，行也。

案：道，由也。王说为近之。

宗其贤良，辨其殃孽。

顾千里曰：此句以前后例之，应十一字，今存八字，疑尚少三字，无可补也。下文"道古圣贤基必张"，亦应十一字，今存七字，尚少四字。又下文"托于成相以喻意"，案此句例之，应十一字，亦疑尚少四字。本篇之例，两三字句、一七字句、一十一字句，为一章，每章凡四句，每句有韵。其十一字句，或上八下三，或上四下七，各见本篇。唯"下以教诲子第，上以事祖考"，又"孰杨注：孰或为郭。公长父之难，厉王流于彘"两处，则上六下五，虽变例，正可推知其十一字句矣。

案：上八下三，上四下七，其实皆两四字句，一三字句，非有异也。惟"下以教诲子弟，上以事祖考"与"郭公长父之难，厉王流于彘"皆上六字句，下五字句，为变例耳。

尧不德，舜不辞。

案：不德谓不自以为德也。故注有"皆归至公"之语。

辟除民害逐共工。

杨注：今《尚书》舜"流共工于幽州"，此云"禹"，未详。○郝懿行曰：共工益主水土之官，禹抑鸿水，故假言逐去之，非实事也。

案："逐共工"即"流共工于幽州"。《书》以舜言，此以禹言，当各有所据，不得谓"假言，非实事也"。郝说殊武断。且禹逐共工，舜实用之，则归之于舜，即亦未为不可。《荀子》与《尚书》固不相悖也。孟子言"当尧之时，洪水横流，泛滥于天下。尧独忧之，举舜而敷治焉"，敷治水土，人皆知为禹事，而孟子乃言舜，舜与禹岂有二耶？

道古贤圣基必张。

杨注：道说之而贤圣，基业必大张也。

案：此道亦由也，非道说之谓。

反复言语生诈态。

王念孙曰：态读为奸慝之慝。

案：《臣道篇》云："有态臣者，有篡臣者。……巧敏佞说，善取宠乎上，是态臣者也。"盖态即面从，即逢君之恶之谓。此态字亦如是。王氏读为慝，非其义。观下言"争宠嫉贤"、"敛党"、"蔽匿"，与《臣道篇》言"态臣"无二，可见。

君论有五约以明。

杨注：论为君之道有五。谓臣下职一也，君法明二也，刑称陈三也，言有节四也，上通利至莫敢恣五也。

案：君论有五。一、臣下职，二、守其职，三、君法明，四、君法义，五、刑称陈。详后顾氏说。杨注非也。

臣下职。

案：臣下职，谓臣下各任其职也。

君法明，论有常。

杨注：君法所以明，在言论有常，不二三也。

案：论，谓论士也。即《王制篇》"王者之论"是也。故下言"进退贵贱"。杨注"在言论有常"，失之。

君法仪，禁不为。

杨注：为君之法仪，在自禁止不为恶。○俞樾曰："君法仪"之"仪"，当读为俄。俄有顷邪之义。"君法仪"与上言"君法明"相对。上云"君法明，论有常"，此云"君法仪，禁不为"，言君法明盛，则其论有常；君法倾邪，则当禁之使不为也。盖此皆蒙上文"臣下职"而言，所陈皆臣道也。

案：仪读作义，谓君法之守义也。君法明、君法义，相对为文。则法仪二字不得相连明矣。《荣辱篇》曰"先义而后利则荣，先利而后义则辱"，是荣辱亦视乎义与不义耳。此下曰"修之者荣，离之者辱"，以荣辱为言，必与义字相关合，以是知仪为义之假字也。俞说亦非是。

莫不理续主执持。

王念孙曰：续当为绩。主执持，当为执主持。莫不理绩执主持者，《尔雅》曰"绩，事也"，言百官莫不各理其事，夫执得而主持之也。上文曰"莫得轻重威不分"，正所谓"执主持"也。又曰"莫得擅与执私得"，又曰"莫得贵贱执私王"，并与此文同一例。

案："主执持"不误，谓五听皆在主自执持也。王说引上文"执私得"等为例，不知此言五听，文乃别起，不与上相蒙，即不得与上一例也。惟续当作绩，王说得之。

下不私请。

杨注：群下不私谒。

案：下不私请者，下不私其情也。请亦当读作情。

公察善思论不乱。

王先谦曰：伦论古字通，谓君臣之伦不乱也。

案：论即上"君论有五"、"论有常"之论。王说作伦，非也。

赋篇第二十六

桀纣以乱,汤武以贤。涽涽淑淑,皇皇穆穆。

杨注:涽涽,思虑昏乱也。淑淑,未详,或曰美也。皇皇穆穆,言绪之美也。言或愚或智也。〇俞樾曰:淑淑训美,则与涽涽不伦矣。淑当读为跾。《文选·长笛赋》"蹢跾攒仄",注曰:"蹢跾,迫蹙貌。"《海赋》"葩华踧沑",注曰:"踧沑,蹴聚也。"跾跾之谊亦犹是耳。

案:涽正字为湣,湣与泯同,泯泯淑淑一义,皆清也。杜诗:"春流泯泯清"。涽涽淑淑皇皇穆穆八字,皆所以赞智,即皆美辞,与上桀纣汤武无涉。杨以上四字为言桀纣,故以涽涽为思虑昏乱,至淑淑乃不得其解,而曰未详,此未细考之过也。俞氏读淑淑为跾跾,盖亦踵杨氏之误,迁就其说,欲以与昏乱之义相合耳。

周流四海,曾不崇日。

杨注:崇,充也。言智虑周流四海,曾不崇满一日而遍也。

案:不崇日,不终日也。《诗》"崇朝其雨",《毛传》曰:"崇,终也。"是崇为终之假字。杨注失之。

明达纯粹而无疵也,夫是之谓君子之知。

王引之曰:疵知为韵。疵下也字,涉上文而衍,《艺文类聚》无。

356

案：疵下也字，不必为衍文，《艺文类聚》或系省之。

忽兮其极之远也，攭兮其相逐而反也。

杨注：攭与劙同。攭兮，分判貌。言云或慌忽之极而远举，或分散相逐而还于山也。○王念孙曰：忽，远貌。攭者，云气旋转之貌。反，亦旋也。故曰"攭兮其相逐而反也"。杨说皆失之。

案：王说是也。荀书以蠡言云，犹庄子以羊角言风，皆取其盘旋而上也。

君子设辞，请测意之。

杨注：欲君子设辞，请测其意。○王引之曰：杨以意为志意之意，非也。意者度也，言请测度之也。又曰：意之言亿也。

案：意作臆，荀书前已有之。

臣愚不识，请占之五泰。

杨注：五泰，五帝也。五帝，少昊、颛顼、高辛、唐、虞。皆务本，深知蚕之功大，故请验之也。○刘师培曰：五泰，盖神巫之名，与巫咸、巫杨相同。

案：《汉书·郊祀志》曰："天神贵者泰一，泰一佐曰五帝。"而《楚辞·九歌》其一曰东皇太一，则泰一五帝为楚人旧说无疑矣。窃意此所谓五泰，即泰一五帝之谓。盖合曰泰一，分曰五帝，故五帝亦可称五泰。荀卿居楚，又与春申君言，故称楚神以说之。五帝即五方之帝，非少昊、颛顼、高辛、唐、虞也。至刘申叔谓神巫之名，语尤无据。

志爱公利，重楼疏堂。

杨注：欲在上位行至公以利百姓，非谓重楼疏堂之荣贵也。

案：志爱公利，谓好利之人；重楼疏堂，谓其居处之富也。此与"公正无私，见谓从衡"正相对，言忠者疑而贪者贵也。注失之。

呜呼上天，曷维其同。

杨注：言或乱如此，故叹而告上天。"曷维其同"，言何可与之同也。后语作"曷其与同"。

　　案："曷维其同"、"曷其与同",皆言何其同。维字、与字,并无义。同谓齐同,即滔滔皆是之意。杨注为"何可与之同",似未然。

大略篇第二十七

人主仁心设焉，知其役也，礼其尽也。故王者先仁而后礼，天施然也。

杨注：人主根本所设施在仁，其役用则在知，尽善则在礼。天施，天道之所施设也。此明为国以仁为先也。

案："知其役也，礼其尽也"，两"其"字皆指仁言，谓仁心既设，而后知为之役、礼为之尽也。故曰"先仁而后礼"。言礼而不及知者，荀书隆礼，又此以上皆言礼之事，故独以仁礼对提，以见其本末也。杨注尚未晰。

禹学于西王国。

杨注：西王国未详所说。或曰：大禹生于西羌。西王国，西羌之贤人也。

案：西王国，疑即西王母。古史无征，不可考矣。

若则有常。

杨注：若，汝也。

案："若则有常"，若，顺也。谓顺则有常也。

敢忘命矣。

案：敢忘命矣，矣犹乎也。

导之以道而勿强。

杨注：勿强，不欲使其愧也。○郝懿行曰：勿强，谓匪怒伊教，使自得之。注谓不欲使其愧，非。

案：勿强谓不强其所难也。勿强，所以存父子之恩。

仁有里。义有门。仁非其里而处原作虚，从王念孙、陈奂说改。**之，非仁**原作礼，从王先谦、刘台拱说改。**也。义非其门而由之，非义也。**

杨注：仁非其里，义非其门，皆谓有仁义而无礼也。

案：仁有里，谓义也。义有门，谓礼也。此曰"仁非其礼而处之，非仁也"，下文曰"君子处仁以义，然后仁也"，故知仁有里之谓义也。此曰"义非其门而由之，非义也"，下文"行义以礼，然后义也"，故知义有门之谓礼也。杨注里门皆为礼，非是。

豫哉豫哉。

王先谦曰：《群书治要》作"务哉务哉"。

案："豫哉"，涉前"先事后虑谓之豫""豫"字而讹，当从《群书治要》作"务哉"。务，勉也，与"敬戒无怠"方相应。

庆赏刑罚，通类而后应。政教习俗，相顺而后行。

案：通类之类，即上"以类举"之类，此二句应合上并为一段。

氐羌之虏也。

杨注：谓见俘掠。

案："氐羌之虏也"，虏者，讥之之辞。谓燕君乃如氐羌野蛮之人，非谓其将为氐羌所俘掠也。下文"不忧其系垒也，而忧其不焚也"，注谓"氐羌之俗，死则焚其尸，今不忧虏获，而忧不焚，是愚也"。然则"不忧其系累，而忧其不焚"，正谓忧为中国如秦齐者所系累，故死而不焚其尸耳。如掠于氐羌，则焚尸正其俗，何忧不焚之有？注前后自相抵牾矣。

今夫亡箴者，终日求之而不得，其得之非目益明也，眸而见之也。心之于虑亦然。

杨注：眸谓以眸子审视之也。○俞樾曰：以眸子审视，岂可但谓之眸乎？眸当读为睄。《说文・目部》："睄，低目视也。"

案：此与《庄子・天地篇》"黄帝遗其玄珠，使知索之而不得，使离朱索之而不得，使吃诟索之而不得，乃使象罔，象罔得之"一义，谓有心不如无心也。故"眸而见之"者，谓瞥而见之也。若如杨注、俞说，眸为审视，为低目视，则终日求之之时，有不审视低目视者乎？且其言曰"其得之非目益明也"，是得之之道有在明之外者矣。《解蔽篇》以心之用归以虚壹而静，虚壹而静，所谓无心也，故曰"心之于虑亦然"。杨、俞盖皆未得荀书之意。

倾绝矣。

案：倾绝不成文义，绝字当涉下"绝故旧"而误衍。又绝从节声，或假绝作节。

君子之学如蜕，幡然迁之，故其行效，其立效，其坐效，其置颜色出辞气效。

杨注：效，放也。置，措也。言造次皆学而不舍也。

案：《广雅》："学，效也。"学训效，则效亦训学。"其行效"至"置颜色出辞气效"，谓无往不学也。杨注"造次皆学而不舍"，颇得其意。但训效为仿，不如训效为学之更为直捷也。又置颜色，犹《论语》云正颜色。

君子立志如穷，虽天子三公问，正以是非对。

杨注：如穷，似不能通变。至尊至贵，对之唯一，故曰如穷也。○王先谦曰：君子不以穷达易心，故立志常如穷时。虽君相问，必以正对。杨说非。

案：正读为政。问正者，问政也。以是非对，是则是之，非则非之也。

夫尽小者大，积微者著，德至者色泽洽，行尽而声问远。

王先谦曰：案"而"盖"者"之误，四句一例。

案：而犹则也。上用者字，下用而字，此俞氏《古书疑义举例》所谓上下文字变换例也。而不必为者字之误。

不足于行者说过。

杨注：言说太过，故行不能副也。

案：《论语》曰："为之难，言之得勿认乎。"不足于行者，不知其难，故说常过。杨注谓"言说太过，则行不能副"，是说过者行不足也，义颠倒矣。

壮不论议。

案：论议谓讲论也，非造作论议之谓。

《传》曰：盈其欲而不愆其止。

杨注：止，礼也。欲虽盈满，而不敢过礼求之。

案：止，谓容止也。不愆其止，谓容止不愆也。朱子《集传》引匡衡曰："情欲之感，无介乎容仪；宴私之意，不形乎动静。"即所谓不愆其止。

《小雅》不以于污上，自引而居下。

杨注：以，用也。污上，骄君也。言作《小雅》之人，不为骄君所用，自引而疏远也。

案：污上、居下对文。不以于污上，谓不以罪归上也。故曰"其言有文焉"。文者，婉而不露之谓也。注误。

不自嗛其行者言滥过。

杨注：嗛，足也。谓行不足也。所以不足于行者，由于言辞泛滥过度也。○郝懿行曰：嗛，不足也。言人不知自歉其行者，其言易于滥过而难副。

案：此当作"不自嗛其言行者滥过"，言字误在下也。滥即《论语》"穷斯滥矣"之滥。《论语》言滥，此言滥过，过亦滥也，二字连文耳。不自嗛其言行，嗛仍当如杨注训为足，自足者自信。人之能甘贫贱者，为能信其言行，内重故外轻也。既不自信，则不免于滥过矣。下文称"古之贤人"，贫贱至食不足、衣不完，然而非礼不进、非义不受，何也？自信故也。故曰"安取此"。此正指滥过言，谓安有及于滥过者乎？若如杨注，则前后文义不相承矣。又此与下"子夏贫，衣若县鹑"条，当合为一条。盖引子夏，正以见自嗛者之不滥过也。

少言而法，君子也。

王先谦曰：案而当训为如，通用字。

案：而当依本训，不得训为如。王氏说误。

天下之人唯各特意哉，然而有所共予也。言味者予易牙，言音者予师旷，言治者予三王。

案：此即孟子"口之于味有同嗜，耳之于声有同听"之说也。

宥坐篇第二十八

夫子为政而始诛之。

杨注：始诛，先诛之也。

案：始诛之，首诛之也。

四曰：记丑而博。五曰：顺非而泽。

杨注：丑谓怪异之事。泽，有润泽也。

案：丑，恶也，非怪异之谓。注非是。又泽，光润也，谓其能文饰。注亦未晰。

《书》曰："义刑义杀，勿庸以即。"

杨注：《书·康诰》言周公命康叔，使以义刑义杀，勿用以就汝之心，不使任其喜怒也。

案：义与俄通。俄，不正也。上所谓贼也、暴也、虐也，皆俄也。证以荀书，益知义当训俄。而后世解书者，胥失之矣。

夫水大遍与诸生。

杨注：遍与诸生，谓水能遍生万物。

案：诸生犹言群生。与，予也。杨注"水能遍生万物"，以生为动字，非也。

主量必平。

杨注：主读为注。量谓坑，受水之处也。

案：主量，谓以水为准也。主当如本字，不读为注。

淖约微达。

杨注：淖当为绰。约，弱也。绰约，柔弱也。

案：淖约犹浸润也，惟浸润故微达。此与《庄子》"淖约若处子"之训不同，不得引彼解此。

由是观之，不遇世者众矣，何独丘也哉。

俞樾曰："由是观之"四字，当在"君子博学深谋"句上。

案："由是观之"四字，不可移上。"博学深谋不遇时者多矣"，所以总结上比干、龙逢、子胥诸人；"由是观之"，即由此诸人观之也。此句本直接"何独丘也哉"，忽又重一"不遇世者众矣"句，以发嗟叹之意，故遂觉不相御接耳。然细玩之自明，若如俞说，文情失矣。

故居不隐者，思不远；身不佚者，志不广。

案：身不佚，不字涉上文而衍，当作"身佚者志不广"，佚谓安佚也。居不隐、身佚，正一义。

子道篇第二十九 无说

法行篇第三十

礼者,众人法而不知。

杨注：众人皆知礼可以为法,而不知其义者也。

案：法者以为法也。以为法而不知,即孟子所云"行之而不著,习矣而不察"也,非仅知其可以为法之谓。注失之。

哀公篇第三十一

服古之服。

杨注：服古之服，犹若夫子服逢掖之衣，章甫之冠也。

案：服古之服，谓行古之行也。《宥坐篇》"先王既陈之以道，上先服之"，注曰"服，行也"，是也。此作被服之服，盖以哀公言及章甫绚屦而误。然章甫绚屦，并非衣服，则知服非被服之谓明矣。

舍此而为非者，不亦鲜乎？

杨注：舍去此，谓古也。

案：舍，止也，居也，处也。注谓舍去，非是。

不知选贤人善士托其身焉，以为己忧。

杨注：不知托贤，但自忧而已。○俞樾曰：此十五字为一句。《广雅·释诂》："为，愈也。"为有愈义。故《左传》有"疾不可为"之文。为己忧者，愈己忧也。得贤人善士以托其身，则可愈己之忧，而庸人不知也。杨注失其义。

案：忧，患也。言以为己患也。"以为己忧"四字别为句。庸人不知忧，何从言愈己之忧乎？俞说非是。

五凿为正，心从而坏。

杨注：凿，窍也。五凿，谓耳、目、鼻、口及心之窍也。一曰：五凿，五情也。庄子曰："六凿相攘。"司马彪曰："六情相攘夺。"○郝懿行曰：杨注"五凿，五情"，是也。《庄子》"六凿相攘"谓六情，可证。○王念孙曰：杨后说以五凿为五情，颇胜前说。

案：五凿即五官。所以知者，以其对心而言也。然不谓之官而谓之凿者，以其凿而害之，故曰凿也。即《庄子》言六凿，亦不必为六情。言六情者，特注家之说耳。曰凿一窍而混沌死，《庄子》自有明文也。为正犹为政。五凿为正，谓五凿为主也。范香溪《心箴》曰："维口耳目，手足动静，投间抵隙，为厥心病。"足为此文之注矣。

是故知不务多，务审其所知。

杨注：《论语》曰："子路有闻，未之能行，唯恐有闻。"

案：务审其所知，谓审其知之当否耳，不及于行也。注引子路事，不切。

窃其有益与其无益，君其知之矣。

杨注：窃宜为察。察其有益无其无益，以窃字属下读。

案：窃属下为句，是也。但自为语辞，不训察。若训察，则下又言"君其知之"，察与知犯复，又于文不顺，细观自明。

东野子之善驭乎？

王先谦曰：善驭当为驭善，倒文。

案："东野子之善驭乎"，犹言"东野子其善驭乎"。之与其，古书多随用，依本文可通，不必改句也。

上车执辔，衔体正矣。步骤驰骋，朝礼毕矣。

杨注：衔体，衔与马体也。"步骤驰骋，朝礼毕矣"，谓调习其马，或步骤驰骋，尽朝廷之礼也。○郝懿行曰：杨注非。此读宜断"体正"、"礼毕"相属，上句言驭之习，下句言马之习也。朝与调古字通。此言马之驰骤皆调习也。

案：五驭有过君表，言朝礼者，当即指过君表言。杨断句不误。如郝说，以"辔衔"相连为句，不知辔可言执，衔不可言执也。

尧问篇第三十二

行微无怠。

杨注：行微，行细微之事也。○郝懿行曰：微者隐也。

案：微谓细微，杨注得之。《强国篇》"积微，月不胜日，时不胜月，岁不胜时"，注亦曰"积微细之事"。郝训微为隐，非也。

天下其在一隅邪！夫有何足致也？

杨注：夫物在一隅者，则可举而致之。今有道，天下尽归，不在于一隅，焉用致也？

案："天下其在一隅邪"，"邪"，叹辞，非反语。在一隅，谓如在居室之内也，故曰"何足致"。杨注失之。

闻之曰：无越逾不见士。

杨注：周公闻之古也。越逾，谓过一日也。○卢文弨曰："曰"，宋本作"日"。注"过一日"，语疑有误。观下所云，则士皆有等，勿因下士与己逾等，不见也。周公于下士厚为之貌，故人人皆以为越逾，则越逾者，过士所应得之分云耳。○俞樾曰：杨注"周公闻之古也。越逾，谓过一日也"，然则《荀子》原文，当作"闻之，无越日不见士"，杨注原文，当作"越日，谓过一日也"。

370

案：杨注乃以逾字释越字，"越逾"二字当句。注逾字非衍，正文越下衍一逾字，系因注文而误。俞氏误读注文，遂以注为亦衍矣。又正文曰字不误，越下亦无曰字，细观杨注"谓过一日也"，下一谓字，即正文本无曰字可知。若正文有曰字，文义自明，杨亦不为之注矣。

颜色黎黑，而不失其所。

案：不失其所，谓不失其自处也。

子曰：为人下者乎？其犹土也！

案："其犹土也"，也当读为耶。后文亦同。

世不详察，云非圣人，奈何。

案："世不详察，云非圣人，奈何"，犹言奈何世不详察而言非圣人乎？倒句也。

371

理 学 纲 领

江宁　钟钟山先生述　程希圣谨记

《理学纲领》,由李阿慧据钟泰手稿整理,李阿慧与杨立军共同校订。

《〈儒林典要〉拟收明代诸儒书目》,由钟斌据钟泰手稿录入标点,杨立军校订。

目　　录

清姚姬传以谓学有三类：曰义理之学，曰考据之学，曰辞章之学。实则宋儒已有此说，伊川曰："古之学者一，今之学者三，异端不与焉。一曰文章之学，二曰训诂之学，三曰儒者之学。欲趋道，舍儒者之学不可。"伊川亦尝论"今之学者歧而为三：能文者谓之文士，谈经者泥为讲师，惟知道者乃儒学也。"此谓文章、训诂、儒者，即姚氏所谓辞章、考据、义理也，然亦有不同，姚氏之说乃将学问分开言之，意无轩轾，而程子之言则可见轻重本末之不同，盖以儒者之学为本，而文章、训诂仅为儒学之一端而已。顾程子之说，亦有所本，周子《通书》云"圣人之道，入乎耳，存乎心，蕴之为德行，行之为事业，彼以文辞而已者，其陋矣。"陋第三十四。此亦后文辞、先圣学。荀子《劝学篇》云："君子之学也，入乎耳，著乎心，布乎四体，形乎动静，端而言，蠕而动，一可以为法则。"是又濂溪之所本也。荀子为儒学大宗，论性与孟子虽有不合，要由之以学孔子，则亦庶乎可矣。至姚氏之谓义理亦有所据，横渠曰："义理之学，亦须深沉方有造，非浅易轻浮之可得也。"孟子不亦云乎？"至于心，独无所同然乎？心之所同然者，理也，义也。"此义理二字之出处也。

今不曰义理之学，亦不曰儒者之学，而独标理学之名者，何也？夫谓之儒者之学，其名虽正，然无以见宋五子以次诸儒所言义理之学独特之处，谓之义理之学，其名又嫌累赘，故简称理学云尔。史家之例，儒林立传，《宋史》于《儒林》之外别立《道学传》，周、张、程、朱以次，诸儒言义理者皆入之，似可证宋儒所言真乃儒者之学，而与西汉以来诸儒所习者异道学即儒者之学耳。今不取道学之名者，嫌其混淆，颇遭訾议。《隋书·经籍志·史部·杂传》有《道学传》二十卷，无作者名氏，次乎《列仙传》《寇天师传》及《南岳夫人传》之间，似非吾儒，宜属道家，以是清儒辄诟宋儒为道家之学，故以道学为名不若理学之为切当也。清之治汉学者，亦亟攻理学，以为理字本训条理，自宋儒以来始解作道理字，此实大误。考理训道理，其来甚古，《穀梁传》范宁序云"据理通经"，此晋人之说也。朱穆《崇厚论》云"行违于道则愧生于心，非畏义也，事违于理而负结于意，非惮礼也。"董子《春秋繁露》对胶西王曰"正其道不谋其利，修其理不急其功"，此皆以道理相对而言，而为汉人说也。其在周秦亦可得而征，《吕氏春秋》有《明理》、《过理》两篇，《明理》中言及义理二字，《过理》中亦尝言不适，不适者，不当理也。又《离谓》篇亦云"辨而不当理则伪，知而不当理则诈"，"理也者，是非之宗也"。韩非《解老篇》云"万物各异理，而道尽稽万物之理"，此特以道统理，与董子少异，顾岂得以本训囿之哉！

至考厥本原，始见《易传·说卦》云"穷理尽性以至于命"，据此则知宋儒之说盖有所本，曲学拘儒安得妄讥之邪？夫字有本谊，有引申之谊，清儒据本谊以非引申之谊，无乃过乎！由是可知理道之名本可相通，故名曰理学，即尽道学，且不致与神仙家相乱焉。又有谓之性理之学者，明永乐间胡广等奉敕撰《性理大全》，本宋儒之说，凡一百二十家，分为十三目，凡七千卷。此盖据程子"性即理也"之说而主名，今不取性理之名而仍称理学者，亦从简故耳。或又有谓之宋学者，此盖对详于名物故训之汉学而言，窃谓以时代名学术，实有未核。譬犹孔孟之所习谓之孔孟之学则可，谓之周学，庸讵可乎？且自宋以下，代有承受之人，其不能以时代限之，固彰彰矣。即如清儒顾亭林、黄梨洲率以汉学名家，而并治宋学，江慎修亦颇好之，后来如陈兰甫、朱一新诸儒亦皆兼通汉宋，故宋学之名亦亡取焉。洎乎近世，又有称之为哲学者，夫哲学本西土之名，宋儒理学颇若似之。然究其实，绝不相侔。哲学尚知识，严复译为爱知，可证。知之事也，理学重践履，行之事也。体用既殊，名号宜别，故《春秋传》曰"名从主人，奚取于夷狄哉？"清人称章句训诂之学为朴学，考朴学之名，始见于宋儒张南轩《答刘枢密珙书》，其言曰"自维不敏，窃守朴学"，此盖宋儒所以自称其学也。夫朴非不求人知，潜心自得之谓，又有反之身心之谊，此惟宋儒理学足以当之，若夫外骛于名物象数、典章制度者,是皆道之华而为文之事,奚取于朴哉?清儒之说其然,岂其然乎?据此可知,理学非可宣诸口舌、著之竹帛,惟在学者力行之耳。兹编所述,是其纲领,学者苟能以此为入德之门,躬行勿懈,其亦可以几于圣域矣,得鱼忘筌,不亦歧哉!

凡十二目

正信第一　尚志第二　知本第三　辨义第四　居敬第五　格物第六　乐学第七　尽性第八　理气第九　心性第十　读书第十一　讲学第十二

右十二目,自正信以下八目乃为学之始终,自理气以下四目则区别其名象(相)。

正　信　第　一

学自信始,孔子曰"笃信好学,守死善道",子张曰"执德不弘,信道不笃,焉能为有,焉能为无。"可见信为学之根源,此圣贤所以告人者也。至于孔子之所以自道,一则曰"述而不作,信而好古",再则曰"我非生而知之者,好古敏以求之者也。"凡此皆明信先于好,信之弥坚,然后好之愈笃也。《孟子·滕文公篇》云:"滕文公为世子,将之楚,过宋而见孟子,孟子道性善,言必称尧舜。世子自楚反,复见孟子,孟子曰:'世子疑吾言乎? 夫道一而已矣。'"欲其不疑,必使信也,故复引公明仪曰"文王我师也,周公岂欺我哉",所以坚其信也。朱子发此章之谊曰:"近看孟子见人便道性善、称尧舜,此是第一义,若于此看得透、信得及,直下便是圣贤,更无一毫人欲之私做得病痛。"此亦以信得及为言耳。象山曰:"须是信的及方可。"王龙溪曰:"致良知三字,及门谁不闻,唯我信得及。"

至所以信者有二:曰信古,曰自信。苟欲臻此,则必道性善而称尧舜,称尧舜所以必其信古,道性善所以固其自信,故曹交问于孟子曰:"人皆可以为尧舜,有诸?"夫性本善也,舜斯何人? 予斯何人? 有为者,亦若是,故孟子曰然,特告人以性善,莫之或信,乃更引古之圣贤

381

为征，一则曰"尧舜，性之也"，再则曰"尧舜，性者也"，圣贤之教人，岂不深切著明哉！然则所谓信古者，信古之圣贤也，自信者，信己之可以为圣贤也。若夫今之学者，则又须信宋儒之学为直承孔孟之传者焉。程子曰："学者须要自信，既自信，怎生夺亦不得。"

《孟子》七篇末章述道统传授渊源，朱子外注引伊川所撰《明道先生墓表序》，以谓先生"得不传之学于遗经，自孟子之后一人而已"，其为直承孔孟之传可知，后人于此颇滋疑议，甚无谓也。夫孔孟之后，固不得谓亡承学之人，然终不若宋儒之能得其精微。韩文公《原道》云："轲之死，不得其传。"程子称韩子似有所见。故信有三焉：一曰信古之圣贤，二曰信己之可以为圣贤，三曰信宋儒之学为直承孔孟之传。士志于学，莫先乎此，伊川答门人曰："孔孟之门岂皆贤哲，固多众人，以众人观圣贤，弗识者多矣。唯其不敢信己而信其师，是故求而后得，今诸君于颐言，才不合则置不复思，所以终异也。"言之沉痛，今人匪独疑于程朱，抑且乖乎孔孟，敝屣先贤，自是其是，其去程子之徒，盖又远矣。《华严经》云"信为道源功德母"，意精言核，可资佐证。马鸣菩萨作《大乘起信论》，盖言大乘必始乎信，第众生知识短，提及大乘，疑不敢信，故必起其信也。孔子亦曰"民无信不立"，信之为用，岂不大哉！

今不曰起信，亦不曰立信，而谓之正信者，何也？夫人皆有信，谓之亡信，宁有当乎？顾信其所信，各执一端，其是非小大不能无异，异则有争，欲泯其争，必得其正，正犹正统也。吾华自古，咸有所信，始则信天，终则信夫孔孟，信吾民之所当信，故曰正信。且夫信有知而后信者，有信而后知者，此不可不辨也。知而后信，非大贤不能。孔子曰："吾与回言终日，不违如愚，退而省其私，亦足以发，回也不愚。"又曰"回也，非助我者也，于吾言无所不说。"是孔门亦惟颜子为能耳。夫知而后信，常人既所不能，其亦必信而后知，庶乎可矣。张子不云乎？"慕学之始，犹闻都会纷华盛丽，未见其美，而知其有美不疑，步步进则渐到,画则自弃也。"今言孔孟之学,譬犹都会纷华盛丽,学者果能不疑而徐进,自可至矣。要之,学者之治理学,是欲由宋儒之阶以入孔孟之室,抑由信乎宋儒而信孔孟,此信之正道也。程子曰:"觉悟便是信。"

尚 志 第 二

为学之要,首在立志,志不立譬犹筑室无基,未见其可。第立志又不可不高大,故夫弗辨志之卑隆小大者,亦不可也,其必尚志乎!《论语》言志之处甚多,然其言所志者,要不过三端:曰志于学道,"志于道,据于德","士志于道而耻恶衣恶食者,未足与议也"之类。曰志于仁,"苟志于仁矣,无恶也。"曰志于学。"吾十有五而志于学。"曰道、曰仁、曰学,若有不同,实乃一事。夫仁即道也,孟子曰"仁也者,人也,合而言之,道也"。就身外言之谓之道,道犹路也。就切身言之,谓之仁,仁即人也。孔子曰"朝闻道,夕死可矣",又曰"志士仁人,有杀身以成仁,无求生以害仁。"皆就死生言,非仁非道不能了死生,成仁忘身,闻道可死,斯征仁道相通也已。至所谓学者,学道学仁耳,就学上言谓之学,就学成言谓之道与仁,名号若殊,体用则一也。故知所当志者,惟道与仁,亦惟学道与仁,除此更无二志,不然则未可谓之志矣。其在孟子亦可得而征。

王子垫问曰:"士何事?"孟子曰:"尚志。"曰:"何谓尚志?"曰:"仁义而已矣。"此谓舍以仁义为志外更无余事矣。特孟子分而言之,谓之仁义,若合而言之,则义统于仁,是与孔子之言若合符节者焉。宋儒亦同此说,伊川曰:"莫说道将第一等让与别人,且做第二等,才如此说,便是自弃,虽与不能居仁由义者差等不同,其自小一也。言学便以道为志,言人便以圣为志。"此言更为深切著明矣。夫学者既正其信矣,必有所志焉,尤必以至乎圣贤为志。故曰尚志。周子《通书》云:"圣希天,贤希圣,士希贤。伊尹、颜渊大贤也,伊尹耻其君不为尧舜,一夫不得其所,若挞于市。颜渊不迁怒不贰过,三月不违仁。志伊尹之所志,学颜子之所学。过则圣,及则贤,不及亦不失于令名。"志第十。此谓伊尹、颜子之所志所学,而不及孔子者,盖就士言,士希贤耳,若其为贤,则又当希圣矣。或疑周子之言似教人作第二等人,与程子为异,其实周子所指正为第一等人,故曰"过则圣,及则贤"。等差若有不同,只缘功夫浅深有别耳。至其所志,则未尝异也。

观两君子之言,学者可不悟乎?顾今之人又何如也?志若立矣,不得谓之无志,然而其所志者卑,则可断言。朱子曰:"今朋友之不进者,皆有'彼善于此为足矣'之心,而无求为圣贤之志,故皆有自恕之心,而不能痛去其病,故其病常随在,依旧逐事为流转,将求其彼善于此,亦不可得矣。"此其志之所以卑下欤?(其信既正,然后其志则尚,若不读孔孟程朱之书,则不能正其信,亦不得尚其志矣。)孔子独取狂狷,孟子亦曰:"何以谓之狂也?曰其志嘐嘐然,曰古之人,古之人。"盖狂者虽不必至乎圣贤,然若其心志则然,故曰狂者进取。倘欲尚志,其必去彼善于此为足之心,庶乎可也。至人之所以无求为圣贤之志,而有彼善于此为足之心,皆由于知识不及而陷于流俗之故。象山曰"要当轩昂奋发,莫恁地沉埋在卑陋凡下处。"荀子不亦云乎?"卑湿、重迟、贪利,则抗之以高志。"《修身篇》。尚志者即抗之以高志也。象山又曰:"今人略有些气焰者,多只是附物,原非自立也,若某则不识一个字,亦须还我堂堂地做个人。"此种胸襟,可谓高极。龙川陈氏亮亦尝曰"推倒一世智勇,开拓万古心胸",斯言亦颇有气焰,可以起卑陋之人。象山曰:"此是大丈夫事,么么小家相者不足以承当。"正与明道之言相发,明道曰:"须是大其心,使开阔,譬如为九层之台,须是大做脚始得。"此志之所以必尚也欤！

　　要之，尚之于志绝不可分，立志必尚，若其不然，则非所当志矣。庄子明小大之辨，老子数告人以大。大日逝，逝日反。佛氏亦言发心，称菩萨为大心众生。大心者即尚志之谓也。夫学者欲有所立，则必尚志，欲尚志则又必能脱离卑陋凡下处。乃今之人多未察此，陷溺其中而不能自拔，可不悲乎！顾其所以陷溺而不能自拔者，畏流俗之毁誉是非耳，若其举世誉之而不加劝，举世非之而不加沮，则自克特立而不复陷于卑陋凡下处矣。孔子曰："人不知而不愠，不亦君子乎？"又曰："不患莫己知，求为可知也。"又曰："古之学者为己，今之学者为人。"今人多务求己知，誉之则喜，非之则怒，若然者何足与言学问，抑何取乎圣贤哉！且夫不以流俗之毁誉是非存之于心者，犹为次焉，尔其必能抗流俗之毁誉是非，始其尚者也。象山曰："后生自立最难，一人力抵当流俗不去，须是高着眼看破流俗方可。要之，此岂小廉曲谨所能为哉？必也豪杰之士。"

知 本 第 三

　　夫信正而志立,然后须明著手之处做工夫。故程子曰"凡人才学,便须知有着力处,既学,便须知有得力处",学着力处者何? 为学之本也。故学贵知本,知本之说始见《大学》。古之欲明明德于天下者,先治其国。欲治其国者,先齐其家。欲齐其家者,先修其身。欲修其身者,先正其心。欲正其心者,先诚其意。欲诚其意者,先致其知。致知在格物。物格而后知至,知至而后意诚,意诚而后心正,心正而后身修,身修而后家齐,家齐而后国治,国治而后天下平。自天子以至于庶人,一是皆以修身为本。其本乱而末治者否矣。其所厚者薄,而其所薄者厚,未之有也。此谓知本,此谓知之至也。所谓诚其意者,毋自欺也。如恶恶臭,如好好色,此之谓自谦。故君子必慎其独也。小人闲居为不善,无所不至,见君子而后厌然,掩其不善,而著其善。人之视己,如见其肺肝然,则何益矣。此谓诚于中,形于外,故君子必慎其独也。曾子曰:"十目所视,十手所指,其严乎!"富润屋,德润身,心广体胖,故君子必诚其意。《诗》云:"瞻彼淇澳,绿竹猗猗。有斐君子,如切如磋,如琢如磨。瑟兮僩兮,赫兮喧兮。有斐君子,终不可喧兮!""如切如磋"者,道学也。"如琢如磨"者,自修也。"瑟兮僩兮"者,恂栗也。"赫兮喧兮"者,威仪也。"有斐君子,终不可喧兮"者,道盛德至善,民之不能忘也。《诗》云:"於戏,前王不忘!"君子贤其贤而亲其亲,小人乐其乐而利其利,此以没世不忘也。《康诰》曰:"克明德。"《大甲》曰:"顾諟天之明命。"《帝典》曰:"克明峻德。"皆自明也。汤之《盘铭》曰:"苟日新,日日新,又日新。"《康诰》曰:

387

"作新民。"《诗》曰："周虽旧邦，其命维新。"是故君子无所不用其极。《诗》云："邦畿千里，维民所止。"《诗》云："缗蛮黄鸟，止于丘隅。"子曰："于止，知其所止，可以人而不如鸟乎？"《诗》云："穆穆文王，於缉熙敬止！"为人君，止于仁。为人臣，止于敬。为人子，止于孝。为人父，止于慈。与国人交，止于信。子曰："听讼，吾犹人也。必也使无讼乎！"无情者不得尽其辞，大畏民志。此谓知本。**修身为齐家治国平天下之本，诚意又为修身之本，以修身为本，则齐家治国平天下为末，以诚意为本，则修身又为末。有本必有末，相对而言者也。今所论之本，实异于是。《大学》，乃相对之本，此则为绝对之本，亦可谓为一切之本，盖舍此皆末矣。孟子曰："且天之生物也，使之一本。"**《滕文公章句上》。**又曰："原泉混混，不舍昼夜。盈科而后进，放乎四海，有本者如是。"**《离娄下》。**是其义也。宋以后诸儒各主名目，有谓之本领者，象山云："《论语》多有无头柄底说话，如'知及之，仁不能守之'之类，不知所及所守者何事？如'学而时习之'，不知时习者何事？非学有本领，未易读也。苟学有本领，则知之所及者及此也，仁之所守者守此也，时习者习此也，说者说此，乐者乐此，此如高屋之上建瓴水矣，学苟知本，六经皆我注脚。"本者，根本也。领者，如衣之有领。振衣者，必挈其领，为学亦然。又有谓之头脑者，阳明《传习录》云："为学须得个头脑工夫，方有着落。纵未能无间，如舟之有舵，一提便醒。不然，虽从事于学，只做个义袭而取。非大本达道也。"又有谓之欛柄者，白沙陈氏**献章《与林缉熙书》曰："终日乾乾，只是收拾此理而已，此理干涉至大，无内外，无终始，无一处不到，无一息不运，会此则天地我立，万化我出，而宇宙在我矣。《阴符经》**云：'宇宙在吾手，万化在吾心。'**得此欛柄入手，更有何事？往古来今，四方上下，都一齐穿纽，一齐收拾，随时随处无不是这个充塞。色色信他本来，何用尔脚劳手攘？舞雩三三两两，正在勿忘勿助之间，曾点些儿活计，被孟子打并出来，便都是鸢飞鱼跃。若无孟子工夫，骤而语之似曾点见趣，一似说梦。会得，虽尧舜事业，只如一点浮云过目，安事推乎！此理包罗上下，贯澈始终，滚作一片，都无分别，无尽藏故也。**

自兹已往，更有分殊处，合要理会，毫分缕析，义理尽无穷，工夫尽无穷。书中所云，乃其统体该括耳。"

　　凡此所谓"本领"、"头脑"、"欛柄"者，皆大本之殊名。程子曰："理一而分殊。"朱子曰："万殊一本，一本万殊。"使为学之初未能得之，徒废工夫，止自贼尔。张伯端《悟真篇》云："鼎内若无真种子，犹将水火煮空铛。"学而无本，亦犹是也。《记》云"无本不立"，旨哉言乎！然则本者恶乎指？谓性焉尔。夫人之可以学至乎圣贤者，即此性此理也。故白沙谓色色信他本来，人性固若是耳，此孟子所以道性善也。明道曰："不知性善，不可以为学，知性之善而以忠信为本，是曰先立乎其大者。"象山教人亦以立大为言。孔子曰"主忠信"，主犹本也。又曰："言忠信，行笃敬，虽蛮貊之邦行矣。"是知忠信者，生质之美者也，亦人性之本然耳。若《礼器》云："忠信，礼之本也。"又云："忠信之人可以学礼。"《论语》："子夏问曰：'巧笑倩兮，美目盼兮，素以为绚兮，何谓也？'子曰：'绘事后素。'曰：'礼后乎？'"此之谓也。盖礼之本为素，犹受和之甘、受采之白尔。然则孔子主忠信，孟子道性善，其揆一也。孟子道性善亦与先立乎其大者类焉，尔而程子之言可以尽之矣。《论语》云："子以四教，文行忠信。"朱子注引程子之言曰"忠信，本也"。足知孔子所说忠信即后儒所谓"本领"、"头脑"、"欛柄"，学者必存之而不贰，始可入德。象山曰："知道则末即是本，枝即是叶。"又曰："有根则自有枝叶。"又曰："我治其大，而不治其小，一正则百正。恰如坐得不是，我不责他坐得不是，便是心不在道。若心在道时，颠沛必于是，造次必于是。岂解坐得不是。"

　　孔子必以主忠信为言者，乃谓舍此无余事也。明人高攀龙曰"论学必以知性为本，论性必以复性为本"，然则知本者亦知性之谓也。盖圣贤义理之学皆根于性，不知性，恶能学至乎圣贤？此孟子所以道性善言必称尧舜也。第语性为空言耳，至其为体奚若，于何知之，则非空言所可导者矣。故宋儒易其名曰仁，此明道程子所以教人识仁也。程子曰："学者须先识仁，仁者，浑然与物同体，义礼智信皆仁也。"又曰：

"仁者以天地万物为一体，莫非己也。识得为己，何所不至？"此明万物备我仁体之大，即白沙"包罗上下、贯澈始终、滚作一片，都无分别"之谓，识荨此理则知性矣。张子曰："性者，万物之一原，非有我之得私也。"明性即仁也，特性隐难言而仁显易识，故程子舍隐而取显，俾学者知所撂尔。然程子又曰："人只为自私，将自家躯壳上头起意，故看得道理小了他底，放这身都在万物中一例看，大小大快活。"此非谓性乎？然后知性者必与万物同体，匪独仅及一身。程子曰性即理也，学者可以喻矣，明乎性与万物同体，则可知性，而性亦可以大，夫然后学始有本，然则知本之道，舍夫知性，末由也已。薛敬轩曰："性非特具于心者为是，凡耳目口鼻手足动静之理皆是也。非特耳目口鼻手足动静之理为是，凡天地万物之理皆是也。故曰：'天下无性外之物，而性无不在。'"

辨 义 第 四

　　《易·系辞传》云"井以辨义"，夫井所以养人者，乃知辨义在养人，所谓养人者，匪独养他而已，亦以自养也。然则养人即生活之谓，辨义须于生活上耳，顾人但知生活之重，而不知义之尤重，可不惑乎！先儒皆以义利相对，辨义者即所以辨义利之微耳。《论语》云"君子喻于义，小人喻于利"，此孔子以义利辨君子、小人也。《孟子》七篇首章，即举义而□利，《荀子·荣辱篇》又以义利辨荣辱，以谓"先义而后利者荣，先利而后义者辱"，故知圣贤于义利之微，辨之审矣。

　　然自三代以下，君子少而小人多，孰不欲利哉！此其故何也？盖义利两有，缺一，不能顾视其轻重之分为何如耳。故《荀子·大略篇》云："义与利者，人之所两有也。虽尧舜不能去民之欲利，然而能使其欲利不克其好义也。虽桀纣亦不能去民之好义，然而能使其好义不胜其欲利也。"又《修身篇》云："身劳而心安，为之；利少而义多，为之。"夫岂教人尽去利哉。程子不亦云乎："人无利，直是生不得，安得无利，且譬如椅子，人坐此便安，是利也。如求安不已，又要褥子以求温暖，无所不为，然后夺之于君，夺之于父，此是趋利之弊也。利只是一个利，只为人用得别。"然则所谓辨义者，亦止是辨利之去取耳，利之当取者

391

而取之，亦得谓之义，不当取者而取之，斯乃为利也。义者，宜也，不宜者，利也。是故圣贤未尝教人绝利，唯不可害义耳。此孟子所以无取于于陵仲子也，犹有讥焉。

所谓利者，亦匪专指财利，一念之私皆为利耳。昔赵景平问伊川曰："'子罕言利'，所谓利者何利？"曰："不独财利之利，凡有利心便不可。如作一事，须寻自家稳便处，皆利心也。圣人以利为义，义安处便为利。"所谓"寻自家稳便处"，便是自私，明利与私最近也。昔明道知扶沟县事，伊川待行，谢显道良佐将归应学，伊川曰："何不止试于大学？"曰："蔡人鲜习《礼记》，决科之利也。"先生曰："汝之是心，已不可入于尧舜之道矣。夫子贡之高识，曷尝规规乎货利哉。特于丰约之间，不能无留情耳。且贫富有命，彼乃留情于其间，多见其不信道也，故圣贤谓之不受命。有志于学者，要当去此心而后可语也。"因乃止，是岁亦登第。又谢湜自蜀之京师，过洛而见程子，子曰："尔将何之？"曰："将试教官。"子弗答。湜曰："何如？"子曰："吾尝买婢，欲试之，其母怒而弗许，曰'吾女非可试者也'，今尔求为人师而试之，必为此媪笑也。"湜遂不行。此岂今人所能及哉？夫利外足以损人，内足以害己，故君子必于此辨焉尔。

后来张南轩《孟子讲义·序》亦云："凡有所谓而为者，利也；无所谓而为者，义也。"斯语较程子为尤精，若某一事分明为善，而此心不为此事而作，只是为名为利，即此便为有所谓。程子曰："虽公天下事，若用私意为之，便是私。"有所谓者，亦即私意云尔。然而以此衡今，孰知义哉！昔有问于程子曰："第五伦，视其子之疾与兄子之疾不同，自谓之私，如何？"人有问之曰："公有私乎？"对曰："吾兄子常病，一夜十往，退而安寝；吾子有疾，虽不省视而竟夕不眠。若是者，岂可谓无私乎？"曰："不特安寝与不安寝，只不起与十起便是私也。父子之爱本是公，才着些心做便是私也。"若第五伦之所为，亦有所谓者也。即若公孙弘布被脱粟之饭，晏平仲豚肩不掩豆，宁必义哉？亦利而已矣。孔子曰"过犹不及"，此之谓也。士志于道,其于义利之微,可不辨乎?

象山曰:"所喻由于所习,所习由于所志。"志于义则所习所喻者义,志于利则所习所喻者利,立志之初,可不慎乎? 志之所以必尚者,只是教人以义为志,不得以利为志耳。然则尚志者,尚义之谓也。孟子曰:"鸡鸣而起,孳孳为善者,舜之徒也。鸡鸣而起,孳孳为利者,跖之徒也。欲知舜与跖之分,无他,利与善之间也。"然则欲至乎尧舜,舍义莫由也已。所谓知本者,知性识仁之谓也。所以辨义者,以不义可以贼性害仁也。故知本之后,继以辨义。孟子言养气必及集义,养气与养性止是一事,言集义又必曰行有不得于心则馁,馁则浩然之气不能塞乎天地之间矣。荀子亦曰:"除其害者以持养之。"《经解》亦云:"除去天地之害谓之义。"辨义者,除其害之谊也。

居 敬 第 五

荀子曰："除其害以持养之。"害除然后可以持养。居敬者，持养之道也。《论语·为政》"哀公问章"外注引谢显道之言曰："君子大居敬而贵穷理。"大居敬说，《春秋传》大居正句例来。居敬穷理为宋儒所习言，朱子比之鸟之两翼，车之两轮，废一不可。居敬，或谓之主敬，或谓静周子《太极图说》云："圣人定之以中正仁义而主静，立人极焉。"或谓之持敬用孟子"持其志"之义。今不取主静、持敬之说，而谓之居敬者，厥谊有二：夫谓之主静持敬，有主持时乃敬，不然则不敬矣，谓之居敬，则与之不相离失。无时无处不然，所谓颠沛必于是，造次必于是，无终食之间违之者，此一谊也。又谓之居则可以安，孟子曰："居恶在？仁是也。路恶在？义是也。居仁由义，大人之事备矣。"居何以安仁？孟子又曰："仁人之安宅也。"安宅即安居之谓，居而后得其所安也。此又一义也。

居敬、主静似异实同，后之不知者以此为程周二子讲学宗旨、方法入门之不同，谬矣。盖未之思也。周子《太极图说》云："圣人定之以中正仁义而主静，立人极焉。"自注云："无欲故静。"《通书》亦云："圣可学乎？"曰："可。"曰："有要乎？"曰："有。"请闻焉，曰："一为要，一者无欲也，无欲故静。"此征主静犹主一，要当无欲耳。而程子之言敬，则曰

"所谓敬者，主一之谓敬，所谓一者，无适之谓一"，与周子之说正同。就心上言则为欲，欲者，心之所之也。就所知言则为适，适，犹之也。故知主静居敬为一也。然则程子舍主静而言居敬，厥故安在？程子曰："敬则自虚静，不可把虚静唤做敬。"盖虑人误以静为寂然不动也。若夫敬则兼动静而言，朱子不云乎："无事时敬在里面，有事时敬在事上。"又曰："二先生案此谓明道、伊川二先生所论敬字，须该贯动静看，方其无事而存主不懈者，固敬也，及其酬酢不乱者，亦敬也。故曰'毋不敬，俨若思'，又曰'事思敬，执事敬'。"主静者，亦止是以静为主，犹必以动为客也。老子曰："静为躁君。"躁犹动也。故周子必曰无欲，故静无欲则一心自有主宰，乃能因物付物，而不至物交物也，宁必寂然不动、若佛氏之摄心坐禅始为静哉！周子言简，易滋误会，程子乃不得不改一名目耳，且《二程语录》云："伊川见人静坐，便叹其善学。"伊川亦尝言："惟静可以入道。"可见主静、居敬名目虽殊，其理则一也。朱子曰："周子说主静正是要人静定其心，自作主宰。程子又恐人只管求静，遂与事物不交涉，却说个敬，云'敬则自虚静'。"

"居敬"次"知本"之后者，良以知之后犹必安而存之也。故孔子曰："知及之，仁不能守之，虽得之，必失之。"孟子曰："存其心，养其性，所以事天也。"程子《识仁说》亦曰："识得此理，以诚敬存之而已，则致知之后又要存养，方能不失，盖致知之功有时，存养之功不息。"明儒胡氏敬斋居仁曰："一即是诚，主一即是敬。"中庸所以行之者，一也。朱注"一即诚也"。此谓诚为本体，敬为工夫。明道曰："涵养吾一，以诚敬存之。"伊川亦曰："涵养须用敬，进学则在致知。"可征二程子论敬犹涵养也。特明道天资高，好言本体。伊川学力深，好言工夫。明道之言似不若伊川之着实有力，故后来朱子亦多称伊川之言以教学者也。然则所谓敬者，又若何而用力邪？曰："程子尝以主一无适言之矣，尝以整齐严肃言之矣，尝以动容貌、整思虑言之矣，又尝言严威俨恪非持敬之道，然敬须自此入。"至其门人谢氏显道之说则又有所谓"常惺惺法"者焉

《大学》注："虚灵不昧,即常惺惺之谓也。"尹氏和靖之说则又有所谓"其心收敛不容一物者焉"。观是数说,足以见其用力之方矣。至胡氏敬斋则综论之曰："端庄整肃、严威俨恪是敬之入头处,提撕唤醒是敬之结宿处,主一无适、湛然纯一是敬之无间断处,惺惺不昧、精明不乱是敬之效验处。"此集众说而明辨之,可谓析入毫芒矣。

若夫明儒顾宪成则又曰："小心之谓敬,取其易了。"以此推之,则今人所谓注意、紧张亦皆为敬矣。虽然小心、注意、紧张固皆为敬,然而皆不足以尽此敬。小心与大胆相对,小心固是敬,大胆有时亦未尝非敬,推之注意为敬,即不注意有时亦为敬。程子之所谓无适即不注意也。至于紧张匪独不足以尽之,有时且足以害之也。夫敬必从容,即于从容中而不忘敬也。先儒论敬与矜持不同,矜持不特异乎敬,且为敬之疵,孟子曰"必有事焉,而勿正心,勿忘,勿助长。"正心、助长,皆矜持之过也。若夫紧张则过于矜持、助长。孟子之论养气必曰："无暴其气。"至于紧张又不免暴其气矣。过犹不及,岂不信欤?《论语》称孔子恭而安,学者须体会圣人此种气象,然后始知敬者止是教人和舒而弗及怠惰,严威而不至矜持,所谓从容乎中道者也。故程子曰："执事须是敬,然又不可矜持太过。"又曰："忘敬,然后无不敬。"忘敬者,非不留心于敬也,止是行乎自然而不勉强之谓,特用力之初犹不免于勉强,及其用功既久,涵养日深,则必渐至乎从心所欲而不逾矩,乃能无入而不自得,莫非敬矣。

人生本敬,乃以诱于外物,后失其真。夫沿波知进则顺而易,溯流思反则逆而难,此所以用力之初犹不得不勉强而行之者也。孟子曰："学问之道无他,求其放心而已矣。"求放心即为敬之道也,程子更申之曰："圣贤千言万语,只是欲人将已放之心,约之使反,复入身来,自能寻向上去,下学而上达也。"可知心之不存则无事为敬矣。故曰："心不在焉,视而不见,听而不闻,食而不知其味。"《大学》之言慎独,《中庸》之言戒慎恐惧,皆敬也。若夫小人之无忌惮者,则非敬矣。程子之言可不深切著明哉！问："人之燕居，形体怠惰，心不慢者，可否？"曰："安有箕踞而心不慢者？昔吕与叔六月中来缑氏，闲居中某尝窥之，必见其俨然危坐，可谓敦笃矣。学者须恭敬，但不可令拘迫，拘迫则难久。"〇一学者苦敬而矜持。朱子曰："只为将此敬字，别作一物，而又以一心守之，故有此病。若知敬只是此心自省，当体便是，则自无此病矣。"〇明道曰："今学者敬而不自得，又不安者，只是心生，亦是太以敬来做事得重，此'恭而无礼则劳'也。恭者，私为恭之恭也。礼者，非体之礼，是自然的道理。故不自在也。须是'恭而安'。今容貌必端，言语必正者，非是道独善其身，要人道如何。只是天理合如此。本无私意，只是个循理而已。"

　　夫人果能居敬，外则五官百骸，内则心思知虑，咸得其所，亦即不失其当然之则。《诗》云："天生烝民，有物有则。民之秉彝，好是懿德。"此之谓也。明此则知居敬与穷理通，明儒薛氏镜仙曰："居敬即居所敬之理。"是知居敬须居在理上。理者，当然之则也，亦即天理也。阳明《传习录》"澄问：主一之功，如读书则一心在读书上，接客则一心在接客上，可以为主乎？先生曰：好色则一心在好色上，好货则一心在好货上，可以为主乎？主一是专主一个天理。"陆澄记。又"梁日孚问主一。曰：一者天理，主一是一心在天理上，若只知主一，不知一即是理，有事时便逐物，无事时便着空，惟其有事无事，一心皆在天理上用功。所以居敬亦即是穷理，就穷理专一处说便谓之居敬，就居敬精密处说便谓之穷理，不是居敬了别有个心穷理，穷理时别有个心居敬，名虽不同，工夫只是一事。"常人多逐物，禅宗云次焉，此便善矣。观此，可知朱子之谓"有事时敬在事上，无事时敬在里面"，并无逐物着空之病，朱子不亦云乎："能穷理则居敬工夫日以进，能居敬则穷理工夫日以密。"与阳明之说正同，特阳明合而言之，朱子分而言之，语有重轻，谊无二致。盖居敬穷理互发互助者也。

　　正信、尚志、知本三篇具见为学规模，至若于何着手用力，则须求诸辨义、居敬、穷理之中。夫为学之道，譬犹莳花种谷，害莠既除，宜加养料。辨义犹除害莠也，居敬犹加养料也。故程子曰"涵养须用敬",涵者,滋也,水之浸物,有积渐渍而入。明居敬工夫日积于成,匪可骤至,亦犹莳花种谷,未可汲汲见功也。然则居敬者必时时刻刻以敬为生活,未可或闻也,朱子曰:"离了心,则非我有,离了敬,则无此心。"信夫!

格 物 第 六

　　居敬与穷理相通,宜居敬之后次以穷理,今不说穷理而说格物者何也? 朱子曰:"《大学》不说穷理,只说格物,要人就事物上理会。"又曰:"不说穷理却言格物,盖言理无可捉摸,言物则理自在,释氏只说见性,下梢寻得一个空洞无稽底性,与事上更动不得。"据此则知说格物便尽穷理矣。朱子曰:"有是物必有是理,理无形而难知,物有迹而易见。"或问辨义与穷理何以异? 程子曰:"在物为理,处物为义,自物言谓之理,自处物言谓之义,其实止是一事耳。"然则既说辨义,复言格物穷理何也? 夫义与理固自无别,第下手工夫却有不同,须知知本、辨义、居敬、穷理(格物)四目,即为仁义礼知四端。

　　知本犹识仁也,以仁为本,《易传》云:"元者,善之长也。"而孟子之论四端,亦以仁为本,"恻隐之心,仁也;羞恶之心,义也;恭敬之心,礼也;是非之心,知也",而皆根于不忍人之心,亦止是仁焉尔。辨义根于羞恶之心,孟子曰:"生,亦我所欲也,义,亦我所欲也,二者不可得兼,舍生而取义者也。生亦我所欲,所欲有甚于生者,故不为苟得也;死亦我所恶,所恶有甚于死者,故有所不辟也。如使人之所欲莫甚于生,则凡可以得生者何不用也? 使人之所恶莫甚于死者,则凡可以辟患者何不为也？由是则生而有不用也，由是则可以辟患而有不为也。是故所欲有甚于生者，所恶有甚于死者，非独贤者有是心，人皆有之，贤者能勿丧耳。一箪食、一豆羹，得之则生，弗得则死，呼尔而与之，行道之人弗受，蹴尔而与之，乞人不屑也。万钟则不辨礼义而受之，万钟于我何加焉，为宫室之美，妻妾之奉，所识穷乏者得我与？乡为身死而不受，今为宫室之美为之；乡为身死而不受，今为妻妾之奉为之；乡为身死而不受，今为所识穷乏者得我而为之，是亦不可以已乎？此之谓失其本心。"此明羞恶之心为义也。孔子不亦云乎？"好仁者，恶不仁者"，好仁者，仁也，恶不仁者，义也。居敬者，礼之事也，而根于恭敬之心；格物穷理为知之事，而根于是非之心。是非、羞恶之心同而不同。孟子曰："其为气也，配义与道，无是，馁也，是集义所生者，非义袭而取之也，行有不慊于心，则馁矣。"又曰"仰不愧于天，俯不怍于地，二乐也"，此悉根羞恶之心而言，偏于成己，至若格物穷理，多偏成物，人而不能格物穷理，则未足以应事付物。用心虽是，应付多乖，宁有当乎？此所以辨义之后，又须格物穷理，然后内外道合，物我俱成，止于至善矣。

　　然则格物穷理之道究若何邪？程子曰："格物穷理非是要尽穷天下之物，但于一事上穷尽，其他可以类推。"又曰："所以能穷者，只为万物皆是一理。"此明穷尽一物便得。然有问于程子曰："只穷一物便还见得诸理否？"曰："须是遍求，虽颜子亦只是闻一知十，若到后来达理了，虽亿万亦可通。"又曰："若只格一物便通众理，虽颜子亦不敢如此道，须是今日格一件，明日格一件，积习既多，然后脱然有贯通处。"此明须遍穷天下之物。两说似异实同，所谓"一事上穷尽，其他可以类推"，即达理之谊。古人立言有体，因人而异，故其于泛滥无所归者，则告之以穷一，于孤陋失之约者，则告知以遍求，所以长善而救其失也。故程子又曰："所务于穷理者，非道尽穷了天下万物之理，又不道是穷得一理便到，只是要积累多后，自然见去。"此说则执其两端而得其全美。穷理之道既明，然究于何穷之邪？伊川曰："世之人务穷天下万物之理，不知反之一身，善学者取之身而已,自一身以观天地。"此明穷理止须反求之吾身便得。然有问于伊川:"致知先求之四端如何?"曰:"求之性情,固是切于身,然一草一木皆有理,须是察。"朱子曰:"一心具万理,能存心而后可以穷理。"此又明穷理亦不可不求之于外物,两说皆为议偏救弊之辞,乃不得不因人而异,故于骛于外者,则教之以反求诸身;遗于内者,则教之以兼穷乎物。故程子又曰:"物我一理,才明彼即晓此,合内外之道也。"此言得其实矣。

程子之说有分而言之者,有合而言之者,合言为实说,分言为权说,此不可不知也。后来阳明不察乎此,遂谓程朱之论格物穷理,求之于外,不免支离过矣。朱子之说格物,则曰:"或考之事为之著,或察之念虑之微,或求之文字之中,或索之讲论之际。"阳明颇不谓然,《传习录》云:"文公格物之说只是少头脑,如所谓'察之于念虑之微',此一句,不该与'求之文字之中、验之事为之著、索之讲论之际'混作一例,看是无轻重也。"阳明之学显与程朱违异。《大学》统言致知格物,程朱多自格物一边说,阳明则就致知一边说,故阳明宗古本,不以章句为然。其《大学古本序》云"致知焉尽矣",此与《大学》不合,《大学》八条目始于格物,古本亦然,阳明舍格物而专言致知,虑非圣人意也。又曰"若夫致知则存乎心悟",此与程朱亦异,而后人以谓阳明近于禅者,职此故也。"悟"之一字,不见孔孟之书,惟禅宗为然。即孟子先知先觉之说与禅宗之悟亦不同。夫既偏于致知,而主悟觉,遂讥朱子格物之说为少头脑尔。朱子之说亦有所本,程子曰:"穷理亦多端,或读书讲明义理,或论古今人物、别其是非,或应接事物而处其当然,皆穷理也。"此亦以内外等视,未有偏歧。阳明所以疑朱子者,盖以其少时尝格庭前之竹七日而至于病,遂谓程朱之说为谬尔,此实阳明自误。伊川曰:"若于一事思未得,且别换一事思之,不可专守着这一事,盖人之知识在这里蔽着,虽强思亦不通。"穷理多端,奚取执一?阳明无乃蔽乎!程朱于格物穷理之道,必曰"莫不因已知之理而益穷之",又曰"积累多后,自然见去",所以明穷理犹积学也。孔子曰"思而不学则殆"，其阳明之谓与！阳明之意以谓穷理即可求诸心上，故曰"心即理也"，晦翁、象山讲学不合处亦在是耳，故朱子曰"象山尊德性多，我道问学多"，而象山则谓"没有尊德性，说甚么道问学"，盖一则外求诸物，一则反求乎身，内外截然不侔，是非未可弗辨。究论其实，程朱之说无一毫疵隙，乃陆王竟诋之支离，毋乃贤者之过欤！

朱子曰："此心固是圣贤之本领，然学未讲、理未明，亦有错认人欲做天理处"，王学末流，猖狂无忌，恰中此弊，厥故由于不肯致知格物，尤其不肯格物耳。《大学》之义原谓"致知在格物"，乃阳明以谓"致知焉尽矣"，虽然，舍格物而专言致知其弊也小，至若以谓"致知存乎心悟"，将率天下入于禅，流害所及，可胜道哉！须知格物学之事也，所谓"求之文字之中，考之事物之著，索之讲论之际"莫非学也，而"察之念虑之微"亦即思也。苟其舍夫文字、事物、讲论而不穷究考求，乃专以"察之念虑之微"为事者，是谓思而不学。思而不学，亦即错认人欲作天理，此孔子所为深殆之也。且夫心之为物，固为本领，然其用甚大，不独主宰一身使之从善去恶而已，故朱子《大学补传》云："至于用力之久，而一旦豁然贯通焉，则众物之表里精粗无不到，而吾心之全体大用无不明矣。"然则于众物之表里精粗有不到者，则吾心之大用亦有未明，即吾心之体有未全者矣。朱子又曰："一书不读，则阙了一书之道理；一事未穷，则阙了一事之道理；一物不格，则阙了一物之道理，斯皆心有未全也。"所谓阙，亦即《补传》不全、不到之谊。孔孟教人不外博约，孔子曰："君子博学于文，约之以礼，亦可以弗畔矣夫。"孟子曰："博学而详说之，将以反说约也。"所谓约者，约在心上，所谓博者，博在物上，物理吾心固未尝偏废也。孔子告人诵诗则曰："诗可以兴，可以观，可以群，可以怨，迩之事父，远之事君，多识于鸟兽草木之名。"设以陆王之说观之，则诗之用至于事父事君尽矣，若夫多识于鸟兽草木之名，毋乃支离乎。孔子告人学礼，亦未尝以洒扫应对进退之第为可废也。

程子曰:"圣人之道,更无精粗,从洒扫应对与精义入神贯通只一理,虽洒扫应对,只看所以然如何。"又曰:"凡物有本末,不可分本末为两段事,洒扫应对是其然,必有所以然。"《论语》称"子入太庙,每事问",曾子亦曰:"君子所贵乎道者三,动容貌,斯远暴慢矣;正颜色,斯近信矣;出辞气,斯远鄙倍矣。笾豆之事,则有司存。"子入太庙所问者,正是笾豆之事耳,曾子之言乃专对孟敬子而发,盖有所谓而云然也。夫孟氏身为大夫,固当重本轻末,或以敬子适有此病,故夫子因而教之以救其失,非谓学者于器用事物之微可以遗而不究也。《学记》云:"不学杂服,不能安礼。"卫灵公问政于孔子,孔子对曰"俎豆之事,则尝闻之矣",是知孔子于俎豆之事亦未尝无闻焉。孟子说古之礼则甚略,其于班爵禄之制,则曰其详不可得闻。此盖由于礼坏乐崩,不得已而云然尔,岂真不欲知其详哉。《学记》云:"一年视离经辨志,三年视敬业乐群,五年视博习亲师,七年视论学取友,谓之小成。九年知类通达,强立而不反,谓之大成。"所谓知类通达者,即由博返约也,征之于荀子之书,厥谊尤明,《儒效篇》云:"法先王,统礼义,一制度;以浅持博,以古持今,以一持万;苟仁义之类也,虽在鸟兽之中,若别白黑;倚物怪变,所未尝闻也,所未尝见也,卒然起一方,则举统类而应之,无所儗怎;张法而度之,则晻然若合符节:是大儒者也。"观此则知古之圣贤于物理吾心盖等视之耳,故曰"有始有卒者,其惟圣人乎"。孔子曰:"多闻,择其善者而从之,多见而识之,知之次也。"此孔子所以自道也。又曰:"多闻阙疑,慎言其余,则寡尤。多见阙殆,慎行其余,则寡悔。"此孔子所以告人者也。《易·大畜传》云:"君子以多识前言往行,以畜其德。"凡此皆以多闻、多见、多识为言,抑且鄙于孤陋寡闻(见《学记》),而贤夫以多问寡(见《论语》),曷尝以多知为嫌哉!盖闻见知识,虽得于外,而所闻、所见、所知、所识之理则具于心,故外之物格则内之知致,此吾儒内外合一之学也。若谓闻见不如求心,乃禅宗之说尔,吾儒固异乎是矣。

孔子不亦云乎?"好仁不好学,其蔽也愚,好知不好学,其蔽也荡,好信不好学,其蔽也贼。好直不好学,其蔽也绞,好勇不好学,其蔽也乱,好刚不好学,其蔽也狂。"王学末流之弊,圣人盖已逆知之矣。然则象山、阳明之学,尽有足以箴补程朱者,顾于致知格物之说,犹不能无偏耳。朱子曰:"格物十事,格得九事通透,即一事未通透,不妨。一事只格得九分,一分不通透,最不可,须穷到十分处。"此言最是剀切著明,象山、阳明何不察邪! 后之为陆王之学者,亦多为模糊影响之谈,以谓朱子以格尽天下物理为事,观于此言,则知朱子并无尽天下物理而俱格之意,止是要人就一物之理而穷致之耳。然则格物者,乃就一物之理而格到底之谓也。朱子曰:"学问之道无他,莫论事之大小、理之深浅,但到目前,即与理会到底。"

乐 学 第 七

程子曰:"才学,便须知有着力处;既学,便须知有得力处。"然则得力之处于何考验? 厥惟乐上耳。孔子曰:"知之者不如好之者,好之者不如乐之者。"明道亦曰:"学至于乐则成矣,笃信好学未如自得之为乐,好之者如游他人之园圃,乐之者则已物尔。"此与孔子之言正合,夫既谓"笃信好学未如自得之为乐",则知乐从自得来矣。孟子之说亦合于孔子,其言曰:"仁之实,事亲是也。义之实,从兄是也。智之实,知斯二者弗去是也。礼之实,节文斯二者是也。乐之实,乐斯二者。乐则生矣,生则恶可已也,恶可已则不知足之蹈之、手之舞之。"此又明乐从恶可已来,然则自得与恶可已,即可尽乐之义矣。孔子称"回也不改其乐",顾其所乐何事?《论语》:"颜渊喟然叹曰:'仰之弥高,钻之弥坚,瞻之在前,忽焉在后。夫子循循然善诱人,博我以文,约我以礼,欲罢不能,既竭吾才,如有所立卓尔,虽欲从之,末由也已。'"此不容已之情,即颜子之所为乐也。

孟子曰:"君子有三乐,而天王下不与存焉。父母俱存,兄弟无故,一乐也。仰不愧于天,俯不怍于人,二乐也。得天下之英才而教育之,三乐也。君子有三乐,而王天下不与存焉。"又曰:"反身而诚,乐莫大焉。"此孟子之乐处也。孔子曰："饭疏食饮水，曲肱而枕之，乐亦在其中矣。不义而富且贵，于我如浮云。"又曰："其为人也，发愤忘食，乐以忘忧，不知老之将至云尔。"此孔子之所由乐也。观于孔孟之所以为乐，可以知其自得之深，恶可已之实矣。故孟子曰："君子深造之以道，欲其自得之也，自得之则居之安，居之安则资之深，资之深则取之左右逢其原，故君子欲其自得之也。"斯即乐学之根原欤？

故程子曰"学要在自得"，又曰"大抵学不言而自得者，乃自得也，有安排布置者，皆非自得也"，斯其谊更恺切著明矣。宋儒之学，乐为头脑。明道曰："昔受学于周茂叔，每令寻颜子仲尼乐处，所乐何事。"《论语集注》引此以仲尼序于颜子之先，尊尊之义也。然观《通书》云"志伊尹之所志，学颜子之所学"，则知明道之先颜子，用力无误，盖有深意焉尔。《通书》云"士希贤，贤希圣"，为学之次固如是也，安得躐等以求几于圣域哉！是故士志于学必先寻得颜子之乐处，然后始可向上寻得仲尼之乐处。寻者揅究践蹈，潜思深玩之谓，须人自参耳。明道又曰："诗可以兴。某自再见周茂叔后，吟风弄月以归，有'吾与点也'之意。"观此一团活泼泼地生意，非至乐而何？由是可知周子所以告程子者，惟一乐字，而程子之所以得力于周子者，亦惟是尔。明道又尝自道"天地之万物之理，无独必有对，皆自然而然，非有安排也。每中夜以思，不知手之舞之、足之蹈之，学苟自得，焉有不乐？若其不乐，未为知学。"故邵子康节曰"学不至乐，不可谓之学"，且于所居处眉曰"安乐窝"，其志可知矣，著有《伊川击壤集》，所为诗歌悉抒其喜乐之情，乃其学问有得处也，然后知天理流行，私欲〔净尽〕，心中泰然，了无挂碍，斯为乐矣。

故有问颜子所乐何事，朱子曰："人之所以不乐者，有私意尔，克己之私则乐矣。"宋儒之学所以能直承孔门之传者，即在是尔。后来阳明门下唯王氏心斋最明斯义，其所作《乐学歌》云："人心本自乐，自将私欲缚。私欲一萌时，良知还自觉。一觉便消除，人心依旧乐。乐是乐此学，学是学此乐。不乐不是学，不学不是乐。乐便然后学，学便然后乐。乐是学，学是乐。呜乎！天下之乐，何如此学，天下之学，何如此乐。"反复丁宁，旨谊深切，士志于学，可不察乎！厥子东崖襞亦尝言："有所倚而后乐者，乐以人者也。一失其所倚，慊然若不足也。无所倚而自乐者，乐以天者也。舒惨欣戚，荣悴得丧，无适而不可也。"由是可知，常人之乐非乐也，有所倚而乐，以人者也，必也无所倚而乐以天者，斯为乐尔，此惟圣贤为能。若颜子之乐，可谓无所倚矣。程子曰："箪瓢陋巷非可乐，盖自有其乐耳。""其"字当玩味，自有深意，明乐为吾身之本有，奚与外物？箪瓢陋巷，固可不失其乐，虽富且贵，亦止加损焉。孔子言乐在其中，宁在饭疏食饮水之中哉！乐即道也，乐即心也。东崖语。夫子所以喟然与点者，亦以此尔。孔子曰"人不知而不愠，不亦君子乎"，又曰"不患莫己知，求为可知也"，又曰"古之学者为己，今之学者为人"，夫学而为己，不求人知，果至乎是，其乐无所倚矣。故孟子告宋勾践曰："子好游乎？吾语子游：人知之，亦嚣嚣，人不知，亦嚣嚣。"赵注："嚣嚣，自得无欲之貌。"非至乐而何？又曰"尊德乐义，则可以嚣嚣"，谊尤明切。此谓知本，此谓知其性也。

然则所谓乐者，即《中庸》无入而不自得之谓也。龟山以为庄子《逍遥游》只所谓无入而不自得也，可谓知言。"列子御风而行，犹有所待，若夫乘天地之正，而御六气之辩，以游无穷者，彼且恶乎待哉！"待，犹倚也，无待之乐，非乐以天者乎？夫为学之道，不外知本、辨义、居敬、格物四端，而四者之致必归于乐。就知本言，所谓知本止是识仁。明道《识仁篇》云："孟子言万物皆备于我，须反身而诚，乃得大乐。若反身未诚，则犹是二物有对，以己合彼，终未有之，又安得乐。"此谓诚能识仁，必跻于乐境，然则乐者非识仁之效验也，斯征知本必归于乐。就辨义言，亦可得而征。明道曰："人能克己，则心广体胖，仰不愧，俯不怍，其乐可知，有息则馁矣。"朱子亦谓颜子所乐只在克正复初，克己犹辨义也，义安处便有至乐。阳明《传习录》："问：'乐是心之本体，不知遇大故于哀哭时，此乐还在否？'先生曰：'须是大哭一番方乐，不哭便不乐矣，虽哭，此心安处即是乐也，本体未尝有动。'"由是可知心安则乐,而心所以安者,由义之功也。然则所谓辨义,亦不可弗归于乐上也。至于居敬格物亦皆然。伊川曰:"中心斯须不和不乐,则鄙诈之心入之矣。此与敬以直内同理。谓敬为和乐则不可,然敬须和乐,只是中心没事也。"此谓恭敬而不拘迫,则和且乐。阳明《与舒国用书》云:"君子之所谓敬畏,非有所恐惧忧患,乃戒慎不睹、恐惧不闻之谓耳。君子之所谓乐,非旷荡放逸、纵情肆意也,乃其心体不累于欲,无入而不自得之谓耳。第是乐生于天理之常存,天理常〔存〕(生)于戒慎恐惧之无间,孰谓敬畏之增反为乐之累邪?"是知乐者亦居敬之效验,若其未乐则非敬矣,故居敬亦必归于乐上。朱子曰:"道理在天地间,须是直穷到底,至纤至悉,十分透彻,无所不尽,则与万物为一,无所窒碍,胸中泰然,岂有不乐。"此又明格物亦须归诸乐上。

　　是四者之效验,悉见诸乐。惟兹四端,只是一事。分而言之,知本,仁也;辨义,义也;居敬,礼也;格物,知也。合而言之,俱为性尔。东崖曰:"乐者,心之本体也,本于阳明。有不乐焉,非心之初也。"心犹性也,犹谓性之本体焉尔,四端发于一性,扩诸至处,斯为乐矣,乐乃复其初也。孟子以谓四端在我,必扩而充之,扩充至于乐处,乃复其初。所贵乎学者,求复其初而已,然则学至乎乐止矣。

尽 性 第 八

　　"乐者,心之本体也,有不乐焉,非其初也",复其初则乐,尽性云者,乃所谓复其初也,其说见于《中庸》。《中庸》云:"惟天下至诚,为能尽其性,能尽其性,则能尽人之性,能尽人之性,则能尽物之性,能尽物之性,则可以赞天地之化育,可以赞天地之化育,则可以与天地参矣。"此又本诸《易传》,《说卦》云"穷理尽性以至于命",特《易传》总言尽性,而《中庸》则又有尽己、尽人、尽物之等,分则为三,合则为一。盖性者,元非吾身所独具,亦万物所共存。故张子曰:"性者,万物之一原,非有我之得私也。"是以序别三等,莫非尽性,若夫尽己而未能尽人尽物者,止缘尽性功夫未臻至处,果臻至处,尽己便是尽人尽物,乃可以赞天地之化育,而与天地参矣,故曰"穷理尽性以至于命"。

　　顾穷理亦非仅在一身,又须及诸外物,故程子曰:"一草一木皆有理,须是察。"性固为物我所同具,夫理亦然,故曰"物我一理"。伊川语。是以自内言之,由求诸一身而穷诸万物,自外言之,由穷诸万物而反求诸身,推之尽性亦然。语其极功,则由尽己而尽人尽物,而尽物尽人亦止是自尽其性,固无物我之差等也。孟子曰:"广土众民,君子欲之,所乐不存焉,中天下而立,定四海之民,君子乐之,所性不存焉,君子所性,虽大行不加焉,虽穷居不损焉,分定故也。"明乎此,则知尧舜之圣与孔颜同,特尧舜大行而孔颜穷居耳。自事上言,用舍有别,自性上言,存养无殊,此所以人皆可以为尧舜也。倪谓必如尧舜大行,斯为圣贤,则君子遁世而无闷者,不得为圣贤矣。孟子曰:"尽其心者,知其性也。"问:"孟子言心性天只是一理否?"伊川曰:"然,自理言之谓之天,自禀受言之谓之性,自存诸人言之谓之心。"以《大学》之序言之,知性则物格之谓,尽心则知至之谓也。以《易传》之序言之,知性犹穷理也,尽心乃尽性也,由知而尽,斯其序也。苏昞季明录《洛阳议论》:"二程解'穷理尽性以至于命',只穷理便是至于命,子厚谓:'亦是失于太快,此义尽有次序,须是穷理便能尽得己之性,则推类又尽人之性,既尽得人之性,须是并万物之性一齐尽得,如此然后至于大道也,其间煞有事,岂有当下理会了,学者须是穷理为先,如此则方有学,今言知命与至于命,尽有近远,岂可以知便谓之至也?'"然自其至处言,固又无先后,故明道曰:"穷理尽性以至于命,三事一时并了,元无次序,不可将穷理作知之事,若实穷得理,即性命亦可了。"伊川亦曰:"穷理尽性至命只是一事,才穷理便尽性,才尽性便至命。"或合或分,理各有当尔。

孟子又谓"或相倍蓰而无算者,不能尽其才者也",才,犹材质,人之能也,人有是性,则有是才。朱子语。是尽才犹尽性也。《传习录》云:"先生曰:惟天下至圣为能聪明睿智,旧看何等玄妙,今看来原是人人自有的。耳原是聪,目原是明,心思原是睿智,圣人只是一能之尔,能处正是良知,众人不能,只是个不致知,何等明白简易。"所谓能者,即能尽其才,能尽其性耳,不能则否。然则才性之尽否,止在能与不能之际尔。由是可知,谓之尽性,自其学成言,谓之尽心尽才,自其始学言也。且言性,则隐而难见,言心与才,则近而易明,舍隐取显,俾学者知所措尔。圣人教人,可谓备矣!推之,即孟子所谓推也,孟子曰:"古之人所以大过人者,无他焉,善推其所为而已矣。"达也,孟子曰:"亲亲,仁也。敬长,义也。无他,达之天下也。"扩充也,孟子曰:"凡有四端于我者,知皆扩而充之矣。"亦莫非尽性之谓也。要之，尽性也者，其下手工夫固为一尽字，及其至也，仍为此尽字。

最能得孟子之义者，厥惟宋儒。朱子发"学而时习之"章之谊，曰："学之为言效也，人性皆善，而觉有先后，后觉者必效先觉之所为，乃可明善而复其初也。"其于《大学》"在明明德"，《中庸》"天命之谓性"，亦以复初为说，所谓"去夫外诱之私，而充其本然之善"者也，然则复初者非尽性之谓乎？朱子曰："今之为学，须是求复其初，求全天之所与我，始得，若要全天之所以与我者，便须以圣贤为标准，直作到圣贤地位，方是全得本来之物而不失。"此言更为恺切，顾复初必以圣贤为志，何也？《传习录》云："圣人之所以为圣，只是此心纯乎天理而无人欲之杂，犹精金之所以为精，但以其成色足而无铜铅之杂也。人到纯乎天理方是圣，金到足色方是精。"又云："学者学圣人，不过是去人欲而存天理。"观此，则知所以学圣贤者，为其能尽性耳，然则人之性尽，斯为圣贤矣。程子说此尤为精微，一则曰："天理云者，这个道理更有甚穷已，不为尧存，不为桀亡，人得之者，故大行不加，穷居不损，这上头来更怎生说得存亡加减，是佗元无少欠，百理具备。"一则曰："万物皆备于我，不独人尔，物皆然，都只自这里出去，只是物不能推，人则能推之，虽能推之，几时添得一分，不能推之，几时减得一分，百理具在，平铺放着，几时道尧尽君道，添得些君道多，舜尽子道，添得些孝道多，元来依旧。"吕与叔《东见录》二先生语。此于孟子分定之说可谓阐发无余，谓为圣门之教至是复光，宁为过乎？

今人或谓时迁理亦变，古之道德伦理施于今者，庸有当乎？曰唯唯否否。此无本之说也，夫时迁世易，道德伦理亦将随于外物而异乎？然外物所见各有不同，奚以为正？固知其不可也已。虽然，《记》曰"三王异世不相袭礼，五帝殊时不相沿乐"，此非可受者乎？然此止谓礼乐之仪文节度耳，若其本根之理，固亘古而无殊，盖变而有不变者在焉。此不变者，在物为理，在人为性，夫仪文节度固当随世制宜，性理本源未尝因时而易,此不可不辨也。然则道德伦理悉根于性,若于性外求之,如今人之说者,斯则义外二本矣,奚取于孟子哉?今人又谓心为一元,物为一元,是不然。张子曰"性者,万物之一原",程子曰"仁者浑然与万物同体",又曰"性即理也",盖自其分者言之,曰性与理,自其合者言之,则一天理耳。故《中庸》云"天命之谓性",夫人之性固为天所命,万物亦然,物之性止在人之性中,未可求诸性外,故曰能自尽其性则能尽人之性、尽物之性,而尽人之性、尽物之性亦只是自尽其性,分之则曰尽己之性、尽人之性、尽物之性,合之则曰天命之谓性,所谓同源而异流也。所谓命也,天命也,宋儒悉名之曰天理,性为天所命,故宋儒论尽性必以存天理为说耳。虽然,学至乎圣贤,不过能尽其性而已;即至乎尽人尽物,以至化育万物,与天地参,亦不过能尽其性而已。

然而真欲至乎尽性之实者,盖亦不易。由古及今,圣贤有得之士多矣,顾未尝自谓能尽之者。《中庸》云孔子曰:"君子之道四,丘未能一焉。所求乎子,以事父,未能也;所求乎臣,以事君,未能也;所求乎弟,以事兄,未能也;所求乎朋友,先施之,未能也。"夫以孔子之圣,犹若不足,况他人乎!《论语》:"子曰:出则事公卿,入则事父兄,丧事不敢不勉,不为酒困,何有于我哉?"亦止谓分所当为,而不敢以为尽也。然则知不足非即尽性之方欤?《论语》:"子贡曰:'如有博施于民而能济众,何如,可谓仁乎?'子曰:'何事于仁,必也圣乎,尧舜其犹病诸!'"又:"子路问君子。子曰:'修己以敬。'曰:'如斯而已乎?'曰:'修己以安人。'曰:'如斯而已乎?'曰:'修己以安百姓。修己以安百姓,尧舜其犹病诸。'"此谓以尧舜之圣,其心犹有所不足,夫尧舜之所以为尧舜者,乃在是尔,若曰吾德至矣,岂圣人心哉!孔子所以称尧舜者曰"荡荡乎,民无能名焉",知尧舜者,其惟仲尼乎!

夫言性则无穷已也,故世异时迁,绵绵亡尽,性亦如之尔。周子曰:"士希贤,贤希圣,圣希天。"天之所以为天者,即在其无间断、无止尽处,故《中庸》云"至诚无息,惟天然尔",《诗》云"惟天之命,於穆不已",此之谓也。至文王之所以为文者,亦在其纯亦不已,惟天之道无息不已,希天者其亦知所悟矣。然则所谓尽性者,乃于不尽中尽焉尔。宋儒所以憭然知此者,要得力于禅为多,特用禅而不为禅所用,此其学之所以为大也欤。佛说心、佛、众生三无差别,自子思、孟子下讫程朱之说靡不与同,又谓狗有佛性,于事无征,于理则然。盖一切有情莫非佛种,乃至魔王、饿鬼,佛性亦亡失焉。于人亦然。虽盗跖之徒,佛性亦在,故曰"放下屠刀,立地成佛",盖性有同然故耳。

学无终始,设以终始为言,则知本为始,尽性为终。征之孟子,曰"尽其心者,知其性也,知其性,则知天矣",此学之始也;曰"夭寿不贰,修身以俟之,所以立命也",此学之终也。然则所谓知本者,知此性也;所谓辨义者,全此性也;所谓居敬者,存此性也;所谓格物者,致此性也。四者具而弗能尽其性者,未之有也。

理 气 第 九

理气之说，发于张程，而完于朱子。黄道夫_{道夫名樵仲，朱子之友。}问气质之说始于何人，朱子曰："此起于张程，某以为极有功于圣门，有补于后学，读之使人深有感于张程，前此未曾有人说到此。"案张子《正蒙·太和篇》云"天地之气虽聚散攻取百涂，然其为理也顺而不妄"，此以理气对言。伊川言理则曰"性即理也"，论气则曰"性出于天，才出于气，气清则才清，气浊则才浊，才则有善有不善，性则无不善"。横渠之说有与此合者，曰："形而后有气质之性，善反之，则天地之性存焉，故气质之性，君子有弗性者焉。"横渠之所谓气质之性，即伊川之所谓才，而伊川之所谓性，即横渠之所谓天地之性，于是后儒遂谓宋儒于性有气质、义理之分焉。顾张程之说有分言之，有合言之，分言有别，合言无殊，明道曰："论性不论气，不备；论气不论性，不明。二之则不是。"横渠亦曰："德不胜气，性命于气；德胜其气，性命于德。德犹理也。"明理气固不可二之也。

然说莫备于朱子，曰："天地之间有理、有气。理也者，形而上之道也，生物之本也；气也者，形而下之器也，生物之具也。是以人物之生，必禀此理然后有性，必禀此气然后有形。"_{答黄道夫。}此其区别理气尤明。其注《中庸》说亦同此，曰："天以阴阳五行化生万气以成形，而理

414

亦赋焉。"顾又不以理与气为可违离,故曰:"未有无理之气,亦未有无气之理。"语类。又曰:"有是理便有是气。"同上。又曰:"理未尝离乎气。"同上。虽不相离而自是二物,故又曰:"所谓理与气,但在物上看,则二物浑沦,不可分开各在一处,然不害二物之各为一物也。若在理上看,则虽未有物而已有物之理。"答刘叔文。夫既为二物,则不能无疑于孰先孰后,而观朱子之说,一则曰"理形而上者,气形而下者,自形而上下言,岂无先后,理无形,气便粗,有查滓";再则曰"理气本无先后之可言,然必欲推其所从来,则须说先有是理,然又非别一物,即存乎是气之中,无是气则是理亦无挂搭处";三则曰"未有天地之先,毕竟也只是理,有此理便有此天地,若无此理便亦无天地,无人无物,都无该载了";四则曰"且如万一山河大地都陷了,毕竟理却只在这里"。以上皆语类。据此,知其说亦如张程有分言之者,有合言之者。自其合者言之,理气本无先后;自其分者言之,则理先于气。盖虽理气并言,而仍以理为本,此宋儒相承之命脉。故夫程子论性既严才性之殊,又谓二之不是。张子亦然,既于性分天地、气质二等,复不以气质为性,是则必各有其所主者矣。此所主者何?程子谓之性,张子谓之天地之性耳,盖才则有善有不善,性则无不善,故以性为主则无不善,以才为主则有善有不善,且必不善者为多。性即理也,才犹气也。朱子曰"论天地之性,则专指理而言,论气质之性,则以理与气杂而言之"。是故以先后言,则理先气后,以宾主言,则理主气宾,此又不可不辨者也。

　　然宋儒理气之说亦非张程所自创,盖亦有所据。《易传》云"穷理尽性以至于命",孟子曰"心之所同然者,理也,义也",《乐记》云"好恶无节于内,知诱于外,不能反躬,天理灭矣",郑注"理,犹性也"。此非程子"性即理也"所从出乎!《礼记·孔子闲居》孔子曰"志气塞乎天地",又曰"无声之乐,气志不违",《礼运》云"故人者,其天地之德,阴阳之交,鬼神之会,五行之秀气也",郑注"言人兼此气性之纯也"。又云"故人者,天地之心也,五行之端也,食味别声被色而生者也",郑注"此言兼气性之效也"。《乐记》云"夫民有血气心知之性,而无哀乐喜怒之常",又云"惰慢邪辟之气不设于身体,使耳目鼻口心知百体皆由顺正,以行其义"。《疏》云:义,理也。《论语》:"孔子曰:'君子有三戒。少之时,血气未定,戒之在色;及其壮也,血气方刚,戒之在斗;及其老也,血气既衰,戒之在得。'"孟子亦曰:"夫志,气帅也。气,体之充也。夫志至焉,气次焉,故曰持其志无暴其气。"又曰:"志壹则动气,气壹则动志也。今夫蹶者趋者,是气,而反动其心。"又曰:"我善养吾浩然之气……其为气也,至大至刚,以直养而无害,则塞于天地之间。其为气也,配义与道,无是,馁也。"又曰:"其日夜之所息,平旦之气,其好恶与人相近也几希,则其旦昼之所为,有梏亡之矣。梏之反复,则其夜气不足以存,则其违禽兽不远矣。"荀子亦曰:"血气刚强,则柔之以调和。"又曰:"凡治气养心之术,莫径由礼。"又:"安燕而血气不惰,柬理也。"以上并《修身篇》。宋儒张、程、朱诸子之言气者,岂能外诸此乎?

第以理气合性为说,实始张程。乃造其端,则早发之于孔、孟、荀卿与夫汉儒矣。抑自宋儒而论,张周之说亦本诸周子《太极图说》。太极者,所谓理也;阴阳者,所谓气也;五行者,所谓质也、形也。盖有理斯有气,有气斯有质、有形矣。故朱子说理气,据诸张程而合之《图说》,曰:"阴阳是气,五行是质。有这质,所以做得物事出来。五行虽是质,他又有五行之气做这物事,方得。然却是阴阳二气截做这五个,不是阴阳外别有五行。"又曰:"生物之时,阴阳之精,自凝结成两个,盖是气化而生,如虱子自然爆出来。既有此两个一牝一牡,后来却从种子渐渐生去,便是以形化,万物皆然。"以上语类。言气言质即未尝不在其中,故曰:"太极非是别为一物,即阴阳而在阴阳,即五行而在五行,即万物而在万物,只是一个理而已。"曰:"太极者,理也。阴阳者,气也。动静者,所乘之机也。气行而理亦行。"曰:"太极只是天地万物之理。在天地言,则天地中有太极。在万物言,则万物中各有太极。"不独是也,天地中之太极,即万物中各有之太极,又非有二也。故曰:"人人有一太极，物物有一太极。合而言之，万物统体一太极也。分而言之，一物各具一太极。"《朱子学的》。而又为之譬曰："本只是一太极，而万物各有禀受，又各自全具一太极尔。如月在天，只一而已，及散在江湖，则随处而见，不可谓月分也。"曰："如一海水，或取得一勺，或取得一担，或取得一碗，都是这海水。"语类。然论其究竟义，太极本无极，故又曰："以其无器与形，而天地万物之理无不在是，故曰'无极而太极'，以其具天地万物之理，而无器与形，故曰'太极本无极'。"由是以推，合之于性，则曰："五行异质，四时异气，而皆不能外乎阴阳。阴阳异位，动静异时，而皆不能离乎太极。至于所以为太极者，又初无声臭之可言，是性之本体然也。天下岂有性外之物哉！"曰："有天地之性，有气质之性。天地之性则太极本然之妙，万殊一本者也。气质之性则二气交运而生，一本而万殊者也。"盖至是周子之"太极无极"，程子之"理一分殊"，张子之"性分天地气质"，冶为一炉，阐发无复余蕴，而《华严》"理事无碍之旨"亦尽融为儒说，不复能明其所自来矣。

然则理气之说，吾于宋儒不得不推朱子为集大成者矣。惟是周子"太极无极"之说，亦非自创，盖本诸《易》。《易纬·乾凿度》云："有太易，有太初，有太始，有太素。太易者，未见气也；太初者，气之始也；太始者，形之始也；太素者，质之始也。气形质具而未相离，故曰浑沦。浑沦者，言万物相浑沦而未相离也。视之不见，听之不闻，循之不得，故曰易也。"《列子·天瑞篇》引此。由是可知朱子之说，直承周张程诸子一脉，至考厥本源，又为《易》耳。夫朱子之说理气，虽立差别而不碍圆融，乃后儒不免误会，遂启争端。或谓理气宜分，未可以理为气，亦未可以气为理。或谓理气为一，气即理也。明罗整庵曰："通天地，亘古今，无非一气而已。气本一也，而一动一静，一往一来，一阖一辟，一升一降，循环无已，积微而著，由著复微，为四时之温凉寒暑，为万物之生长收藏，为斯民之日用彝伦，为人事之成败得失，千条万绪，纷纭胶轕，而卒不克乱，莫知其所以然而然，是即所谓理也。初非别有一物，依于气而立，附于理以行也，或者因'易有太极'一言，乃阴阳之变易，类有一物主宰乎其间者，是不然矣。"(《困知录》)阳明亦有"气即是性,性即是气,原无气性可分"之说。

案宋儒之说元有与孟子小异者。《孟子·告子篇》"公都子曰"章外注,朱子云:"愚按程子此说才字与孟子本文小异。盖孟子专指其发于性者言之,故以为才无不善。程子专指其禀于气者言之,则人之才固有昏明强弱之不同矣,张子所谓气质之性是也。"于以可见孟子之意,谓理气为一,才固为气,亦为性也,与程子之严才性之殊者,固自有间矣。于是后儒遂以此与宋儒争,阳明亦以程子与孟子不合为议。窃谓二说虽殊,各有所当。朱子且谓:"以事理考之,程子为密。盖气质所禀虽有不善,而不害性之本善。性虽本善,而不可以无省察矫揉之功。学者所当深玩也。"可谓知言矣。

明人于理气之说论之最详,如薛敬轩、胡敬斋、王阳明、罗整庵、刘蕺山、许鲁斋诸子多所阐发,其尤精者要为杨氏晋庵《论性臆言》,曰:"盈天地间只是一块浑沦元气。生天生地,生人物万殊,都是此气为之。而此气灵妙,自有条理,便谓之理。盖〔气〕犹水火,而理则其寒热之性;气犹姜桂,而〔理则〕其辛辣之性,浑是一物,毫无分别。"曰:"气者,理之质也;理者,气之灵也。譬犹铜镜生明,有时言铜,有时言明,不得不两称之也。然铜生乎明,明本乎铜,孰能分而为二哉?"曰:"气质之性四字,宋儒此论适得吾性之真体,非但补前辈之所未发也。……然则何以为义理之性?曰:气质者,义理之体段;义理者,气质之性情。举一而二者自备,不必兼举也。然二者名虽并立,而体有专主,今谓义理之性出于气质则可,谓气质之性出于义理则不可,谓气质之性与义理之性合并而来,则不通之论也。犹夫醋然,谓酸出于醋则可,谓醋出于酸则不可,谓醋与酸合并而来,则不通之论也。且气质可以性名也,谓其能为义理,气质而不能为义理,则亦块然之物耳,恶得以性称之?"又有:"问:'孟子道性善,是专言义理之性乎?'曰:'世儒都是此见解。盖曰专言义理,则有善无恶;兼言气质,则有善有恶,是义理至善而气质有不善也。夫气质,二五之所凝成也,五行一阴阳,阴阳一太极,则二五原非不善之物也,何以生不善之气质哉!惟是既云二五,则错综分布,自有偏胜杂糅之病,于是气质有不纯然善者矣。虽不纯然善,而太极本体自在,故见孺子入井而恻隐,遇呼蹴之食而不屑,气质清纯者固如此,气质薄浊者未必不如此,此人性所以为皆善也。孟子道性善,就是道这个性。从古圣贤论性,就只此一个,如曰厥有恒性、继善成性、天命谓性,皆是这个性。孟子云动心忍性、性也有命焉,则又明指气质为性,盖性为气质所成,而气质外无性,则安得外气质以言性也?'"又曰:"识得气质之性,不必言义理可也,盖气质即义理,不必更言义理也。识得气质之性,不必言气质可也,盖气质即义理,不可专目为气质也。"凡此皆谓理气为一,厥意可补宋儒之不足。然谓气质即义理,不若谓自气质之性中以认识义理之为核也,盖无是气,则是理亦无挂搭处。本朱子语。果若杨氏之言,将为不知者所误会,而认人欲作天理矣。

　　惟是宋儒所谓气质之性乃自其本体言,若自工夫上言则又有变化气质之说。夫论学专谈本体,易蹈空疏之病,兼明体用,俾明着力之方,此不可不知也。张子曰:"为学大益,在自能变化气质。不尔,卒无所发明,不得见圣人之奥。"故学者先须变化气质,变化气质与虚心相表里。程子曰"学至气质变,始有功",朱子亦谓:"为学必须于平日气禀资质上验之,如滞固者疏通,顾虑者坦荡,智功者易直,苟未如此转变,要是未得力尔。"此咸明为学在能变化气质。盖气质有善有不善,故必变化之,所以弃其不善而存其善者也。阳明亦承此说,尝与王纯甫书云:"变化气质,居常无所见,惟当利害、经变故、遭屈辱,平时愤怒者,到此能不愤怒,忧惶失措者,到此能不忧惶失措,始是得力处,亦便是用力处。"此与程子之言未尝不合也。自有变化气质之说,而后学者始知所下手矣。

心　性　第　十

　　伊川云"性即理也"，象山云"心即理也"，两说若有不同。后来阳明承象山之说，整庵守伊洛之言，于是乎彼非此是，不能无争焉。整庵《困知录》云："程子言'性即理也'，象山言'心即理也'。至当归一，精义无二；此是则彼非，彼是则此非，安可不明辨之？吾夫子赞《易》言性屡矣，曰'乾道变化，各正性命'，曰'成之者性'，曰'圣人作易以顺性命之理'，曰'穷理尽性以至于命'，但详味此数言，'性即理也'明矣。于心亦屡言之，曰'圣人以此洗心'，曰'易其心而后语'，曰'能说诸心'，夫心而曰'洗'、曰'易'、曰'说'，洗心而曰'以此'，试详味此数语，谓'心即理也'，岂可通乎？"此以伊川之说为是，而以象山之说为非。

　　伊川曰"圣学本天，释氏本心"，天即理也、性也。其门下谢氏亦曰："释氏所谓性，乃吾儒所谓心。释氏所谓心，乃吾儒所谓意。"上蔡尝言"心本一，支离而去者，乃意耳"，此心意之别。整庵之说殆据此邪？故又尝曰"吾儒以寂感言心，而释氏以寂感为性"，曰"释氏之明心见性，与吾儒之尽心知性，相似而实不同。盖虚灵知觉，心之妙也，精微纯一，性之真也。释氏之学大抵有见于心，无见于性，故其为教，始则欲人尽离诸相，而求其所谓空，空即虚也。既则欲其即相即空，而契其所谓觉，觉则知也。觉性既得，则空相洞彻，神用无方，神即灵也。凡释氏之言性，穷其本末，要不出此三者，然此三者皆心之妙，而岂性之谓也?"此其区别心性甚明，可谓卓然有见之言。然以象山之言"心即理"为释氏之说，则又不然。释氏言心，顾未尝言"心即理"也，象山心即理之言，实与释氏言唯心者截然不同。盖就释氏之论，可言理即心，不可言心即理。"心即理"之说，正与释氏异耳。整庵以此病之，毋乃过乎。象山易性为心者，实缘言性常人不易捉摸，言心则易憭然，亦犹常人不言天心而言良心也。程子曰"理与心一，而人不能会之为一"，此谓理与心一，非即"心即理"之说乎? 又曰:"孟子曰'尽其心知其性'，心即性也，在天为命，在人为性，论其所主为心，其实只是一道。"既谓心即性，则象山之说固与程子无悖矣。不惟与程子之说不相违，即按之朱子之言，亦无不合。《语类》云:"人多先说性方说心，看来当先说心。古人制字，先制得'心'字，'性'与'情'皆从'心'。以人之生言，固是先得此理，然许多道理却多聚在心里。且如仁义自是性，孟子则曰仁义是心。恻隐羞恶自是情，孟子则曰恻隐之心、羞恶之心。盖性即心之理，情是心之用。今先说心，便教人识得情性总脑。若先说性，却是性中别有心。横渠'心统性情'语，颠扑不破。"以此义观之，则象山"心即理"之说与朱子亦亡抵牾。《语类》"或问心是主宰底意否? 曰:心固是主宰底意，然所谓主宰者，即理也，不是心外别有个理，理外别有个心。"直与程子"理与心一"之说无殊，尤作证也。

　　不宁惟是，即以孔孟之言观之，象山之说亦自可通。孟子道性善多自心上言。四端皆性，而变言恻隐、羞恶、恭敬、是非之心，称齐宣王不忍牛之觳觫，谓是心足以王矣。又尝言:"心之所同然者，义也，理也，圣人先得吾心之所同然耳。"莫不变性言心。孔子亦然。其称颜子，则曰"其心三月不违仁";其自道也，则曰"七十从心所欲，不逾矩"。仁者，礼也。不逾矩，礼之谓也。皆性也，而变言心。谓心不当理，可乎? 即以《易传》论之，所谓"易其心而后语"，所谓"说诸心"，亦非谓心之本体本体两字，生所妄加。有不善。惟"圣人以此洗心"语若谓心有不善,然洗心非古读,蔡邕石经及京房、荀爽、虞翻、董遇、张璠、蜀才"洗"并作"先",唯王肃、韩康伯读"先"为"洗",谓洗濯万物之心。寻古洗濯字皆作"洒",无作"洗"者,当以读"先"近古为是,此惠氏《周易述》尝辨之矣。"洗"可训"先"。太子洗马,即太子先马也。据《周易述》补。然则据此以谓心之本体有不善者,盖亦未之深考也。抑以《中庸》与孟子之说合观之尤明,《中庸》云"惟天下之至诚,为能尽其性",孟子曰"尽其心,知其性",一则合而言之,一则析而言之,且以示夫致力之方,明尽心斯可知性。谓心性为二,或且谓性无不善而心诚有之,庸有当乎?于此益信朱子所谓"识得情性总脑"之言,而未可将心性说成两个也,是知整庵之说不能无蔽焉。

　　然即谓心性相混而无别,是又不可也。刘蕺山宗周曰:"心性之名,其不可混者,犹之理与气。而其终不得而分者,亦犹之理与气。"明心性之名,犹理气之有别而不可分也。朱子曰:"心者气之清爽。"此谓心属气也。又曰:"性者心之理也,情者心之动也,心者性情之主也。"此自横渠"心统性情"之说出。胡宏谓"心妙性情之德",亦同此义。又曰:"心者一身之主宰。"谓为一身之主宰,犹与气质近;谓为性情之主,则不得专属气质。盖分而言之,性属理,心属气,未能无别。合而言之,心则兼属理气,又不可分。盖心为形骸,固属气质,然无无理之气,亦无无气之理,故心虽属气,而理亦赋焉。学者不明此义,从而谓性属理,无不善,心属气,有善有不善,且谓孟子所谓"恻隐之心"云云固无不善,然《记》云"正心"、"治心",又有"鄙诈易慢"之名,其为不善可知。说固甚巧,恐亦未然。须知心之本体原无不善,徒以意不诚,物遂入之而为害,乃有不善者矣。犹镜、水之不清不明者,乃为尘污沙浑,若其本体固未尝有不清不明者焉。《记》云"鄙诈之心入之"、"易慢之心入之",明不善乃自外入,非其本体所已具,可知孟子言"尽心"意最明,学者宜省察焉。且程子固尝言"恶亦不可不谓之性",然则遂谓性恶,可乎?恶亦不可不谓之心,遂谓心为恶或善恶混,亦未见其可也。抑圣学之可以用力处,在心而不在性,性上固无可用力也。张子曰:"心能尽性,人能弘道也;性不能检其心,非道弘人也。"此言最为精切。朱子亦有此说,惟其义不若是之显。其言曰"心是知觉,性是理",又曰"可动处是心,动底是性"。此明心能动,而心之所以动,则根于性。

说此理最明者,莫若荀子,《正名篇》云:"人之所欲生甚矣,人之所恶死甚矣,然而人有从生成死者。非不欲生而欲死也,不可以生而可以死也。故欲过之而动不及,心止之也。心之所可中理,则欲虽多,奚伤于治?欲不及而动过之,心使之也。心之所可失理,则欲虽寡,奚止于乱?故治乱在于心之所可,无与情之所欲。"又曰:"凡人之取也,所欲未尝粹而来也,其去也未尝粹而往也,故人无动而不可以不与权俱。"所谓权者何?《不苟篇》云:"欲恶取舍之权,见其可欲也,则必前后虑其可恶也者;见其可利也,则必前后虑其可害也者。而兼权之,孰计之,然后定其欲恶取舍,如是则常不失陷矣。"此明人之权在心,与孟子"权,然后知轻重;度,然后知长短。物皆然,心为甚"之义同,特荀子言心之所可,有中理与失理两端为异耳。《天论篇》云:"耳目口鼻形,能各有接而不相能,夫是之谓天官。心居中虚以治五官,夫是之谓天君。"此明心为一身之主宰,与孟子"耳目之官不思而蔽于物,物交物,则引之而已矣。心之官则思,思则得之,不思则不得"之义亦合,即孟子言扩充、言推、言达,亦莫不就心而言,所谓"举斯心加诸彼而已"也。用知"心即理"之说,固不得谓为愈于"性即理",然言性则只见本体,言心则本体工夫兼具,不其尤明备乎!象山之说未可轻议也。<small>朱子曰"未动为性,已动为情,心明则贯乎动静而无不在焉",然则未动之先只是混然一体,既动之后则由体而起用,心贯动静,故体用两备焉。</small>

若夫一心之中,又有人心道心之别,后儒于此断断辩之不已。案人心道心之名见于《尚书·大禹谟》,其言曰:"人心惟危,道心惟微,惟精惟一,允执厥中。"据《荀子·解蔽篇》引道经之言与此同,后人遂以谓伪造。然造伪者如王肃、梅赜之流,其时古籍存者尚多,其所采寀必有依据，未同向壁虚构也。姑置其真伪不论，即其言之精亦足传也。第所谓人心危、道心微，又非谓心歧为二，而有善恶之分。盖心而有不善，则与孟子"性善"、程子"性即理"以及象山"心即理"诸说相乖，恐不然也。信乎象山之言，曰："天理人欲之言，亦自不是至论。若天是理，人是欲，则是天人不同矣。……《书》曰'人心惟危，道心惟微'，解者多指人心为人欲，道心为天理，程子即尝言："人心惟危，人欲也；道心惟微，天理也。"此说非是。心一也，安有二心？自人而言则曰惟危，自道而言则曰惟微。罔念作狂，克念作圣，非危乎？无声无臭，无形无体，非微乎？"语精而核，明天人非二，心一而已。即朱子亦未尝不晓此义，尝云："心只是一个，知觉从饥食渴饮处便是人心，知觉从君臣父子处便是道心。"又云："形骸上起底见识便是人心，义理上起底见识便是道心，心则一也。"并见《语类》。此与《中庸章句序》说亦同，其言曰："人莫不有是形，故虽上知不能无人心；亦莫不有是性，故虽下愚不能无道心。此自其分者言之，谓人心属气，道心属理，乃晓喻学者权宜之辞，非谓心果有二也。苟泥其名相，则失之远矣。"故其下复合言之，曰："必使道心常为一身之主，而人心每听命焉，则危者安、微者著，而动静云为自无过不及之差矣。"据此，则人心道心果其为二，则人心将何以听命于道心，而道心更何能为人心之主邪？其不为二，断可知也。后儒于此忽焉而不察，遂谓心二，有善有不善。诚如所见，则象山之说不能无病，以未若程子之为醇也。世之尊程而抑陆，殆误此邪？不知人心道心一而已矣，会其为一，则心之具道与理可知，然后于象山之说自无所窒滞矣。亦惟洞察此义，而后始知程陆之言心性，其大本固无异也。人心道心之别亦即心性之别，心性为一，人心道心亦为一也。至于一心之中又有种种名目，陈北溪名淳，字安卿，朱子门人，漳州龙溪人也。《字义详讲》言之最悉，兹不赘焉。

读书第十一

朱子曰：“读书是格物一事。”明读书即格物之一端，非格物之外别有所谓读书也。第后世政衰，先王之教多已废失，持心养性，莫善于书。朱子曰：“周衰教失，礼乐养德之具一切尽废，所以维持此心，惟有书耳。”此意伊川固早发之，其言曰：“古之学者易，今之学者难。古人自八岁入小学，十五入大学，有文采以养其目，声音以养其耳，威仪以养其四体，歌舞以养其血气，义理以养其心。今则俱亡矣，惟义理以养其心尔，可不勉哉！”张绎《师说》。然欲求义理，舍书末由，故后儒以读书为一大事也。惟宋儒所谓读书，与汉人治经又有不同。象山尝言：“学者须是打叠田地净洁，然后令他奋发植立，若田地不净洁，则奋发植立不得。古人为学即读书，然后为学可见。然田地不净洁，亦读书不得；若读书则是假寇兵、资盗粮。”明读书非有所谓，有所谓乃为利也，义利不辨，恶可读书？盖读书所以进德修业也，所谓为己也。若以之为利禄之阶，或以之为惊世炫俗之具，乃为人耳，恶见其可也！故象山又曰：“人谓某不教人读书，如敏求前日来问某下手处，某教他读《旅獒》、《太甲》、《告子》‘牛山之木’以下，何尝不读书来？只是比他人读得别些子。”不特象山如此，宋儒读书无不与前人别些子，可谓善读书者矣。

程子曰:"读书将以穷理,将以致用也。今或滞心于章句之末,则无所用也,此学者之大患。"又曰:"学者不泥文义者,又全背却远去;理会文义者,又滞泥不通。如子濯孺子为将之事,孟子只取其不背师之意,人须就上面理会事君之道如何也。又如万章问舜完廪浚井事,孟子只答他大意,人须要理会浚井如何出得来,完廪又怎生下得来。若此之学,徒费心力。"又曰:"凡观书不可以相类泥其义。不尔,则字字相梗。当观其文势上下之意,如'充实之为美'与《诗》之'美'不同。"象山亦有此言,尝曰:"读孟子须要理会他所以立言之意。血脉不明,沉溺章句,何益?"可见宋儒读书,与汉人治经之滞囿于章句、故训、考据之末者,迥不相侔矣。夫学也者,其惟宋儒乎！生据伊川言妄补。夫学也者,所以使人求于内与本也。不求于内而求于外,不求于本而求于末,皆非圣人之学也。若其滞心于章句之末,不知读书即以穷理致用者,是溺于外而遗其内,舍其本而逐其末,皆无益于吾身也,故君子弗学。知此者,其惟宋儒乎！

然不知者固讥宋儒为空疏不学者矣,其实宋儒未尝不以读书为尚。张子曰:"读书少则无由考校得义精。盖书以维持此心,一时放下则一时德性有懈。读书则此心常在,不读书则终看义理不见。"朱子曰:"圣人七通八达,事事说到极致处。学者须是多读书,使互相发明,事事穷到极致处,所谓'本诸身,征诸庶民,考诸三王而不谬,建诸天地而不悖,质诸鬼神而无疑,百世以俟圣人而不惑',直到此田地,方是。"有问于朱子:"为学只是看六经、《语》、《孟》,其他史书杂学皆不必看,如何?"则曰:"如此,即不见古今成败。书岂有不可读者？或云:"尝见人说,凡是外面入讨入来底,都不是。"曰:"吃饭也是外面寻讨入来,若不是时,须在肚里作病,如何又吃得安稳？盖饥而食者,即是从里面出来。读书亦然,书固在外,读之而通其义者却是里面事。必欲舍诗书而别求道理,异端之说也。"《语录》。六经是三代以上之书,曾经圣人手,全是天理。三代以下文字有得失,然而天理却在于此自若也。要有主,觑得破,皆是学。"象山亦有"束书不观,游谈无根"之语,然则后人之讥宋儒为经传鲜习,孤陋寡闻者,岂其然乎!

夫宋儒最能读书者,莫过于朱子,论读书之法,亦莫明于朱子。而要其纲旨,不外三端:曰循序而渐进,熟读而精思;曰严立功程,宽着意思;曰虚心涵泳,切己体察。合此三端,然后本末功夫始见,而"切己体察"一语尤为自汉以来诸儒之所未发。特辞虽歧而为三,意则实相通贯。所谓"宽着意思",即"循序渐进"之意。盖意思不宽而急迫,则不能循序而渐进;不能循序渐进,则以急迫故也。"严立功程",亦即"循序渐进"之意。"程"者,途程之谓,言途程则必有次序。谓之"严"者,亦非速达之意,只是要人穷至极处,不可中道画也。故知"严立功程、宽着意思"与"循序而渐进"之义无别。所谓"虚心涵泳"即"熟读精思"之意,不熟则不能涵泳,而涵泳又必待精思也。"切己体察"亦即"熟读精思"之意,不切己体察则义不得熟,而思亦不得精。故知"虚心涵泳、切己体察"与"熟读而精思"之义亦无别也。若以此三端别为始末,则"严立功程"为始,"宽着意思"为末,合之则曰"循序而渐进"。"虚心涵泳"为始,"切己体察"为末,合之则曰"熟读而精思"。"循序"一言所以分作"严立"两言者,则以徒言"循序渐进"而不提"严立功程"于前,易流于怠慢;第下一"严"字,又虑趋于急迫,故又曰"宽着意思"。"熟读"一言所以分作"虚心"两言者,则以徒言"熟读精思"而不提"虚心涵泳"于前,即无从下手;第又虑人只在意思上用功,而失之于空疏,故复言"切己体察",庶乎无过不及。此其为学者所开法门,可谓密且周矣。

以上三端,是其纲领,若其条目,论之尤详。读书之病颇多,而以贪多欲速为最,贪多则不得不急迫,急迫自不能熟读精思矣。朱子曰:"读书须一件一件读,理会了一件方可换一件。理会得通澈适当了,则终此身不用再理会了,到后面只须温寻涵泳罢了。若不与逐件理会,则虽读到老,依旧生。譬如吃饭,不曾一口吃得尽,须分作二顿吃,只认定顿顿吃去,这一生吃了多少饭!读书亦如此。……读书须纯一,如看一般未了，又要涉猎一般，都不济事。某向来读书，方其读上句则不知有下句，方其读上章则不知有下章，每日不过一二章。凡读书到冷淡无味处，犹当着力精考。”又曰：“贪多不得。今之学者大抵有贪多之病，如此用工夫，恐怕枉费了时日。某谓少看者功效多，多看全然无益。某深知此病，初来只是一个小没理会去，少间却成一个大没理会去。”此言读书之贵循序而渐进，若其急迫欲求速达之功，未有有成者也。

张子尝曰：“书须成诵。精思多在夜中，或静坐得之。不记则思不起，但通贯得大原后，书亦易记。所以观书者释己之疑，明己之未达。每见每加新益，则学进矣。于不疑处有疑，方是进。”不疑处有疑，必待精思。朱子曰：“读书无疑者须教有疑，有疑者却要无疑，到此方是长进。”此据张子之言而更进一说。朱子亟称此言，尝告学者曰：“读书须是成诵方精熟。今所以记不得、说不去、心下若存若亡，皆是不精不熟之患。若晓得义理，又皆记得，固是好。若晓文义不得，只背得亦好，少间不知不觉自然相触发晓得这道理。盖这一段文义横在心下，自然放不得，必晓而后已。若晓不得，又记不得，更不消读书矣。”读书千遍，其意自见，此之谓也。朱子曰：“学者只是要熟。工夫纯一而已，读时熟，看时熟，玩味时熟。”又曰：“读而未晓则思，思而未晓则读。程子有言，平其心，易其气，阙其疑，则圣人之意自见。”又曰：“看文字正如酷吏之用法深刻，都没人情，直要做到底。若只等闲过了，有甚滋味。”又曰：“看文字须如猛将用兵，直是鏖战一阵；如酷吏治狱，直是推勘到底，决不恕他。”同此义。又曰：“看文字如捉贼，须于盗发处，自一文以上赃罪情节都要勘出，莫只揗摩个大纲。纵使知道此人是贼，却不知他在何处做贼，亦不得。读时要体认得亲切，解时要辨别得分晓，如此读书，方为有力。”此言读书之必待熟读精思，方克有功也。

然而熟读精思犹未为尽，盖以用力太过致生成见，故必虚心涵泳以救其偏。朱子曰：“大抵读书须是虚心平气，优游玩味，徐观圣贤立言本意，所向如何，然后随其远近浅深、轻重缓急而为之说，如孟子所谓以意逆志者，庶乎可以得之。若便以吾先入之说横于胸次，而驱率圣贤之言以从己意，设使义理可通，已涉私意穿凿，而不免于郢书燕说之诮，况又义理窒碍，亦有所不可行者乎？"又曰："看文字只要虚心。横渠云'濯去旧见以来新意'，此言最有理。"又曰："看文字不可先怀权断于胸中。"义并同此。朱子言有为生所妄引者。又曰："观书先须熟读，使其言皆若出于吾之口；继以精思，使其意皆若出自吾之心，然后可以有得。至于文义有疑，众说纷错，则亦虚心静虑，勿遽取舍于其间。先使一说自为一说，而随其意之所之，以验其通塞，则其尤无义理者，不待观于他说而先自屈矣。复以众说互相诘难，而求其理之所安，以考其是非，则似是而非者，亦将夺于公论而无以立矣。大抵徐行却立，处静观动，如攻坚木，先其易者，而后其节目；如解乱绳，有所不通，则姑置而徐理之。此读书之法也。"朱子曰："大抵思索义理到纷乱窒塞处，须是一切扫去，放教胸中空荡荡地了却，举起一看，便自觉得有下落处。"程子曰："见理未明，宁是放过去，不要起炉作灶。"又曰："思曰睿，思虑久后睿自然生。若于一事上思未得，且别换一事思之，不可专守着这一事。盖人之知识于这里蔽着，虽强思亦不通也。"象山亦曰："读书不必穷索。平易读之，识其可识者，久将自明。毋耻不知。"又曰："大抵读书，训诂既通之后但平心读之，不必勉加揣量，则无〔非〕浸灌培养、鞭策磨砺之功。或有未通晓处，姑阙之无害。且以其明白昭晰者日加涵〔泳〕，则自然日充日明，后日本原深厚，则向来未晓者将亦有焕然冰释者矣。"并与朱子之言相发。此言读书之不可不虚心，惟其虚心，始可得圣贤立言之意也。

　　然徒虚心以求义理，而不知义理本诸吾心，舍本逐末，安见其可？故必待切己体察而后圣贤之言始不为虚说也。朱子曰："读书不可专就纸上求义理，须反来就自家身上推究。秦汉以后无人说到此，亦只是一向去书策上求，不就自家身上理会。自家见未到，圣人先说在那里，自家只借他言语来就身上推究，始得。"龟山尝言读书之法"以身体之，以心验之"，朱子亟称此言，是即切己体察之谓也。胡氏《传家录》云："谢先生初以记问为学，自负该博，对〔明〕（于）道先生举史书不遗一字。明道曰：'贤却记得许多，可谓玩物丧志。'谢闻此语，汗流浃背，面发赤，明道却云：'只此便是恻隐之心。'及看明道读史，又却逐行看过，不差一字。谢甚不服，后来省悟，却将此事做话头，接引博学之士。"此明读书与为学无二，最忌有自负之心，自负则去圣贤之学远，象山所谓"田地不净洁，亦读书不得"是也，谢之所病正惟此耳。果其无自负之心，则读书愈多，愈可多识前言往行以蓄德持心，而后必如明道之逐行看过、不差一字，斯为得耳。朱子曰："一生辛苦读书，微细揣摩，零碎刮剔，及此暮年，略见从上圣贤所以垂世立教之意。枝枝相对，叶叶相当，无一字无下落处。若学者能虚心逊志，游泳其间，自不患不见入德门户。"明此，于读书之事思过半矣。

讲 学 第 十 二

古之学者为己，今之学者为人。讲学之事，岂类为人乎？曰：是不然。孔子曰："德之不修，学之不讲，闻义不能徙，不善不能改，是吾忧也。"《论语·述而》。先言修德，后言徙义趋善，皆己分内事。谓之"是吾忧"，尤足征讲学之事非为人也。《易·兑·大象》亦云"丽泽，兑，君子以朋友讲习"，此其取象于丽泽。丽泽者，两泽相为滋益，明益人即所以益己也。即如《论语》首章先"学而时习之"，而后"友朋自远方来"，明无时习之功即少朋来之乐也。

自孔子以后至于孟子、荀子，似有不同。孟子辟杨墨，距许行，论性则辨告子为义外之说，论人则讥公孙衍、张仪有妾妇之行，此其所行，疑若为人者。然曰："我欲正人心，息邪说，距诐行，放淫辞，以承三圣者，岂好辩者，予不得已也。"夫大道以多歧而亡羊。诸子之说兴，则圣人之道晦；破异端之妄，即所以显圣学之真。其辩有不容已者，岂徒损人求胜以自喜哉！惟荀子亦然。其所著《非十二子篇》，不特非它嚣、魏牟、陈仲、史鰌、墨翟、宋钘、慎到、田骈、惠施、邓析之徒，乃至子思、孟子，亦并非之，心存砭世救弊，放言不能无偏激之讥。然曰"君子之学也，以美其身，小人之学也，以为禽犊"，曰"有争气者，勿与辩也"，并见《劝学篇》。是其用心，要亦与孟子无殊，谓为为人，岂知言哉？由是以言，讲学之风，肇于孔子，宏于孟荀，要多为己。若其为人，乃不得已也。

自汉迄唐，讲学之士少，若汉人传经，虽有家法异同，要为依经述故，不得自成一学。案讲学之"讲（講）"从冓，《说文》："冓，交积材也。"引申有冓今作构（構）。造之义，犹筑屋造器必自成一格局，乃为得也。然则汉儒传经述传，盖与古人讲学之义有不合者矣。惟迨于有宋，周程诸儒并起，始克承当讲学之名。而宋儒之所以异于汉者，要亦在此。汉儒传经，专赖六艺版册，侈于故训，囿于章句。宋儒讲学固亦不违六艺，然其所言，有非六艺所及者。程子曰："以书传道与口相传煞不相干。相见而言，因事发明，则并意思一时传了。书虽言多，其实不尽。"又曰："解义理，若一向靠书册，何由得居之安、资之深？不惟自失，兼亦误人。"此非谓讲学有在六艺书册之外者乎？夫以口传道而济书册之穷，乃宋儒之所长，有非汉儒所能及者。世儒不学，乃敢肆言中失，妄诋程朱，亦何惧欤？然而蜩鸠斥鷃之笑，固无所损于鲲鹏也。且既谓讲学，则非离群索居，必多友朋聚处，相与辨难论学，既得切磨造道之实，又有相观取善之功。信乎程子之言曰："朋友讲习，更莫如相观而善工夫多。"盖谓朋友讲习，即于潜移默化之中亦自可取益，固不必耽溺于书册口耳间也。

讲学之风继明于宋，大盛于明，尤以姚江之学与门人弟子遍天下，且多为达官显宦，用能于两都及吴、楚、闽、粤、江、浙之间，设立讲舍，以时会讲，势弥盛焉。其门下虽年老者亦东西奔走，讲学不倦，即如王龙溪畿林下四十余年，无日不讲学，天下推为宗盟，年八十犹不废出游。有止之者，辄对曰："不肖岂真好劳？但念时常处家与亲朋相燕昵，与妻奴佃仆相比狎，以习心对习事，因循隐约，固有密制其命而不自觉者。才离家出游，精神意思便觉不同。与士夫交承，非此学不究；与朋侪酬答，非此学不谈。晨夕聚处，专干办此一事。非惟闲思妄念无从而生，虽世情俗态亦无从而入。……盖欲究极自己性命，自然不得不与同志相切劘。若同志中因此有所兴起，欲与共了性命，则是众友自能取益，非吾有法可以授之也。"即其同时，湛甘泉若水，字元明，增城人。之门下，亦莫不皆然，而甘泉九十余龄犹讲学不辍，尤足兴后学之怀想。孔子曰"学而不厌，诲人不倦，不知老之将至"，宋明诸儒盖有之矣，故曰讲学之盛莫过于明。宋儒有语录，明儒有会语，两者略有不同。语录乃弟子记其师门之言训，会语则为友朋弟子相与会讲之辞而毕录之。

　　然其末流之弊亦有不可胜言者。夫以口相传，易流空论，履霜之渐，宋人早察之矣。程子讲学即不尚多言，尝云"凡立言，欲含蓄意思，不使知德者厌，无德者惑"，又曰："言贵简。言愈多，于道未必明。杜元凯却有此语：'言高则旨远，辞约则义微。'大率言语须是含蓄而有余意，所谓'书不尽言，言不尽意'也。"明讲学徒尚多言，转以害道，此其弊一也。且夫讲学在明道，明道在进德，进德在躬行，不知者务为吊诡高妙之言而不切实，驰逐于形器之外而尘垢乎日用之常，言者謺謺，听者茫茫，此其弊二也。程子曰："语学者以所见未到之理，不惟所闻不深彻，久将理低看了。"又曰："说书必非古意，转使人薄。学者须是潜心积虑，优游涵养，使之自得。今一日说尽，只是教得薄。至如汉时下帷讲诵，犹未必说书。"又曰："学者好语高，正如贫人说金，说黄色，说坚软，说他不是又不可，只是好笑不曾见富人。"说金如此，明好语高正之病，根于"讲"字，故教人撇开"讲"字而专务自得也。朱子曰："若不用躬行，只是说得便了，则七十子之从孔子，只用两日说便尽，何用许多年随孔子不去？不然，则孔门诸子皆是愚无能底人矣。"躬行一段，向所闻于夫子，据以补入。又曰："讲学固不可无，须是更去自己分上做工夫。若只个说，不过一两日都说尽了，只是功夫难。"又曰："前日讲论只是口说，不曾实体于身，故在人在己都不得力。今方欲与朋友说日用之间常切点检气习偏处，意欲萌处，与平日所讲相似不相似，就此痛着工夫，庶几有益。"明进德在躬行，躬行始不蹈空也。元明以降，诸儒有徒尚高言而忽于躬行者，宜其为顾、戴、颜、李所诋病矣。抑讲学必聚徒众，徒众聚而门户立，因有争焉。此弊宋儒亦早见及之。朱子曰："讲论义理，只是大家商量寻个是处，初无彼此之间，不容更似世俗遮掩回护，爱惜人情，才有异同，便成嫌隙。"又曰："前贤据实理以教人，初无立门庭之意。"象山之言尤深切，曰："后世言学者须要立个门户，此理所在，安有门户可立？学者又要各护门户，此尤鄙陋。"

　　然则孟荀之攻异端，不其与此旨相悖乎？自"然则孟荀之攻异端"至"岂为意气之争邪"一段，向所闻于夫子，据以补入。曰：是又不然。盖异端害正，不可不攻，犹稂莠乱禾，不可不耨然也。顾必待自明而后始可明人，自治而后始可治人，若己未明而欲明人，己未必是而欲正人，庸有当乎？春秋不予乱治乱，此之谓也。朱子曰："异端害正，固君子所当辟。然须是吾学既明，洞见大本达道之全体，然后据天理以开有我之私，因彼非以察吾道之正，议论之间，彼此交尽，而内外之道一以贯之。"象山亦言："今之攻异端者，但以其名攻之，初不知自家自被他点检，在他下面，如何得他服？你须是先理会了我底是，得有以使之服，方合。"夫惟如是，方可攻邪救弊，然犹非谓可以各立门户也。夫理之所在，安容着一纤私意？昔象山与朱子辩论不已，或劝其止之者，则曰："汝曾知否？建安亦无朱晦翁，青田亦无陆子静，所辩者理之正非耳，岂为意气之争邪！"反是则为患，岂可胜言。象山固早逆知之，其言曰："近日向学者多，一则以喜，一则以惧。夫人勇于为学，岂不可喜。然此道本日用常行，近日学者却把作一事张大虚声，名过于实，起人不平之心，是以为道学之说者，必为人深排力诋，此风一长，岂不可惧。"又曰："学者先须不可陷溺其心，又不当以学问夸人，夸人者必为人所攻，只当如常人，见人不是，必推恻隐之心，委曲劝谕之，不可则止。若说道我底学问如此，你底不是，必为人所攻，兼且所谓学问者自承当不住。"又曰："世之人所以攻道学者，亦未可全责他，盖自家骄其声色，立门户与之为敌，哓哓胜口，实有所未孚，自然起人不平之心。"并为李敏求所录。是故南宋庆元间有伪学之禁，朱子亦为群宵所挤，固不可以此罪程朱，然其门人友好张大虚声,名过于实,实有以肇之。

彼宋人讲学犹不过师弟之间相与辩难而已,若明人则广立讲舍,聚徒会讲,不免以声色骄人,遂为异己者所嫉。万历、天启之初两毁天下讲舍,及东林祸作,士大夫且以杀身,岂非树立门户太严之过邪!清初讲学,悬为例禁,实有见于明人讲学之弊,不徒为奴役汉人计也。总兹三弊,厥故惟一,即古之学者为己,而今之学者为人也。盖古人讲学,有时即令为人,亦必是三分为人,七分为己,特以为人为余事耳。若明人聚徒奔走天下,上说下教,强聒不舍,实迹近张狂,尽自谓为己,终与古人不同。昔王心斋"念与人为善,仁人之心,一夫不向于善,过在我也,心斋事生所妄引。思以其道易之。于是制轻车,将周流天下,先诣京师,沿途讲说,人士聚听多感动。朝士以先生车服、言论悉与时异,相顾愕眙。阳明闻之,以书促归,还会稽,自是敛圭角就夷坦。"见李二曲《观感录》。即此足征阳明之卓识,已洞察聚徒会讲之弊矣。

然则讲学可废乎?是又不然。游定夫曰:"张子厚学成德尊,然犹秘其学,不多为人讲之。其意若曰'虽复多闻,不务蓄德,徒善口耳而已',故不屑与之言。明道先生谓之曰:'道之不明于天下久矣。人善其所习,自谓至足。必欲如孔门"不愤不启、不悱不发",则师资势隔,而先王之道或几乎熄矣。趋今之时,且当随其资而诱之,虽识有明暗,志有浅深,亦各有得焉,而尧舜之道庶可驯致。'子厚用其言,故关中学者躬行之多,与洛人并。"夫张子之意未尝不正,而程子必劝其讲学,何也?此无它,公天下之心耳。且孔孟之道讵可至我而绝?孟子曰"守先王之道,以待后之学者",士志于道,岂能以讲学为非乎?是知讲学必不可废,第不可复蹈其失耳。"且夫"以下,生所妄言。且夫所谓学者乃圣贤之学,异端不与焉,讲异端之学者,非吾所谓讲学也。至若窃圣贤之学之名,而其所言所行罔不悖戾圣贤者,尤所不取。盖异端之祸显,而诬妄之害微,显则易绝,微则难辨,初学之士易为所惑,一陷其中,终身莫救,尤可畏也。朱子曰:"吾侪讲学,欲上不得罪于圣贤,中不误一已，下不为害于将来。"讲学者宜时味此言，幸勿以学术杀天下后世也。_{崔与之言。}《东见录》云"伯淳尝与子厚在兴国寺讲论终日，而曰不知旧日曾有甚人于此处讲此事"，此明道与横渠两子自得之意可见，夫惟如是，始可谓不负讲学之名焉。

附：《儒林典要》拟收明代诸儒书目

张美和《理学类编》八卷　　　　　　豫章丛书本

赵㧑谦《考古文集》二卷　　　　　　阁本，已发抄

方孝孺《逊志斋集》二十四卷

曹端《月川集》一卷　　　　　　　　阁本，正谊堂全书仅列目而
　　　　　　　　　　　　　　　　　未刻

薛瑄《读书录》十一卷
　　《续录》十二卷

王恕《石渠意见》　　　　　　　　　惜阴轩丛书本

周琦《东溪日谈录》十八卷　　　　　阁本

吴与弼《康斋集》十二卷　　　　　　泰藏

胡居仁《居业录》八卷　　　　　　　泰藏

陈献章《白沙子集》十卷　　　　　　泰藏

夏尚朴《东严集》六卷　　　　　　　阁本

魏校《庄渠遗书》十二卷　　　　　　阁本，正谊堂所收非全帙

贺钦《医闾集》九卷　　　　　　　　阁本，已发抄

邵宝《容春堂前集》二十卷　　　　　阁本，此书卷帙太繁，拟专
　　《后集》十四卷　　　　　　　　刻文而不刻诗则可省大半

《续集》十八卷

《别集》九卷

陈真晟《剩夫集》四卷　　　　　　正谊堂全书本，阁本亦据张
　　　　　　　　　　　　　　　　伯行所进，当无不同

罗伦《一峰集》十卷　　　　　　　泰藏

庄昶《定山集》十卷　　　　　　　泰藏

章懋《枫山集》四卷附录一卷又语录一卷　金华丛书本

张吉《古城集》六卷补遗一卷　　　阁本，此书或专刻其《陆学
　　　　　　　　　　　　　　　　订疑》一卷亦可

蔡清《虚斋集》五卷　　　　　　　阁本

何瑭《柏斋集》十二卷　　　　　　阁本

崔铣《洹词》十二卷　　　　　　　阁本，士翼已抄成

　　又《士翼》四卷

罗钦顺《困知记》二卷　　　　　　泰藏

　　续记一卷附录一卷

王守仁《文成公全书》三十八卷

湛若水《甘泉集》三十二卷　　　　泰藏

王畿《龙溪集》二十卷　　　　　　泰藏

王艮《心斋集》　　　　　　　　　泰藏

薛侃《中离集》　　　　　　　　　泰藏

欧阳德《南野文录》　　　　　　　泰藏

周怡《讷溪集》　　　　　　　　　泰藏

唐枢《一庵语录》一卷　　　　　　泰藏

韩邦奇《苑洛集》二十二卷　　　　泰藏

蔡瑷《洨滨集》　　　　　　　　　泰藏

吕柟《泾野子内篇》二十七卷　　　阁本

黄佐《泰泉集》十卷　　　　　　　阁本

张岳《小山类稿》二十卷　　　　　阁本

徐问《读书札记》八卷	阁本,已抄成
罗洪先《念庵集》二十二卷	
张元忭《阳和集》三集	正谊堂全书本,此书未见他刻
胡直《胡子衡齐》八卷	豫章丛书本
杨爵《忠介集》十三卷附录三卷	乾坤正气集本
温纯《恭毅集》三十卷	阁本,此书卷帙稍繁,或专刻其语录一卷亦可
吕坤《呻吟语》六卷	
罗汝芳《盱坛直诠》	已刻
赵贞吉《文肃集》	
顾宪成《端文公遗书》三十七卷	泰藏
又《泾皋藏稿》二十二卷	
顾允成《小辨斋偶存》八卷	阁本
附《事定录》三卷	
高攀龙《高子遗书》十二卷附录一卷	
邹元标《愿学集》八卷	泰藏
冯从吾《少墟集》二十二卷	泰藏
赵南星《味檗斋文集》	畿辅丛书本
曹于汴《仰节堂集》十四卷	阁本
钱一本《黾语》四卷	泰藏
管志道《学蔀辨》	泰藏抄本,四库杂家存目有志道《问辨牍》四卷、《续问辨牍》四卷,当即一书。但此抄本是否全帙,尚待查对
又《东溟粹言》、《周易六龙解》	已刻
耿定向《天台集》二十卷	泰藏
焦竑《澹园正、续集》二十二卷	金陵丛书本
周汝登《东越证学录》	泰藏

黄道周《榕坛问业》十八卷	阁本,已抄
刘宗周《刘子全书》	
金声《忠节集》	乾坤正气集本较单行家刻本多语录一卷
黄淳耀《陶庵全集》二十二卷	泰藏

以上所列皆已见刻本或阁本所有者。其四库未收及刻本未见如《钱绪山集》、《邹东廓集》之类皆未列入。或收入丛书而实非全帙,如《学海类编》有薛方山《纪述宝颜堂秘笈》,有焦弱侯《支谈》,并皆节本,即亦未列。又文集虽存,而既有专著求其学不必定于其文者,如薛敬轩、胡居仁、罗整庵、吕心吾皆有文集,以既收《读书录》、《居业录》、《困知记》、《呻吟语》,其集即未列。其刻本多者亦不注,某本卷数不明无从检查者则暂从略。

钟泰识三十四年十月七日

注:此书目为油印本,纸张左下方印有"复性书院"四字。钟泰先生在 1945 年 10 月 7 日所记"日录"中写道:"儒林典要明儒书目拟就约六十余部即交湛翁酌定。"湛翁即马一浮,号湛翁。